MASTER

발행일 2022. 1. 25. **1쇄 인쇄일** 2022. 1. 18.
신고번호 제2017-000193호 **펴낸곳** 한국교육방송공사 경기도 고양시 일산동구 한류월드로 281
기획 및 개발 송아롬 김나진 윤영란 이상호 이원구 이재우 최영호
표지디자인 ㈜무닉 **편집** 더 모스트 **인쇄** 팩컴코리아㈜
인쇄 과정 중 잘못된 교재는 구입하신 곳에서 교환하여 드립니다.

수학 마스터

교재의 난이도 및 활용 안내

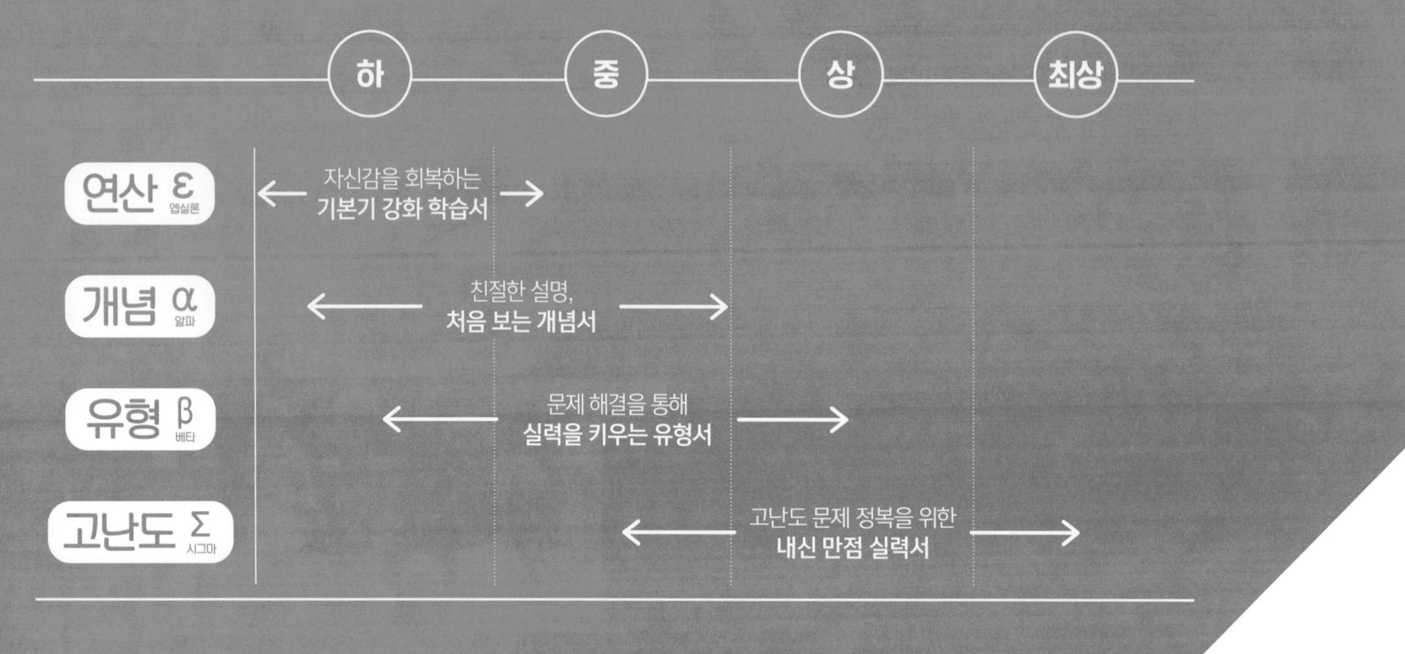

수학 마스터

중학 수학의 기초력 강화

연산 ε 엡실론

중학 수학 3·2

정답과 풀이는 EBS 중학사이트(mid.ebs.co.kr)에서 다운로드 받으실 수 있습니다.

교재 내용 문의	교재 내용 문의는 EBS 중학사이트 (mid.ebs.co.kr)의 교재 Q&A 서비스를 활용하시기 바랍니다.
교재 정오표 공지	발행 이후 발견된 정오 사항을 EBS 중학사이트 정오표 코너에서 알려 드립니다. **교재학습자료 → 교재 → 교재 정오표**
교재 정정 신청	공지된 정오 내용 외에 발견된 정오 사항이 있다면 EBS 중학사이트를 통해 알려 주세요. **교재학습자료 → 교재 → 교재 선택 → 교재 Q&A**

수학 마스터

중학 수학의 기초력 강화

연산 ε 엡실론

중학 수학 3·2

Structure **이 책의 구성과 특징**

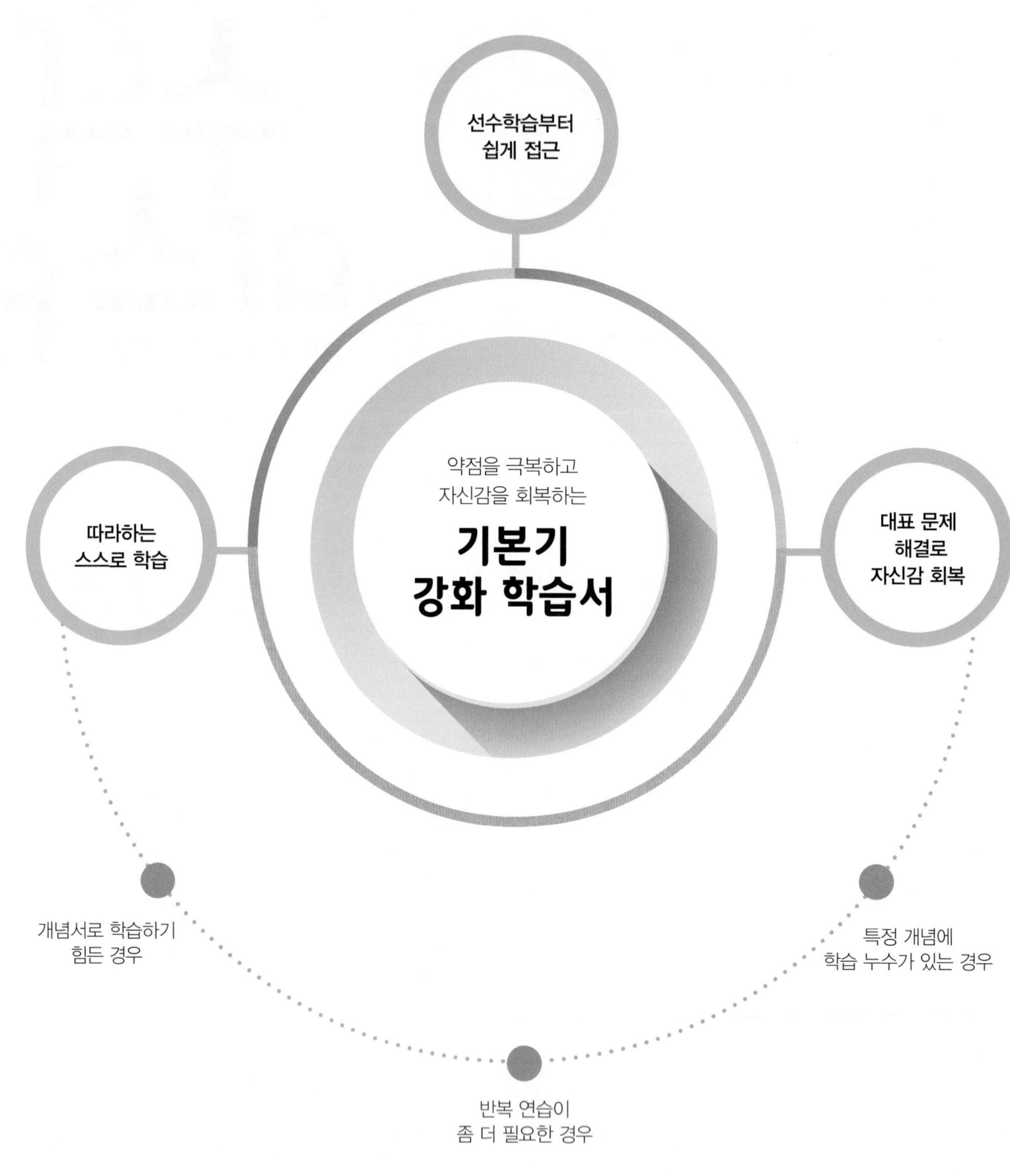

1 **개별 문제 연습**

❶ **개념 이해**: 학습의 누수가 없이 쉽게 따라갈 수 있도록 개념을 잘게 쪼개어 점진적으로 학습하는 스몰 스텝 학습

❷ **ε 따라하기**: 유형별로 자세하고 친절하게 문제 해결을 안내하여 풀이 방법을 습득, 적용할 수 있게 하는 스스로 학습 시스템

❸ 유형별 집중 연습 문제

❹ **대표 문제**: 계산 연습으로만 끝마치는 것이 아니라 개념이 적용된 핵심 문제의 형태를 경험하고 학습하는 내공 다지기 시스템

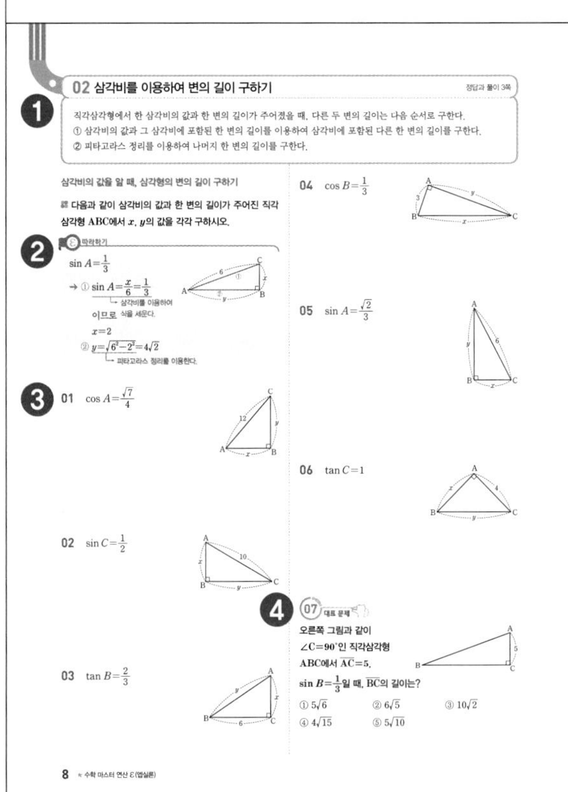

2 **소단원 확인 문제**

교과서 핵심 실전 문제로 소단원별 개념 학습 수준을 파악하는 이해도 평가 문제

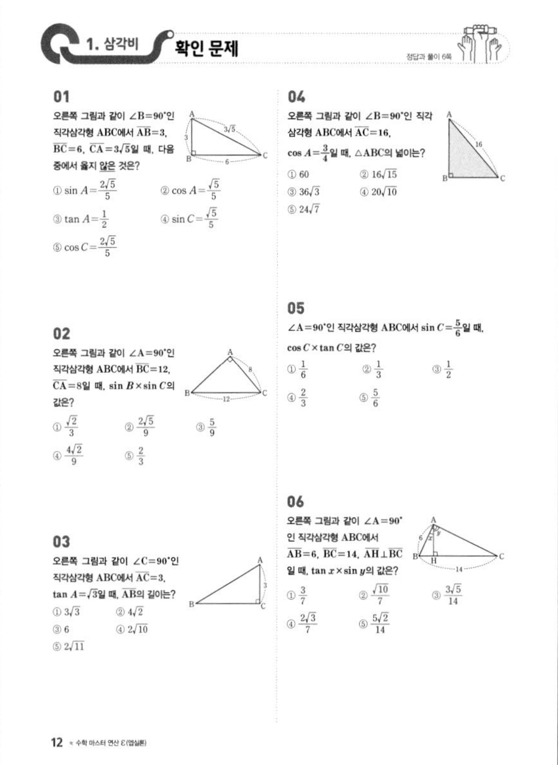

Contents

이 책의 차례

1

삼각비

1. 삼각비

2. 삼각비의 값

1. 삼각비

01 삼각비

정답과 풀이 2쪽

∠B=90°인 직각삼각형 ABC에서 ∠A, ∠B, ∠C의 대변의 길이를 각각 a, b, c라 하면

(1) $\sin A=\dfrac{a}{b}$ ← $\dfrac{(\text{높이})}{(\text{빗변의 길이})}$

(2) $\cos A=\dfrac{c}{b}$ ← $\dfrac{(\text{밑변의 길이})}{(\text{빗변의 길이})}$

(3) $\tan A=\dfrac{a}{c}$ ← $\dfrac{(\text{높이})}{(\text{밑변의 길이})}$

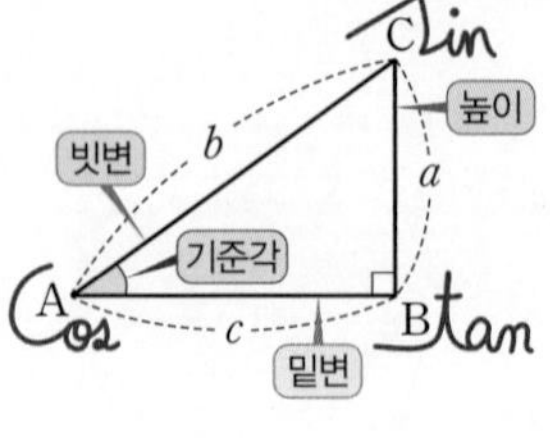

위의 $\sin A$, $\cos A$, $\tan A$를 통틀어 ∠A의 삼각비라 한다.

주의 한 직각삼각형에서 삼각비를 구할 때, 기준각에 따라 높이와 밑변이 달라짐에 주의한다. 이때 높이는 기준각의 대변이다.

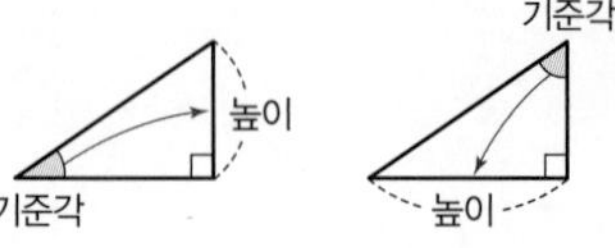

삼각비의 값 구하기 – 세 변의 길이가 주어졌을 때

※ 다음 그림과 같이 ∠B=90°인 직각삼각형 ABC에서 ∠A의 삼각비의 값을 구하시오.

ε 따라하기

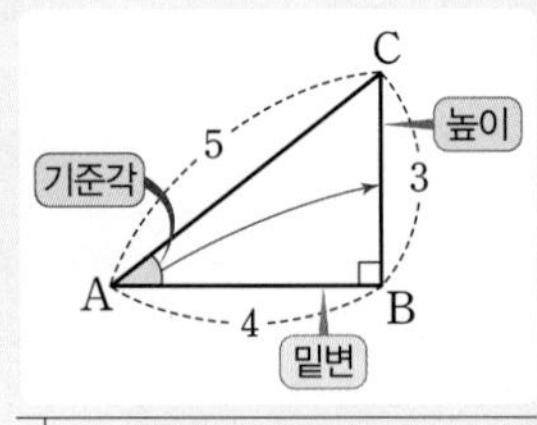

└→ 기준각에 따라 높이와 밑변을 파악한다.

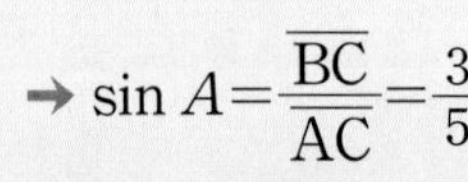

→ $\sin A=\dfrac{\overline{BC}}{\overline{AC}}=\dfrac{3}{5}$

$\cos A=\dfrac{\overline{AB}}{\overline{AC}}=\dfrac{4}{5}$

$\tan A=\dfrac{\overline{BC}}{\overline{AB}}=\dfrac{3}{4}$

01

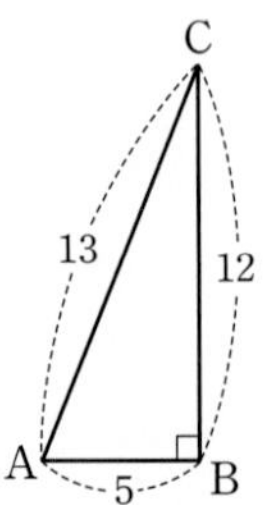

02

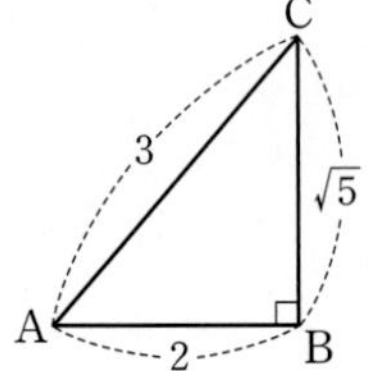

03

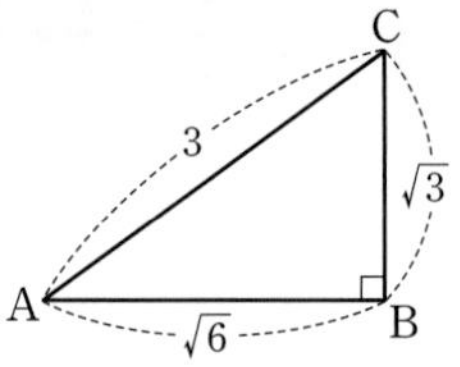

Tip 삼각비의 값이 분모가 무리수인 분수로 나타나면 분모를 유리화한다.

04

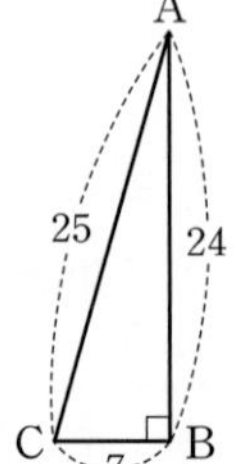

Tip 기준각의 위치가 달라지면 높이와 밑변의 위치도 바뀐다.

05

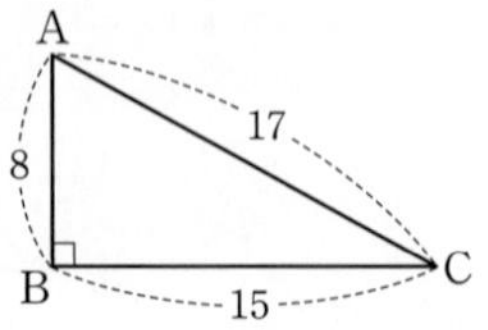

삼각비의 값 구하기 – 두 변의 길이가 주어졌을 때

다음 그림과 같이 $\angle C=90^\circ$인 직각삼각형 ABC에서 $\angle B$의 삼각비의 값을 구하시오.

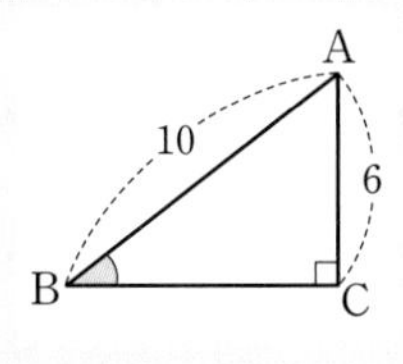

➜ $\overline{BC}=\sqrt{10^2-6^2}=8$이므로

└→ 피타고라스 정리를 이용한다.

$\sin B=\dfrac{6}{10}=\dfrac{3}{5}$

$\cos B=\dfrac{8}{10}=\dfrac{4}{5}$

$\tan B=\dfrac{6}{8}=\dfrac{3}{4}$

06

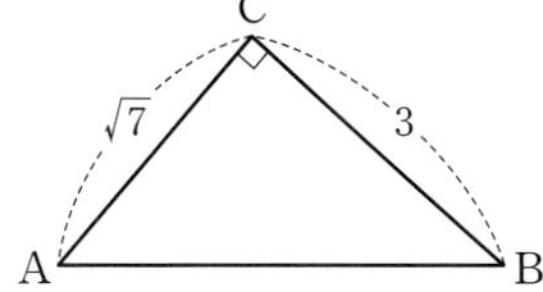

07

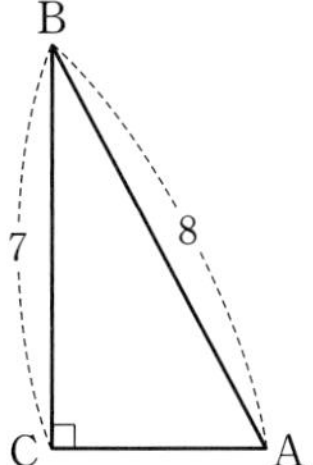

08

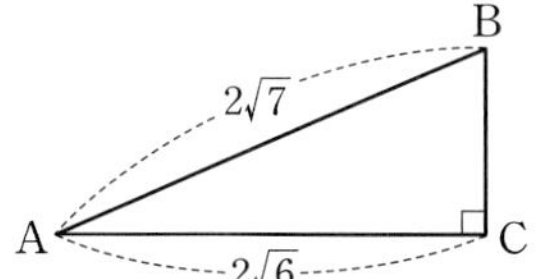

09

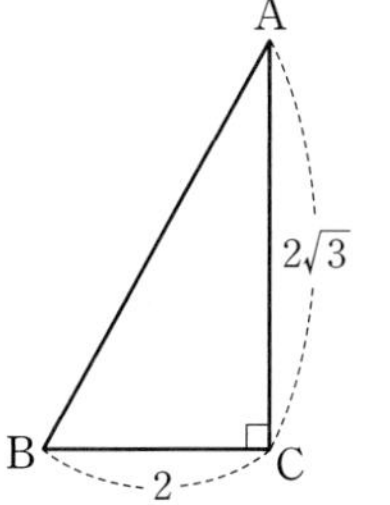

아래 그림과 같은 직각삼각형 ABC에서 다음 삼각비의 값을 구하시오.

10

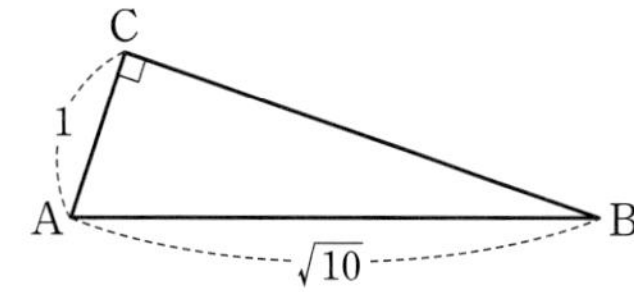

(1) $\sin A$

(2) $\cos B$

11

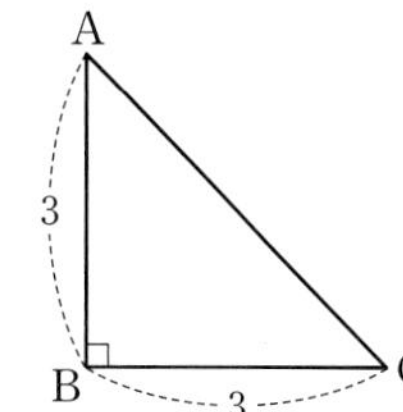

(1) $\tan A$

(2) $\sin C$

12

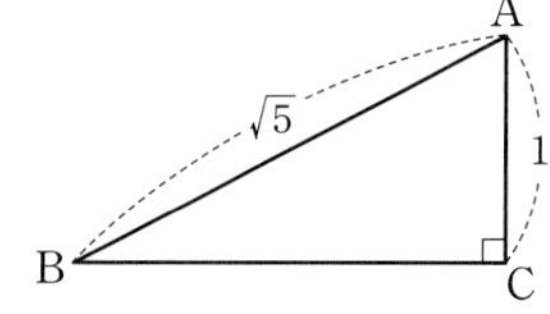

(1) $\cos A$

(2) $\tan B$

13 대표 문제

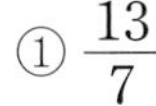

오른쪽 그림과 같이 $\angle A=90^\circ$인 직각삼각형 ABC에서 $\overline{BC}=7$, $\overline{AC}=3$일 때, $\cos B\times\tan C$의 값은?

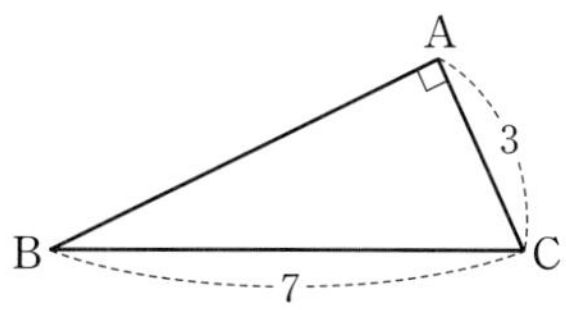

① $\dfrac{13}{7}$　② $\dfrac{40}{21}$　③ $\dfrac{41}{21}$

④ 2　⑤ $\dfrac{43}{21}$

02 삼각비를 이용하여 변의 길이 구하기

정답과 풀이 3쪽

직각삼각형에서 한 삼각비의 값과 한 변의 길이가 주어졌을 때, 다른 두 변의 길이는 다음 순서로 구한다.
① 삼각비의 값과 그 삼각비에 포함된 한 변의 길이를 이용하여 삼각비에 포함된 다른 한 변의 길이를 구한다.
② 피타고라스 정리를 이용하여 나머지 한 변의 길이를 구한다.

삼각비의 값을 알 때, 삼각형의 변의 길이 구하기

다음과 같이 삼각비의 값과 한 변의 길이가 주어진 직각삼각형 ABC에서 x, y의 값을 각각 구하시오.

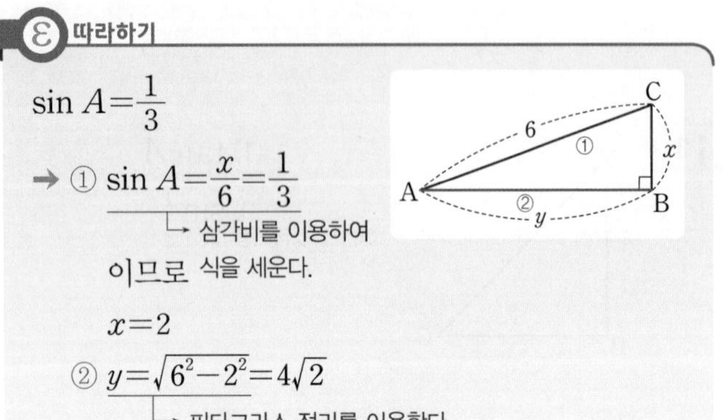

01 $\cos A=\frac{\sqrt{7}}{4}$

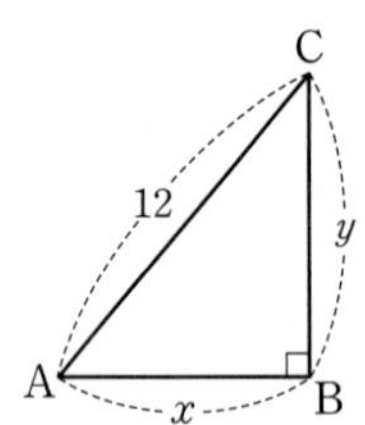

02 $\sin C=\frac{1}{2}$

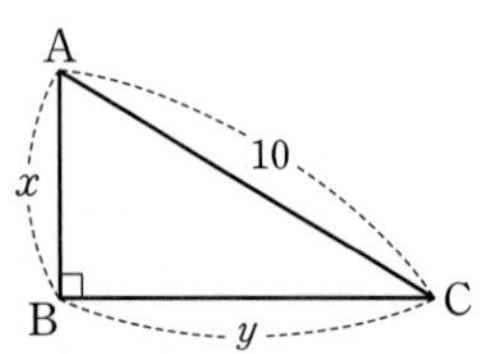

03 $\tan B=\frac{2}{3}$

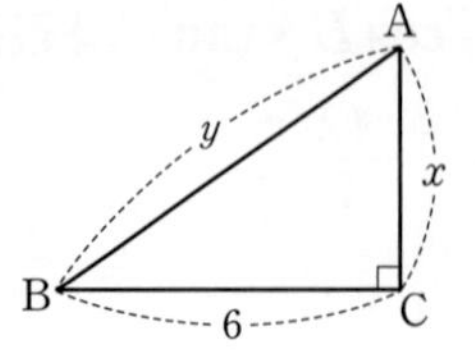

04 $\cos B=\frac{1}{3}$

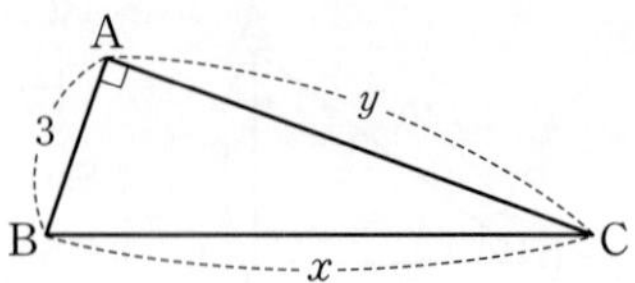

05 $\sin A=\frac{\sqrt{2}}{3}$

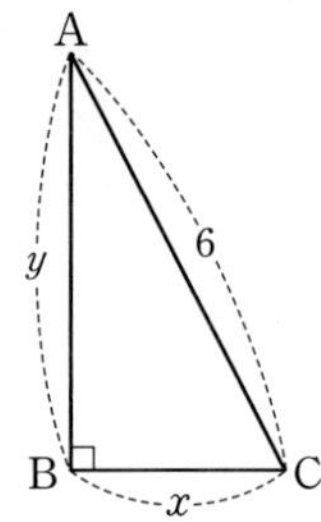

06 $\tan C=1$

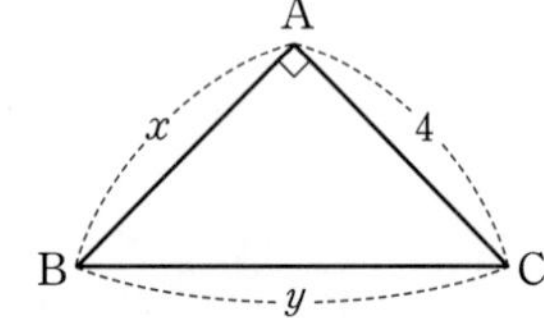

07 대표 문제

오른쪽 그림과 같이 $\angle C=90^\circ$인 직각삼각형 ABC에서 $\overline{AC}=5$, $\sin B=\frac{1}{3}$일 때, $\overline{BC}$의 길이는?

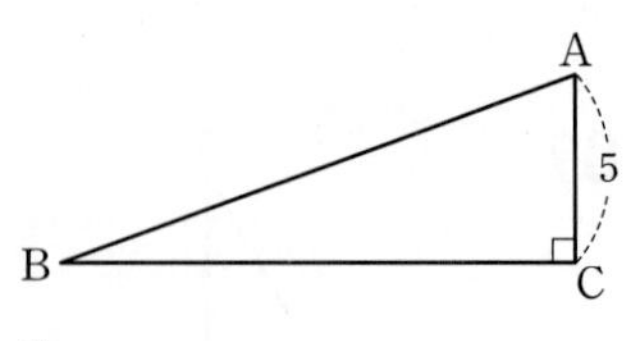

① $5\sqrt{6}$ ② $6\sqrt{5}$ ③ $10\sqrt{2}$
④ $4\sqrt{15}$ ⑤ $5\sqrt{10}$

03 삼각비의 값을 알 때, 다른 삼각비의 값 구하기

정답과 풀이 3쪽

직각삼각형에서 한 삼각비의 값을 알 때, 다른 두 삼각비의 값은 다음 순서로 구한다.
① 주어진 삼각비의 값을 갖는 가장 간단한 직각삼각형을 그린다.
② 피타고라스 정리를 이용하여 나머지 변의 길이를 구한다.
③ 다른 두 삼각비의 값을 구한다.

삼각비의 값을 알 때, 다른 삼각비의 값 구하기

$\angle B=90°$인 직각삼각형 ABC에서 한 삼각비의 값이 주어질 때, 다음 삼각비의 값을 각각 구하시오.

따라하기

$\sin A=\frac{3}{4}$일 때, $\cos A$, $\tan A$의 값

→ $\overline{AC}=4$, $\overline{BC}=3$, $\angle B=90°$인 직각삼각형 ABC를 그리면

$\overline{AB}=\sqrt{4^2-3^2}=\sqrt{7}$

└ 피타고라스 정리를 이용한다.

따라서

$\cos A=\frac{\sqrt{7}}{4}$, $\tan A=\frac{3\sqrt{7}}{7}$

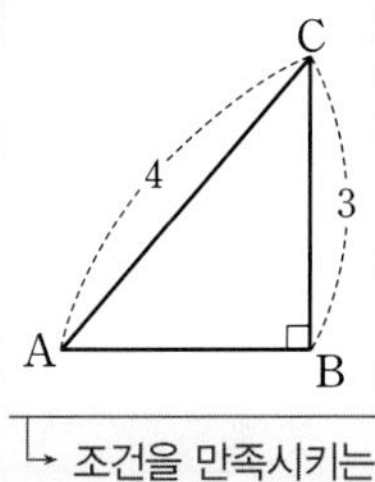

└ 조건을 만족시키는 가장 간단한 직각삼각형을 그린다.

01 $\cos A=\frac{2}{3}$일 때, $\sin A$, $\tan A$의 값

02 $\tan A=3$일 때, $\sin A$, $\cos A$의 값

03 $\sin A=\frac{5}{7}$일 때, $\cos A$, $\tan A$의 값

04 $\cos A=\frac{\sqrt{10}}{5}$일 때, $\sin A$, $\tan A$의 값

05 $\tan A=\frac{3}{4}$일 때, $\sin A$, $\cos A$의 값

06 $\sin C=\frac{\sqrt{6}}{4}$일 때, $\cos C$, $\tan C$의 값

07 $\cos C=\frac{\sqrt{11}}{6}$일 때, $\sin C$, $\tan C$의 값

08 $\tan C=\frac{5}{7}$일 때, $\sin C$, $\cos C$의 값

09 대표 문제

$\angle C=90°$인 직각삼각형 ABC에서 $\sin B=\frac{2}{5}$일 때, $\cos B\times\tan B$의 값은?

① $\frac{1}{5}$ ② $\frac{\sqrt{2}}{5}$ ③ $\frac{\sqrt{3}}{5}$
④ $\frac{2}{5}$ ⑤ $\frac{\sqrt{5}}{5}$

04 직각삼각형의 닮음과 삼각비

정답과 풀이 5쪽

(1) 닮은 직각삼각형에서 크기가 같은 각의 삼각비의 값은 같다.
(2) 직각삼각형의 닮음을 이용하여 삼각비의 값을 구할 때는 다음 순서로 구한다.
① 서로 닮음인 직각삼각형을 찾는다.
② 크기가 같은 각(대응각)을 찾는다.
③ 삼각비의 값을 구한다.

참고 한 예각의 크기가 같은 두 직각삼각형은 닮음이다.

(1)
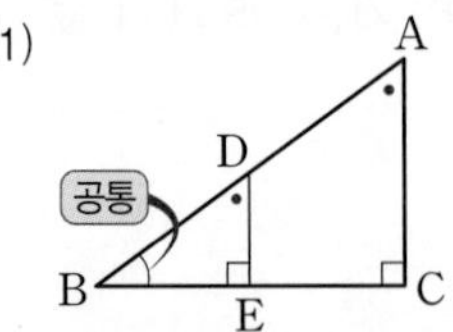

△ABC∽△DBE (AA 닮음)

(2) △ABC∽△EBD (AA 닮음)

(3)
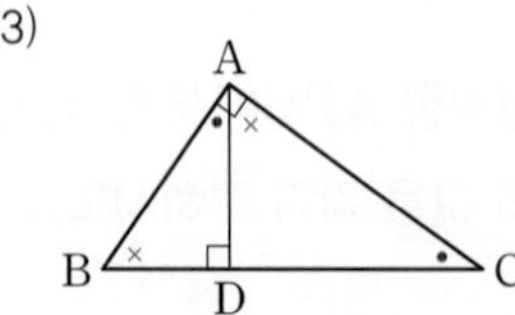

△ABC∽△DBA∽△DAC (AA 닮음)

직각삼각형의 닮음을 이용하여 삼각비의 값 구하기

다음 그림과 같은 직각삼각형 ABC에서 $\overline{DE}\perp\overline{BC}$일 때, $\sin x$, $\cos x$, $\tan x$의 값을 각각 구하시오.

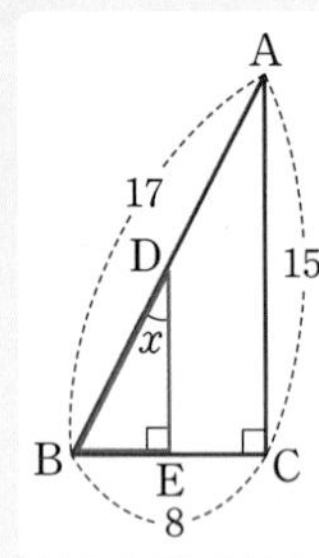

→ △ABC∽△DBE이므로
↳ 서로 닮음인 직각삼각형을 찾는다.
∠BAC=∠BDE=x
↳ 크기가 같은 각을 찾는다.
따라서
$\sin x=\frac{8}{17}$, $\cos x=\frac{15}{17}$,
$\tan x=\frac{8}{15}$

01

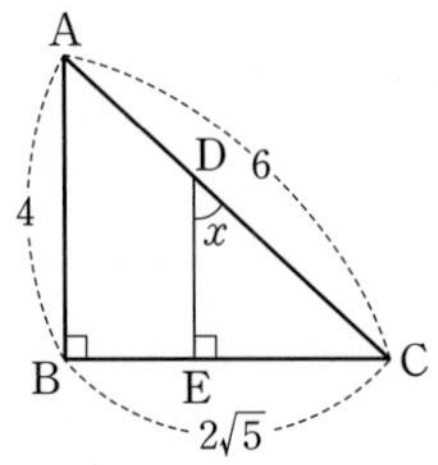

02

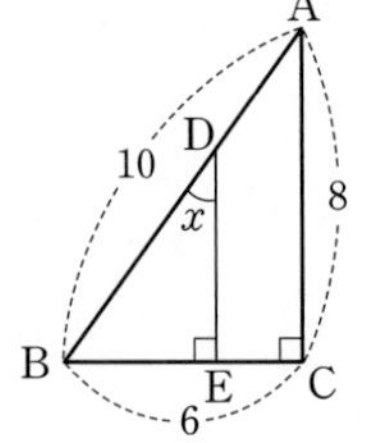

03

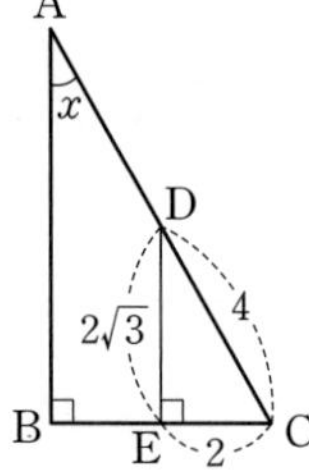

04

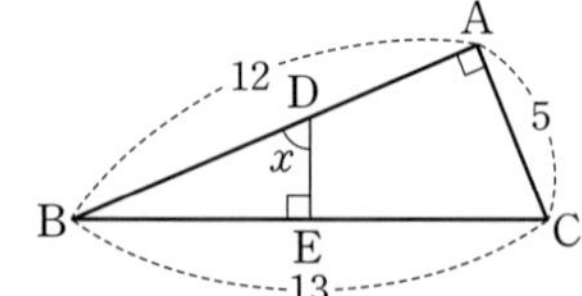

05

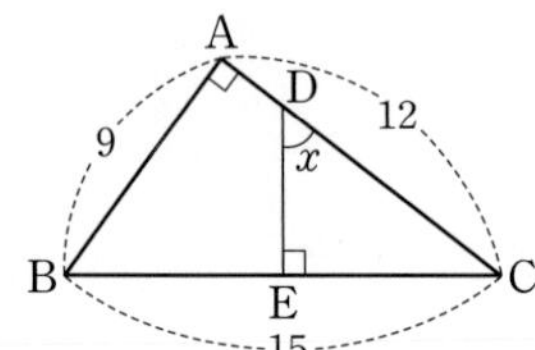

06

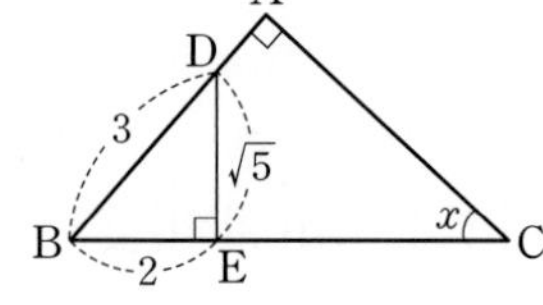

다음 그림과 같은 직각삼각형 ABC에서 $\overline{AD}\perp\overline{BC}$일 때, $\sin x$, $\cos x$, $\tan x$의 값을 각각 구하시오.

따라하기

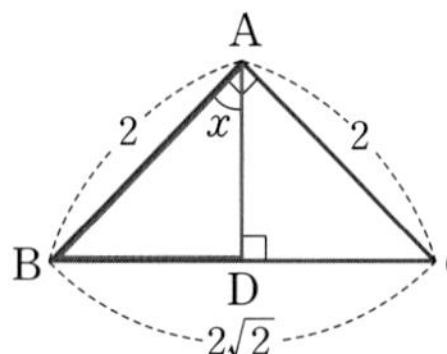
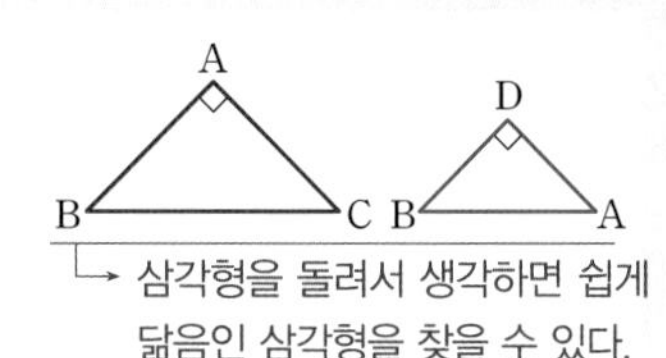

→ $\triangle ABC \backsim \triangle DBA$이므로 $\angle ACB=\angle DAB=x$

서로 닮음인 직각삼각형을 찾는다. / 크기가 같은 각을 찾는다.

따라서 $\sin x=\frac{\sqrt{2}}{2}$, $\cos x=\frac{\sqrt{2}}{2}$, $\tan x=1$

07

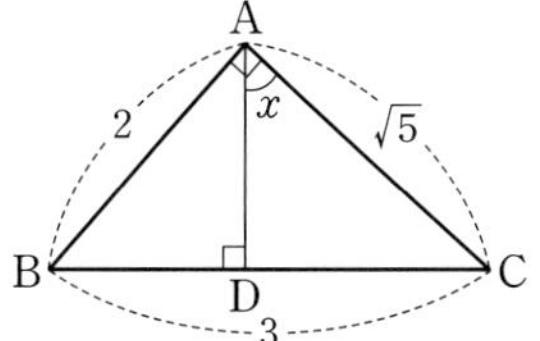

08

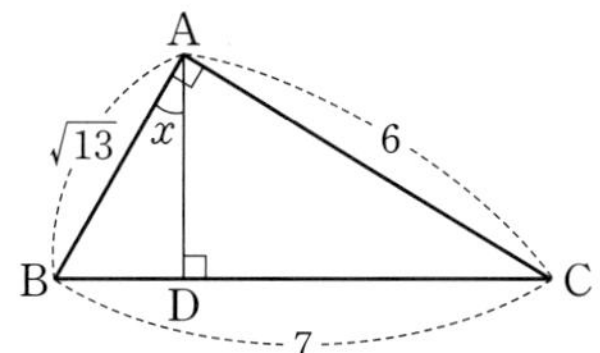

09

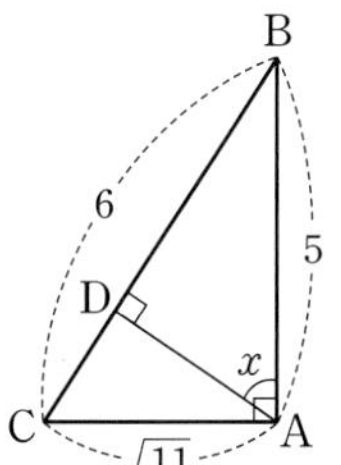

10

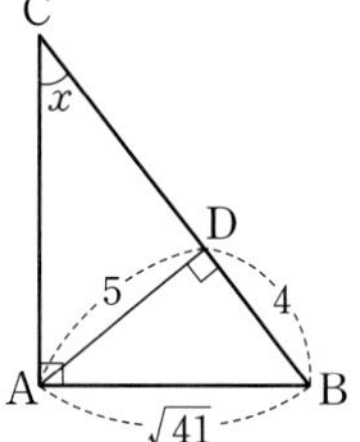

다음 그림과 같은 직각삼각형 ABC에서 $\angle ACB=\angle ADE$일 때, $\sin x$, $\cos x$, $\tan x$의 값을 각각 구하시오.

따라하기

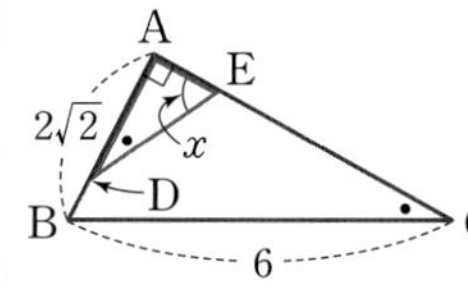
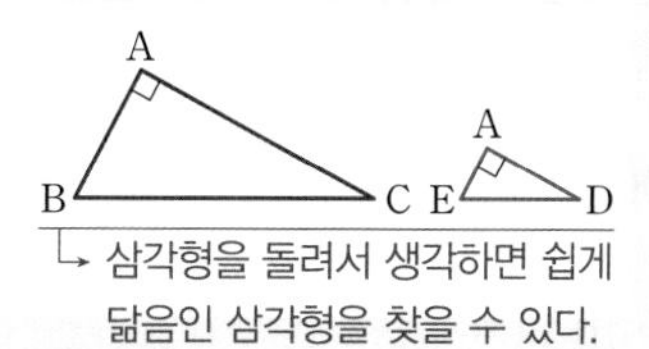

→ $\overline{AC}=\sqrt{6^2-(2\sqrt{2})^2}=2\sqrt{7}$

피타고라스 정리를 이용한다.

$\triangle ABC \backsim \triangle AED$이므로 $\angle ABC=\angle AED=x$

서로 닮음인 직각삼각형을 찾는다. / 크기가 같은 각을 찾는다.

따라서 $\sin x=\frac{\sqrt{7}}{3}$, $\cos x=\frac{\sqrt{2}}{3}$, $\tan x=\frac{\sqrt{14}}{2}$

11

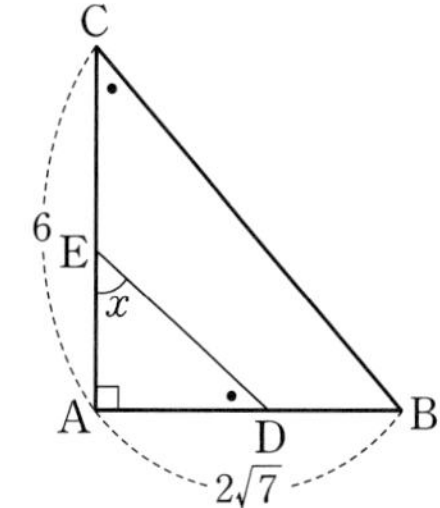

12

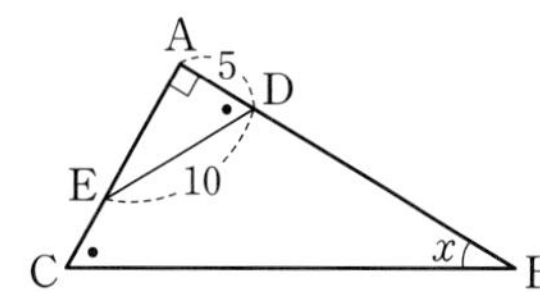

13 대표 문제

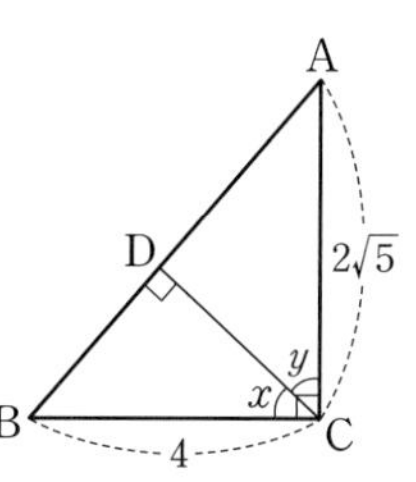

오른쪽 그림과 같이 $\angle C=90^\circ$인 직각삼각형 ABC에서 $\overline{BC}=4$, $\overline{AC}=2\sqrt{5}$, $\overline{CD}\perp\overline{AB}$일 때, $\sin x+\cos y$의 값은?

① $\frac{1}{3}$　② $\frac{2}{3}$　③ 1　④ $\frac{4}{3}$　⑤ $\frac{5}{3}$

정답과 풀이 6쪽

01

오른쪽 그림과 같이 $\angle B=90^\circ$인 직각삼각형 ABC에서 $\overline{AB}=3$, $\overline{BC}=6$, $\overline{CA}=3\sqrt{5}$일 때, 다음 중에서 옳지 <u>않은</u> 것은?

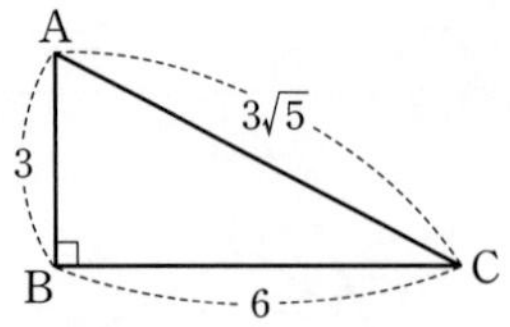

① $\sin A=\frac{2\sqrt{5}}{5}$ ② $\cos A=\frac{\sqrt{5}}{5}$

③ $\tan A=\frac{1}{2}$ ④ $\sin C=\frac{\sqrt{5}}{5}$

⑤ $\cos C=\frac{2\sqrt{5}}{5}$

02

오른쪽 그림과 같이 $\angle A=90^\circ$인 직각삼각형 ABC에서 $\overline{BC}=12$, $\overline{CA}=8$일 때, $\sin B\times\sin C$의 값은?

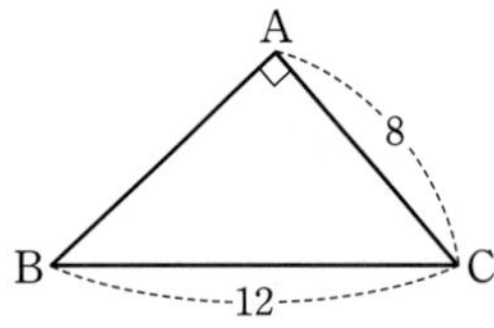

① $\frac{\sqrt{2}}{3}$ ② $\frac{2\sqrt{5}}{9}$ ③ $\frac{5}{9}$

④ $\frac{4\sqrt{2}}{9}$ ⑤ $\frac{2}{3}$

03

오른쪽 그림과 같이 $\angle C=90^\circ$인 직각삼각형 ABC에서 $\overline{AC}=3$, $\tan A=\sqrt{3}$일 때, $\overline{AB}$의 길이는?

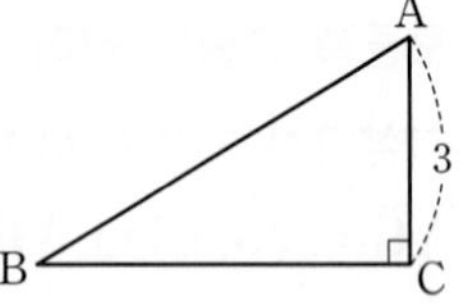

① $3\sqrt{3}$ ② $4\sqrt{2}$

③ 6 ④ $2\sqrt{10}$

⑤ $2\sqrt{11}$

04

오른쪽 그림과 같이 $\angle B=90^\circ$인 직각삼각형 ABC에서 $\overline{AC}=16$, $\cos A=\frac{3}{4}$일 때, $\triangle ABC$의 넓이는?

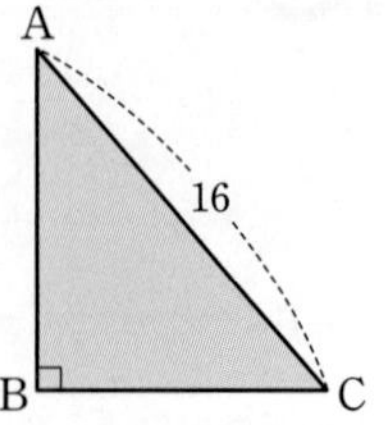

① 60 ② $16\sqrt{15}$

③ $36\sqrt{3}$ ④ $20\sqrt{10}$

⑤ $24\sqrt{7}$

05

$\angle A=90^\circ$인 직각삼각형 ABC에서 $\sin C=\frac{5}{6}$일 때, $\cos C\times\tan C$의 값은?

① $\frac{1}{6}$ ② $\frac{1}{3}$ ③ $\frac{1}{2}$

④ $\frac{2}{3}$ ⑤ $\frac{5}{6}$

06

오른쪽 그림과 같이 $\angle A=90^\circ$인 직각삼각형 ABC에서 $\overline{AB}=6$, $\overline{BC}=14$, $\overline{AH}\perp\overline{BC}$일 때, $\tan x\times\sin y$의 값은?

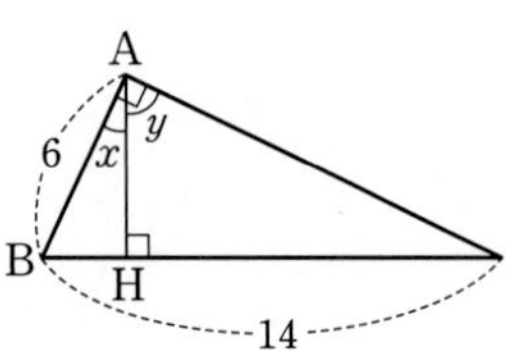

① $\frac{3}{7}$ ② $\frac{\sqrt{10}}{7}$ 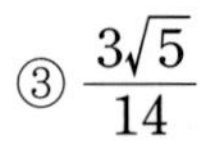 ③ $\frac{3\sqrt{5}}{14}$

④ $\frac{2\sqrt{3}}{7}$ ⑤ $\frac{5\sqrt{2}}{14}$

2. 삼각비의 값

01 특수각의 삼각비의 값

정답과 풀이 7쪽

삼각비 \ A	30°	45°	60°	
$\sin A$	$\frac{1}{2}$	$\frac{\sqrt{2}}{2}$	$\frac{\sqrt{3}}{2}$	각의 크기가 커질수록 증가
$\cos A$	$\frac{\sqrt{3}}{2}$	$\frac{\sqrt{2}}{2}$	$\frac{1}{2}$	각의 크기가 커질수록 감소
$\tan A$	$\frac{\sqrt{3}}{3}$	1	$\sqrt{3}$	각의 크기가 커질수록 증가

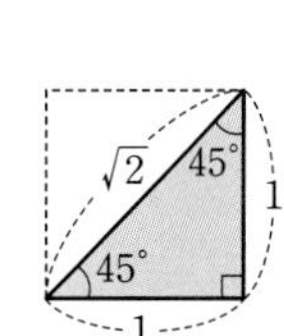

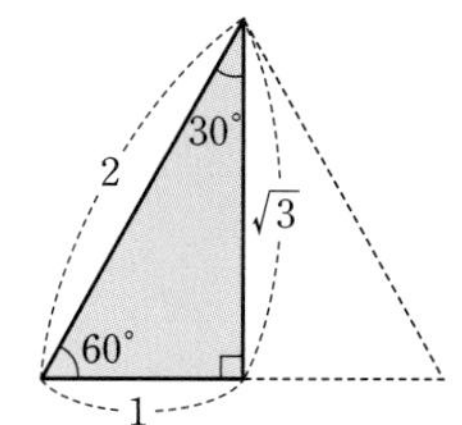

→ 특수각의 삼각비는 정사각형 또는 정삼각형을 반으로 접어서 얻은 직각삼각형에서 구할 수 있다.

참고 (1) 세 내각의 크기가 각각 45°, 45°, 90°인 직각삼각형의 세 변의 길이의 비는 $1:1:\sqrt{2}$이다.
(2) 세 내각의 크기가 각각 30°, 60°, 90°인 직각삼각형의 세 변의 길이의 비는 $1:\sqrt{3}:2$이다.

30°, 45°, 60°의 삼각비의 값

아래 그림과 같이 $\angle C=90^\circ$인 직각삼각형 ABC에서 다음 삼각비의 값을 구하시오.

01

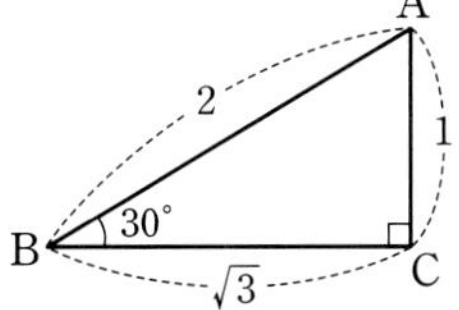

(1) $\sin 30^\circ$

(2) $\cos 30^\circ$

(3) $\tan 30^\circ$

02

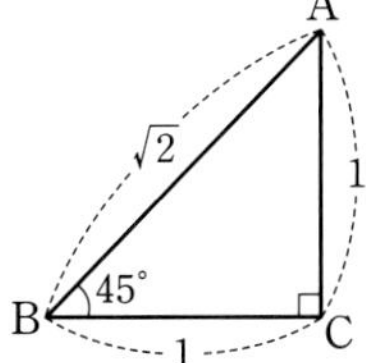

(1) $\sin 45^\circ$

(2) $\cos 45^\circ$

(3) $\tan 45^\circ$

03

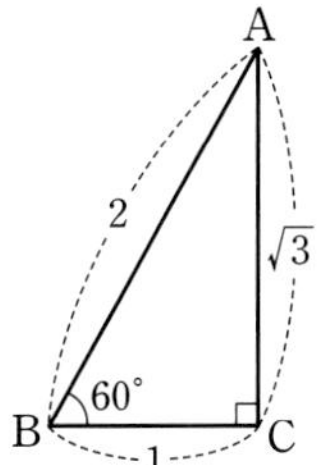

(1) $\sin 60^\circ$

(2) $\cos 60^\circ$

(3) $\tan 60^\circ$

30°, 45°, 60°의 삼각비의 값을 이용한 계산

다음을 계산하시오.

따라하기

$\sin 30^\circ+\cos 60^\circ$

→ $\sin 30^\circ=\frac{1}{2}$, $\cos 60^\circ=\frac{1}{2}$이므로

$\sin 30^\circ+\cos 60^\circ=\frac{1}{2}+\frac{1}{2}=1$

04 $\cos 30^\circ+\sin 60^\circ$

05 $\sin 45^\circ-\cos 60^\circ$

06 $\tan 30^\circ-\sin 60^\circ$

07 $\sin 30^\circ\times\cos 30^\circ$

08 $\sin 60^\circ \times \tan 60^\circ$

09 $\tan 60^\circ \div \cos 30^\circ$

Tip 분수의 나눗셈은 나누는 수의 역수를 곱하여 계산한다.

10 $\tan 45^\circ \times \cos 30^\circ + \sin 60^\circ$

11 $\cos 30^\circ - \sin 45^\circ \times \sin 60^\circ$

12 $2\sin 60^\circ \times \sin 45^\circ + \cos 45^\circ \div \sin 30^\circ$

13 $\sin 30^\circ \div \cos 45^\circ - \sin 45^\circ \times \tan 60^\circ$

14 $(\sqrt{2}\sin 45^\circ + \sqrt{3}\sin 60^\circ) \div \sin 30^\circ$

특수각의 삼각비를 이용하여 예각의 크기 구하기

※ $0^\circ < A < 90^\circ$일 때, 다음을 만족시키는 A의 크기를 구하시오.

ε 따라하기

$\sin A = \frac{1}{2}$

→ $\sin 30^\circ = \frac{1}{2}$이므로 $A = 30^\circ$

15 $\cos A = \frac{\sqrt{2}}{2}$

16 $\tan A = \frac{\sqrt{3}}{3}$

17 $\sin A = \frac{\sqrt{3}}{2}$

18 $\cos A = \frac{1}{2}$

19 $\tan A = 1$

20 대표 문제

$(\sin 30^\circ - \cos 30^\circ)(\sin 60^\circ + \cos 60^\circ)$를 계산하면?

① -1　　② $-\frac{1}{2}$　　③ 0

④ $\frac{1}{2}$　　⑤ 1

02 특수각의 삼각비를 이용하여 변의 길이 구하기

정답과 풀이 8쪽

$30°$, $45°$, $60°$를 한 내각의 크기로 갖는 직각삼각형에서 한 변의 길이가 주어졌을 때, 다른 변의 길이는 다음과 같이 구한다.

① 빗변의 길이를 알 때, 높이 구하기
→ sin을 이용한다.

예

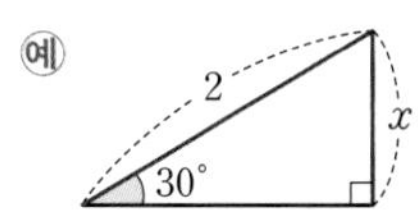

sin 이용
→ $\sin 30° = \frac{x}{2} = \frac{1}{2}$
즉, $x=1$

② 빗변의 길이를 알 때, 밑변의 길이 구하기
→ cos을 이용한다.

예

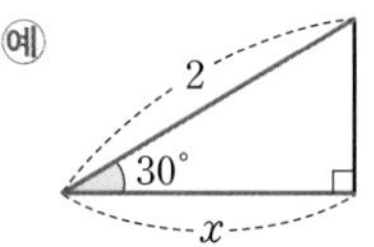

cos 이용
→ $\cos 30° = \frac{x}{2} = \frac{\sqrt{3}}{2}$
즉, $x=\sqrt{3}$

③ 밑변의 길이를 알 때, 높이 구하기
→ tan를 이용한다.

예

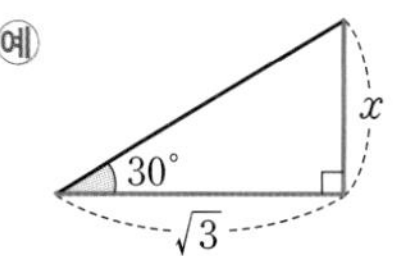

tan 이용
→ $\tan 30° = \frac{x}{\sqrt{3}} = \frac{\sqrt{3}}{3}$
즉, $x=1$

특수각의 삼각비를 이용하여 삼각형의 변의 길이 구하기

다음 그림과 같은 직각삼각형 ABC에서 x, y의 값을 각각 구하시오.

따라하기

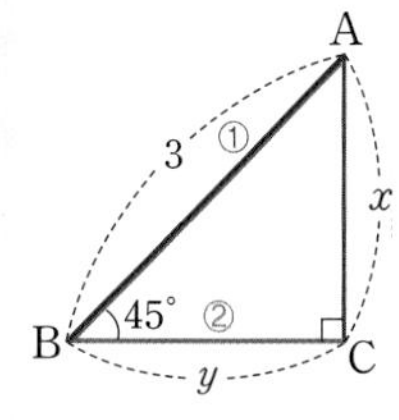

→ ① $\sin 45° = \frac{x}{3} = \frac{\sqrt{2}}{2}$이므로
$x = \frac{3\sqrt{2}}{2}$ → 빗변과 높이 → sin 이용

② $\cos 45° = \frac{y}{3} = \frac{\sqrt{2}}{2}$이므로
$y = \frac{3\sqrt{2}}{2}$ → 빗변과 밑변 → cos 이용

01

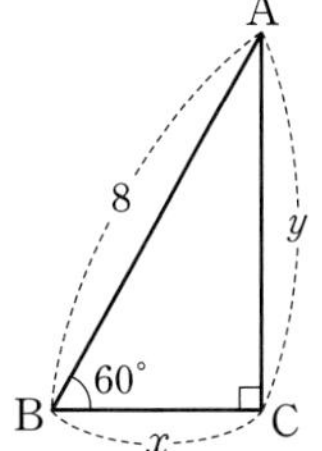

02

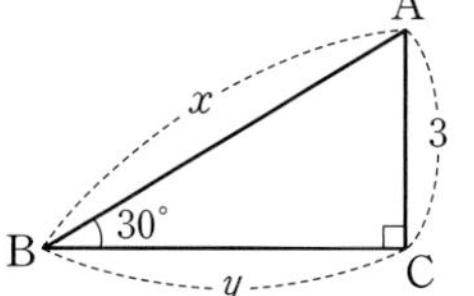

03

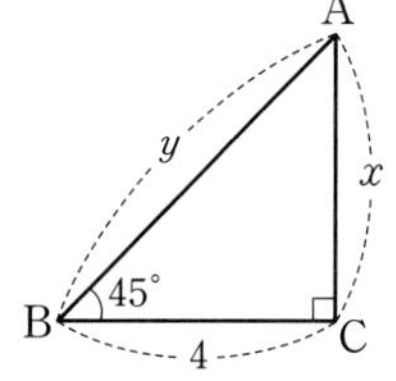

04

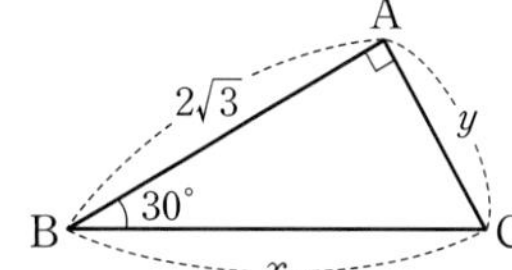

05

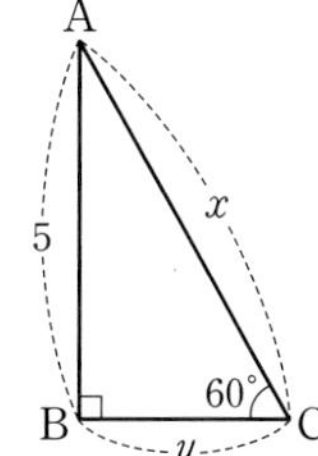

06

A, x, C, 45°, √3, y, B

다음 그림에서 x, y의 값을 각각 구하시오.

따라하기

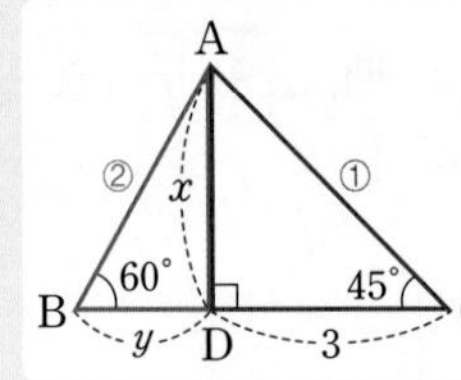

→ ① $\tan 45^\circ=\frac{x}{3}=1$이므로
$x=3$ → 밑변과 높이 → tan 이용

② $\tan 60^\circ=\frac{3}{y}=\sqrt{3}$이므로
$y=\sqrt{3}$ → 밑변과 높이 → tan 이용

07

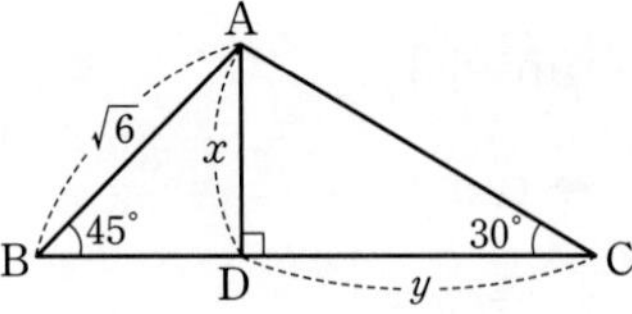

08

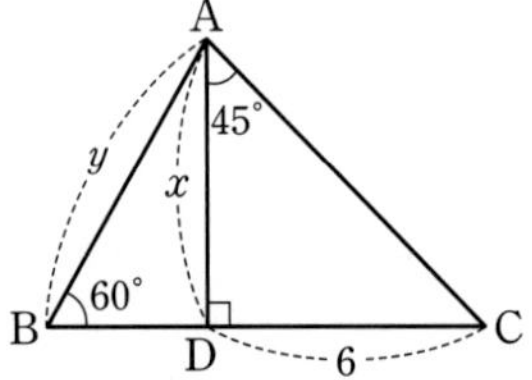

09

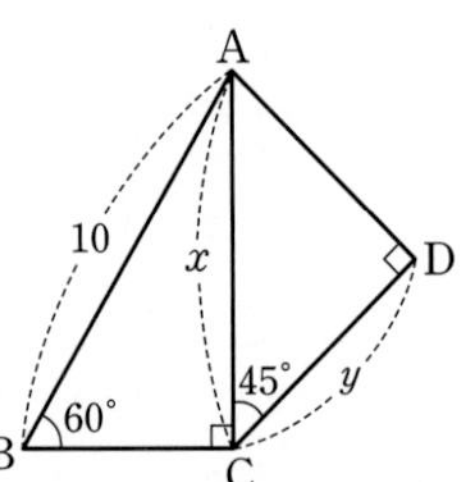

10

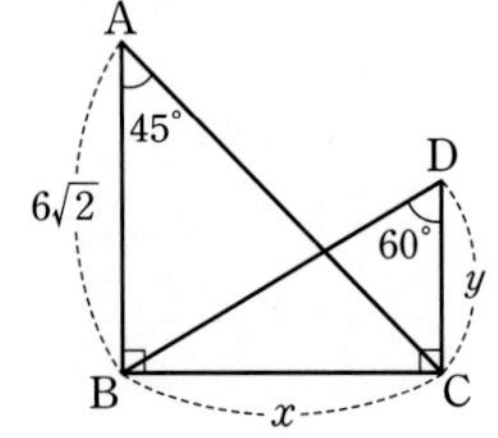

다음 그림에서 x의 값을 구하시오.

따라하기

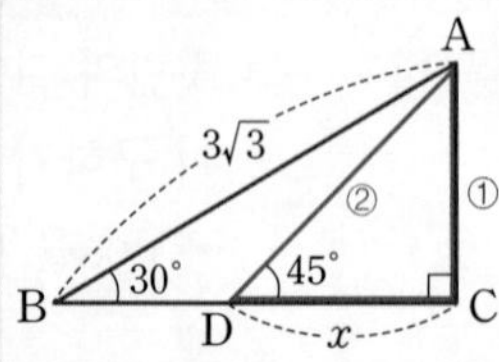

→ ① $\sin 30^\circ=\frac{\overline{AC}}{3\sqrt{3}}=\frac{1}{2}$이므로 $\overline{AC}=\frac{3\sqrt{3}}{2}$

② $\tan 45^\circ=\frac{\frac{3\sqrt{3}}{2}}{x}=1$이므로 $x=\frac{3\sqrt{3}}{2}$

11

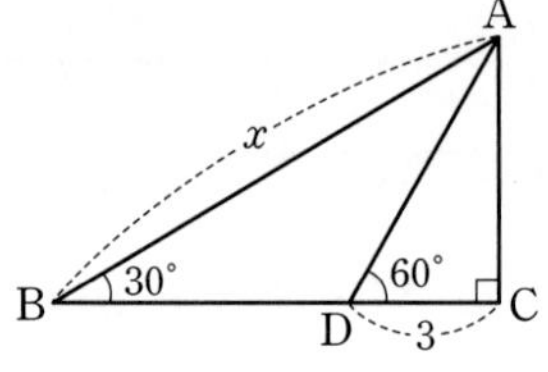

12

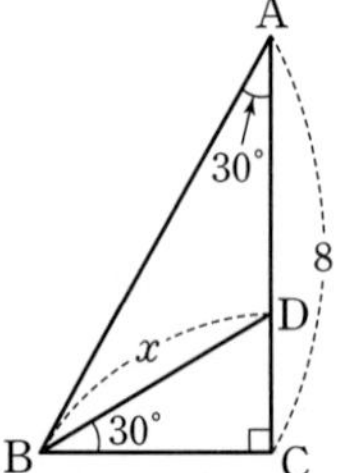

13 대표 문제

오른쪽 그림에서 두 삼각형 ABC, DBC는 각각 $\angle ABC=90^\circ$, $\angle DCB=90^\circ$인 직각삼각형이다. $\overline{AB}=9\sqrt{3}$, $\angle A=30^\circ$, $\angle D=45^\circ$일 때, x의 값은?

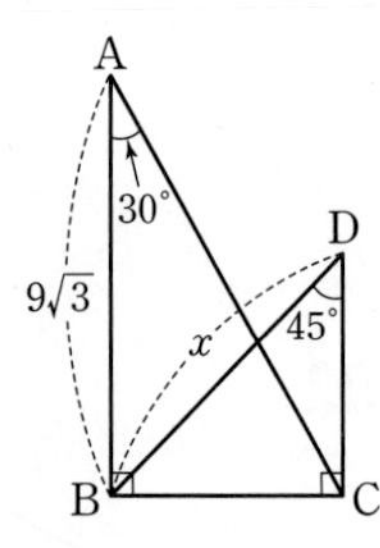

① $7\sqrt{3}$ ② $4\sqrt{10}$
③ $9\sqrt{2}$ ④ $6\sqrt{5}$
⑤ $8\sqrt{3}$

03 직선의 기울기와 삼각비

정답과 풀이 9쪽

직선 $y=mx+n$이 x축의 양의 방향과 이루는 예각의 크기를 a라 하면

$$(\text{직선의 기울기})=m=\frac{(y\text{의 값의 증가량})}{(x\text{의 값의 증가량})}=\frac{\overline{OB}}{\overline{OA}}=\tan a$$

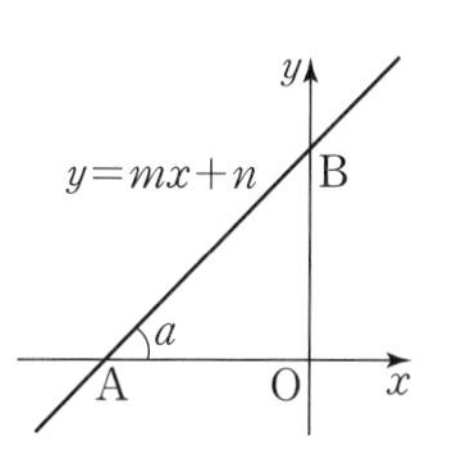

직선의 방정식이 주어질 때, 삼각비의 값 구하기

다음 직선이 x축의 양의 방향과 이루는 예각의 크기를 a라 할 때, $\tan a$의 값을 구하시오.

01 $y=3x-5$

02 $4x-3y+1=0$

03 $\sqrt{3}x-4y-2=0$

다음 직선이 x축의 양의 방향과 이루는 예각의 크기를 구하시오.

따라하기

$x-y+5=0$

→ 주어진 직선이 x축의 양의 방향과 이루는 예각의 크기를 a라 하면 $\tan a=1$ ($y=x+5$에서 기울기는 1)

이때 $\tan 45^\circ=1$이므로 $a=45^\circ$

04 $\sqrt{3}x-3y-6=0$

05 $6x-2\sqrt{3}y+3=0$

삼각비를 이용하여 직선의 방정식 구하기

다음 그림과 같은 직선의 방정식을 구하시오.

따라하기

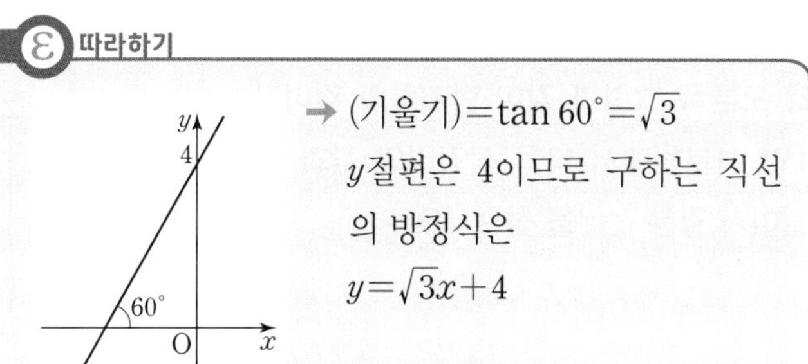

→ (기울기)$=\tan 60^\circ=\sqrt{3}$

y절편은 4이므로 구하는 직선의 방정식은

$y=\sqrt{3}x+4$

06

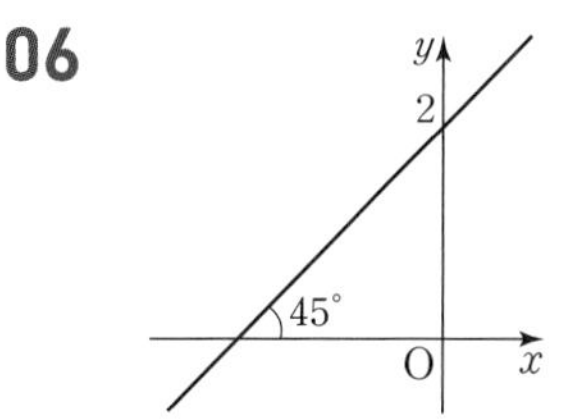

07

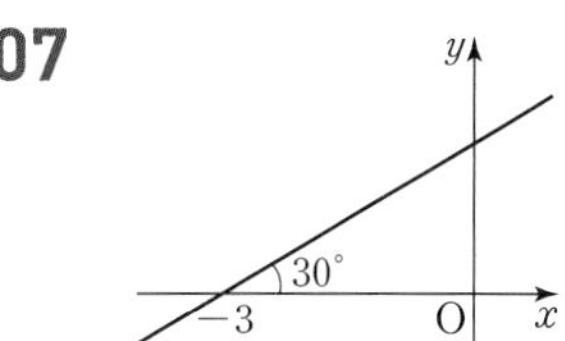

Tip 기울기가 m이고 점 (a, b)를 지나는 직선의 방정식은 $y=m(x-a)+b$이다.

08 대표 문제

점 $(-1, 2\sqrt{3})$을 지나고 x축의 양의 방향과 이루는 예각의 크기가 60°인 직선의 방정식은?

① $y=\frac{\sqrt{3}}{3}x+\frac{7}{3}\sqrt{3}$　② $y=x+2\sqrt{3}$

③ $y=\sqrt{3}x+2\sqrt{3}$　④ $y=\sqrt{3}x+3\sqrt{3}$

⑤ $y=2x+3\sqrt{3}$

04 예각의 삼각비의 값

정답과 풀이 9쪽

오른쪽 그림과 같은 반지름의 길이가 1인 사분원을 이용하면 예각 x의 삼각비의 값을 다음과 같이 선분의 길이로 나타낼 수 있다.

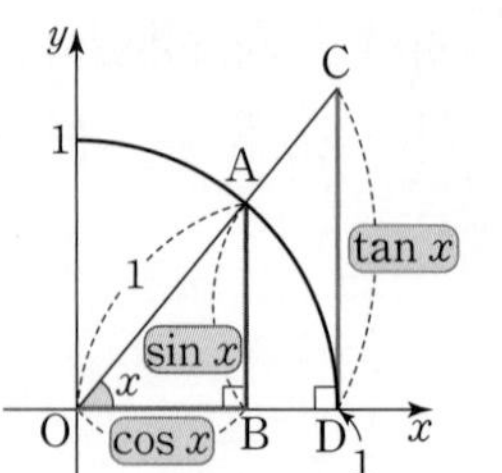

(1) $\sin x=\frac{\overline{AB}}{\overline{OA}}=\frac{\overline{AB}}{1}=\overline{AB}$

(2) $\cos x=\frac{\overline{OB}}{\overline{OA}}=\frac{\overline{OB}}{1}=\overline{OB}$

→ 빗변의 길이가 1인 직각삼각형 OAB를 이용한다.

(3) $\tan x=\frac{\overline{CD}}{\overline{OD}}=\frac{\overline{CD}}{1}=\overline{CD}$ → 밑변의 길이가 1인 직각삼각형 OCD를 이용한다.

사분원에서 삼각비의 값과 그 길이가 같은 선분 찾기

오른쪽 그림과 같이 반지름의 길이가 1인 사분원에서 다음 삼각비의 값과 그 길이가 같은 선분을 찾으시오.

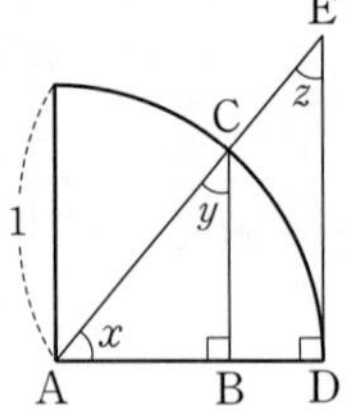

따라하기

$\sin x$

→ 직각삼각형 ABC에서
└→ 빗변의 길이가 1인 직각삼각형을 이용한다.

$\sin x=\frac{\overline{BC}}{\overline{AC}}=\frac{\overline{BC}}{1}=\overline{BC}$

01 $\cos x$

02 $\tan x$

03 $\sin y$

04 $\cos y$

05 $\sin z$

Tip 평행선의 성질을 이용하여 z와 크기가 같은 각을 찾는다.

사분원에서 예각의 삼각비의 값 구하기

오른쪽 그림과 같이 반지름의 길이가 1인 사분원을 좌표평면 위에 나타내었을 때, 다음 삼각비의 값을 구하시오.

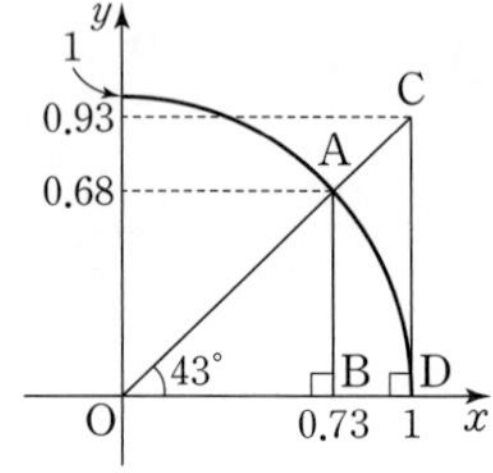

따라하기

$\sin 43°$

→ 직각삼각형 OAB에서
└→ 빗변의 길이가 1인 직각삼각형을 이용한다.

$\sin 43°=\frac{\overline{AB}}{\overline{OA}}=\frac{\overline{AB}}{1}=\overline{AB}=0.68$

06 $\cos 43°$

07 $\tan 43°$

08 $\sin 47°$

Tip 직각삼각형에서 직각을 제외한 두 내각의 크기의 합은 90°임을 이용하여 크기가 47°인 각을 찾는다.

09 $\cos 47°$

※ 오른쪽 그림과 같이 반지름의 길이가 1인 사분원을 좌표평면 위에 나타내었을 때, 다음 삼각비의 값을 구하시오.

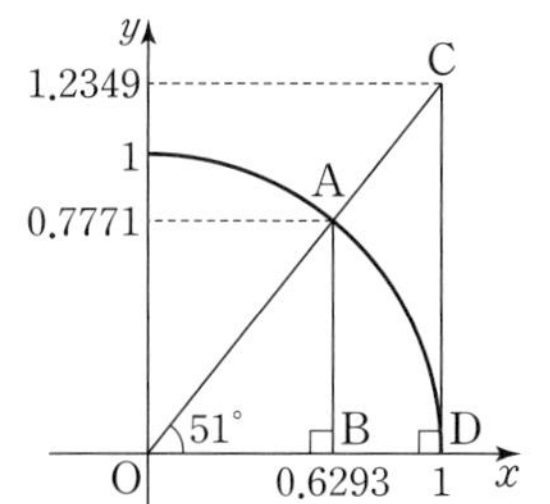

10 $\sin 51°$

11 $\cos 51°$

12 $\tan 51°$

13 $\sin 39°$

14 $\cos 39°$

※ 오른쪽 그림과 같이 반지름의 길이가 1인 사분원을 좌표평면 위에 나타내었을 때, 다음 삼각비의 값을 구하시오.

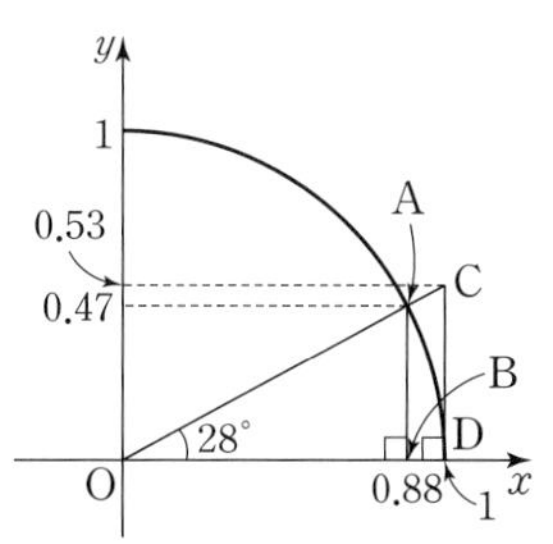

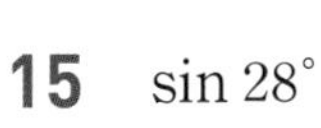

15 $\sin 28°$

16 $\cos 28°$

17 $\tan 28°$

18 $\sin 62°$

19 $\cos 62°$

※ 오른쪽 그림과 같이 반지름의 길이가 1인 사분원을 좌표평면 위에 나타내었을 때, 다음 삼각비의 값을 구하시오.

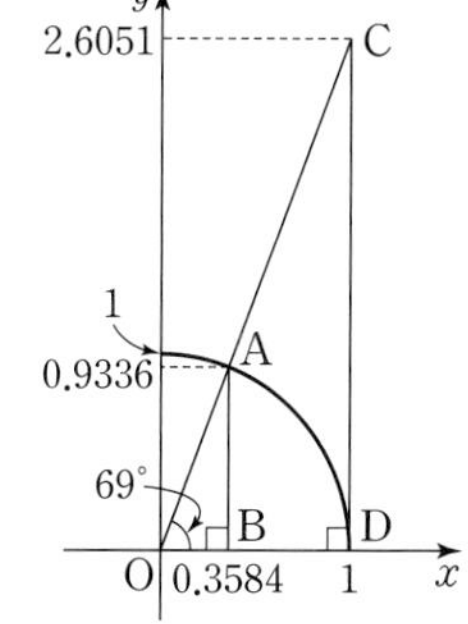

20 $\cos 69°$

21 $\tan 69°$

22 $\sin 21°$

23 대표 문제

오른쪽 그림과 같이 반지름의 길이가 1인 사분원에서 다음 중 옳지 않은 것은?

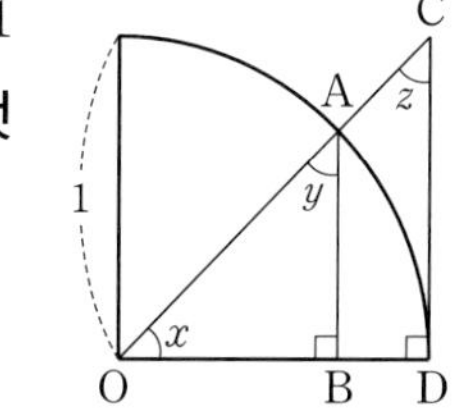

① $\sin x = \overline{AB}$
② $\tan x = \overline{CD}$
③ $\cos y = \overline{AB}$
④ $\sin z = \overline{OB}$
⑤ $\tan z = \overline{CD}$

05 0°, 90°의 삼각비의 값

정답과 풀이 10쪽

A \ 삼각비	$\sin A$	$\cos A$	$\tan A$
0°	0	1	0
90°	1	0	정할 수 없다.

0°, 90°의 삼각비의 값

다음 삼각비의 값을 구하시오.

01 $\sin 0^\circ$

02 $\sin 90^\circ$

03 $\cos 0^\circ$

04 $\tan 0^\circ$

05 $\cos 90^\circ$

0°, 90°의 삼각비의 값을 이용한 계산

다음을 계산하시오.

06 $\sin 0^\circ - \cos 0^\circ$

07 $\sin 90^\circ + \tan 0^\circ$

08 $\sin 90^\circ \times \cos 0^\circ - \tan 45^\circ$

09 $\cos 60^\circ \times \cos 0^\circ + \sin 45^\circ \times \tan 30^\circ$

10 $(1+\cos 0^\circ)(1+\tan 45^\circ)$

11 $\cos 90^\circ \times \sin 60^\circ - \cos 0^\circ \times \tan 60^\circ$

12 $(2\sin 45^\circ - 3\tan 30^\circ) \times \sin 90^\circ$

13 $(\sin 0^\circ - \sin 30^\circ)(\sin 90^\circ + \cos 60^\circ)$

14 $(\tan 45^\circ - 2\cos 30^\circ)(\cos 0^\circ + \tan 60^\circ)$

06 삼각비의 대소 관계

정답과 풀이 11쪽

(1) 삼각비의 값의 변화

A의 크기가 $0°$에서 $90°$로 증가하면

① $\sin A$의 값은 0에서 1로 증가한다.

② $\cos A$의 값은 1에서 0으로 감소한다.

③ $\tan A$의 값은 0에서 한없이 증가한다. (단, $A \neq 90°$)

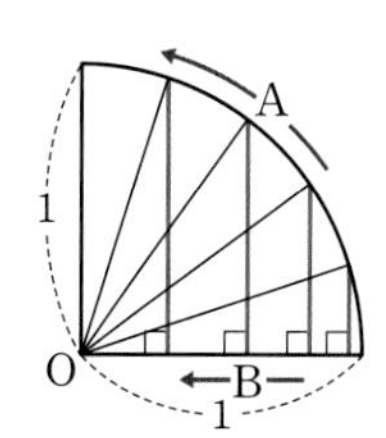

∠AOB$=A$라 하면 $\sin A=\overline{AB}$, $\cos A=\overline{OB}$

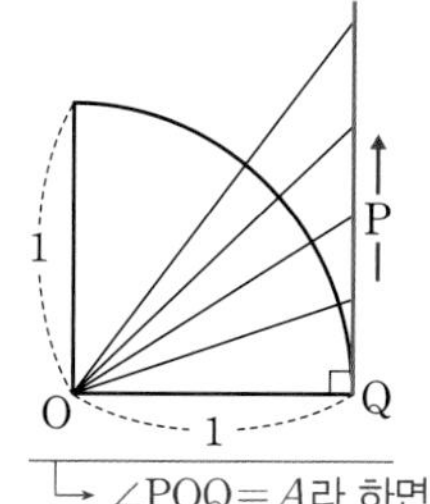

∠POQ$=A$라 하면 $\tan A=\overline{PQ}$

(2) 삼각비의 대소 관계

① $0° \leq A < 45°$ ➜ $\sin A < \cos A$

② $A=45°$ ➜ $\sin A = \cos A < \tan A$

③ $45° < A < 90°$ ➜ $\cos A < \sin A < \tan A$

→ $\sin 45° = \cos 45° = \frac{\sqrt{2}}{2}$, $\tan 45°=1$이므로 $45°$를 기준으로 대소를 비교한다.

삼각비의 값의 변화 이해하기

다음 중 옳은 것은 ○표, 옳지 않은 것은 ×표를 (　　) 안에 써넣으시오.

01 $0° \leq A \leq 90°$일 때, A의 크기가 커지면 $\cos A$의 값은 증가한다. (　　)

02 $0° \leq A \leq 90°$일 때, A의 크기가 커지면 $\sin A$의 값은 증가한다. (　　)

03 $0° \leq A < 90°$일 때, A의 크기가 작아지면 $\tan A$의 값은 증가한다. (　　)

04 $0° \leq A \leq 90°$일 때, $\sin A$의 최댓값은 1, 최솟값은 0이다. (　　)

05 $0° \leq A < 90°$일 때, $\tan A$의 최댓값은 1이다. (　　)

삼각비의 대소 관계

다음 ○ 안에 > 또는 <를 써넣으시오.

06 $\cos 79°$ ○ $\cos 21°$

07 $\tan 15°$ ○ $\tan 50°$

08 $\sin 80°$ ○ $\cos 80°$

Tip $45°$를 기준으로 생각해 본다.

09 $\cos 55°$ ○ $\tan 55°$

10 대표 문제

다음 삼각비의 값을 작은 것부터 차례로 나열하면?

$\sin 90°$, $\cos 33°$, $\tan 46°$, $\sin 28°$

① $\sin 28°$, $\cos 33°$, $\sin 90°$, $\tan 46°$

② $\sin 28°$, $\tan 46°$, $\sin 90°$, $\cos 33°$

③ $\tan 46°$, $\sin 90°$, $\cos 33°$, $\sin 28°$

④ $\cos 33°$, $\sin 28°$, $\sin 90°$, $\tan 46°$

⑤ $\sin 28°$, $\cos 33°$, $\tan 46°$, $\sin 90°$

07 삼각비의 표

정답과 풀이 11쪽

(1) 삼각비의 표

0°에서 90°까지의 각을 1° 간격으로 나누어 삼각비의 값을 반올림하여 소수점 아래 넷째 자리까지 구하여 정리한 표

(2) 삼각비의 표 읽는 법

각도의 가로줄과 sin, cos, tan의 세로줄이 만나는 곳에 있는 수를 읽는다.

각도	사인(sin)	코사인(cos)	탄젠트(tan)
⋮	⋮	⋮	⋮
22°	0.3746	0.9272	0.4040
23°	0.3907	0.9205	0.4245
24°	0.4067	0.9135	0.4452
⋮	⋮	⋮	⋮

→ $\sin 22^\circ = 0.3746$

$\cos 23^\circ = 0.9205$

$\tan 24^\circ = 0.4452$

참고 삼각비의 표에 있는 값은 대부분 어림한 값이지만 등호를 사용하여 나타낸다.

삼각비의 표를 이용하여 삼각비의 값 구하기

아래의 삼각비의 표를 이용하여 다음 삼각비의 값을 구하시오.

각도	사인(sin)	코사인(cos)	탄젠트(tan)
56°	0.8290	0.5592	1.4826
57°	0.8387	0.5446	1.5399
58°	0.8480	0.5299	1.6003
59°	0.8572	0.5150	1.6643
60°	0.8660	0.5000	1.7321

01 $\sin 59^\circ$

02 $\cos 56^\circ$

03 $\tan 57^\circ$

04 $\cos 58^\circ$

05 $\sin 60^\circ$

삼각비의 표를 이용하여 각의 크기 구하기

아래의 삼각비의 표를 이용하여 다음 삼각비의 값을 만족시키는 x의 크기를 구하시오.

각도	사인(sin)	코사인(cos)	탄젠트(tan)
31°	0.5150	0.8572	0.6009
32°	0.5299	0.8480	0.6249
33°	0.5446	0.8387	0.6494
34°	0.5592	0.8290	0.6745
35°	0.5736	0.8192	0.7002

06 $\sin x = 0.5592$

07 $\cos x = 0.8572$

08 $\tan x = 0.7002$

09 $\sin x = 0.5446$

10 $\tan x = 0.6249$

삼각비의 표를 이용하여 직각삼각형에서 변의 길이 구하기

※ 아래의 삼각비의 표를 이용하여 다음 직각삼각형 ABC에서 x의 값을 구하시오.

각도	사인(sin)	코사인(cos)	탄젠트(tan)
51°	0.7771	0.6293	1.2349
52°	0.7880	0.6157	1.2799
53°	0.7986	0.6018	1.3270
54°	0.8090	0.5878	1.3764
55°	0.8192	0.5736	1.4281

따라하기

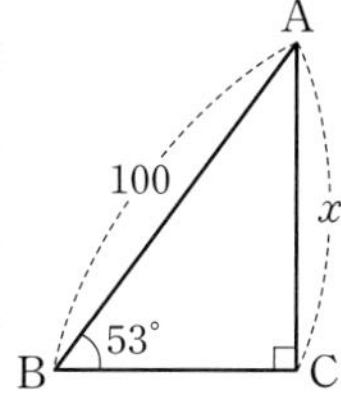

➜ $\sin 53° = \frac{x}{100}$
└→ 빗변과 높이 → sin 이용

이때 $\sin 53° = 0.7986$이므로

$\frac{x}{100} = 0.7986$, 즉 $x = 79.86$

11

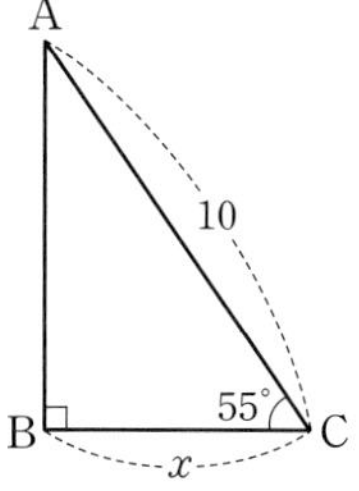

12

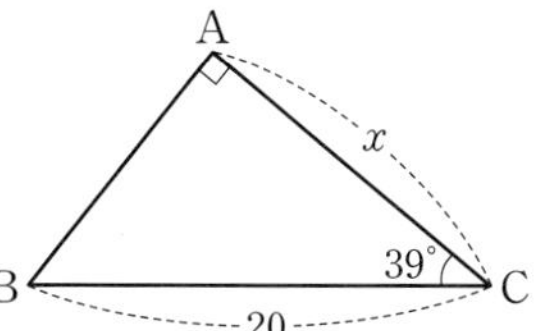

Tip 직각삼각형에서 직각을 제외한 두 내각의 크기의 합은 90°임을 이용하여 삼각비의 표에 있는 각의 크기를 갖는 각을 찾는다.

13

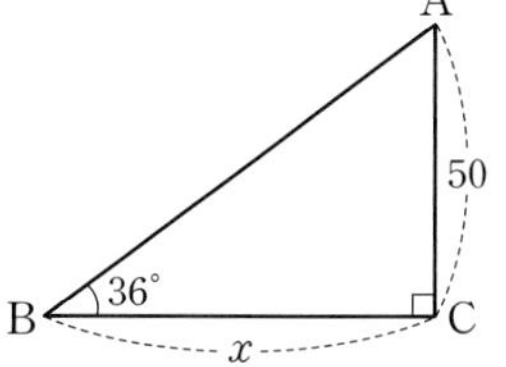

삼각비의 표를 이용하여 직각삼각형에서 각의 크기 구하기

※ 아래의 삼각비의 표를 이용하여 다음 직각삼각형 ABC에서 x의 크기를 구하시오.

각도	사인(sin)	코사인(cos)	탄젠트(tan)
41°	0.6561	0.7547	0.8693
42°	0.6691	0.7431	0.9004
43°	0.6820	0.7314	0.9325
44°	0.6947	0.7193	0.9657
45°	0.7071	0.7071	1.0000

따라하기

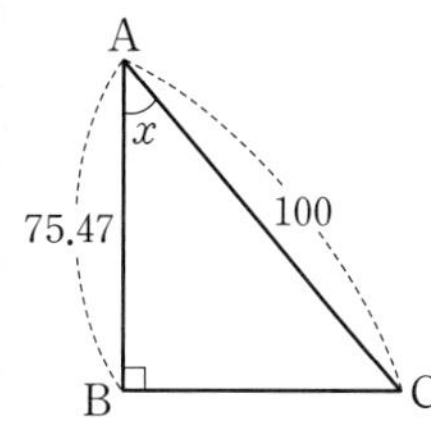

➜ $\cos x = \frac{75.47}{100} = 0.7547$
└→ 빗변과 밑변 → cos 이용

이때 $\cos 41° = 0.7547$이므로

$x = 41°$

14

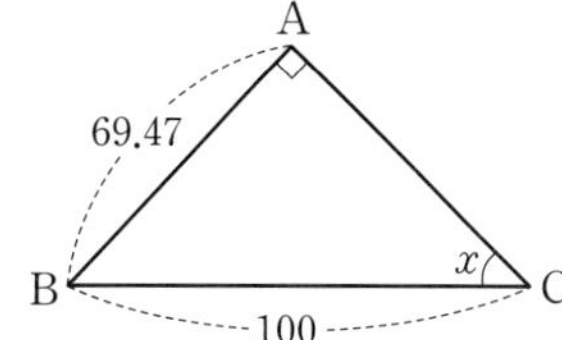

15

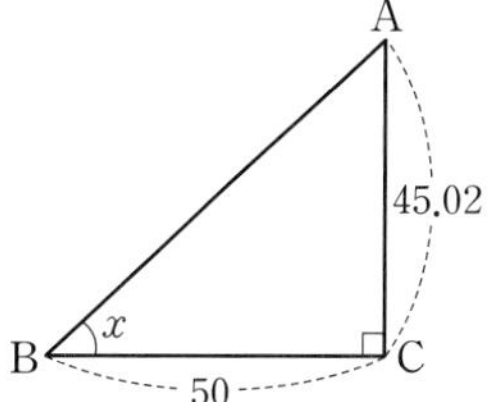

다음 삼각비의 표를 이용하여 $\sin x = 0.4540$, $\tan y = 0.5543$일 때, $x+y$의 크기를 구하면?

각도	사인(sin)	코사인(cos)	탄젠트(tan)
27°	0.4540	0.8910	0.5095
28°	0.4695	0.8829	0.5317
29°	0.4848	0.8746	0.5543

① 54°　② 55°　③ 56°
④ 57°　⑤ 58°

01

다음 중에서 옳지 <u>않은</u> 것은?

① $\cos 30^\circ \times \sin 60^\circ = \frac{3}{4}$

② $\sin 45^\circ \div \cos 60^\circ = \sqrt{3}$

③ $\sin 30^\circ + \tan 45^\circ \times \cos 30^\circ = \frac{1+\sqrt{3}}{2}$

④ $\sin 90^\circ - \sin 45^\circ \times \cos 45^\circ = \frac{1}{2}$

⑤ $\tan 0^\circ \times \cos 60^\circ + \cos 0^\circ = 1$

02

오른쪽 그림과 같이 $\angle \mathrm{A}=90^\circ$, $\angle \mathrm{D}=90^\circ$인 두 직각삼각형 ABC, DBC에서 $\overline{\mathrm{AB}}=8$일 때, xy의 값은?

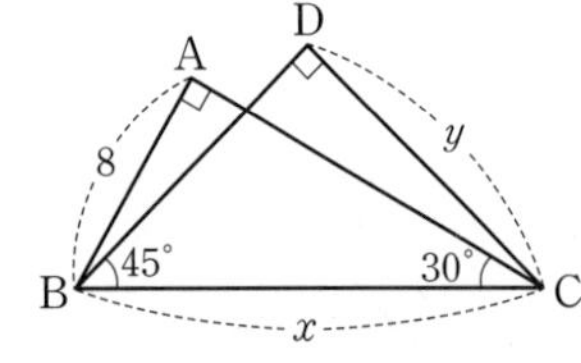

① $100\sqrt{3}$ ② 180 ③ $128\sqrt{2}$

④ 200 ⑤ $128\sqrt{3}$

03

오른쪽 그림과 같이 직선 $y=\frac{3}{4}x+3$이 x축의 양의 방향과 이루는 예각의 크기를 a라 할 때, $(\sin a+\cos a)\tan a$의 값은?

$y=\frac{3}{4}x+3$

① 1 ② $\frac{21}{20}$ ③ $\frac{11}{10}$

④ $\frac{23}{20}$ ⑤ $\frac{6}{5}$

04

오른쪽 그림은 반지름의 길이가 1인 사분원을 좌표평면 위에 나타낸 것이다. $\sin 37^\circ + \sin 53^\circ$의 값은?

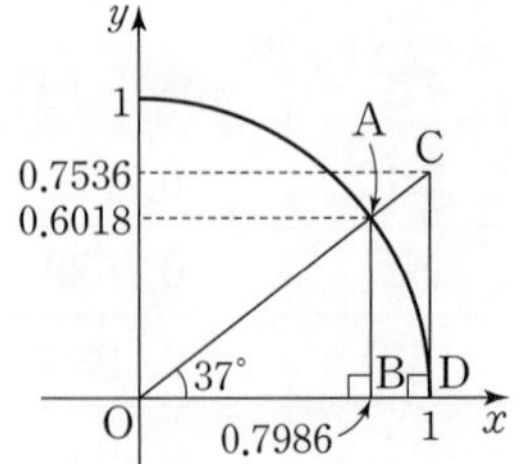

① 1.1243 ② 1.2334

③ 1.3554 ④ 1.4004

⑤ 1.5522

05

다음 중에서 $\sin 59^\circ$, $\cos 59^\circ$, $\tan 59^\circ$의 대소 관계로 옳은 것은?

① $\tan 59^\circ < \cos 59^\circ < \sin 59^\circ$

② $\sin 59^\circ < \cos 59^\circ < \tan 59^\circ$

③ $\sin 59^\circ < \tan 59^\circ < \cos 59^\circ$

④ $\cos 59^\circ < \tan 59^\circ < \sin 59^\circ$

⑤ $\cos 59^\circ < \sin 59^\circ < \tan 59^\circ$

06

오른쪽 그림과 같이 $\angle \mathrm{C}=90^\circ$인 직각삼각형 ABC에서 $\overline{\mathrm{AB}}=50$, $\overline{\mathrm{BC}}=11.25$일 때, 다음 삼각비의 표를 이용하여 x의 크기를 구하면?

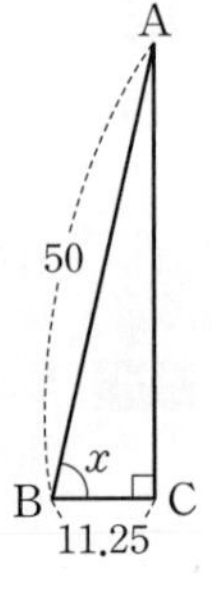

각도	사인(sin)	코사인(cos)	탄젠트(tan)
76°	0.9703	0.2419	4.0108
77°	0.9744	0.2250	4.3315
78°	0.9781	0.2079	4.7046
79°	0.9816	0.1908	5.1446
80°	0.9848	0.1736	5.6713

① 76° ② 77° ③ 78°

④ 79° ⑤ 80°

삼각비의 활용

1. 길이 구하기

2. 넓이 구하기

1. 길이 구하기

01 직각삼각형의 변의 길이

정답과 풀이 13쪽

$\angle B=90°$인 직각삼각형 ABC에서

(1) $\angle A$의 크기와 빗변의 길이 b를 알 때

→ $a=b\sin A$, $c=b\cos A$

(2) $\angle A$의 크기와 밑변의 길이 c를 알 때

→ $a=c\tan A$, $b=\dfrac{c}{\cos A}$

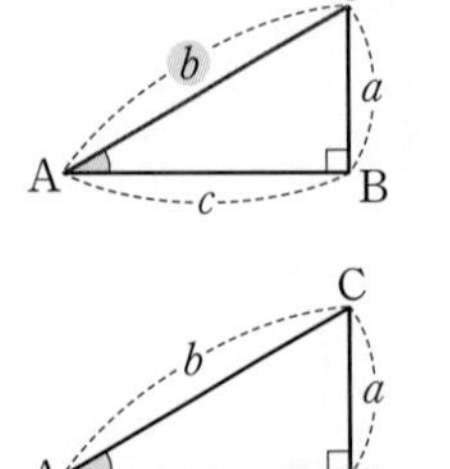

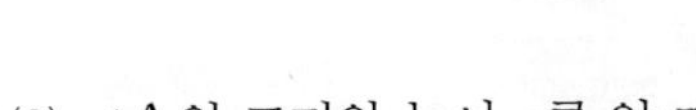

(3) $\angle A$의 크기와 높이 a를 알 때

→ $b=\dfrac{a}{\sin A}$, $c=\dfrac{a}{\tan A}$

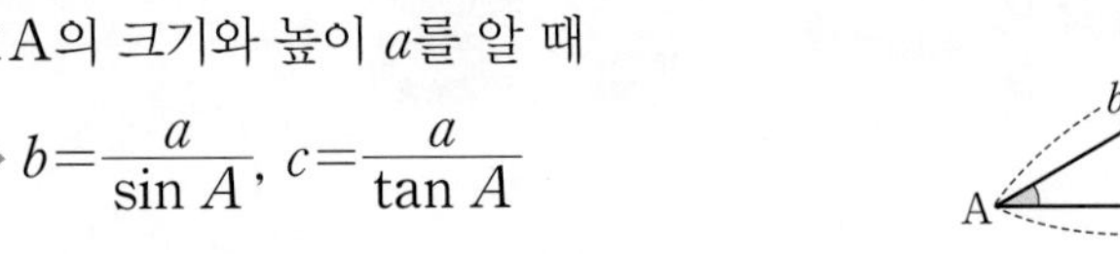

직각삼각형에서 한 예각의 크기와 한 변의 길이를 알면 삼각비를 이용하여 나머지 두 변의 길이를 구할 수 있다.

직각삼각형의 변의 길이를 삼각비로 나타내기

다음 그림의 직각삼각형 ABC에서 x, y의 값을 주어진 각의 삼각비와 변의 길이를 이용하여 각각 나타내시오.

따라하기

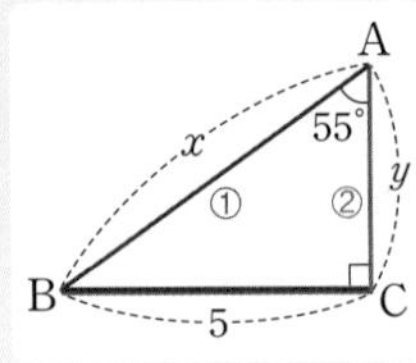

→ ① $\sin 55°=\dfrac{5}{x}$이므로

$x=\dfrac{5}{\sin 55°}$

② $\tan 55°=\dfrac{5}{y}$이므로

$y=\dfrac{5}{\tan 55°}$

01

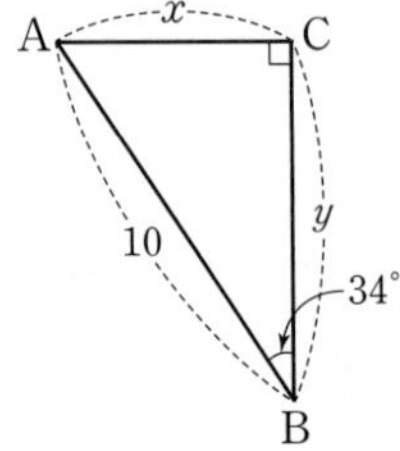

02

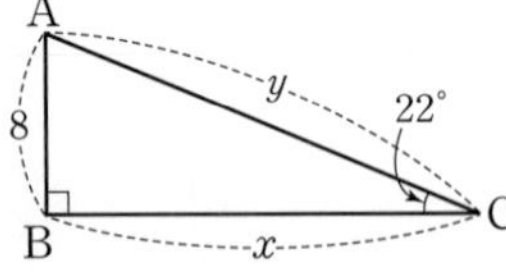

03

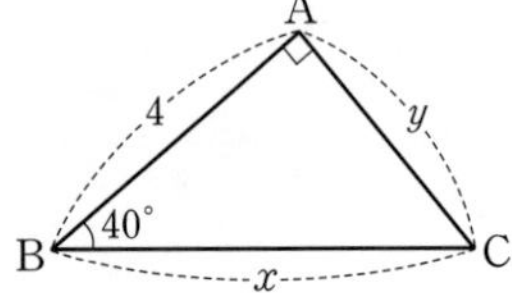

삼각비를 이용하여 직각삼각형의 변의 길이 구하기

다음 그림의 직각삼각형 ABC에서 x, y의 값을 주어진 삼각비의 값을 이용하여 각각 구하시오.

따라하기

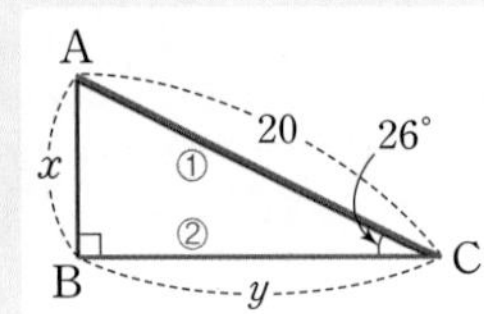

$\sin 26°=0.44$
$\cos 26°=0.90$
$\tan 26°=0.49$

→ ① $\sin 26°=\dfrac{x}{20}=0.44$이므로 $x=8.8$

② $\cos 26°=\dfrac{y}{20}=0.90$이므로 $y=18$

04

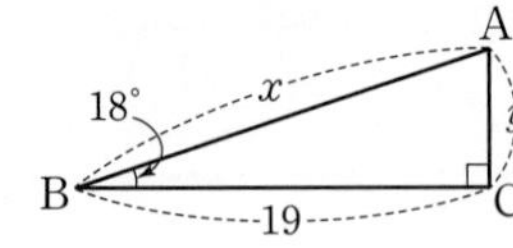

$\sin 18°=0.31$
$\cos 18°=0.95$
$\tan 18°=0.32$

05

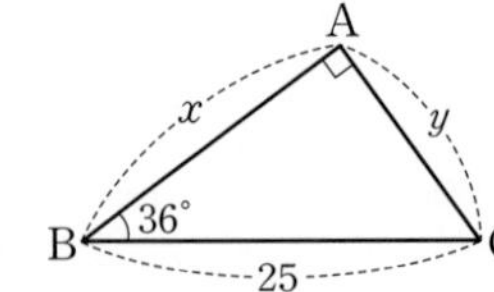

$\sin 36°=0.59$
$\cos 36°=0.81$
$\tan 36°=0.73$

실생활에서 직각삼각형의 변의 길이 구하기

06 오른쪽 그림과 같이 건물의 벽면에 길이가 5 m인 사다리를 걸쳐 놓았다. 사다리가 지면과 이루는 각의 크기가 34°이고, 사다리의 한쪽 끝이 건물과 닿는 부분을 A 지점이라 할 때, 지면에서 A 지점까지의 높이를 구하시오. (단, $\sin 34° = 0.56$, $\cos 34° = 0.83$, $\tan 34° = 0.67$로 계산한다.)

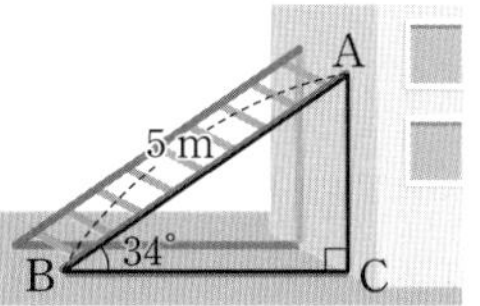

07 오른쪽 그림과 같이 높이가 2.7 m이고 기울기가 33°인 에스컬레이터가 있다. 에스컬레이터가 시작하는 부분을 A 지점, 끝나는 부분을 C 지점이라 할 때, $\overline{AC}$의 길이를 구하시오. (단, $\sin 33° = 0.54$, $\cos 33° = 0.84$, $\tan 33° = 0.65$로 계산한다.)

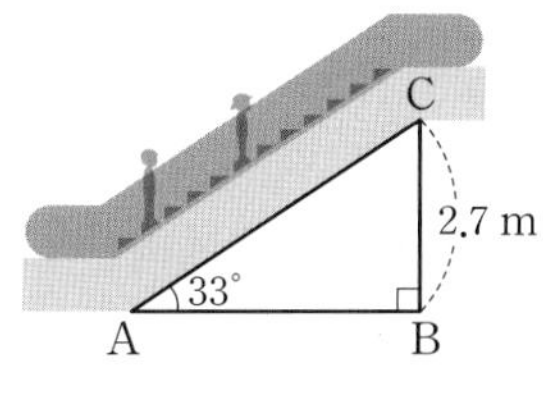

08 오른쪽 그림과 같이 지면에 수직으로 서 있던 나무가 부러져서 꼭대기 A 부분이 지면에 닿았다. $\overline{AC} = 3\,\text{m}$, $\angle BAC = 41°$일 때, 다음을 구하시오. (단, $\sin 41° = 0.66$, $\cos 41° = 0.75$, $\tan 41° = 0.87$로 계산한다.)

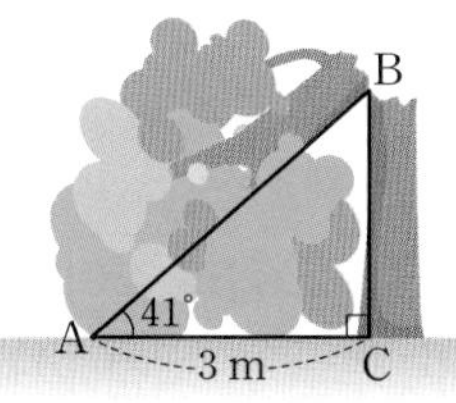

(1) $\overline{AB}$의 길이

(2) $\overline{BC}$의 길이

(3) 부러지기 전의 나무의 높이

09 아래 그림과 같이 승민이가 지면에 수직으로 서 있는 나무로부터 4 m 떨어진 지점에서 나무의 꼭대기 A 지점을 올려다본 각의 크기가 48°이다. 승민이의 눈높이가 1.6 m일 때, 다음을 구하시오. (단, $\sin 48° = 0.74$, $\cos 48° = 0.67$, $\tan 48° = 1.11$로 계산한다.)

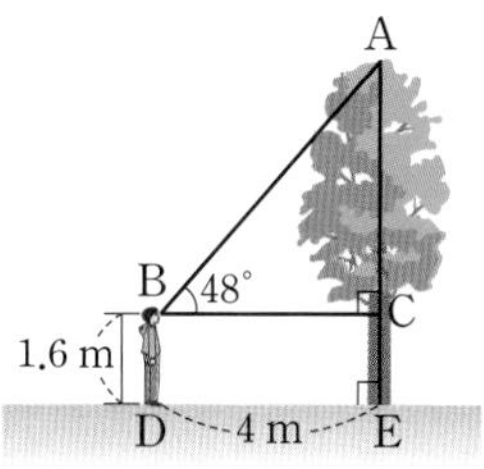

(1) $\overline{CE}$의 길이

(2) $\overline{AC}$의 길이

(3) 나무의 높이

10 오른쪽 그림과 같이 은수가 A 지점에 있는 연을 올려다본 각의 크기가 55°이다. 은수의 눈높이는 1.5 m이고 은수의 눈에서 연까지의 거리가 40 m일 때, 다음을 구하시오. (단, $\sin 55° = 0.82$, $\cos 55° = 0.57$, $\tan 55° = 1.43$으로 계산한다.)

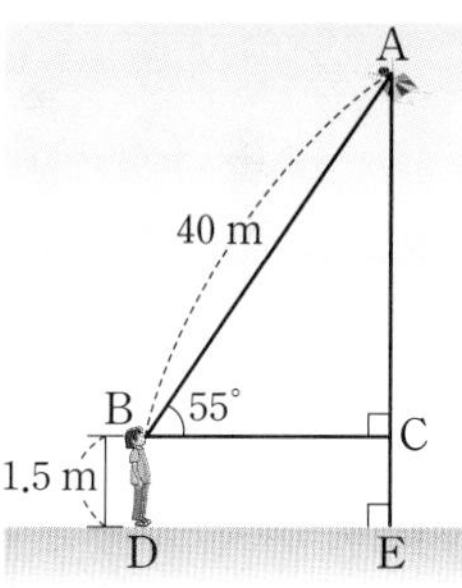

(1) $\overline{CE}$의 길이

(2) $\overline{AC}$의 길이

(3) 지면에서 연까지의 높이

11 아래 그림과 같이 보민이가 지면에서 129 m 높이의 B 지점에 떠 있는 드론을 올려다본 각의 크기가 $58°$이다. 보민이의 눈높이가 1.5 m일 때, 다음을 구하시오. (단, $\sin 58° = 0.85$, $\cos 58° = 0.53$, $\tan 58° = 1.6$으로 계산한다.)

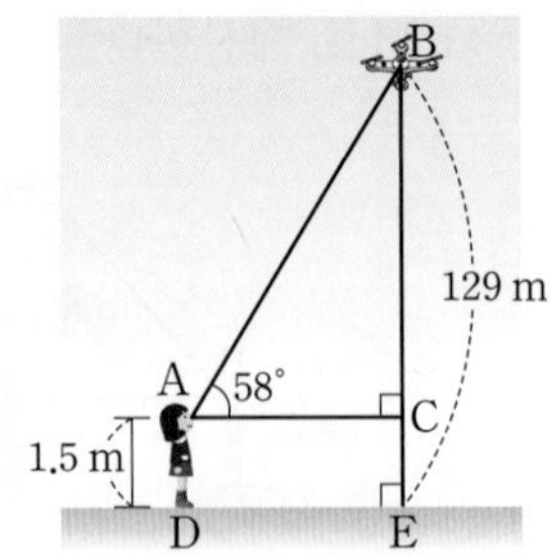

(1) $\overline{CE}$의 길이

(2) $\overline{BC}$의 길이

(3) 보민이의 눈에서 드론까지의 거리

12 아래 그림과 같이 건물에서 10 m 떨어진 지점에 지면에 수직으로 서 있는 나무가 있다. 건물의 A 지점에서 이 나무의 꼭대기 B 지점을 올려다본 각의 크기는 $60°$, 나무의 밑 C 지점을 내려다본 각의 크기는 $45°$일 때, 다음을 구하시오.

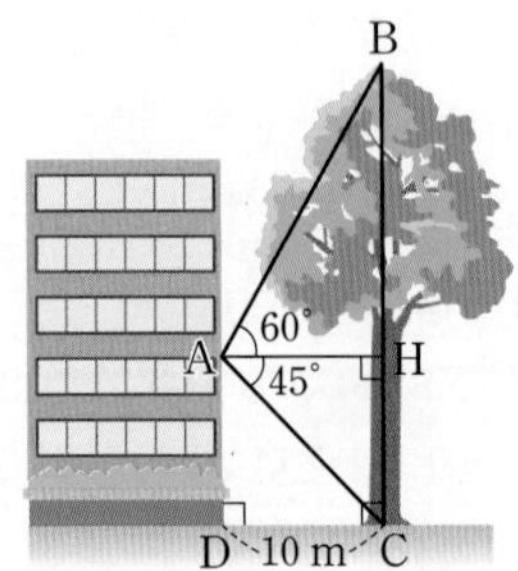

(1) $\overline{AH}$의 길이

(2) $\overline{CH}$의 길이

(3) $\overline{BH}$의 길이

(4) 나무의 높이

13 오른쪽 그림과 같이 100 m 떨어진 두 건물 P, Q가 있다. 건물 Q의 꼭대기 A 지점에서 건물 P의 꼭대기 B 지점을 올려다본 각의 크기는 $45°$, 건물 P의 아랫부분 C 지점을 내려다본 각의 크기는 $30°$일 때, 다음을 구하시오.

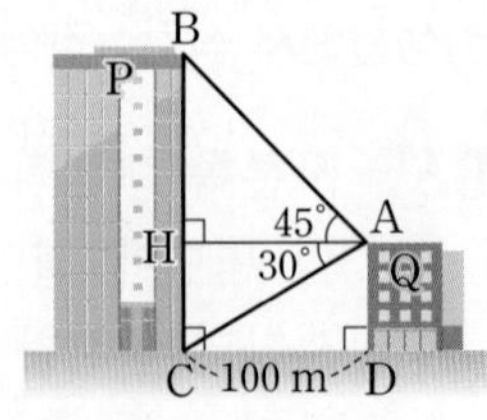

(1) $\overline{AH}$의 길이

(2) 건물 Q의 높이

(3) $\overline{BH}$의 길이

(4) 건물 P의 높이

14 아래 그림과 같이 지면에 수직으로 서 있는 등대의 꼭대기 A 지점에서 바다 위의 배가 있는 지점 B를 내려다본 각의 크기가 $30°$이다. 등대의 높이가 15 m일 때, 다음을 구하시오.

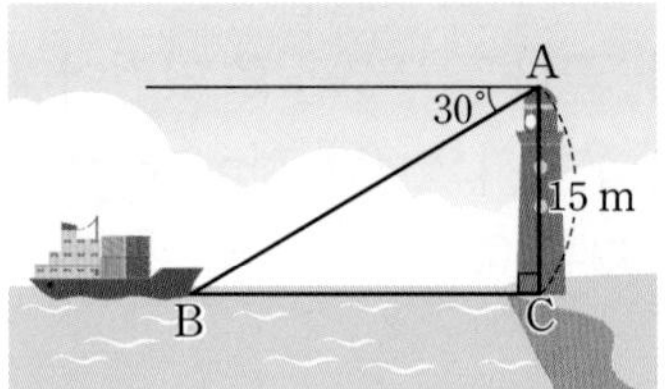

(1) $\angle ABC$의 크기

(2) 두 지점 B, C 사이의 거리

15 대표 문제

오른쪽 그림과 같이 우진이가 동상의 아랫부분 E 지점에서 20 m 떨어진 D 지점에서 동상의 꼭대기 B 지점을 올려다본 각의 크기는 $60°$이다. 우진이의 눈높이가 1.6 m일 때, 지면에서 동상의 꼭대기까지의 높이는?

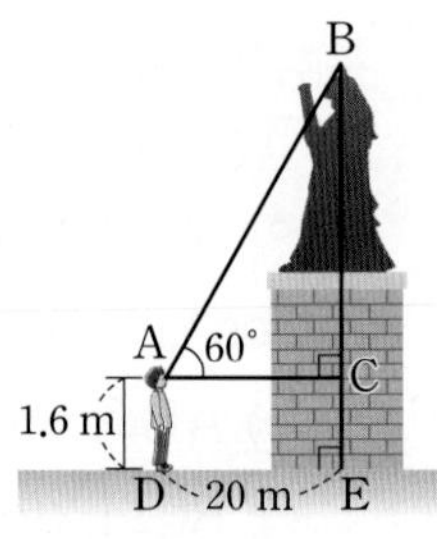

① $(10\sqrt{10}+1.6)$ m　② $(20\sqrt{3}+1.6)$ m

③ $(10\sqrt{14}+1.6)$ m　④ 41.6 m

⑤ $(30\sqrt{2}+1.6)$ m

02 일반 삼각형의 변의 길이 (1)

정답과 풀이 14쪽

삼각형 ABC에서 두 변의 길이 a, c와 그 끼인각 $\angle$B의 크기를 알 때, 나머지 한 변의 길이는 다음과 같은 순서로 구한다.

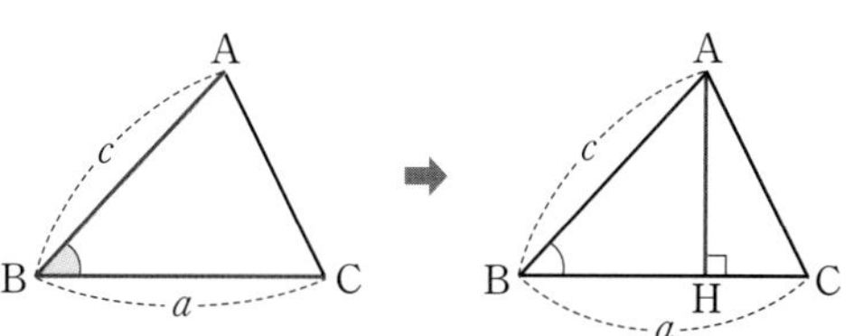

① 꼭짓점 A에서 그 대변에 수선 AH를 긋는다.

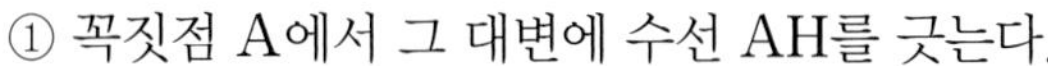

② 직각삼각형 ABH에서 $\overline{AH}$, $\overline{BH}$의 길이를 구한다.
→ $\overline{AH}=c\sin B$, $\overline{BH}=c\cos B$

③ $\overline{CH}$의 길이를 구한다.
→ $\overline{CH}=a-c\cos B$

④ 직각삼각형 AHC에서 $\overline{AC}$의 길이를 구한다.
→ $\overline{AC}=\sqrt{\overline{AH}^2+\overline{CH}^2}=\sqrt{(c\sin B)^2+(a-c\cos B)^2}$ ← 피타고라스 정리를 이용한다.

두 변의 길이와 그 끼인각의 크기를 알 때, 변의 길이 구하기

01 다음은 아래 그림과 같은 삼각형 ABC에서 $\overline{AC}$의 길이를 구하는 과정이다. □ 안에 알맞은 수를 써넣으시오.

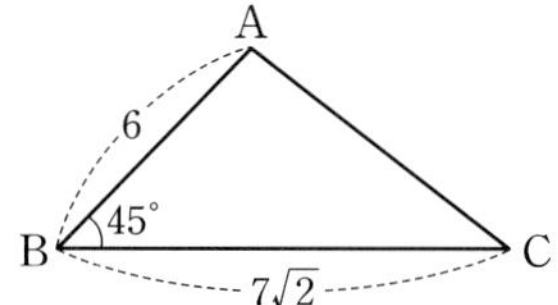

다음 그림과 같이 꼭짓점 A에서 $\overline{BC}$에 내린 수선의 발을 H라 하자.

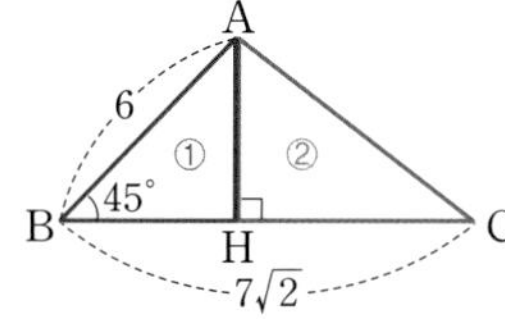

① 직각삼각형 ABH에서

$\sin 45^\circ=\dfrac{\overline{AH}}{\square}=\dfrac{\sqrt{2}}{2}$이므로

$\overline{AH}=\square$

$\cos 45^\circ=\dfrac{\overline{BH}}{\square}=\dfrac{\sqrt{2}}{2}$이므로

$\overline{BH}=\square$

② 직각삼각형 ACH에서

$\overline{AH}=\square$, $\overline{CH}=\square$

이므로

$\overline{AC}=\sqrt{\overline{AH}^2+\overline{CH}^2}=\square$

02 오른쪽 그림과 같이 $\overline{AC}=8$, $\overline{BC}=6$, $\angle C=60^\circ$인 삼각형 ABC가 있다. 꼭짓점 A에서 $\overline{BC}$에 내린 수선의 발을 H라 할 때, 다음을 구하시오.

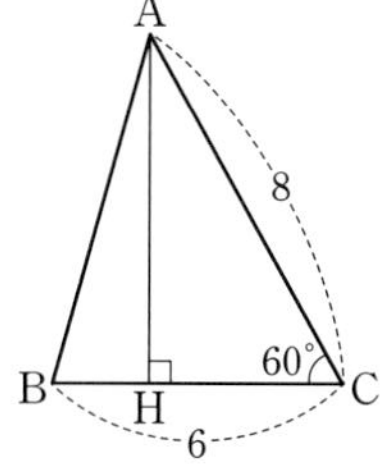

(1) $\overline{AH}$의 길이

(2) $\overline{CH}$의 길이

(3) $\overline{BH}$의 길이

(4) $\overline{AB}$의 길이

03 오른쪽 그림과 같이 $\overline{AB}=15$, $\overline{AC}=6\sqrt{3}$, $\angle A=30^\circ$인 삼각형 ABC가 있다. 꼭짓점 C에서 $\overline{AB}$에 내린 수선의 발을 H라 할 때, 다음을 구하시오.

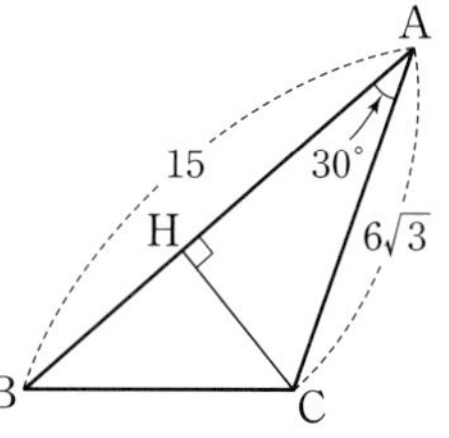

(1) $\overline{AH}$의 길이

(2) $\overline{CH}$의 길이

(3) $\overline{BH}$의 길이

(4) $\overline{BC}$의 길이

04 오른쪽 그림과 같이 $\overline{AB}=10$, $\overline{BC}=7\sqrt{3}$, $\angle B=30^\circ$인 삼각형 ABC가 있다. 꼭짓점 A에서 $\overline{BC}$에 내린 수선의 발을 H라 할 때, 다음을 구하시오.

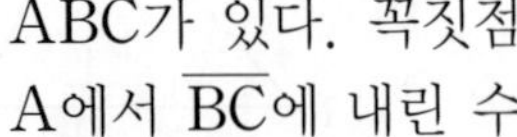

(1) $\overline{AH}$의 길이

(2) $\overline{BH}$의 길이

(3) $\overline{CH}$의 길이

(4) $\overline{AC}$의 길이

다음 그림의 삼각형 ABC에서 x의 값을 구하시오.

05

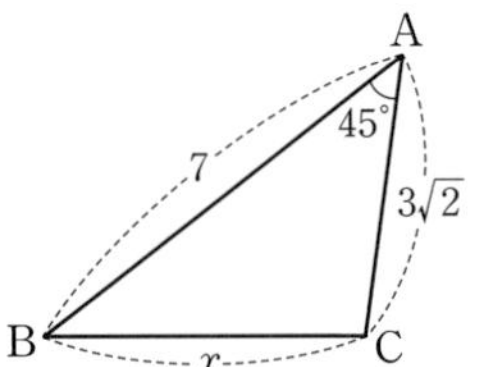

06

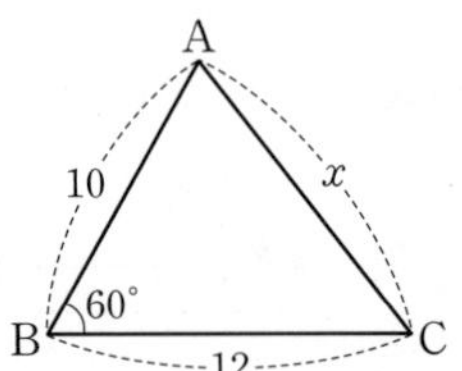

07

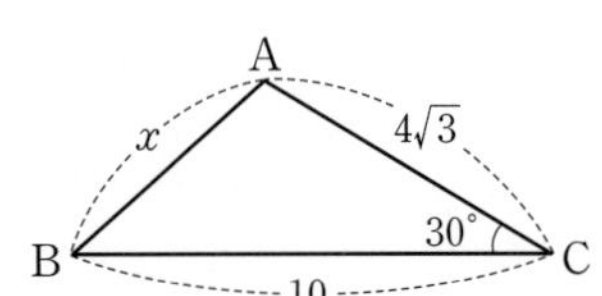

일반 삼각형의 변의 길이 (1) – 실생활에의 활용

08 오른쪽 그림은 연못의 두 지점 A, B 사이의 거리를 구하기 위하여 측정한 것이다. $\overline{AC}=60\,\text{m}$, $\overline{BC}=90\,\text{m}$, $\angle ACB=60^\circ$일 때, 두 지점 A, B 사이의 거리를 구하시오.

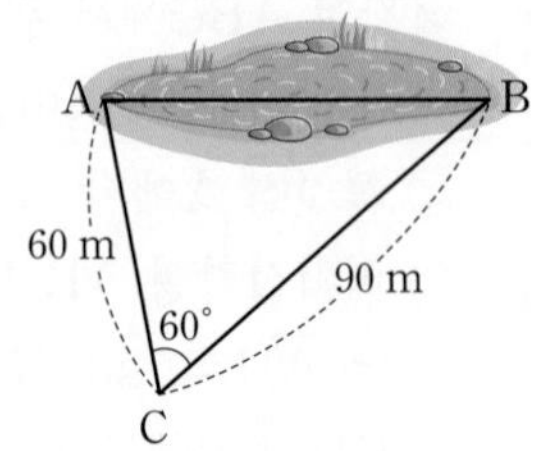

09 다음 그림은 두 지점 B, C를 잇는 터널을 만들기 위하여 측정한 것이다. $\overline{AB}=15\,\text{km}$, $\overline{AC}=12\sqrt{3}\,\text{km}$, $\angle BAC=30^\circ$일 때, 터널의 길이를 구하시오.

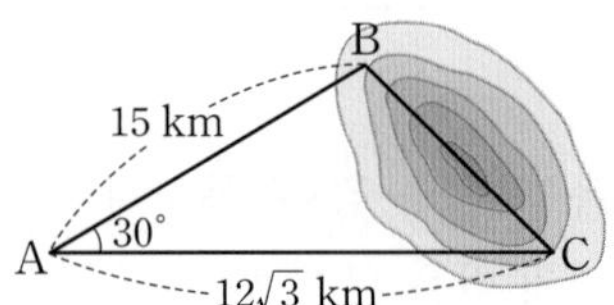

10 대표 문제

다음 그림은 유미네 집과 학교, 도서관 사이의 거리를 측정하여 나타낸 것이다. $\overline{AB}=800\,\text{m}$, $\overline{BC}=1000\,\text{m}$, $\angle ABC=60^\circ$일 때, 학교와 도서관 사이의 거리는?

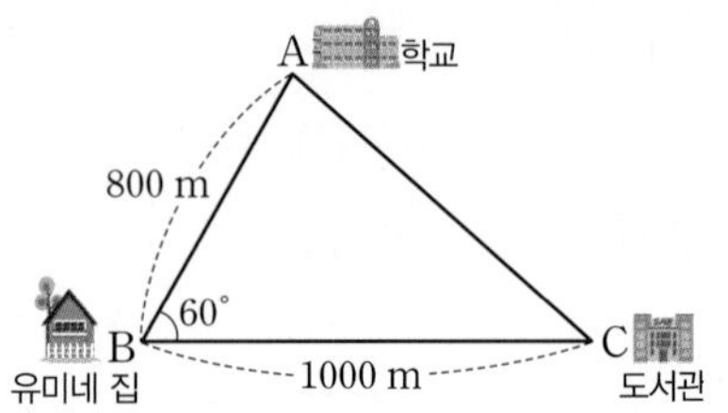

① $400\sqrt{5}\,\text{m}$ ② $900\,\text{m}$ ③ $100\sqrt{82}\,\text{m}$

④ $100\sqrt{83}\,\text{m}$ ⑤ $200\sqrt{21}\,\text{m}$

03 일반 삼각형의 변의 길이 (2)

정답과 풀이 16쪽

삼각형 ABC에서 한 변의 길이 a와 그 양 끝 각 $\angle B$, $\angle C$의 크기를 알 때, 나머지 두 변의 길이는 다음과 같은 순서로 구한다.

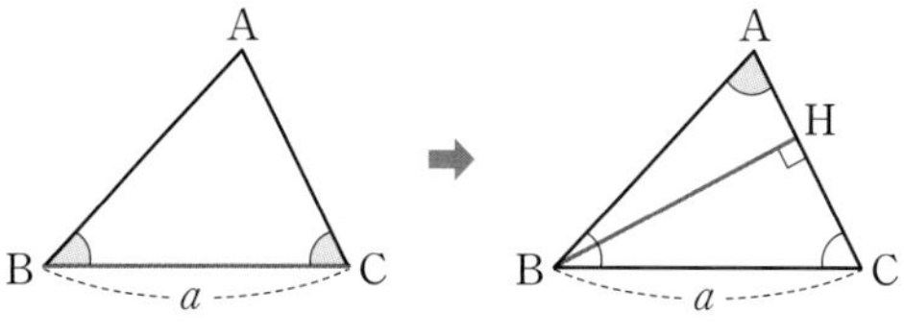

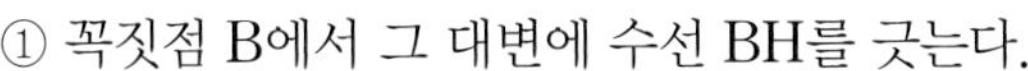

① 꼭짓점 B에서 그 대변에 수선 BH를 긋는다.

② 직각삼각형 BCH에서 $\overline{BH}$의 길이를 구한다.

→ $\overline{BH}=a\sin C$

③ 직각삼각형 ABH에서 $\overline{AB}$의 길이를 구한다.

→ $\overline{AB}=\dfrac{\overline{BH}}{\sin A}=\dfrac{a\sin C}{\sin A}$

↳ $\angle A=180^\circ-(\angle B+\angle C)$

④ 같은 방법으로 꼭짓점 C에서 그 대변에 수선을 그어 $\overline{AC}$의 길이를 구할 수 있다.

참고 $\overline{AB}$의 길이를 구한 후 $\overline{AC}$의 길이는 $\overline{AC}=\overline{AH}+\overline{CH}=\overline{AB}\cos A+\overline{BC}\cos C=\overline{AB}\cos A+a\cos C$를 이용하여 구할 수도 있다.

한 변의 길이와 그 양 끝 각의 크기를 알 때, 변의 길이 구하기

01 다음은 아래 그림과 같은 삼각형 ABC에서 $\overline{AC}$의 길이를 구하는 과정이다. □ 안에 알맞은 수 또는 각의 크기를 써넣으시오.

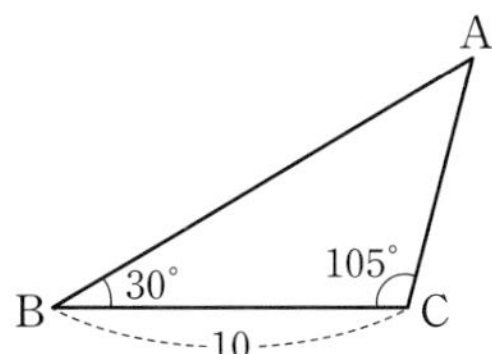

다음 그림과 같이 꼭짓점 C에서 $\overline{AB}$에 내린 수선의 발을 H라 하자.

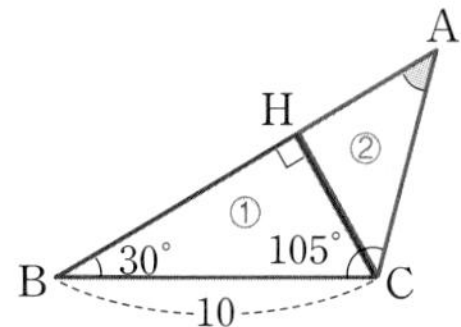

① 직각삼각형 BCH에서

$\sin 30^\circ=\dfrac{\overline{CH}}{\square}=\dfrac{1}{2}$이므로

$\overline{CH}=\square$

② 삼각형 ABC에서

$\angle A=180^\circ-(\angle B+\angle C)=\square$

직각삼각형 ACH에서

$\sin\square=\dfrac{\overline{CH}}{\overline{AC}}$이므로

$\overline{AC}=\square$

02 오른쪽 그림과 같이 $\overline{AC}=9$, $\angle A=45^\circ$, $\angle ACB=75^\circ$인 삼각형 ABC가 있다. 꼭짓점 C에서 $\overline{AB}$에 내린 수선의 발을 H라 할 때, 다음을 구하시오.

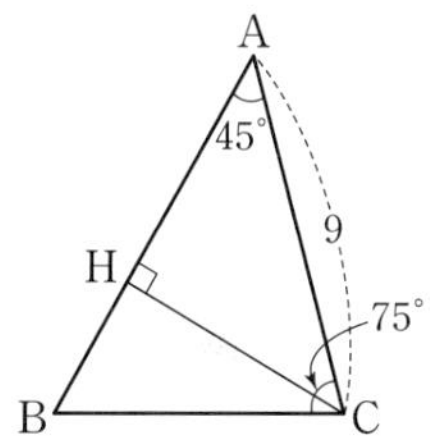

(1) $\overline{CH}$의 길이

(2) $\angle B$의 크기

(3) $\overline{BC}$의 길이

03 오른쪽 그림과 같이 $\overline{AB}=8$, $\angle BAC=75^\circ$, $\angle B=60^\circ$인 삼각형 ABC가 있다. 꼭짓점 A에서 $\overline{BC}$에 내린 수선의 발을 H라 할 때, 다음을 구하시오.

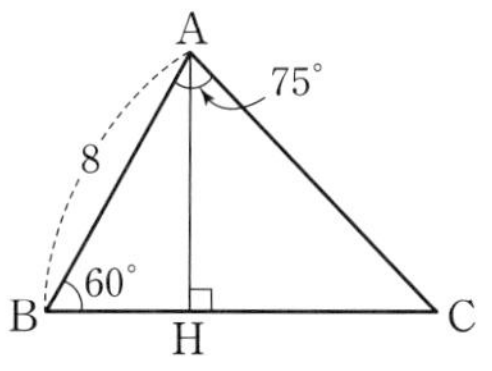

(1) $\overline{AH}$의 길이

(2) $\angle C$의 크기

(3) $\overline{AC}$의 길이

04 오른쪽 그림과 같이 $\overline{BC}=6$, $\angle ABC=105°$, $\angle C=45°$인 삼각형 ABC가 있다. 꼭짓점 B에서 $\overline{AC}$에 내린 수선의 발을 H라 할 때, 다음을 구하시오.

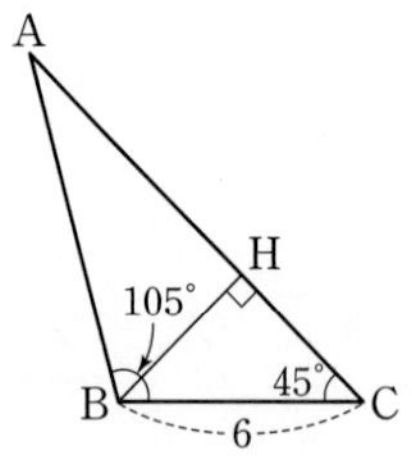

(1) $\overline{BH}$의 길이

(2) $\angle A$의 크기

(3) $\overline{AB}$의 길이

다음 그림의 삼각형 ABC에서 x의 값을 구하시오.

05

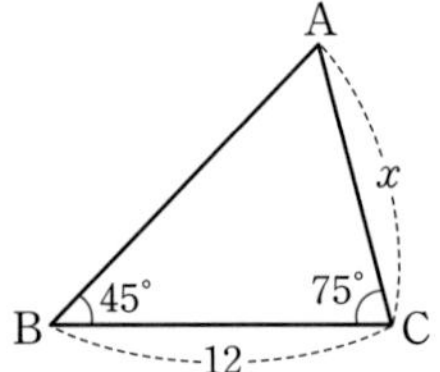

06

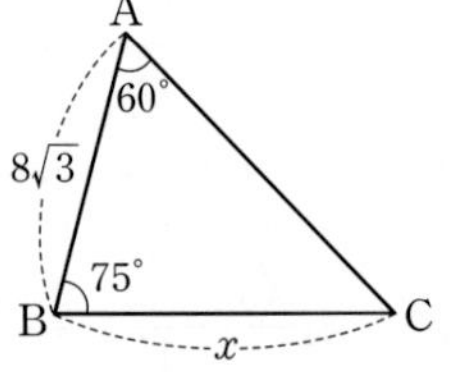

07

A, x, 105°, $10\sqrt{3}$, B, 30°, C

일반 삼각형의 변의 길이 (2) – 실생활에의 활용

08 다음 그림과 같이 C 지점에서 두 등대 A, B를 바라본 각의 크기가 30°이고 등대 B에서 등대 A와 C 지점을 바라본 각의 크기는 105°이다. 등대 B와 C 지점 사이의 거리가 120 m일 때, 두 등대 A, B 사이의 거리를 구하시오.

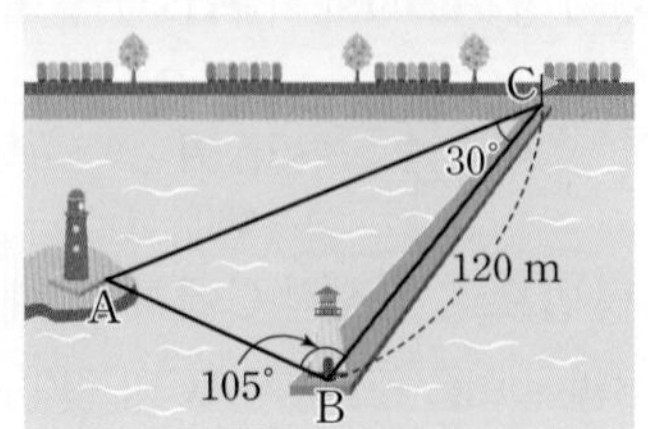

09 오른쪽 그림과 같이 공원에 삼각형 모양의 산책로를 만들려고 한다. $\overline{AB}=180$ m, $\angle BAC=45°$, $\angle ABC=75°$일 때, 두 지점 B, C 사이의 거리를 구하시오.

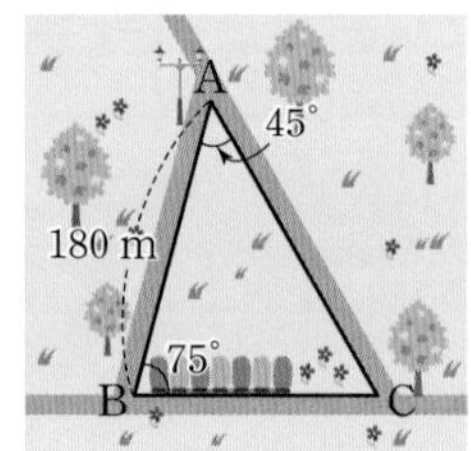

10 대표 문제

오른쪽 그림과 같이 놀이 공원에서 매점과 대관람차, 풍선 가게의 위치를 각각 A, B, C로 놓고 거리와 각의 크기를 측정하였더니 $\overline{AC}=160$ m, $\angle BAC=75°$, $\angle ACB=60°$이었다. 매점과 대관람차 사이의 거리는?

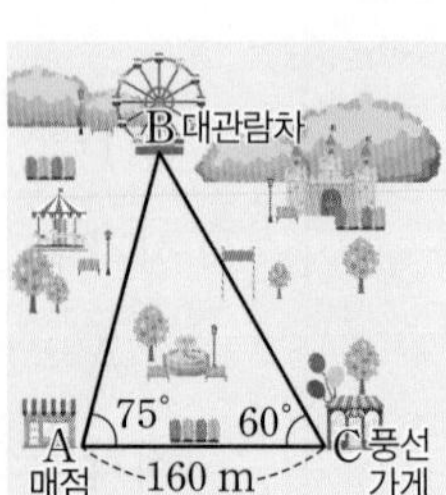

① $80\sqrt{5}$ m ② $60\sqrt{10}$ m ③ $80\sqrt{6}$ m
④ 200 m ⑤ $150\sqrt{2}$ m

04 삼각형의 높이 (1) – 양 끝 각이 모두 예각인 경우

정답과 풀이 18쪽

삼각형 ABC에서 한 변의 길이 a와 그 양 끝 각 $\angle B$, $\angle C$의 크기를 알 때, 높이 h는 다음과 같은 순서로 구한다. (↳ 모두 예각)

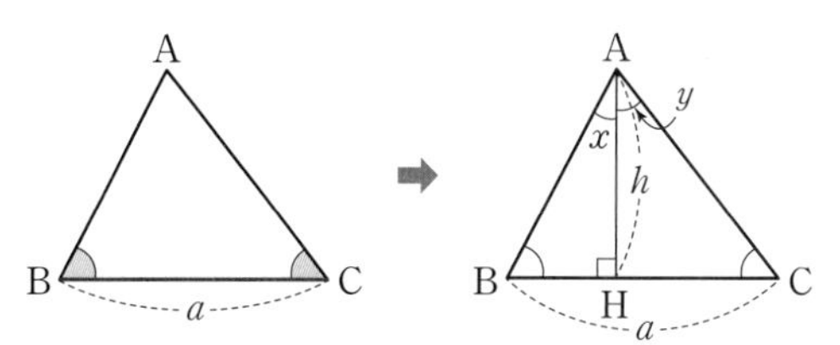

① 꼭짓점 A에서 그 대변에 수선 AH를 긋는다.

② 직각삼각형 ABH에서 $\overline{BH}$의 길이를 h와 x의 삼각비로 나타낸다. (↳ $x=90^\circ-\angle B$)

→ $\overline{BH}=h\tan x$

③ 직각삼각형 ACH에서 $\overline{CH}$의 길이를 h와 y의 삼각비로 나타낸다. (↳ $y=90^\circ-\angle C$)

→ $\overline{CH}=h\tan y$

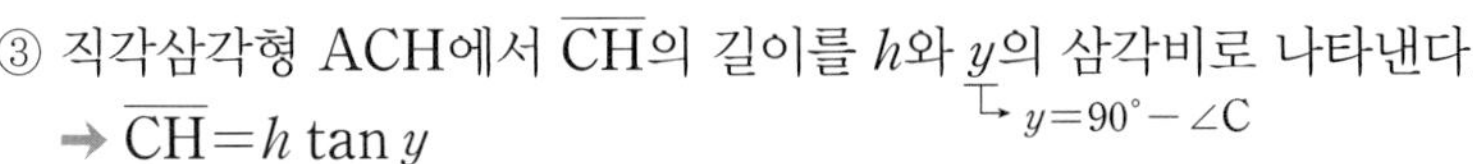

④ $\overline{BC}=\overline{BH}+\overline{CH}$임을 이용하여 삼각형 ABC의 높이 h를 구한다. (↳ $a=h\tan x+h\tan y$)

→ $h=\dfrac{a}{\tan x+\tan y}$

삼각형의 높이 구하기 – 양 끝 각이 모두 예각인 경우

01 다음은 아래 그림과 같은 삼각형 ABC에서 높이 h를 구하는 과정이다. □ 안에 알맞은 수 또는 각의 크기를 써넣으시오.

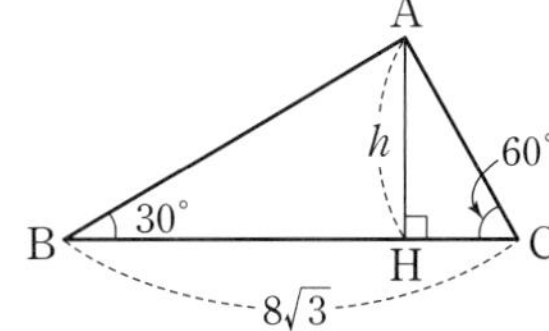

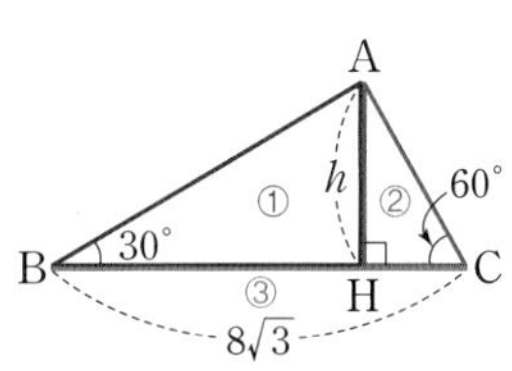

① 직각삼각형 ABH에서

$\angle BAH=$□

이므로

$\tan$□$=\dfrac{\overline{BH}}{h}$, 즉 $\overline{BH}=$□h

② 직각삼각형 ACH에서

$\angle CAH=$□

이므로

$\tan$□$=\dfrac{\overline{CH}}{h}$, 즉 $\overline{CH}=$□h

③ $\overline{BC}=\overline{BH}+\overline{CH}$이므로

$8\sqrt{3}=$□$h+$□h, 즉 $h=$□

❖ 다음 그림의 삼각형 ABC에서 h의 값을 구하시오.

02

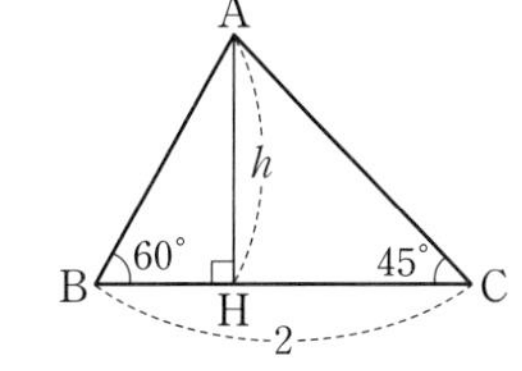

03

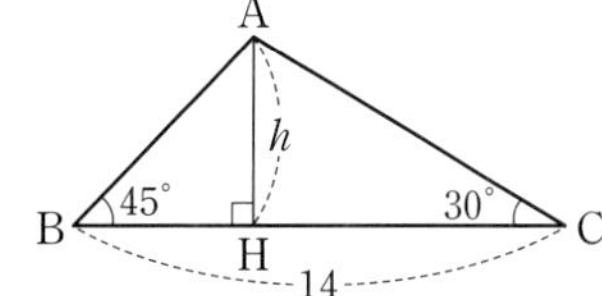

삼각형의 높이 (1) – 실생활에의 활용

04 다음 그림과 같이 60 m 떨어진 두 지점 A, B에서 하늘에 떠 있는 열기구 C를 바라본 각의 크기가 각각 60°, 45°이었다. 열기구의 지면으로부터의 높이를 구하시오.

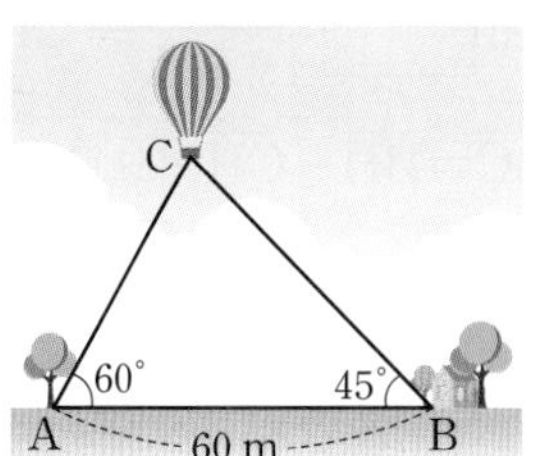

05 삼각형의 높이 (2) – 양 끝 각 중 한 각이 둔각인 경우

정답과 풀이 19쪽

삼각형 ABC에서 한 변의 길이 a와 그 양 끝 각 ∠B, ∠C의 크기를 알 때, 높이 h는 다음과 같은 순서로 구한다. (∠C는 둔각)

① 꼭짓점 A에서 그 대변의 연장선에 수선 AH를 긋는다.

② 직각삼각형 ABH에서 $\overline{BH}$의 길이를 h와 x의 삼각비로 나타낸다. ($x=90^\circ-\angle B$)

→ $\overline{BH}=h\tan x$

③ 직각삼각형 ACH에서 $\overline{CH}$의 길이를 h와 y의 삼각비로 나타낸다. ($y=90^\circ-\angle ACH$)

→ $\overline{CH}=h\tan y$

④ $\overline{BC}=\overline{BH}-\overline{CH}$임을 이용하여 삼각형 ABC의 높이 h를 구한다. ($a=h\tan x-h\tan y$)

→ $h=\dfrac{a}{\tan x-\tan y}$

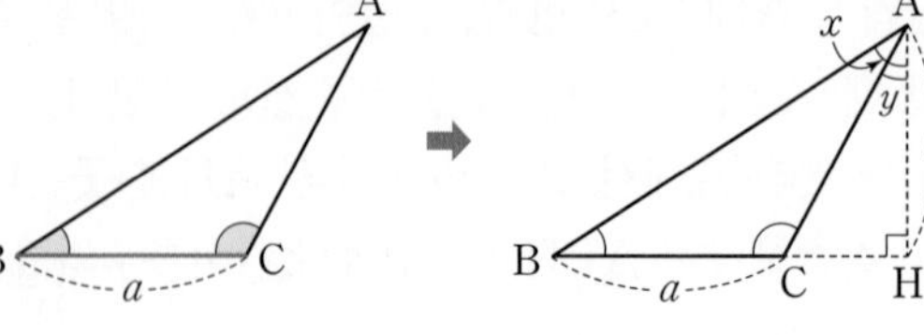

삼각형의 높이 구하기 – 양 끝 각 중 한 각이 둔각인 경우

01 다음은 아래 그림과 같은 삼각형 ABC에서 높이 h를 구하는 과정이다. □ 안에 알맞은 수 또는 각의 크기를 써넣으시오.

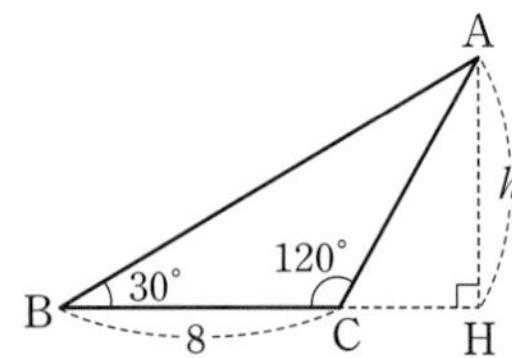

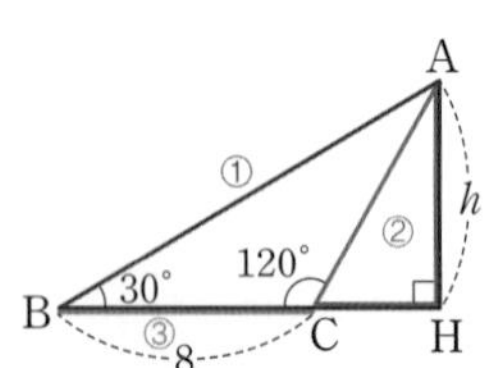

① 직각삼각형 ABH에서

∠BAH=□

이므로

$\tan$ □ $=\dfrac{\overline{BH}}{h}$, 즉 $\overline{BH}=$□h

② 직각삼각형 ACH에서

∠ACH=□, ∠CAH=□

이므로

$\tan$ □ $=\dfrac{\overline{CH}}{h}$, 즉 $\overline{CH}=$□h

③ $\overline{BC}=\overline{BH}-\overline{CH}$이므로

$8=$□$h-$□h, 즉 $h=$□

※ 다음 그림의 삼각형 ABC에서 h의 값을 구하시오.

02

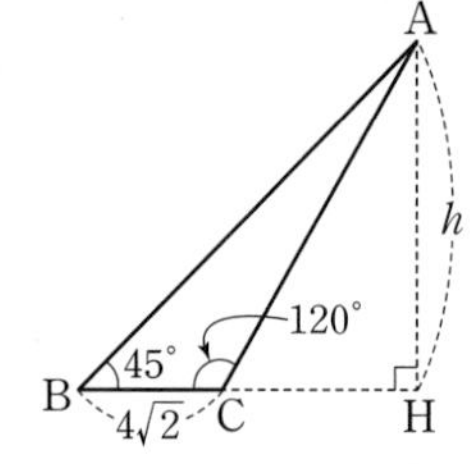

03

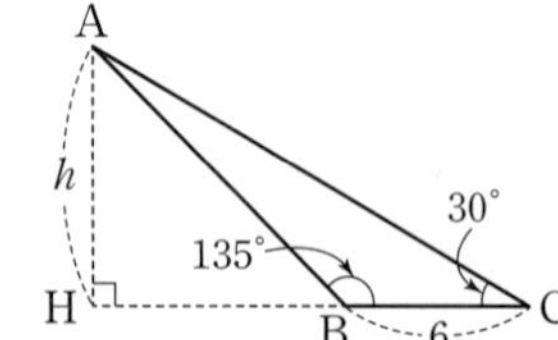

삼각형의 높이 (2) – 실생활에의 활용

04 다음 그림과 같이 90 m 떨어진 두 지점 A, B에서 어떤 건물의 꼭대기 C 지점을 올려다본 각의 크기가 각각 30°, 45°이었다. 이때 이 건물의 높이를 구하시오.

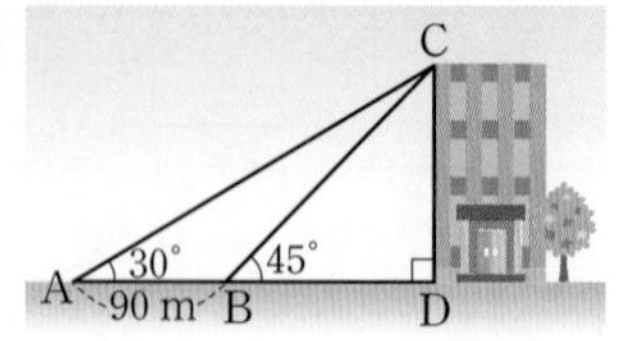

정답과 풀이 19쪽

01

오른쪽 그림과 같이 $\angle C=90^\circ$인 직각삼각형 ABC에서 $\overline{AB}=20$, $\angle B=66^\circ$일 때, $x+y$의 값은? (단, $\sin 66^\circ=0.91$, $\cos 66^\circ=0.41$, $\tan 66^\circ=2.25$로 계산한다.)

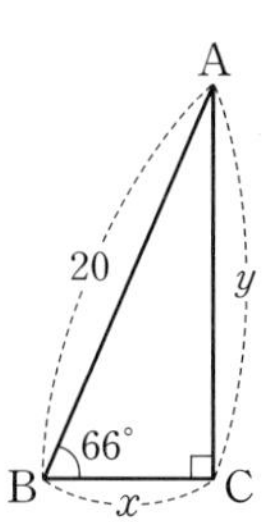

① 22.1 ② 23.5 ③ 24.8 ④ 25.7 ⑤ 26.4

02

오른쪽 그림과 같이 사다리 차를 이용하여 이삿짐을 건물의 A 지점까지 옮기고 있다. 사다리의 끝 지점 B에서 A 지점을 올려다본 각의 크기가 60°, 건물의 아랫부분 C 지점을 내려다본 각의 크기가 30°이고 $\overline{BD}=15$ m일 때, 지면에서 A 지점까지의 높이는?

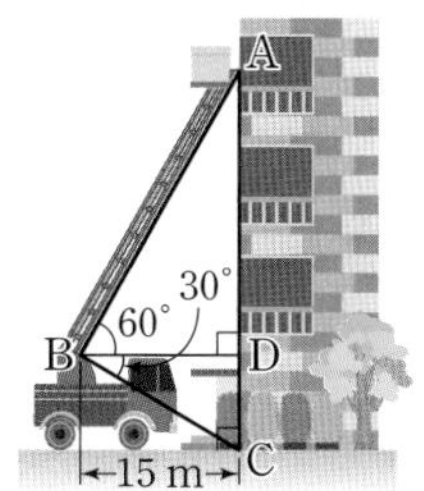

① $10\sqrt{10}$ m ② $20\sqrt{3}$ m ③ 40 m ④ $30\sqrt{2}$ m ⑤ $20\sqrt{5}$ m

03

오른쪽 그림과 같은 삼각형 ABC에서 $\overline{AB}=12\sqrt{3}$, $\overline{BC}=8$, $\angle B=30^\circ$일 때, $\overline{AC}$의 길이는?

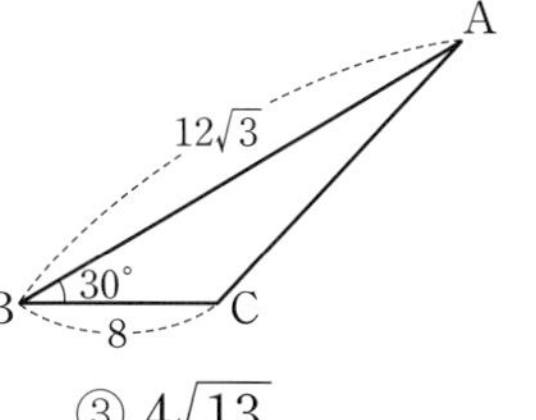

① 14 ② $10\sqrt{2}$ ③ $4\sqrt{13}$ ④ $6\sqrt{6}$ ⑤ $2\sqrt{55}$

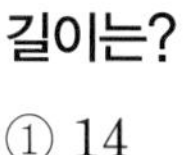

04

오른쪽 그림은 어느 캠핑장에서 두 텐트 A, B와 공동 식수대 C를 나타낸 것이다. $\overline{AB}=60$ m, $\angle CAB=45^\circ$, $\angle ABC=75^\circ$일 때, 텐트 B에서 공동 식수대 C까지의 거리는?

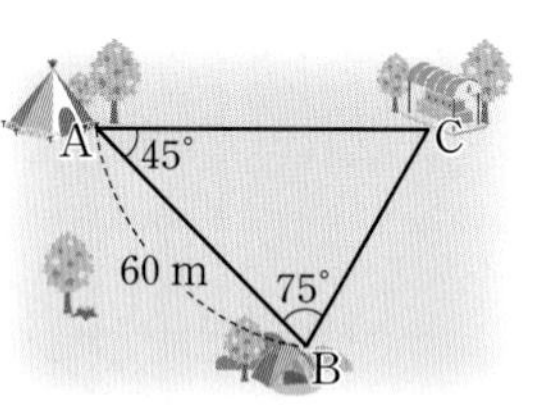

① $30\sqrt{2}$ m ② $20\sqrt{5}$ m ③ $20\sqrt{6}$ m ④ 50 m ⑤ $30\sqrt{3}$ m

05

오른쪽 그림과 같은 삼각형 ABC에서 $\overline{BC}=16$, $\angle B=45^\circ$, $\angle C=60^\circ$이다. 꼭짓점 A에서 $\overline{BC}$에 내린 수선의 발을 H라 할 때, h의 값은?

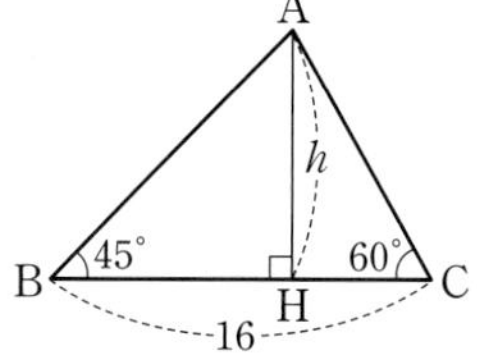

① $24-10\sqrt{2}$ ② $25-10\sqrt{2}$ ③ $24-8\sqrt{3}$ ④ $25-8\sqrt{3}$ ⑤ 24

06

다음 그림과 같이 바다 위에 떠 있는 두 배의 아랫부분 B, C 지점에서 등대의 꼭대기 A 지점을 올려다본 각의 크기가 각각 45°, 60°이고 $\overline{BC}=30\sqrt{3}$ m일 때, 등대의 높이는?

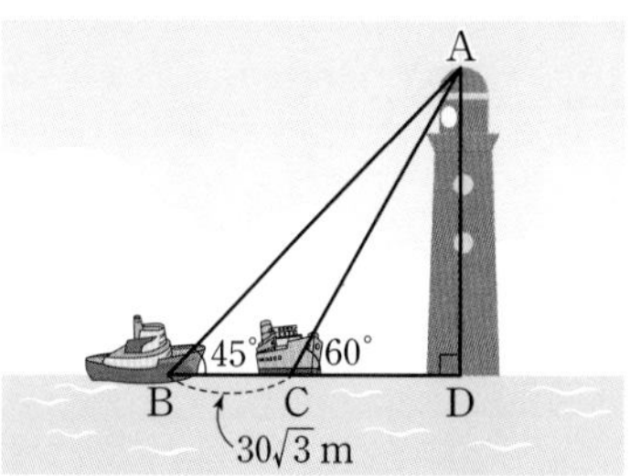

① $(45\sqrt{3}+45)$ m ② $(45\sqrt{5}+45)$ m ③ $(45\sqrt{7}+45)$ m ④ $(90\sqrt{3}-45)$ m ⑤ $(90\sqrt{5}-45)$ m

2. 넓이 구하기

01 삼각형의 넓이

정답과 풀이 21쪽

(1) 삼각형의 넓이

삼각형 ABC에서 두 변의 길이 a, c와 그 끼인각 ∠B의 크기를 알면 삼각형 ABC의 넓이 S를 구할 수 있다.

① ∠B가 예각인 경우

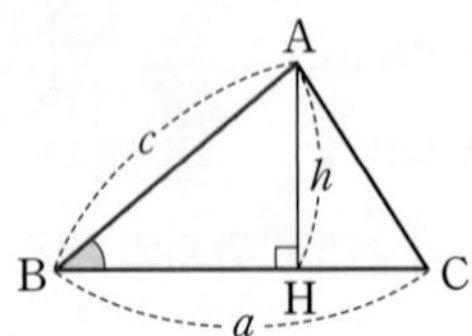

$S=\frac{1}{2}ah=\frac{1}{2}ac\sin B$ ← $h=c\sin B$

② ∠B가 둔각인 경우

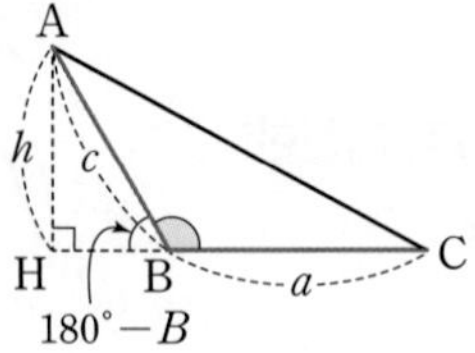

$S=\frac{1}{2}ah=\frac{1}{2}ac\sin(180°-B)$ ← $h=c\sin(180°-B)$

참고 △ABC에서 ∠B=90°이면 $\sin B=1$이므로 $S=\frac{1}{2}ac\sin B=\frac{1}{2}ac$이다.

(2) 다각형의 넓이

다각형의 넓이는 보조선을 그어 여러 개의 삼각형으로 나눈 후 각 삼각형의 넓이를 더하여 구한다.

→ □ABCD=△ABC+△ACD$=\frac{1}{2}ab\sin B+\frac{1}{2}cd\sin D$

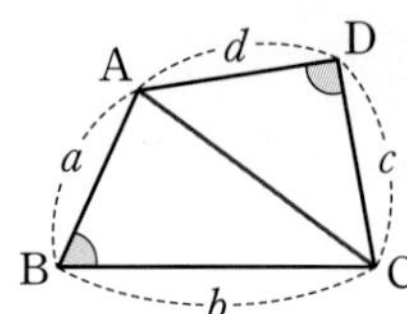

삼각형의 넓이 구하기 – 끼인각이 예각인 경우

다음 그림과 같은 삼각형 ABC의 넓이를 구하시오.

따라하기

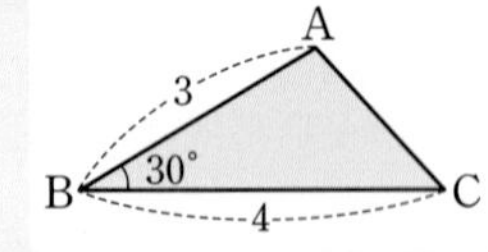

→ △ABC

$=\frac{1}{2}\times3\times4\times\sin 30°$

$=\frac{1}{2}\times3\times4\times\frac{1}{2}=3$

01

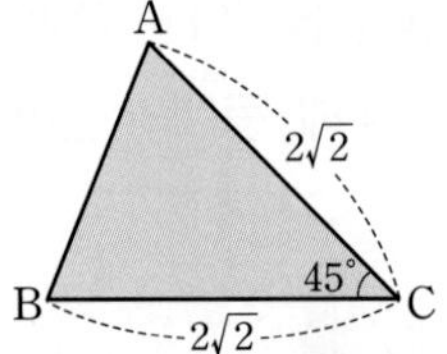

02

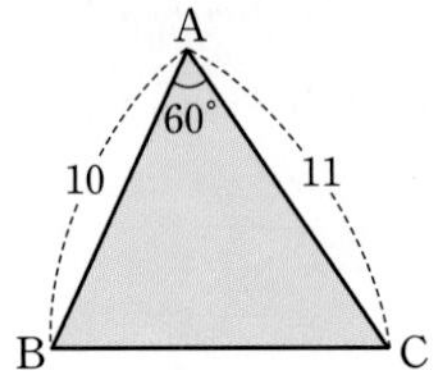

03

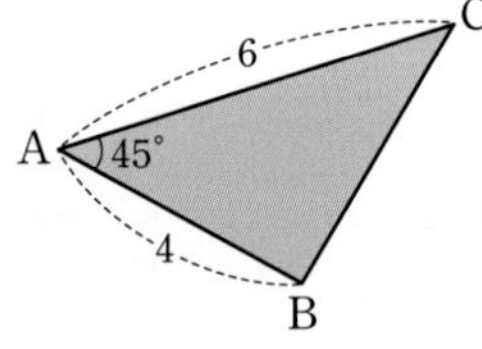

04

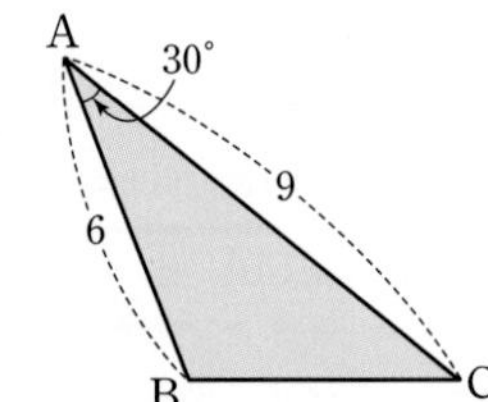

05

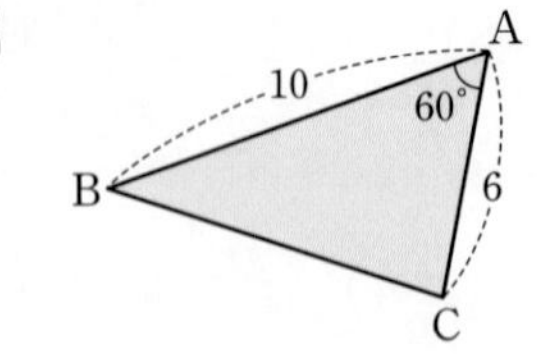

삼각형의 넓이 구하기 – 끼인각이 둔각인 경우

다음 그림과 같은 삼각형 ABC의 넓이를 구하시오.

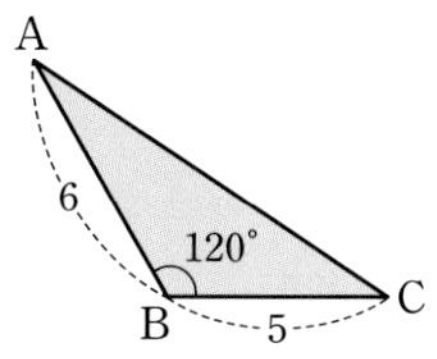

→ $\triangle ABC=\frac{1}{2}\times 6\times 5\times \sin(180^\circ-120^\circ)$

$=\frac{1}{2}\times 6\times 5\times \sin 60^\circ$

$=\frac{1}{2}\times 6\times 5\times \frac{\sqrt{3}}{2}=\frac{15\sqrt{3}}{2}$

06

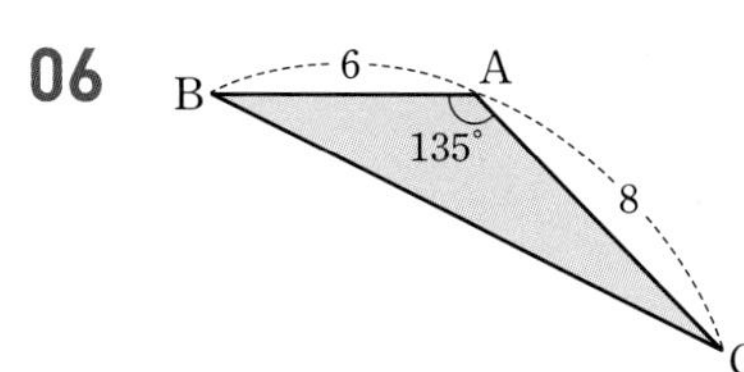

07

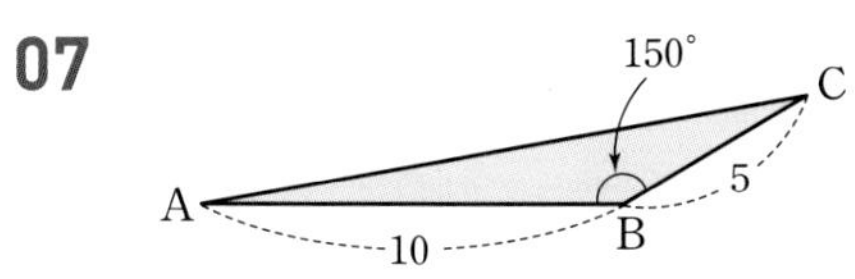

08

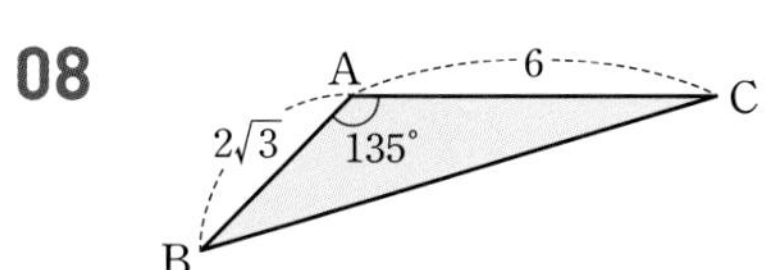

09

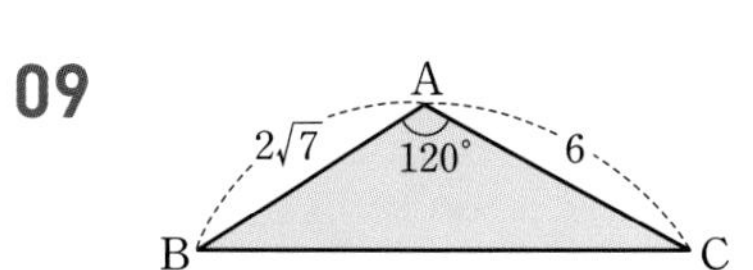

삼각형의 넓이가 주어졌을 때, 변의 길이 구하기

다음 그림과 같이 삼각형 ABC의 넓이가 주어졌을 때, x의 값을 구하시오.

따라하기

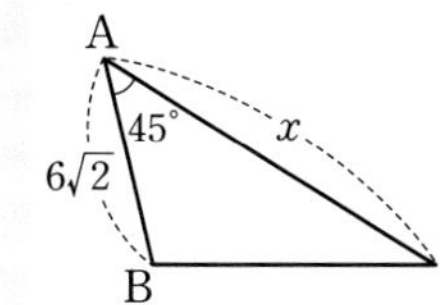

$\triangle ABC=48$

→ $\frac{1}{2}\times 6\sqrt{2}\times x\times \sin 45^\circ=48$이므로

$\frac{1}{2}\times 6\sqrt{2}\times x\times \frac{\sqrt{2}}{2}=48$, 즉 $x=16$

10

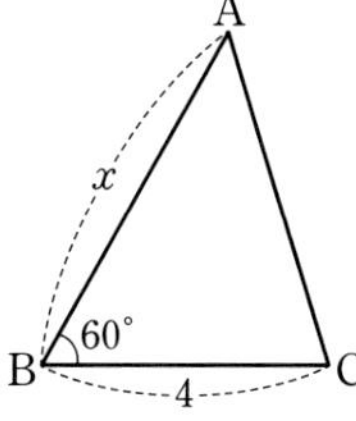

$\triangle ABC=9$

11

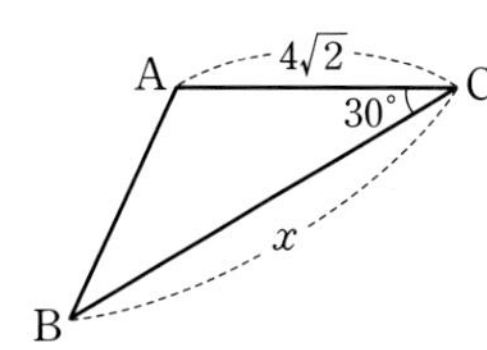

$\triangle ABC=9\sqrt{2}$

12

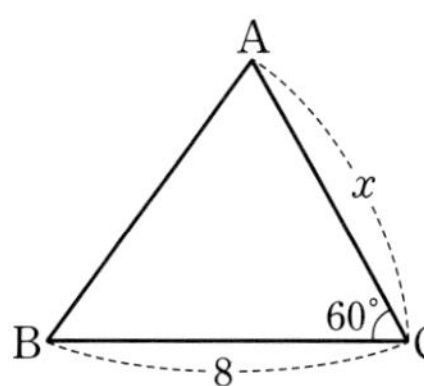

$\triangle ABC=24$

13

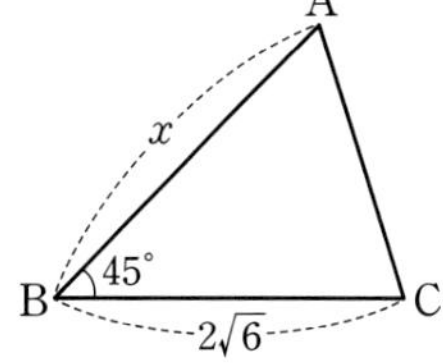

$\triangle ABC=9$

14

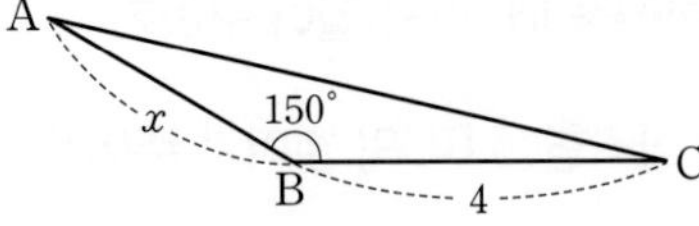

$\triangle ABC=3$

15

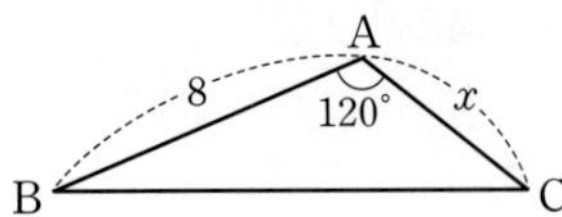

$\triangle ABC=10\sqrt{3}$

16

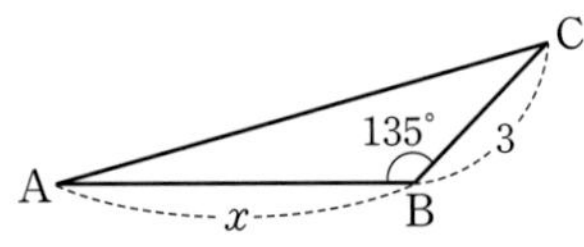

$\triangle ABC=6$

17

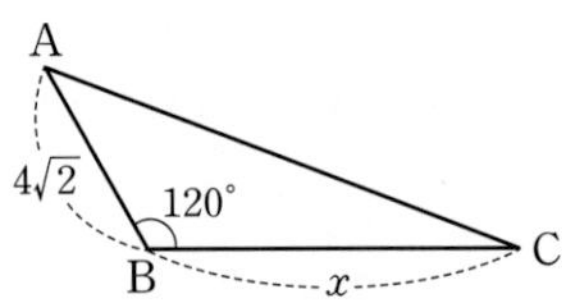

$\triangle ABC=18\sqrt{2}$

18

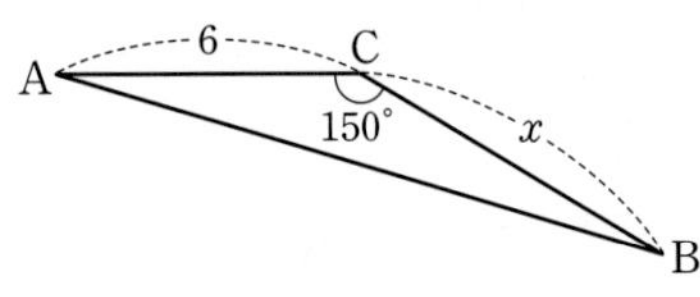

$\triangle ABC=6\sqrt{3}$

보조선을 이용하여 사각형의 넓이 구하기

다음 그림과 같은 사각형 ABCD의 넓이를 구하시오.

ε 따라하기

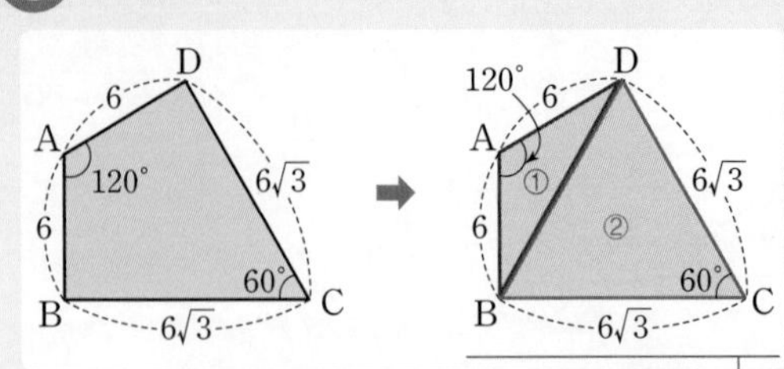

$\overline{BD}$를 그어 두 개의 삼각형으로 나눈다.

→ ① $\triangle ABD=\frac{1}{2}\times6\times6\times\sin(180°-120°)$ ($\sin 60°=\frac{\sqrt{3}}{2}$)

$=9\sqrt{3}$

② $\triangle BCD=\frac{1}{2}\times6\sqrt{3}\times6\sqrt{3}\times\sin 60°$ ($\frac{\sqrt{3}}{2}$)

$=27\sqrt{3}$

따라서

$\square ABCD=\triangle ABD+\triangle BCD=36\sqrt{3}$

19

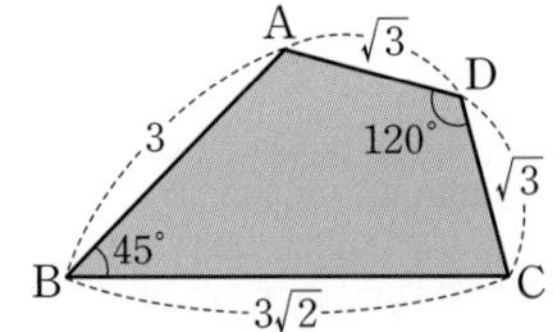

20

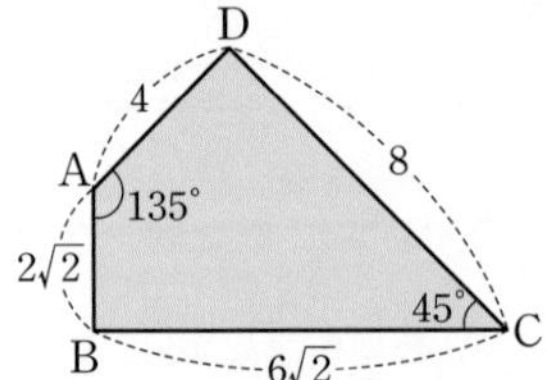

21

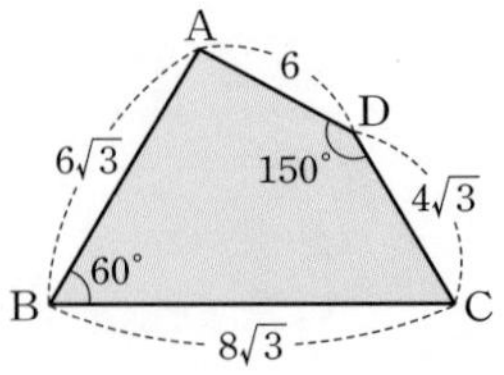

A, 6, D, $6\sqrt{3}$, 150°, $4\sqrt{3}$, B, 60°, $8\sqrt{3}$, C

22

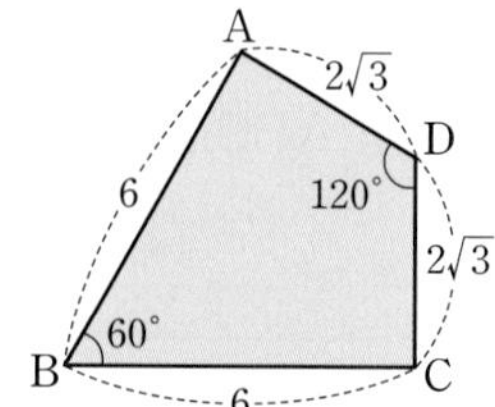

23

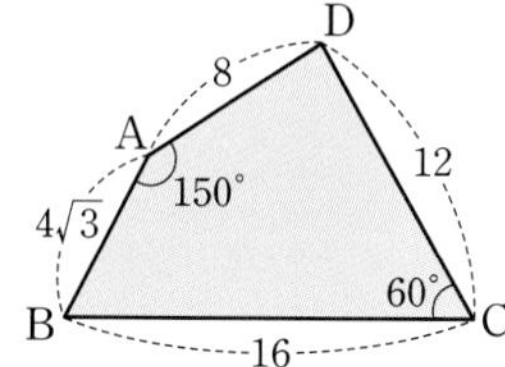

다음 그림과 같은 사각형 ABCD의 넓이를 구하시오.

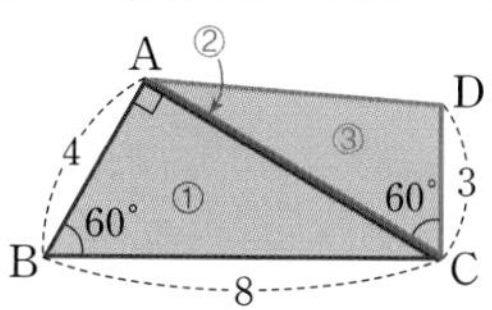

→ ① $\triangle ABC = \frac{1}{2} \times 4 \times 8 \times \underline{\sin 60^\circ} = 8\sqrt{3}$ ($\sin 60^\circ = \frac{\sqrt{3}}{2}$)

② 직각삼각형 ABC에서

$\overline{AC} = 8 \sin 60^\circ = 8 \times \frac{\sqrt{3}}{2} = 4\sqrt{3}$

③ $\triangle ACD = \frac{1}{2} \times 4\sqrt{3} \times 3 \times \underline{\sin 60^\circ} = 9$ ($\sin 60^\circ = \frac{\sqrt{3}}{2}$)

따라서

$\square ABCD = \triangle ABC + \triangle ACD = 8\sqrt{3} + 9$

24

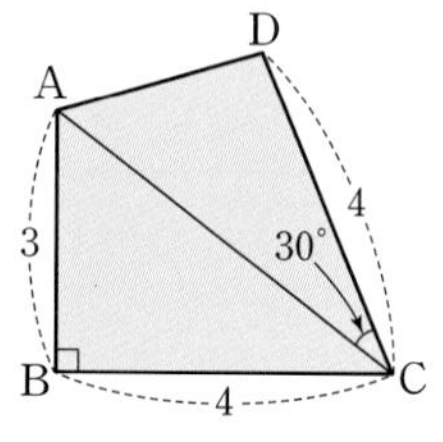

25

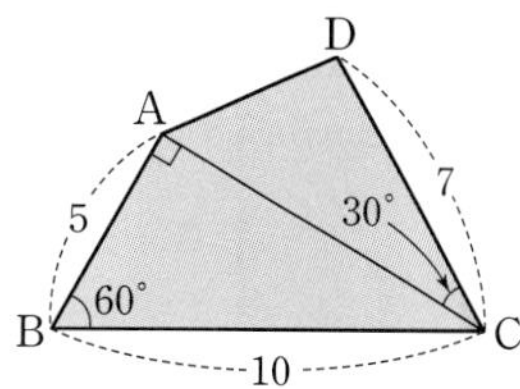

26

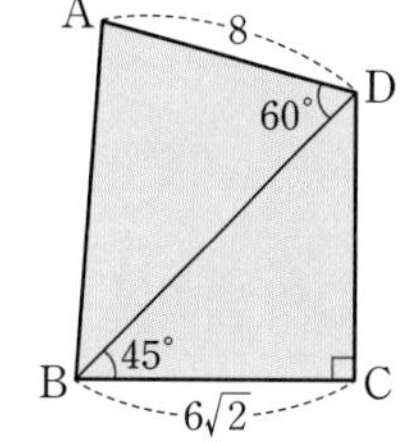

27

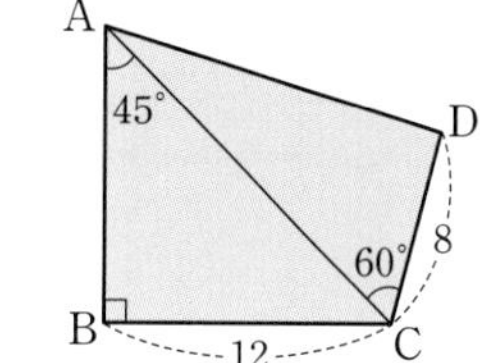

오른쪽 그림과 같은 사각형 ABCD에서 $\overline{BC}=20$, $\overline{CD}=12$, $\angle B=60^\circ$, $\angle BAC=90^\circ$, $\angle ACD=30^\circ$일 때, 다음 중에서 옳지 <u>않은</u> 것은?

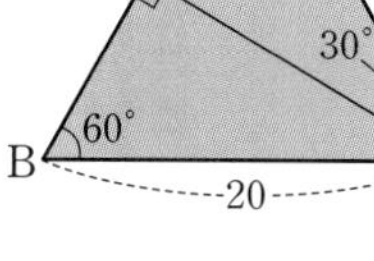

① $\overline{AB}=10$
② $\overline{AC}=10\sqrt{3}$
③ $\triangle ABC=50\sqrt{3}$
④ $\triangle ACD=30\sqrt{3}$
⑤ $\square ABCD=50\sqrt{3}+30\sqrt{2}$

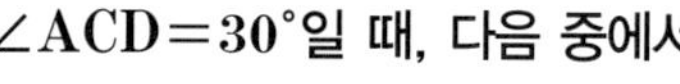

02 평행사변형의 넓이

정답과 풀이 23쪽

평행사변형 ABCD에서 이웃하는 두 변의 길이 a, b와 그 끼인각 $\angle B$의 크기를 알면 평행사변형 ABCD의 넓이 S를 구할 수 있다.

(1) $\angle B$가 예각인 경우

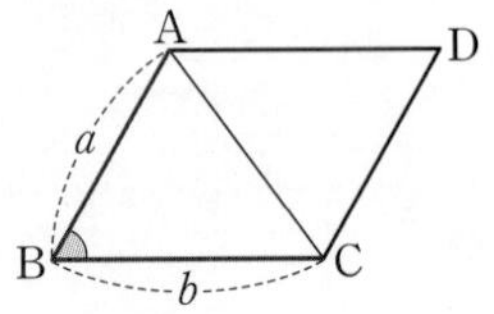

$S=\triangle ABC+\triangle CDA=2\triangle ABC$
$=ab\sin B$

→ $\triangle ABC=\frac{1}{2}ab\sin B$

(2) $\angle B$가 둔각인 경우

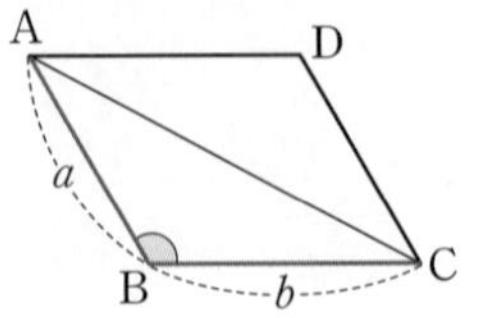

$S=\triangle ABC+\triangle CDA=2\triangle ABC$
$=ab\sin(180^\circ-B)$

→ $\triangle ABC=\frac{1}{2}ab\sin(180^\circ-B)$

평행사변형의 넓이 구하기

다음 그림과 같은 평행사변형 ABCD의 넓이를 구하시오.

ε 따라하기

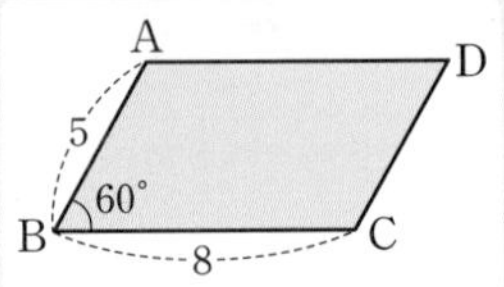

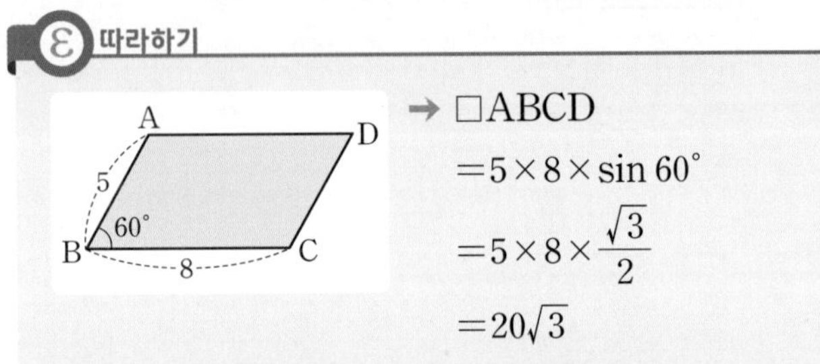

→ $\square ABCD$
$=5\times8\times\sin60^\circ$
$=5\times8\times\frac{\sqrt{3}}{2}$
$=20\sqrt{3}$

01

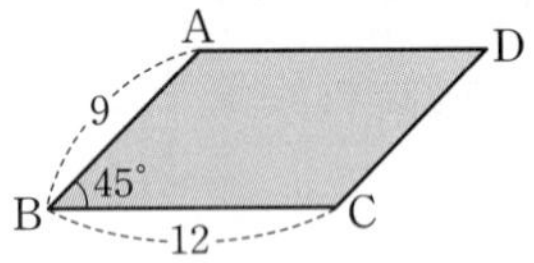

02

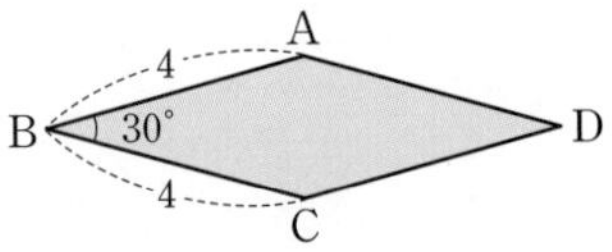

03

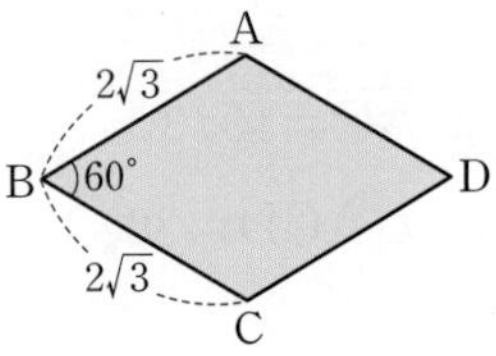

04

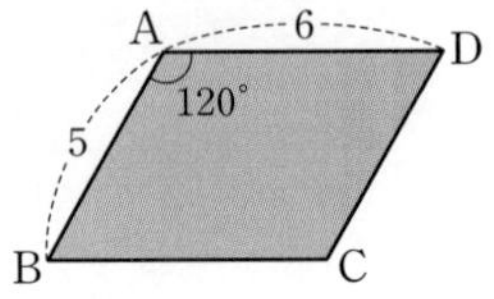

05

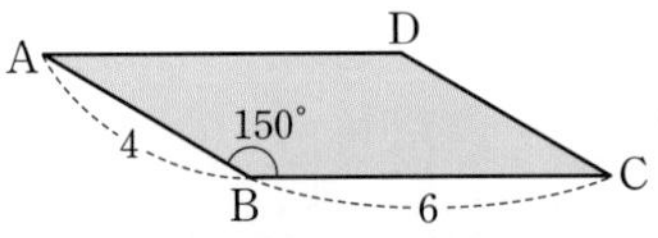

06

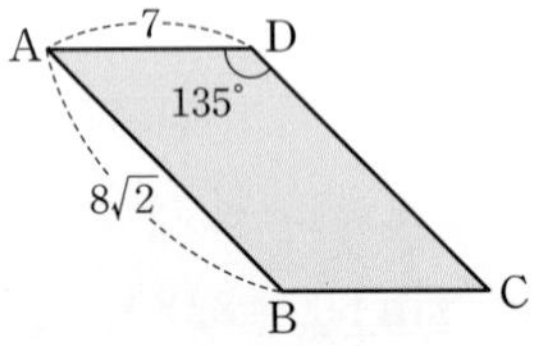

Tip 평행사변형에서 두 쌍의 대변의 길이는 각각 같다.

07 대표 문제

오른쪽 그림과 같이 $\overline{AD}=8$, $\angle D=150^\circ$인 평행사변형 ABCD의 넓이가 56일 때, $\overline{AB}$의 길이는?

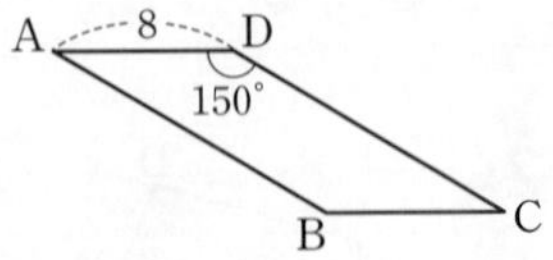

① 10 ② 11 ③ 12
④ 13 ⑤ 14

03 사각형의 넓이

정답과 풀이 24쪽

사각형 ABCD에서 두 대각선의 길이 a, b와 두 대각선이 이루는 각 $\angle x$의 크기를 알면 사각형 ABCD의 넓이 S를 구할 수 있다.

(1) $\angle x$가 예각인 경우

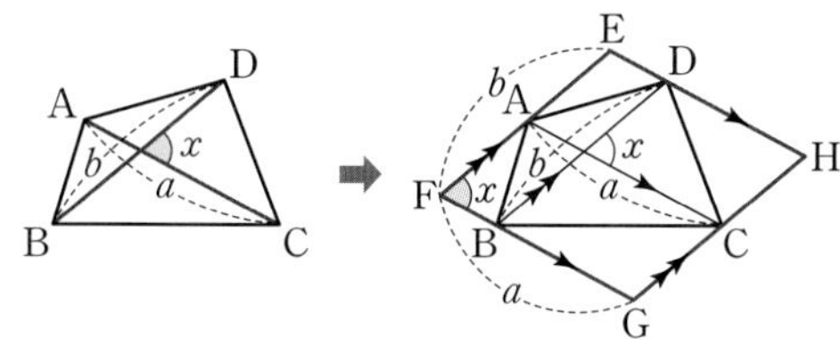

$S=\frac{1}{2}\square EFGH=\frac{1}{2}ab\sin x$
└ 평행사변형

(2) $\angle x$가 둔각인 경우

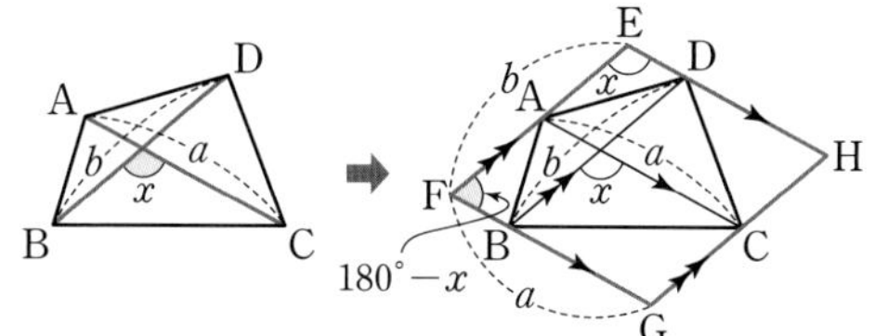

$S=\frac{1}{2}\square EFGH=\frac{1}{2}ab\sin(180^\circ-x)$
└ 평행사변형

사각형의 넓이 구하기

다음 그림과 같은 사각형 ABCD의 넓이를 구하시오.

따라하기

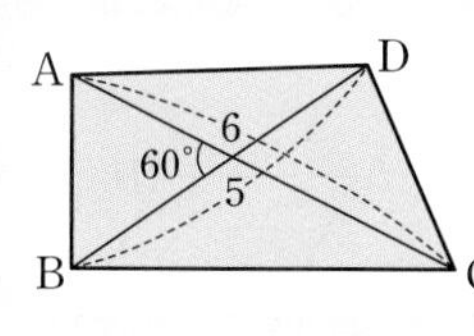

→ $\square ABCD$
$=\frac{1}{2}\times 6\times 5\times \sin 60^\circ$ ($\sin 60^\circ = \frac{\sqrt{3}}{2}$)
$=\frac{15\sqrt{3}}{2}$

01

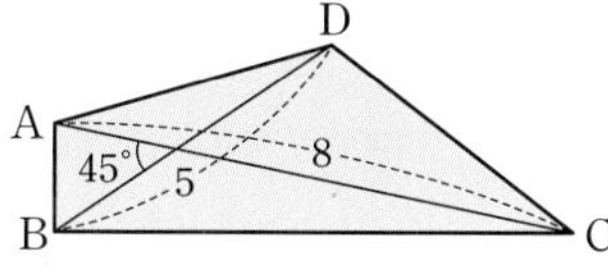

02

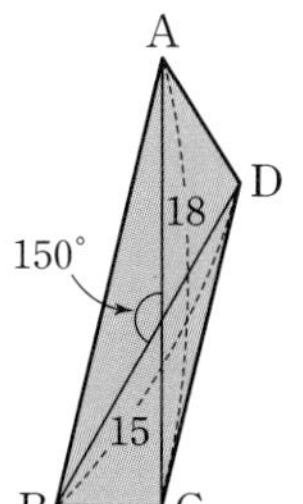

03

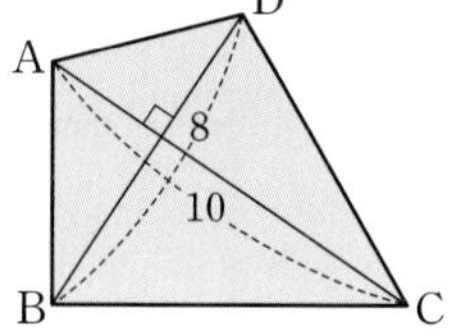

04

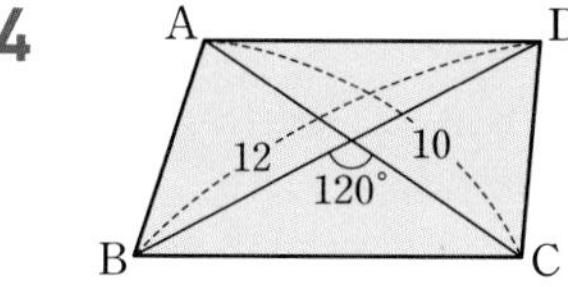

05

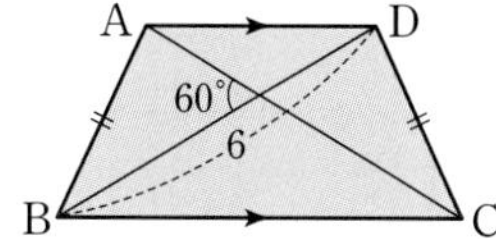

Tip 등변사다리꼴의 두 대각선의 길이는 서로 같다.

06

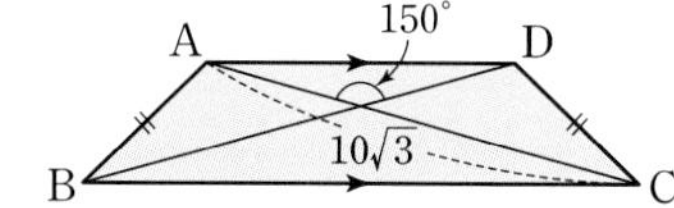

07 대표 문제

오른쪽 그림과 같이 두 대각선의 길이가 각각 11, 16인 사각형 ABCD의 넓이가 $44\sqrt{3}$일 때, 두 대각선이 이루는 예각 $\angle x$의 크기는?

① 15° ② 30° ③ 45°
④ 60° ⑤ 75°

정답과 풀이 25쪽

01

오른쪽 그림과 같이 $\overline{AB}=7\text{ cm}$, $\overline{BC}=12\text{ cm}$, $\angle B=45°$인 삼각형 ABC의 넓이는?

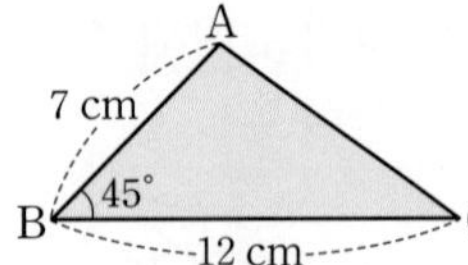

① $20\sqrt{2}\text{ cm}^2$ ② $21\sqrt{2}\text{ cm}^2$ ③ $22\sqrt{2}\text{ cm}^2$ ④ $23\sqrt{2}\text{ cm}^2$ ⑤ $24\sqrt{2}\text{ cm}^2$

02

오른쪽 그림과 같이 $\overline{AB}=\overline{AC}$인 이등변삼각형 ABC가 있다. $\overline{AB}=6\sqrt{2}$, $\angle B=60°$일 때, 삼각형 ABC의 넓이는?

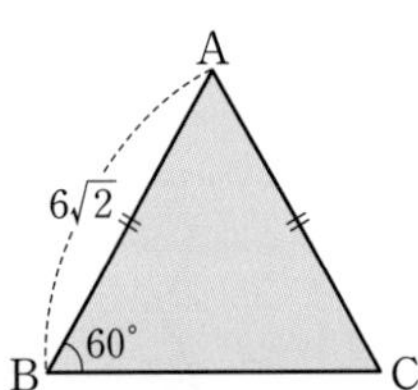

① $18\sqrt{2}$ ② $12\sqrt{5}$ ③ $18\sqrt{3}$ ④ $10\sqrt{10}$ ⑤ 36

03

오른쪽 그림과 같이 $\overline{BC}=8\text{ cm}$, $\angle B=150°$인 삼각형 ABC의 넓이가 12 cm^2일 때, $\overline{AB}$의 길이는?

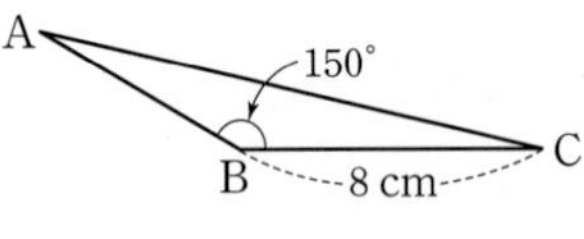

① 5 cm ② $2\sqrt{7}$ cm ③ $4\sqrt{2}$ cm ④ 6 cm ⑤ $2\sqrt{10}$ cm

04

오른쪽 그림과 같이 $\overline{AB}=2$, $\overline{BC}=2\sqrt{5}$, $\overline{CD}=2\sqrt{5}$, $\overline{DA}=2\sqrt{2}$, $\angle A=135°$, $\angle C=60°$인 사각형 ABCD의 넓이는?

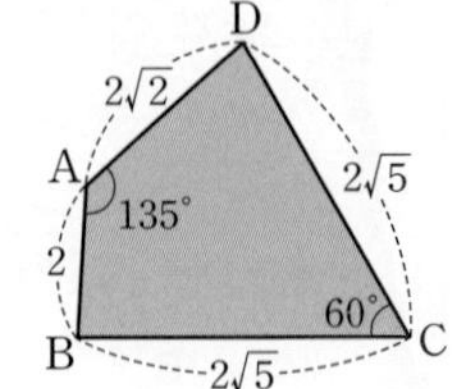

① $3+4\sqrt{3}$ ② 10 ③ $2+6\sqrt{2}$ ④ $2+5\sqrt{3}$ ⑤ 11

05

오른쪽 그림과 같이 $\overline{BC}=5$, $\angle B=120°$인 평행사변형 ABCD의 넓이가 $20\sqrt{3}$일 때, $\overline{AB}$의 길이는?

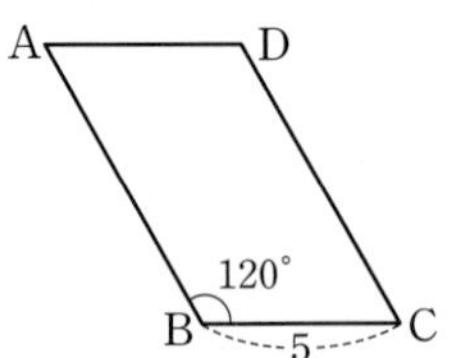

① 7 ② $2\sqrt{13}$ ③ $3\sqrt{6}$ ④ $3\sqrt{7}$ ⑤ 8

06

오른쪽 그림과 같이 $\overline{AC}=12$, $\overline{BD}=9$, $\angle DBC=35°$, $\angle ACB=25°$인 사각형 ABCD의 넓이는?

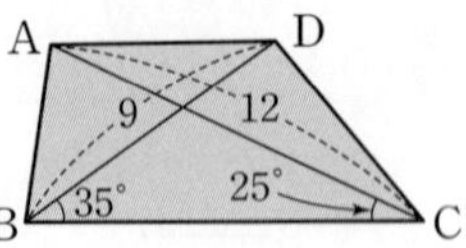

① $22\sqrt{2}$ ② $20\sqrt{5}$ ③ 46 ④ $27\sqrt{3}$ ⑤ $21\sqrt{6}$

원과 직선

1. 원의 현

01 원의 중심과 현의 수직이등분선

정답과 풀이 26쪽

(1) 원의 중심에서 현에 내린 수선은 그 현을 이등분한다.

➔ $\overline{AB}\perp\overline{OM}$이면 $\overline{AM}=\overline{BM}$

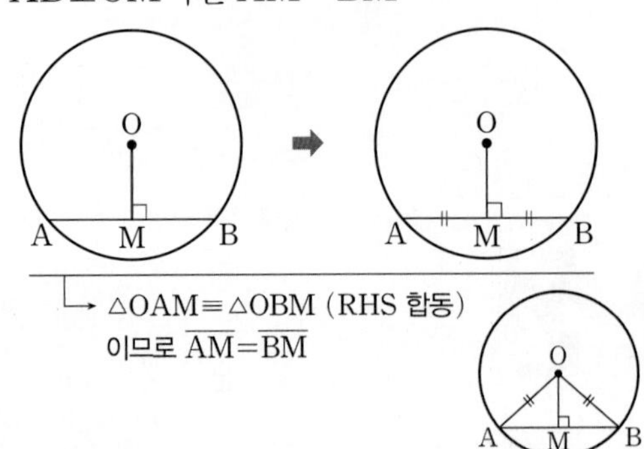

(2) 원에서 현의 수직이등분선은 그 원의 중심을 지난다.

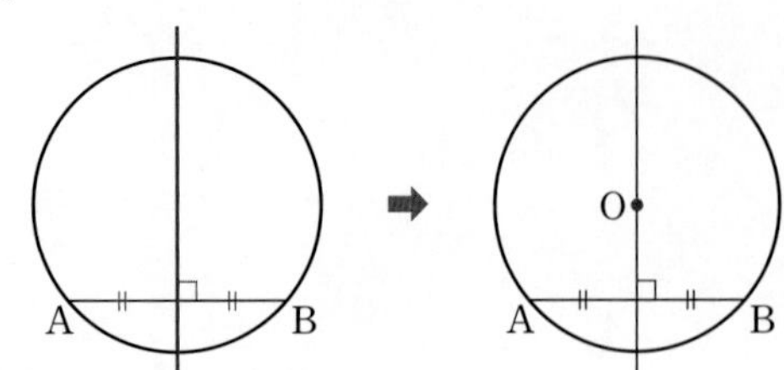

현의 수직이등분선의 성질을 이용하여 선분의 길이 구하기 (1)

다음 그림과 같은 원 O에서 x의 값을 구하시오.

ε 따라하기

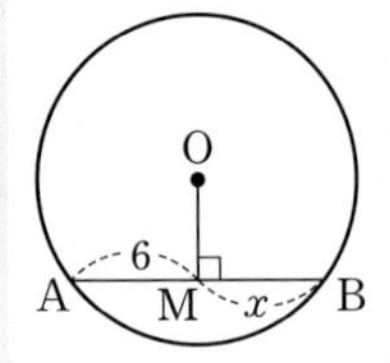

➔ 원의 중심에서 현에 내린 수선은 그 현을 이등분하므로

$\overline{BM}=\overline{AM}=6$

즉, $x=6$

01

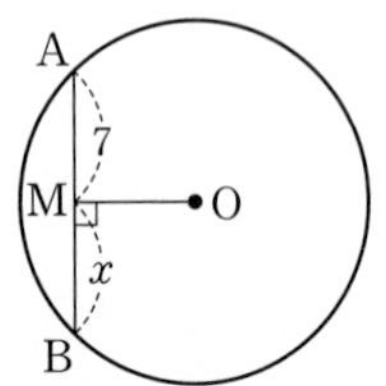

02

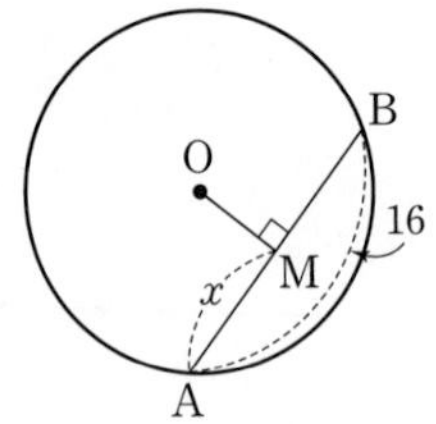

03

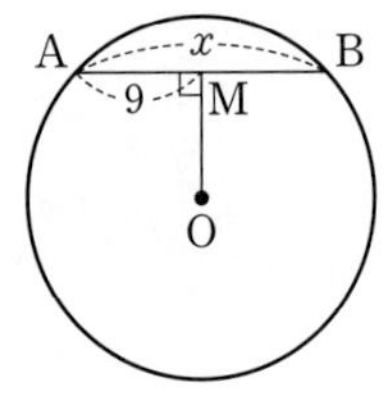

다음 그림과 같은 원의 반지름의 길이를 구하시오.

ε 따라하기

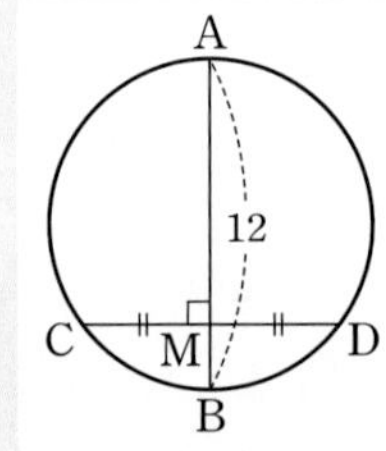

➔ $\overline{AB}$는 현 CD의 수직이등분선이므로 $\overline{AB}$는 원의 지름이다.

└ 현의 수직이등분선은 원의 중심을 지난다.

따라서 원의 반지름의 길이는

$\frac{1}{2}\overline{AB}=\frac{1}{2}\times12=6$

04

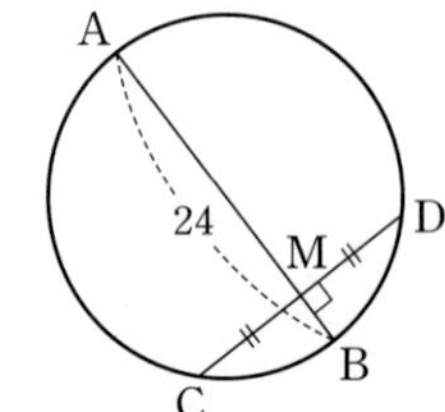

05

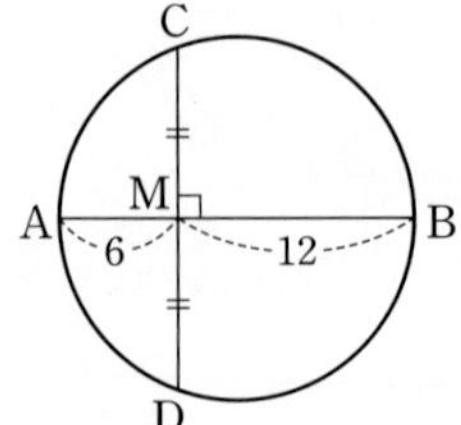

06

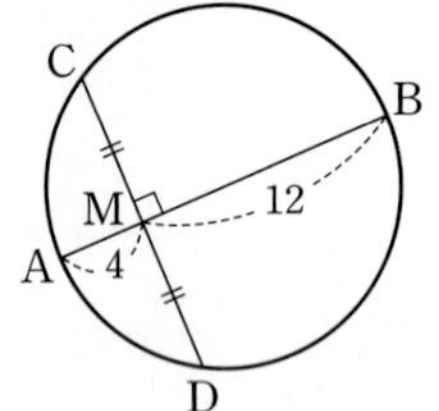

현의 수직이등분선의 성질을 이용하여 선분의 길이 구하기 (2)

다음 그림과 같은 원 O에서 x의 값을 구하시오.

따라하기

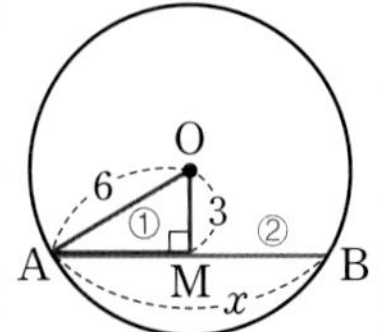

→ ① 직각삼각형 OAM에서
$\overline{AM}=\sqrt{6^2-3^2}=3\sqrt{3}$
② 원의 중심에서 현에 내린 수선은 그 현을 이등분하므로 $\overline{AB}=2\overline{AM}=2\times3\sqrt{3}=6\sqrt{3}$
즉, $x=6\sqrt{3}$

07

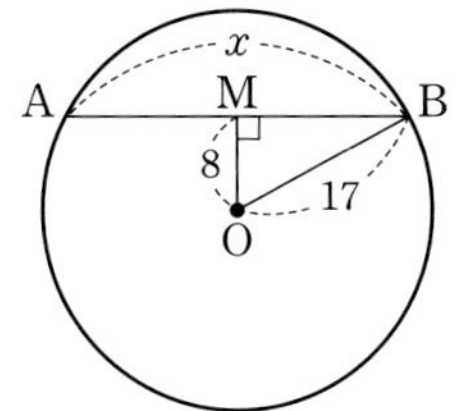

08

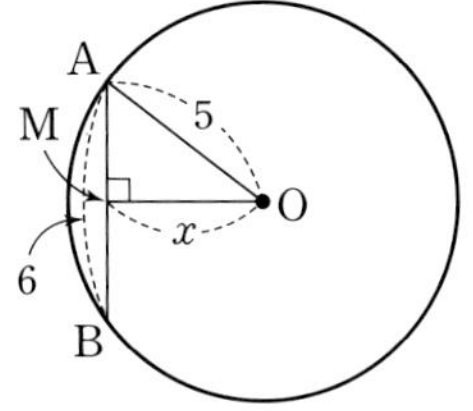

09

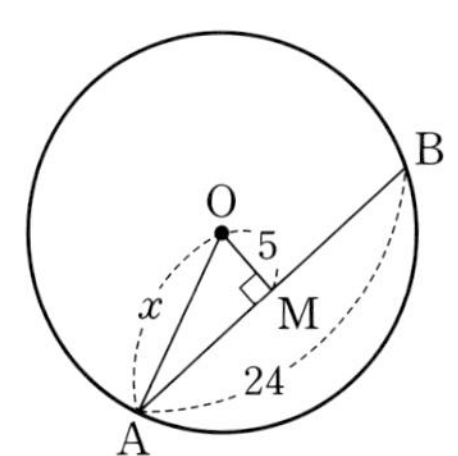

10

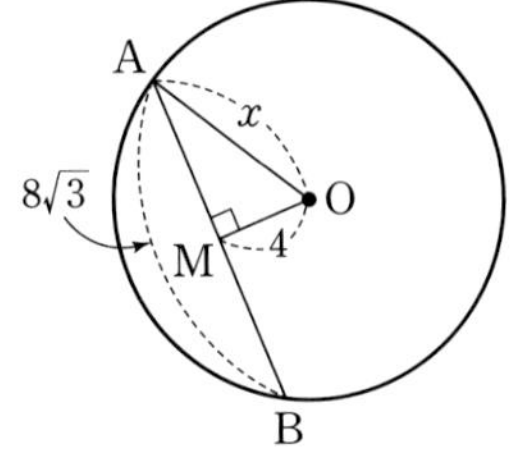

보조선을 그어 선분의 길이 구하기

다음 그림과 같은 원 O에서 x의 값을 구하시오.

따라하기

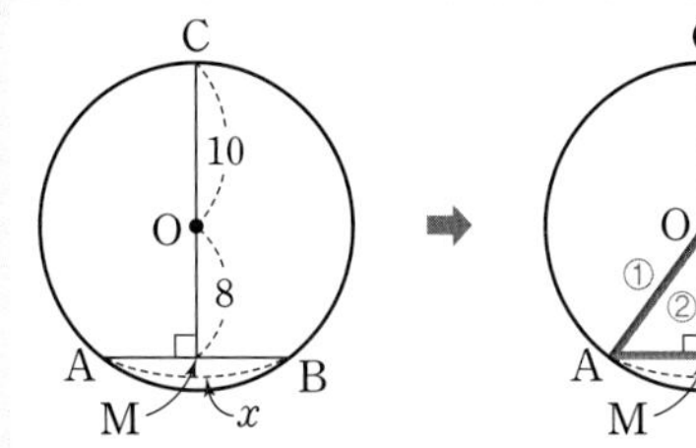

→ ① $\overline{OA}$를 그으면 $\overline{OA}=\overline{OC}=10$
└→ 원의 반지름의 길이
② 직각삼각형 OAM에서
$\overline{AM}=\sqrt{10^2-8^2}=6$
③ 원의 중심에서 현에 내린 수선은 그 현을 이등분하므로 $\overline{AB}=2\overline{AM}=2\times6=12$
즉, $x=12$

11

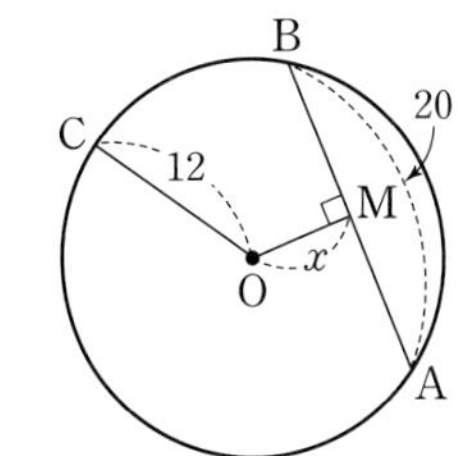

12

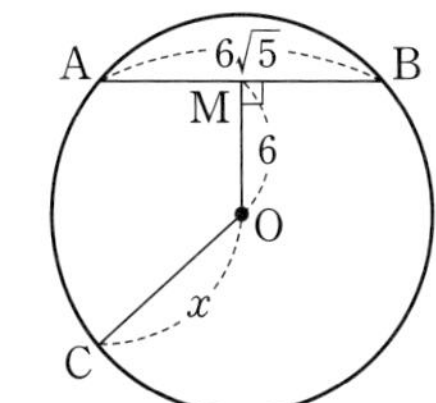

13

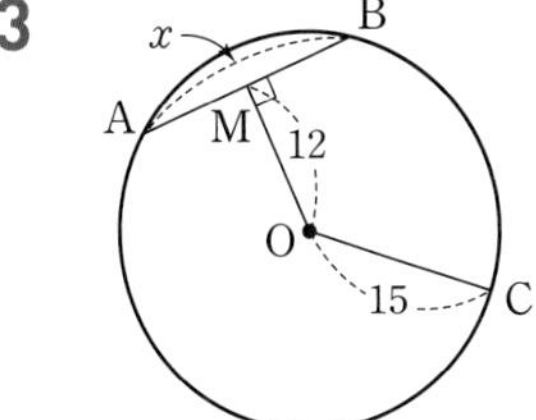

다음 그림과 같은 원 O의 반지름의 길이를 구하시오.

ε 따라하기

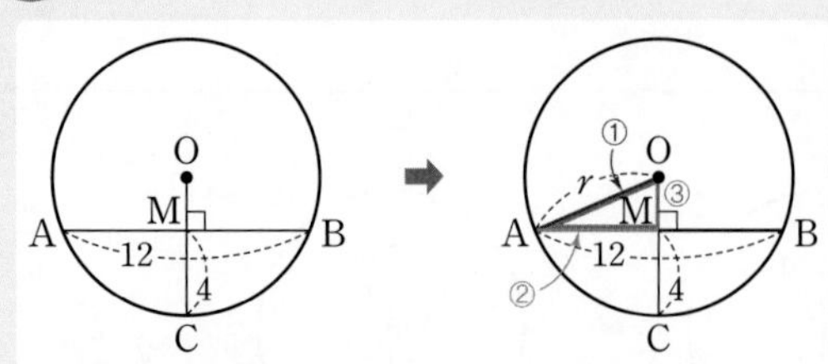

→ ① $\overline{OA}$를 긋고 $\overline{OA}=r$로 놓으면 (→ 원의 반지름의 길이)
$\overline{OM}=r-4$

② $\overline{AM}=\frac{1}{2}\overline{AB}=\frac{1}{2}\times 12=6$
(→ 원의 중심에서 현에 내린 수선은 그 현을 이등분한다.)

③ 직각삼각형 OAM에서 $r^2=6^2+(r-4)^2$
즉, $r=\frac{13}{2}$

14

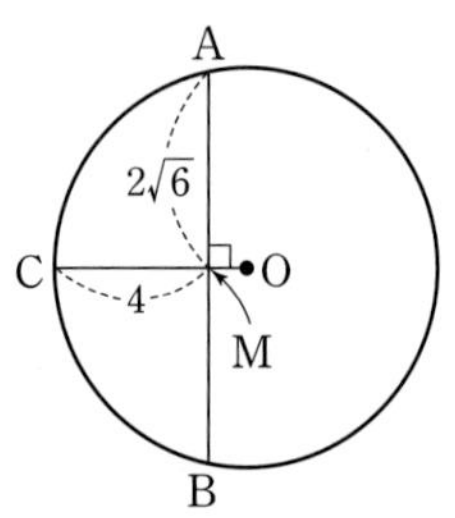

15

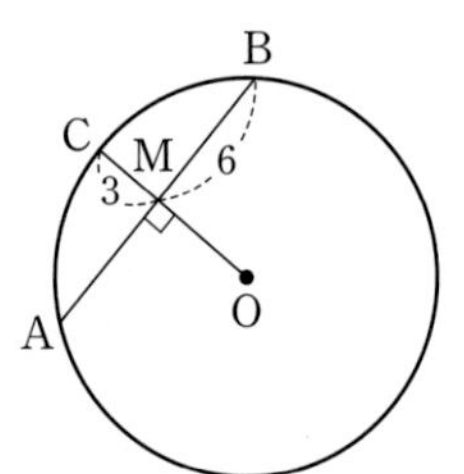

16

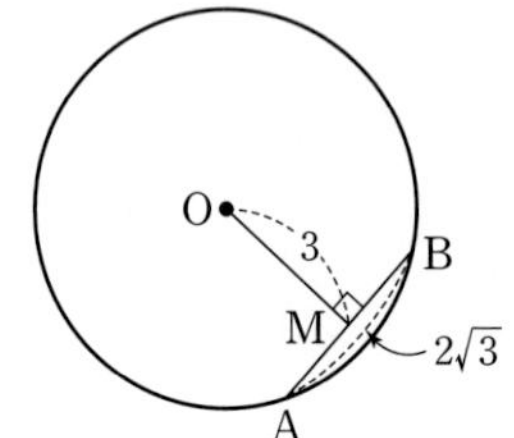

원의 일부분을 이용하여 반지름의 길이 구하기

다음 그림에서 $\widehat{AB}$는 원 O의 일부분이다. $\overline{AM}=\overline{BM}$, $\overline{AB}\perp\overline{CM}$일 때, 원 O의 반지름의 길이를 구하시오.

ε 따라하기

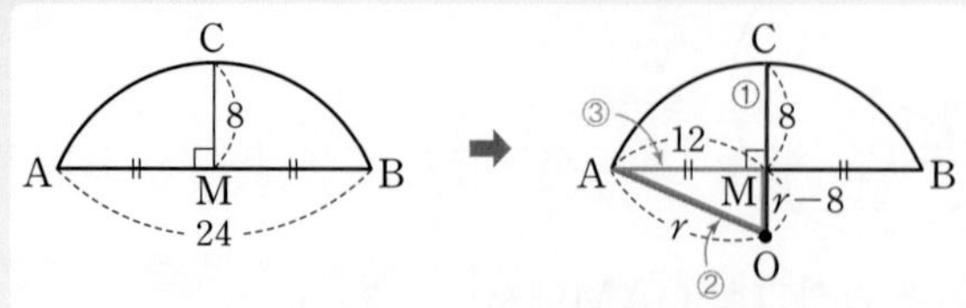

→ ① $\overline{CM}$의 연장선을 그으면 원의 중심 O는 직선 CM 위에 있다. (→ 원에서 현의 수직이등분선은 그 원의 중심을 지난다.)

② $\overline{OA}$를 긋고 $\overline{OA}=r$로 놓으면 $\overline{OM}=r-8$ (→ 원의 반지름의 길이)

③ $\overline{AM}=\frac{1}{2}\overline{AB}=\frac{1}{2}\times 24=12$
(→ 원의 중심에서 현에 내린 수선은 그 현을 이등분한다.)

직각삼각형 OAM에서 $r^2=12^2+(r-8)^2$
즉, $r=13$

17

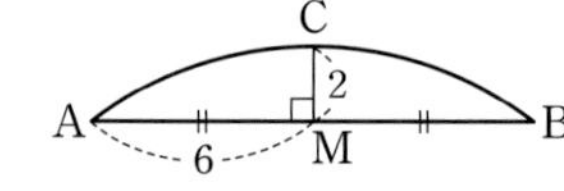

18

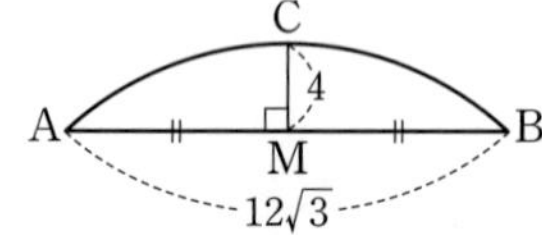

19 대표 문제

오른쪽 그림의 원 O에서 $\overline{AB}\perp\overline{OC}$이고, $\overline{BM}=4$ cm, $\overline{CM}=2$ cm일 때, 원 O의 반지름의 길이는?

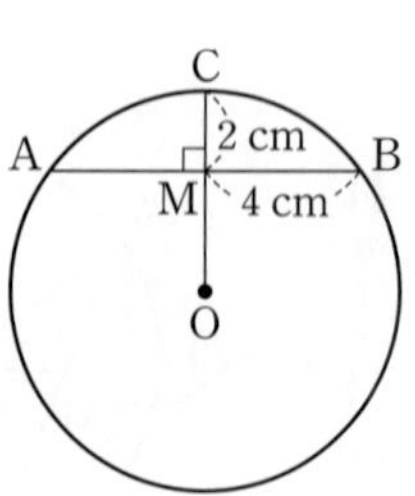

① $2\sqrt{6}$ cm ② 5 cm
③ $2\sqrt{7}$ cm ④ $4\sqrt{2}$ cm
⑤ 6 cm

02 현의 길이

정답과 풀이 27쪽

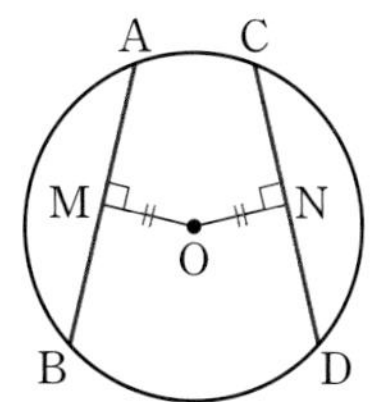

(1) 한 원에서 중심으로부터 같은 거리에 있는 두 현의 길이는 같다.

→ $\overline{OM}=\overline{ON}$이면 $\overline{AB}=\overline{CD}$

└ $\triangle OAM\equiv\triangle ODN$ (RHS 합동)이므로 $\overline{AM}=\overline{DN}$
이때 $\overline{AB}=2\overline{AM}$, $\overline{CD}=2\overline{DN}$이므로 $\overline{AB}=\overline{CD}$

(2) 한 원에서 길이가 같은 두 현은 원의 중심으로부터 같은 거리에 있다.

→ $\overline{AB}=\overline{CD}$이면 $\overline{OM}=\overline{ON}$

현의 길이의 성질을 이용하여 선분의 길이 구하기 (1)

다음 그림과 같은 원 O에서 x의 값을 구하시오.

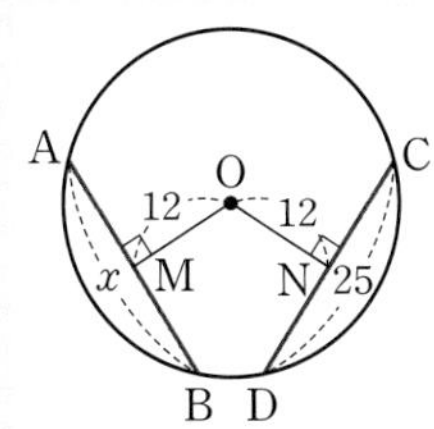

→ $\overline{OM}=\overline{ON}$이므로 $\overline{AB}=\overline{CD}$

└ 한 원에서 중심으로부터 같은 거리에 있는 두 현의 길이는 같다.

즉, $x=25$

01

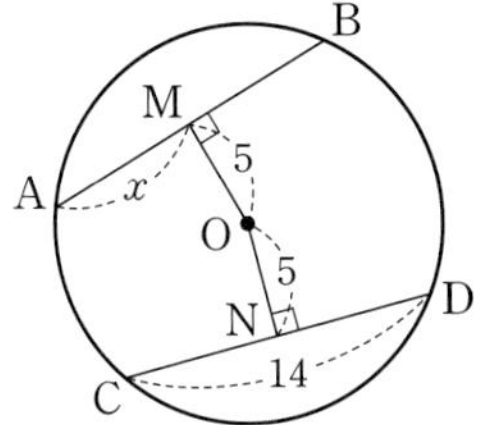

02

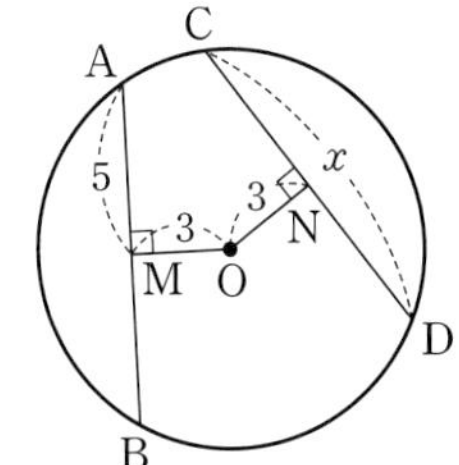

03

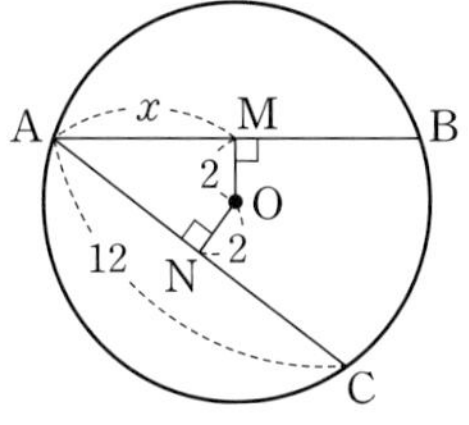

다음 그림과 같은 원 O에서 x의 값을 구하시오.

따라하기

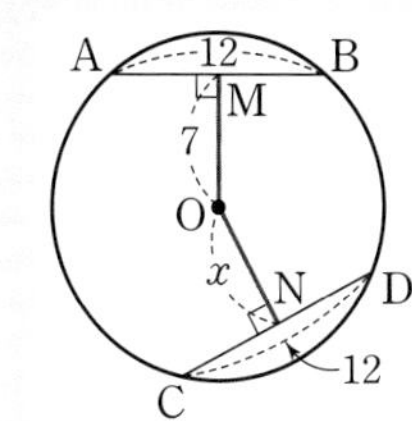

→ $\overline{AB}=\overline{CD}$이므로 $\overline{OM}=\overline{ON}$

└ 한 원에서 길이가 같은 두 현은 원의 중심으로부터 같은 거리에 있다.

즉, $x=7$

04

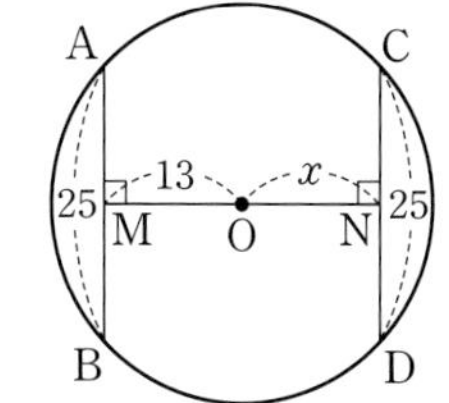

05

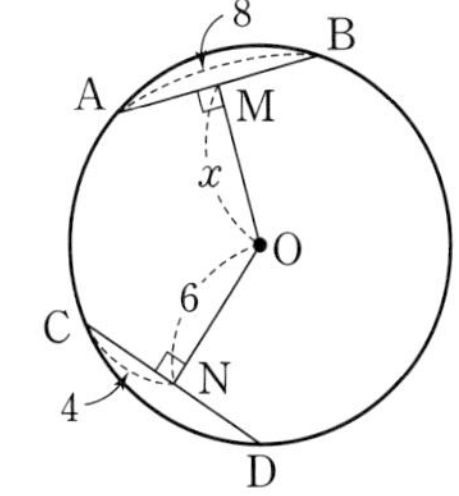

06

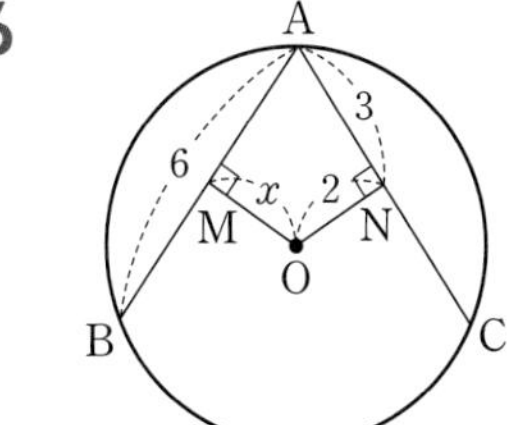

현의 길이의 성질을 이용하여 선분의 길이 구하기 (2)

다음 그림과 같은 원 O에서 x의 값을 구하시오.

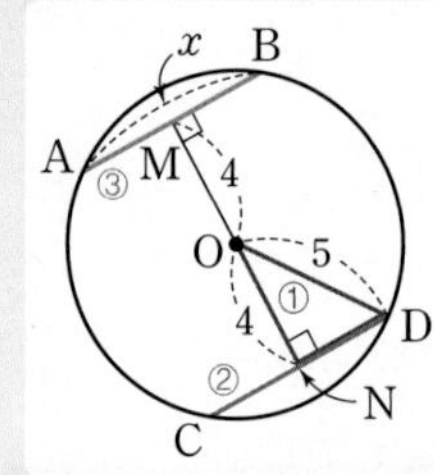

→ ① 직각삼각형 ODN에서
$\overline{DN}=\sqrt{5^2-4^2}=3$
② 원의 중심에서 현에 내린 수선은 그 현을 이등분하므로 $\overline{CD}=2\overline{DN}=6$
③ $\overline{OM}=\overline{ON}$이므로
$\overline{AB}=\overline{CD}$, 즉 $x=6$

07

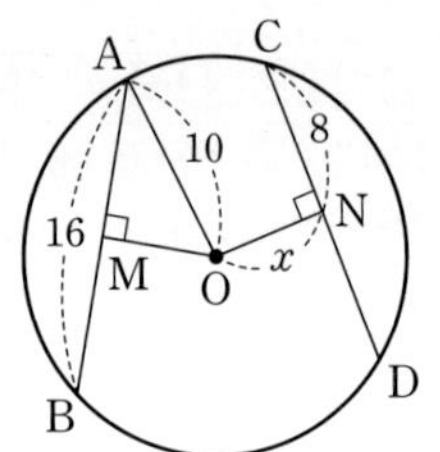

08

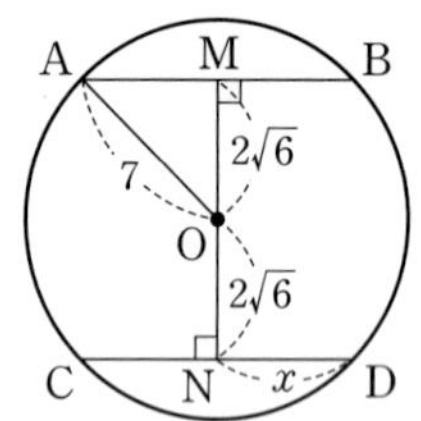

09

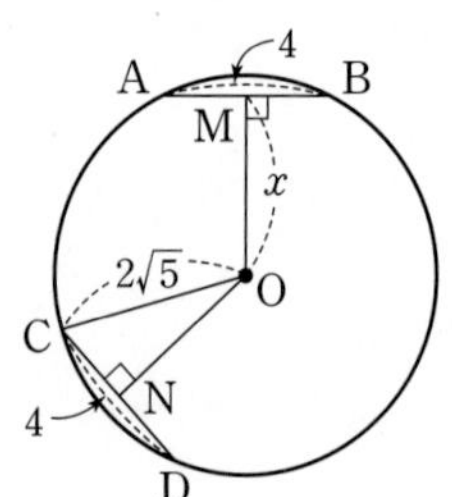

10

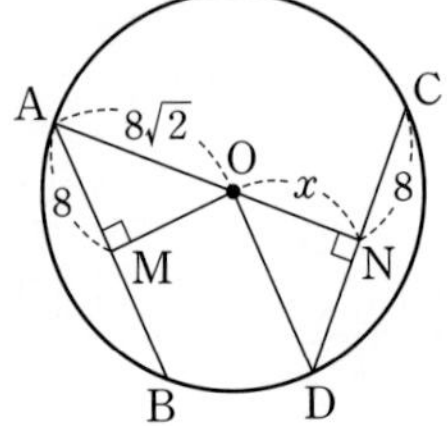

현의 길이의 성질을 이용하여 각의 크기 구하기

다음 그림과 같은 원 O에서 $\overline{OM}=\overline{ON}$일 때, $\angle x$의 크기를 구하시오.

따라하기

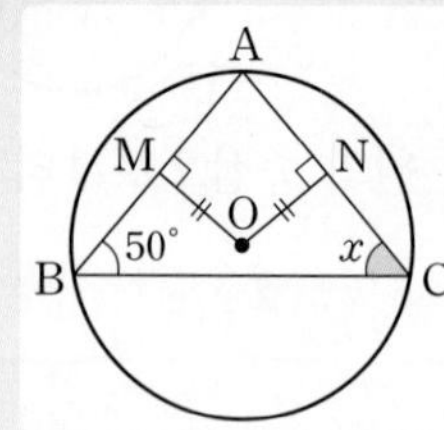

→ $\overline{OM}=\overline{ON}$이므로 $\overline{AB}=\overline{AC}$
따라서 $\triangle ABC$는
$\overline{AB}=\overline{AC}$인 이등변삼각형이므로
$\angle B=\angle C$, 즉 $\angle x=50^\circ$

11

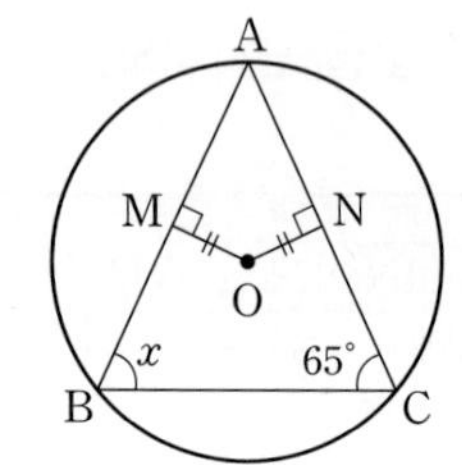

12

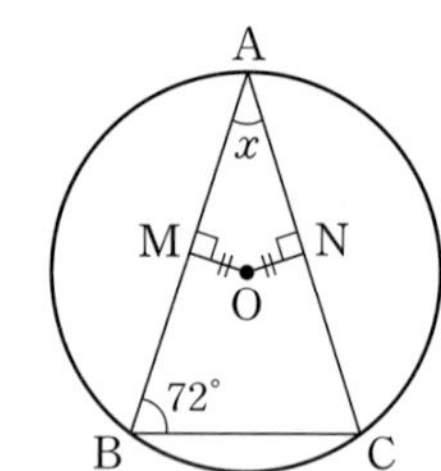

13

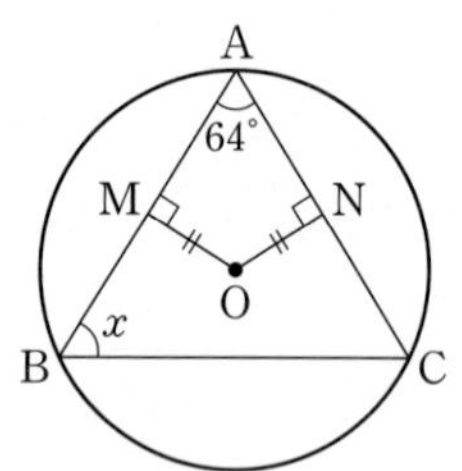

14 대표 문제

오른쪽 그림과 같이 삼각형 ABC가 원 O에 내접하고 있다. $\overline{OM}=\overline{ON}$이고 $\angle C=54^\circ$일 때, $\angle x$의 크기는?

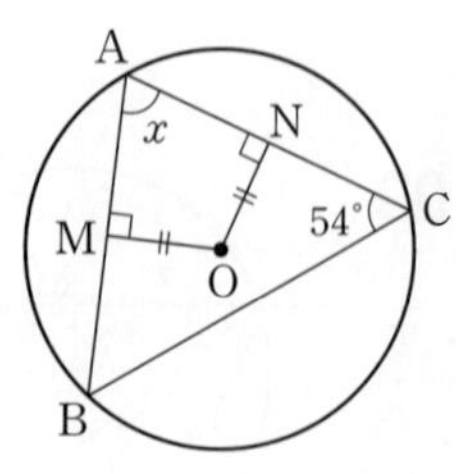

① 68° ② 70°
③ 72° ④ 74°
⑤ 76°

확인 문제

정답과 풀이 29쪽

01

오른쪽 그림과 같이 원 O에서 $\overline{AB} \perp \overline{OM}$이고 $\overline{BM}=11$일 때, $\overline{AB}$의 길이는?

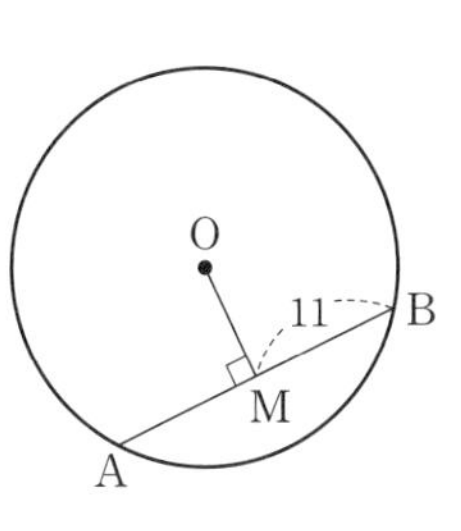

① 18　　② 19

③ 20　　④ 21

⑤ 22

02

오른쪽 그림과 같이 원 O에서 $\overline{AB} \perp \overline{CH}$이고, $\overline{AB}=8\sqrt{2}$, $\overline{OH}=4$일 때, r의 값은?

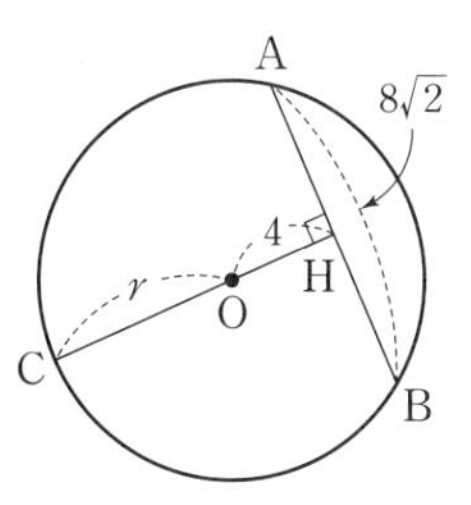

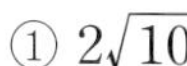
① $2\sqrt{10}$　　② $3\sqrt{5}$

③ $4\sqrt{3}$　　④ $5\sqrt{2}$

⑤ $3\sqrt{6}$

03

오른쪽 그림과 같이 원 O에서 $\overline{AB}$, $\overline{OC}$가 점 M에서 수직으로 만난다. $\overline{AB}=14$, $\overline{OM}=4\sqrt{2}$일 때, 원 O의 반지름의 길이는?

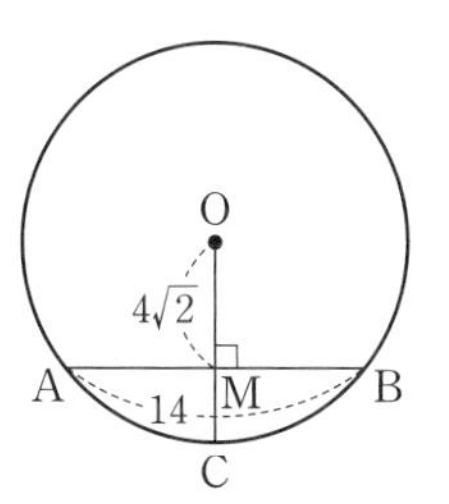

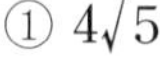
① $4\sqrt{5}$　　② 9

③ $3\sqrt{10}$　　④ $4\sqrt{6}$

⑤ 10

04

오른쪽 그림에서 $\widehat{AB}$는 원 O의 일부분이다. $\overline{AB} \perp \overline{CM}$, $\overline{AM}=\overline{BM}$이고 $\overline{AB}=14$, $\overline{CM}=5$일 때, 원 O의 반지름의 길이는?

① $\frac{34}{5}$　　② 7　　③ $\frac{36}{5}$

④ $\frac{37}{5}$　　⑤ $\frac{38}{5}$

05

오른쪽 그림과 같이 $\overline{AB} \perp \overline{OM}$, $\overline{CD} \perp \overline{ON}$이고 $\overline{AM}=3\sqrt{3}$, $\overline{CD}=6\sqrt{3}$, $\overline{OM}=3$일 때, $\overline{ON}$의 길이는?

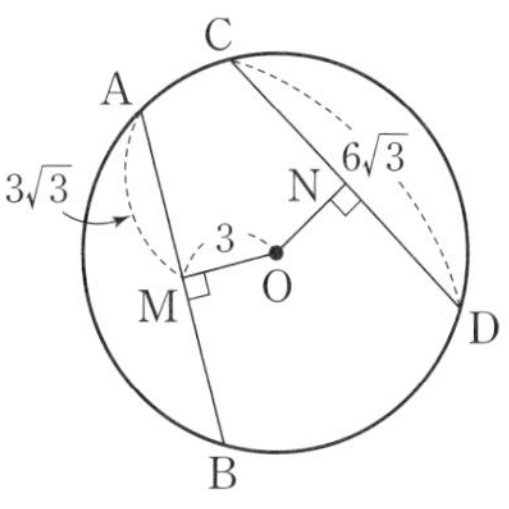

① 1　　② 2

③ 3　　④ 4

⑤ 5

06

오른쪽 그림과 같이 $\overline{AC}=3\text{ cm}$이고 $\angle A=60°$인 삼각형 ABC가 원 O에 내접하고 있다. $\overline{OM}=\overline{ON}$일 때, 삼각형 ABC의 둘레의 길이는?

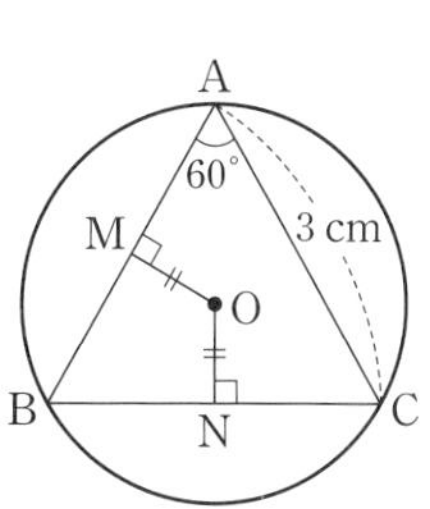

① $3\sqrt{7}\text{ cm}$　　② 8 cm

③ $2\sqrt{17}\text{ cm}$　　④ $6\sqrt{2}\text{ cm}$

⑤ 9 cm

2. 원의 접선

01 원의 접선의 길이

정답과 풀이 30쪽

(1) 원의 접선의 길이

① 원 O 밖의 한 점 P에서 그 원에 그을 수 있는 접선은 2개이다.

② 점 P에서 원 O의 접점 A, B까지의 거리 $\overline{PA}$, $\overline{PB}$를 각각 점 P에서 원 O에 그은 접선의 길이라 한다.

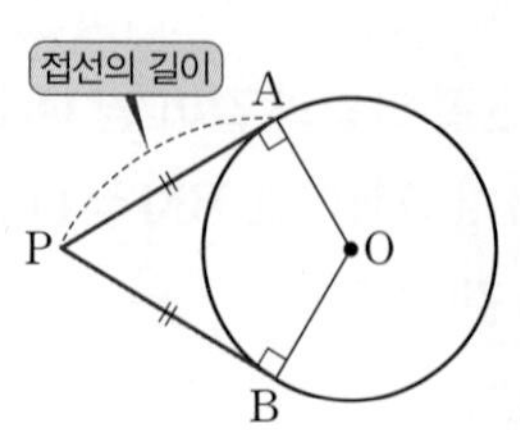

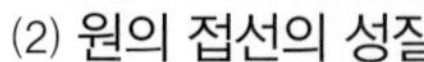

(2) 원의 접선의 성질

원 O 밖의 한 점 P에서 그 원에 그은 두 접선의 길이는 같다.

→ $\overline{PA}=\overline{PB}$

└→ $\triangle PAO \equiv \triangle PBO$ (RHS 합동)이므로 $\overline{PA}=\overline{PB}$

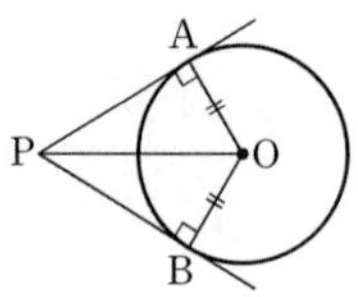

접선의 길이 구하기

※ 다음 그림에서 두 직선 PA, PB는 원 O의 접선이고, 두 점 A, B는 각각 그 접점일 때, x의 값을 구하시오.

따라하기

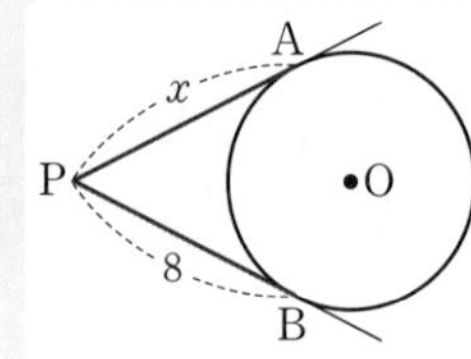

→ $\overline{PA}=\overline{PB}$이므로

└→ 원 밖의 한 점에서 그 원에 그은 두 접선의 길이는 같다.

$x=8$

01

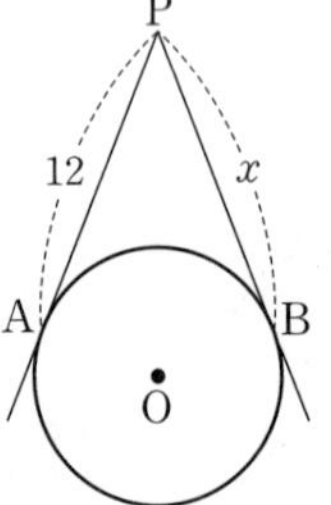

02

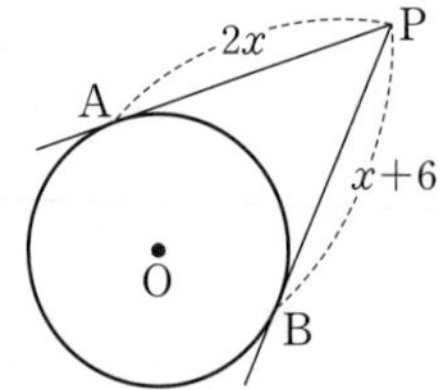

03

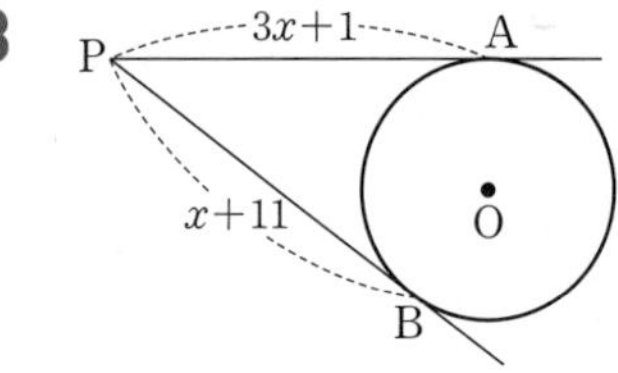

※ 다음 그림에서 두 직선 PA, PB는 원 O의 접선이고, 두 점 A, B는 각각 그 접점일 때, x의 값을 구하시오.

따라하기

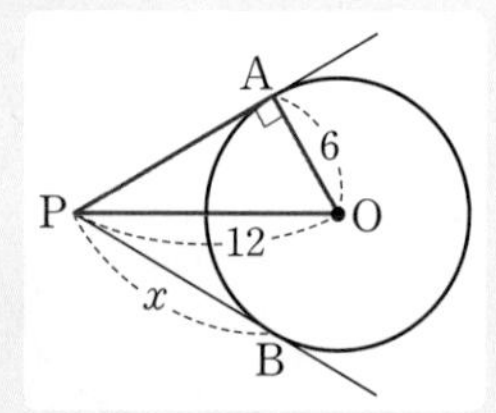

→ $\triangle PAO$는 $\angle PAO=90°$인 직각삼각형이므로

$\overline{PA}=\sqrt{12^2-6^2}=6\sqrt{3}$

이때 $\overline{PA}=\overline{PB}$이므로

$x=6\sqrt{3}$

04

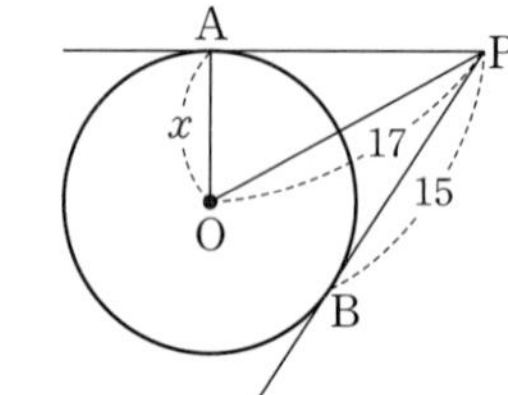

05

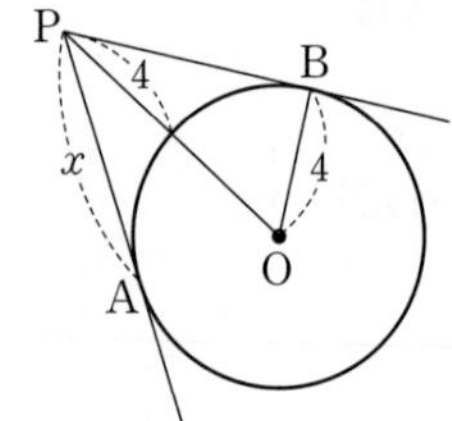

06

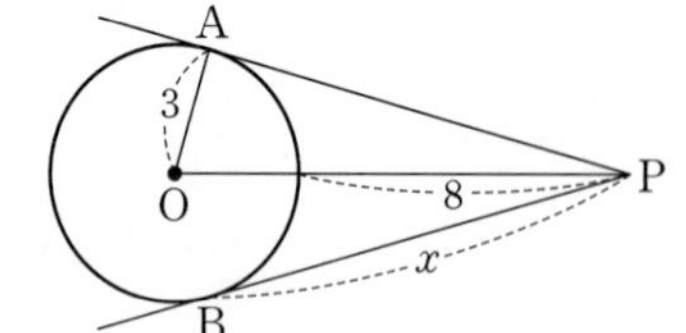

원의 접선의 성질을 이용하여 각의 크기 구하기

다음 그림에서 두 직선 PA, PB는 원 O의 접선이고, 두 점 A, B는 각각 그 접점일 때, $\angle x$의 크기를 구하시오.

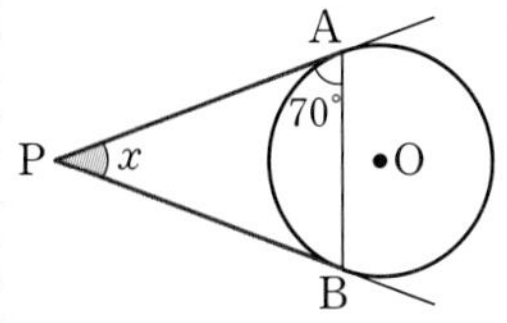

→ $\overline{PA}=\overline{PB}$이므로 $\triangle PAB$는 이등변삼각형이다.
즉, $\angle PAB=\angle PBA=70^\circ$이므로
$\angle x=180^\circ-(70^\circ+70^\circ)=40^\circ$

07

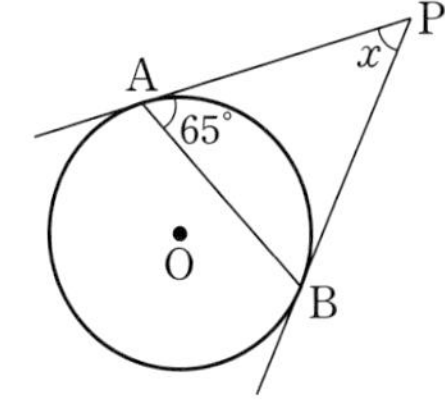

08

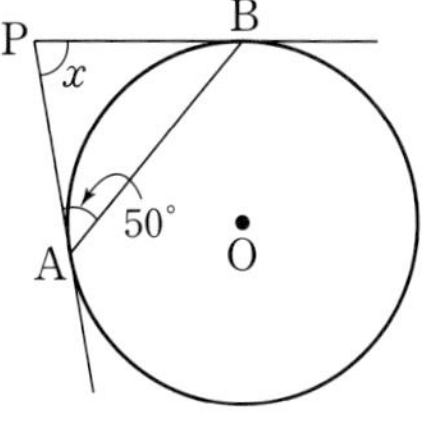

09

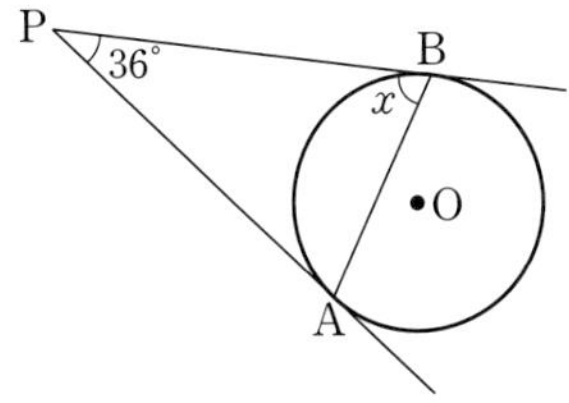

10

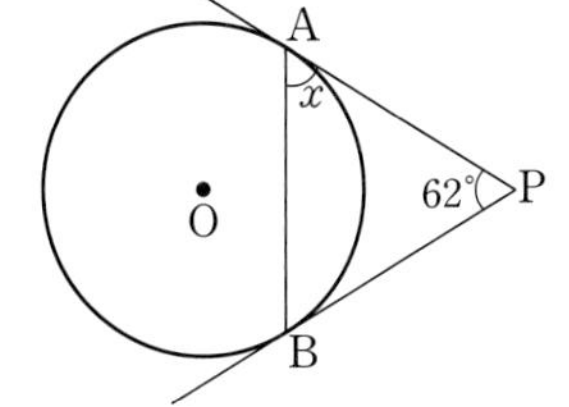

원의 접선의 성질의 응용

다음 그림에서 세 직선 PT, PT′, AB는 원 O의 접선이고 세 점 T, T′, C는 각각 그 접점일 때, x의 값을 구하시오.

따라하기

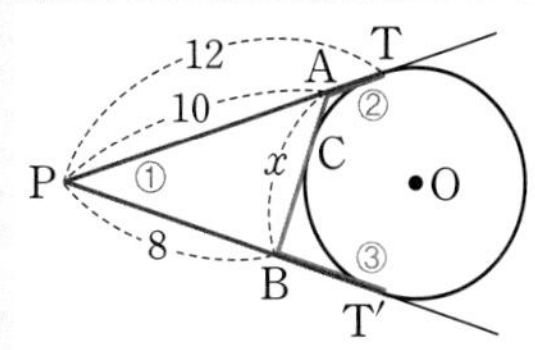

→ ① $\overline{PT}=\overline{PT'}$이므로 $\overline{PT'}=12$, $\overline{AT}=2$, $\overline{BT'}=4$
② $\overline{AT}=\overline{AC}$이므로 $\overline{AC}=2$
③ $\overline{BT'}=\overline{BC}$이므로 $\overline{BC}=4$
따라서 $\overline{AB}=\overline{AC}+\overline{BC}=6$, 즉 $x=6$

11

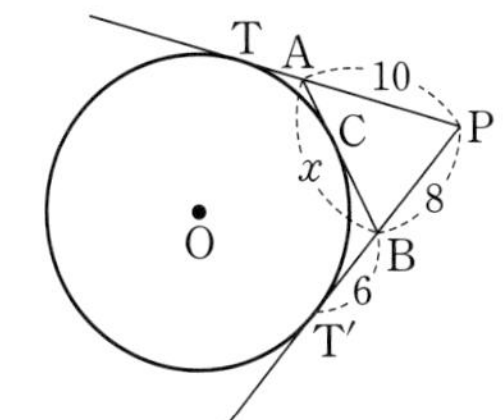

12

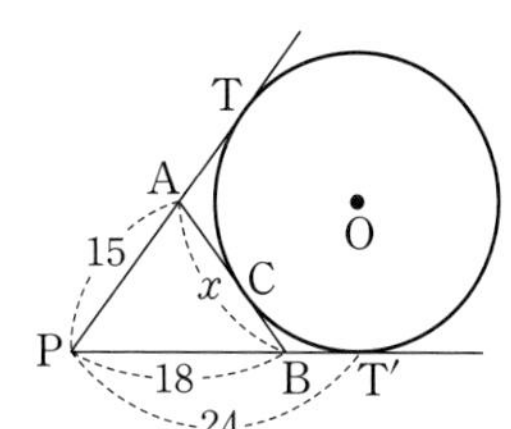

13

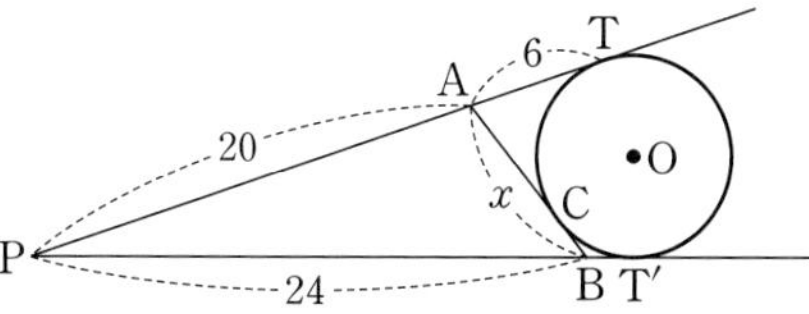

14 대표 문제

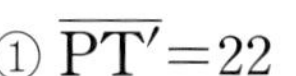

오른쪽 그림에서 세 직선 PT, PT′, AB는 원 O의 접선이고, 세 점 T, T′, C는 각각 그 접점이다. $\overline{PT}=22$, $\overline{PB}=18$, $\overline{AB}=12$일 때, 다음 중에서 옳지 <u>않은</u> 것은?

① $\overline{PT'}=22$ ② $\overline{BC}=4$ ③ $\overline{AC}=8$
④ $\overline{AT}=10$ ⑤ $\overline{PA}=14$

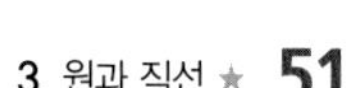

02 삼각형의 내접원

정답과 풀이 31쪽

반지름의 길이가 r인 원 O가 삼각형 ABC의 내접원이고 세 점 D, E, F가 접점일 때

(1) $\overline{AD}=\overline{AF}$, $\overline{BD}=\overline{BE}$, $\overline{CE}=\overline{CF}$

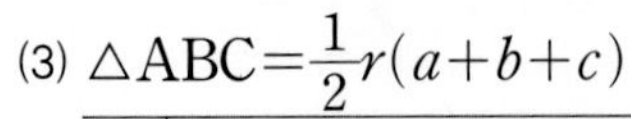

→ 원 밖의 한 점에서 그 원에 그은 두 접선의 길이는 같다.

(2) (△ABC의 둘레의 길이)$=a+b+c=2(x+y+z)$

(3) $\triangle ABC=\frac{1}{2}r(a+b+c)$

→ $\triangle ABC=\triangle ABO+\triangle BCO+\triangle CAO$

$=\frac{1}{2}cr+\frac{1}{2}ar+\frac{1}{2}br$

$=\frac{1}{2}r(a+b+c)$

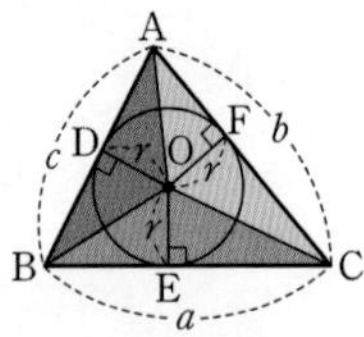

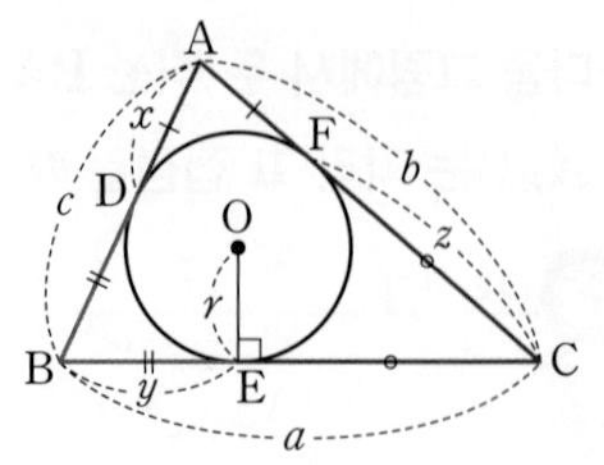

삼각형의 내접원에서 접선의 길이 구하기

※ 다음 그림에서 원 O는 삼각형 ABC의 내접원이고, 세 점 D, E, F는 접점일 때, x의 값을 구하시오.

ε 따라하기

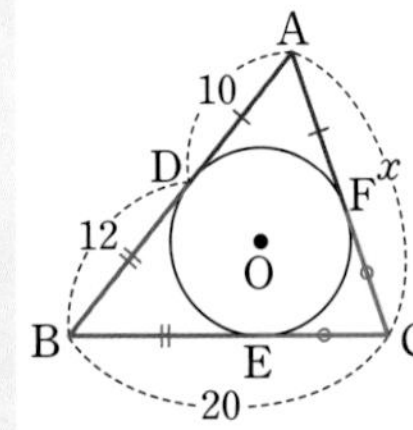

→ $\overline{AF}=\overline{AD}=10$,
$\overline{BE}=\overline{BD}=12$이므로
$\overline{CF}=\overline{CE}=20-12=8$
따라서
$x=\overline{AF}+\overline{CF}=18$

※ 다음 그림에서 원 O는 삼각형 ABC의 내접원이고, 세 점 D, E, F는 접점일 때, x의 값을 구하시오.

ε 따라하기

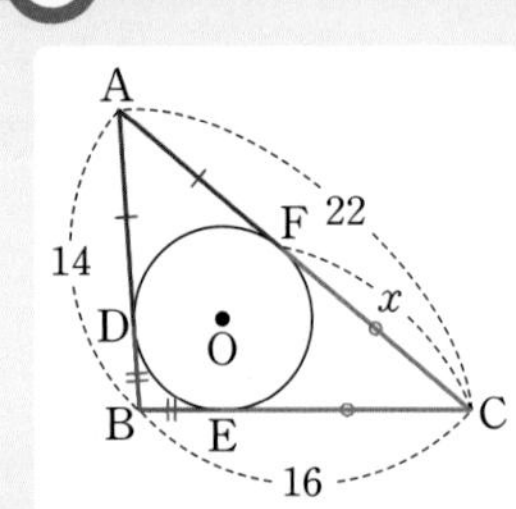

→ $\overline{CE}=\overline{CF}=x$이므로
$\overline{AD}=\overline{AF}=22-x$
$\overline{BD}=\overline{BE}=16-x$
이때
$14=(22-x)+(16-x)$
→ $\overline{AB}=\overline{AD}+\overline{BD}$
이므로 $x=12$

01

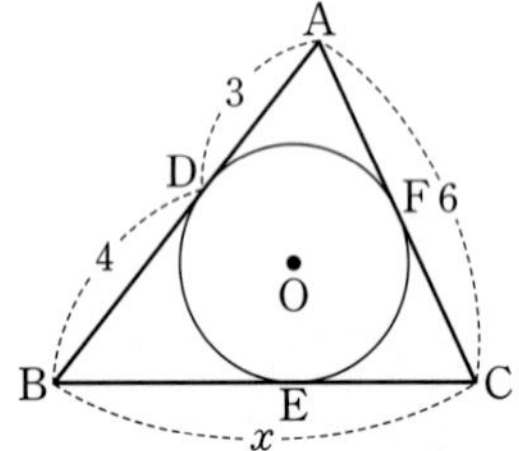

02

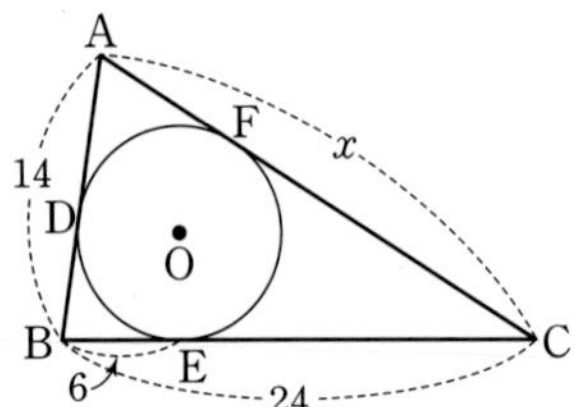

03

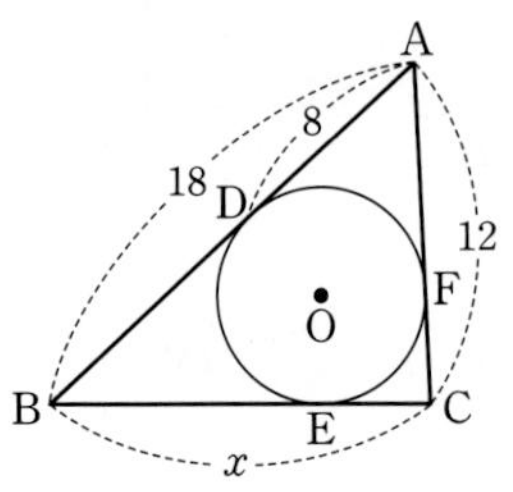

04

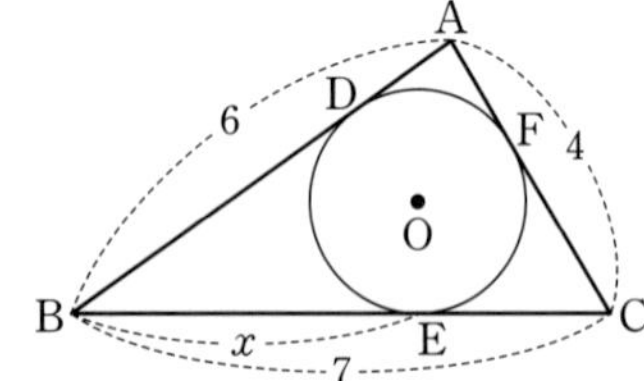

05

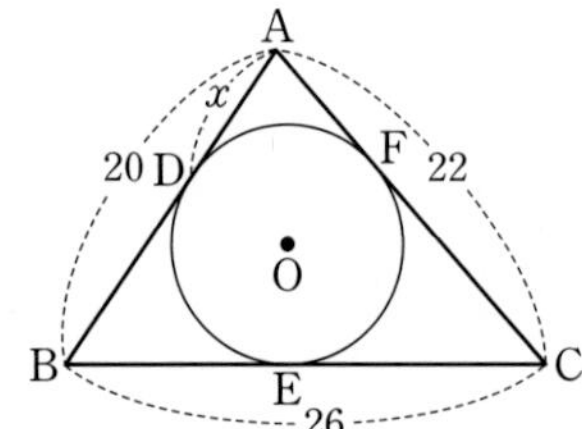

06

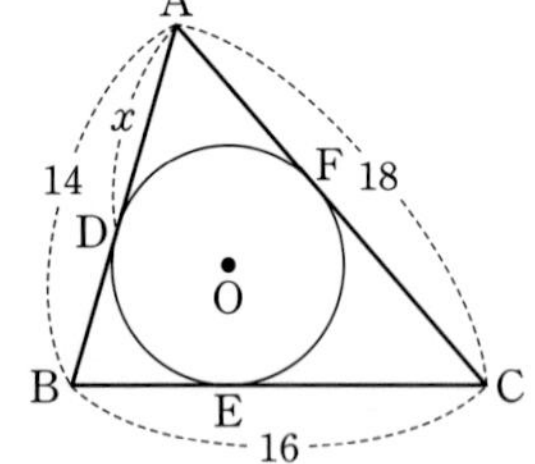

삼각형의 둘레의 길이 구하기

다음 그림에서 원 O는 삼각형 ABC의 내접원이고, 세 점 D, E, F는 접점일 때, 삼각형 ABC의 둘레의 길이를 구하시오.

따라하기

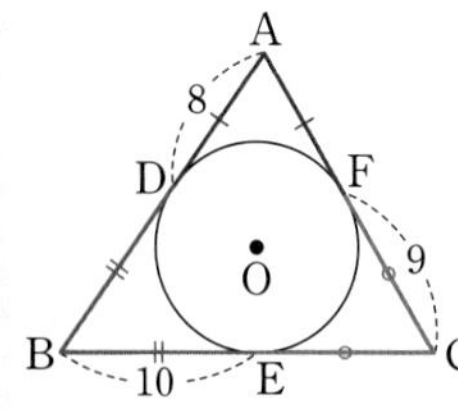

→ $\overline{AD}=\overline{AF}$, $\overline{BD}=\overline{BE}$, $\overline{CE}=\overline{CF}$이므로
△ABC의 둘레의 길이는
$2(\overline{AD}+\overline{BE}+\overline{CF})$
$=2\times(8+10+9)=54$

07

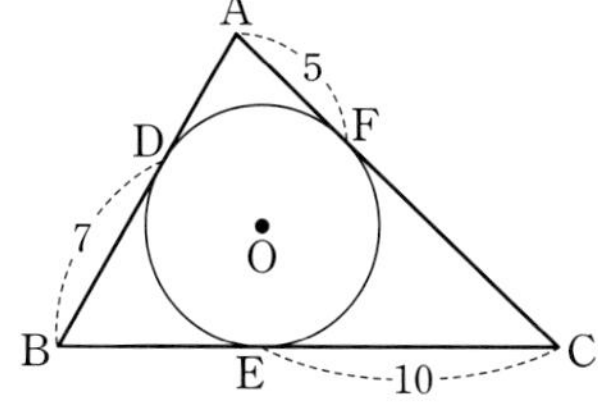

08

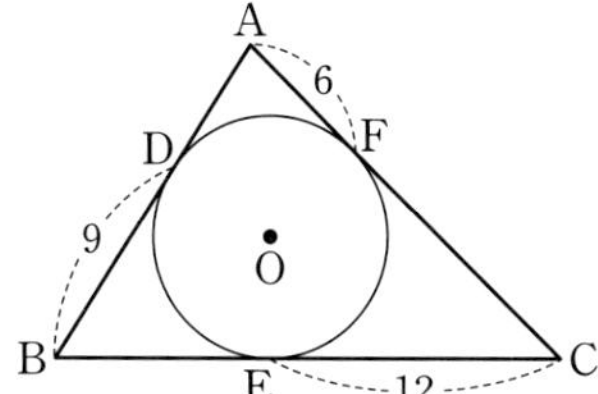

09

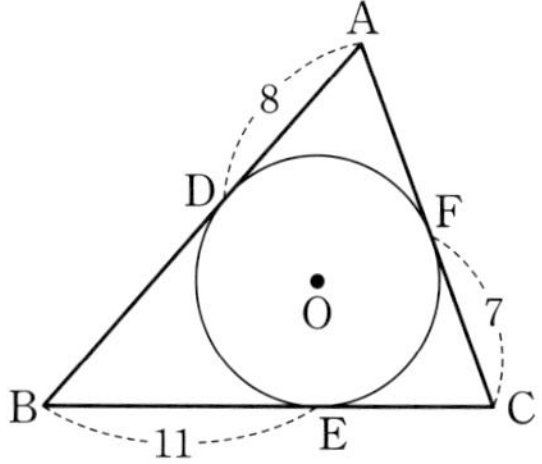

10

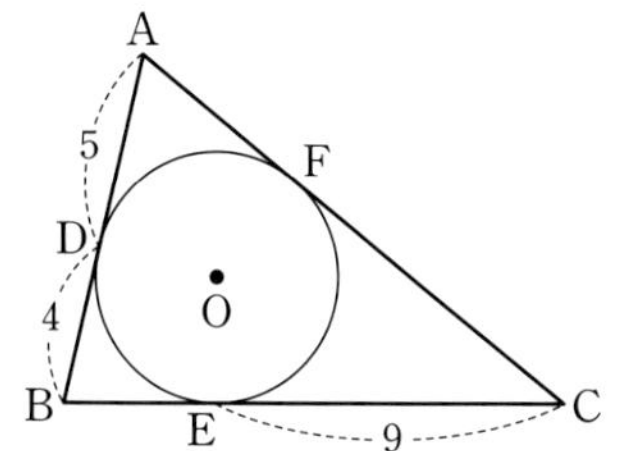

직각삼각형의 내접원의 반지름의 길이 구하기

다음 그림에서 원 O는 직각삼각형 ABC의 내접원이고, 세 점 D, E, F는 접점일 때, 원 O의 반지름의 길이를 구하시오.

따라하기

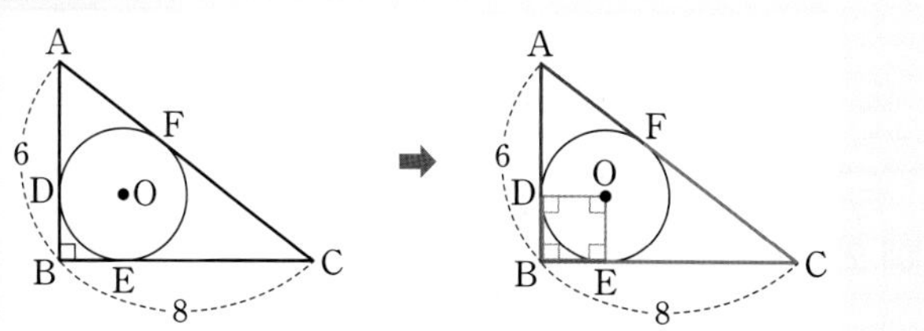

→ 원 O의 반지름의 길이를 r라 하고 $\overline{DO}$, $\overline{OE}$를 그으면
└→ □ODBE는 한 변의 길이가 r인 정사각형
$\overline{BD}=\overline{BE}=r$, $\overline{AD}=\overline{AF}=6-r$,
$\overline{CE}=\overline{CF}=8-r$
이때 $\overline{AC}=\sqrt{6^2+8^2}=10$, $\overline{AC}=\overline{AF}+\overline{CF}$이므로
$10=(6-r)+(8-r)$, 즉 $r=2$

11

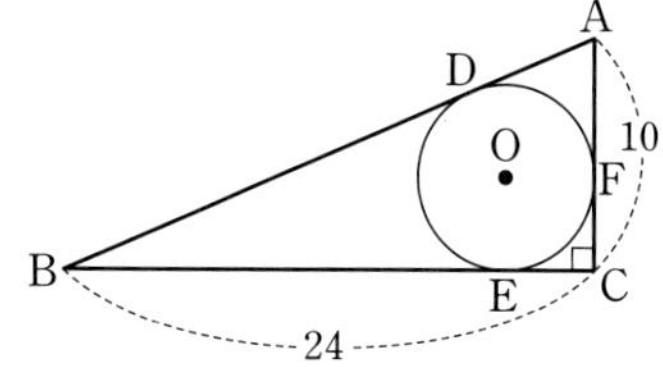

12

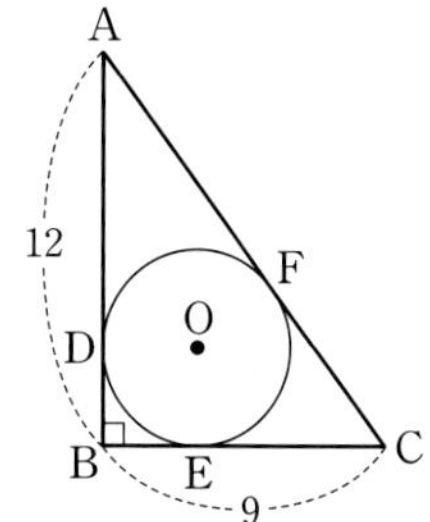

13 대표 문제

오른쪽 그림에서 원 O는 ∠A=90°인 직각삼각형 ABC의 내접원이고, 세 점 D, E, F는 점점이다.
$\overline{AC}=15$, $\overline{BC}=17$일 때, 원 O의 넓이는?

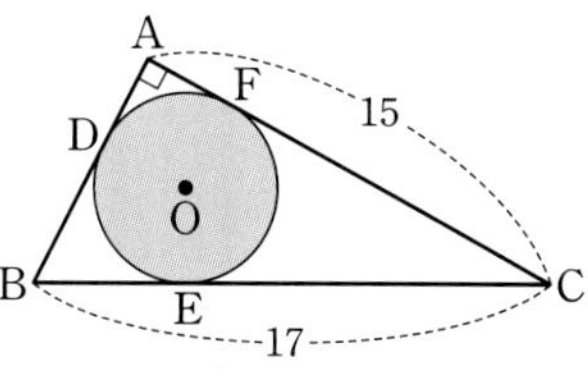

① 5π ② 6π ③ 7π
④ 8π ⑤ 9π

03 원에 외접하는 사각형의 성질

정답과 풀이 32쪽

(1) 원에 외접하는 사각형의 두 쌍의 대변의 길이의 합은 같다.

→ $\overline{AB}+\overline{CD}=\overline{AD}+\overline{BC}$

$\overline{AB}+\overline{CD}=(\overline{AP}+\overline{BP})+(\overline{DR}+\overline{CR})$
$=(\overline{AS}+\overline{BQ})+(\overline{DS}+\overline{CQ})$
$=(\overline{AS}+\overline{DS})+(\overline{BQ}+\overline{CQ})$
$=\overline{AD}+\overline{BC}$

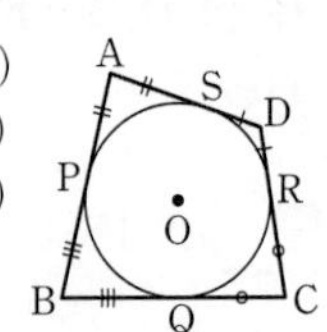

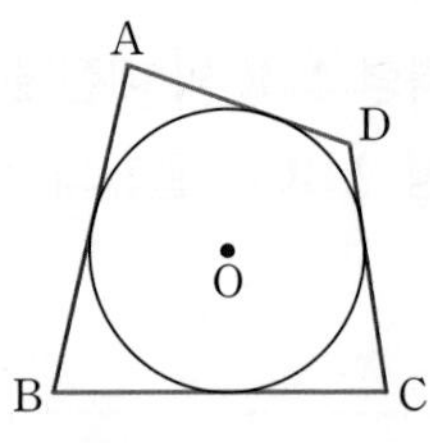

(2) 두 쌍의 대변의 길이의 합이 같은 사각형은 원에 외접한다.

원에 외접하는 사각형의 성질을 이용하여 선분의 길이 구하기 (1)

※ 다음 그림에서 □ABCD가 원 O에 외접할 때, x의 값을 구하시오.

따라하기

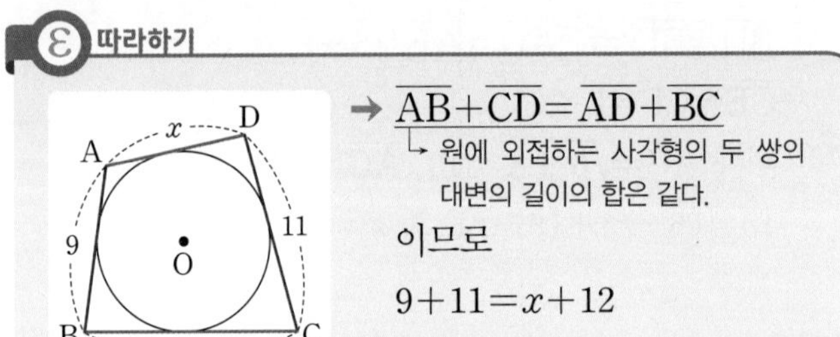

→ $\overline{AB}+\overline{CD}=\overline{AD}+\overline{BC}$
  ↳ 원에 외접하는 사각형의 두 쌍의 대변의 길이의 합은 같다.

이므로

$9+11=x+12$

즉, $x=8$

01

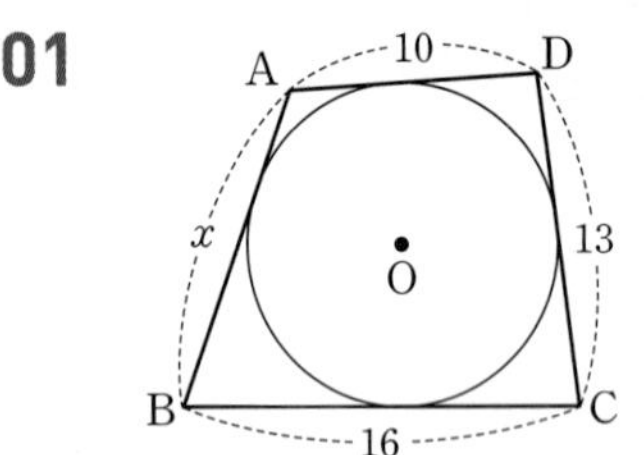

02

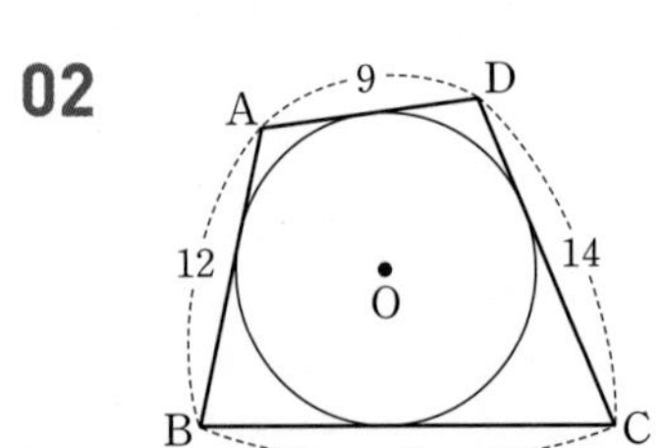

03

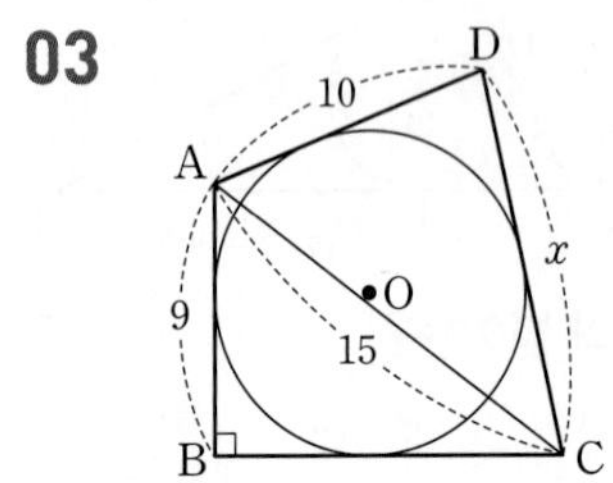

Tip 피타고라스 정리를 이용하여 $\overline{BC}$의 길이를 먼저 구한다.

※ 다음 그림에서 □ABCD가 원 O에 외접하고 네 점 E, F, G, H는 접점일 때, x의 값을 구하시오.

따라하기

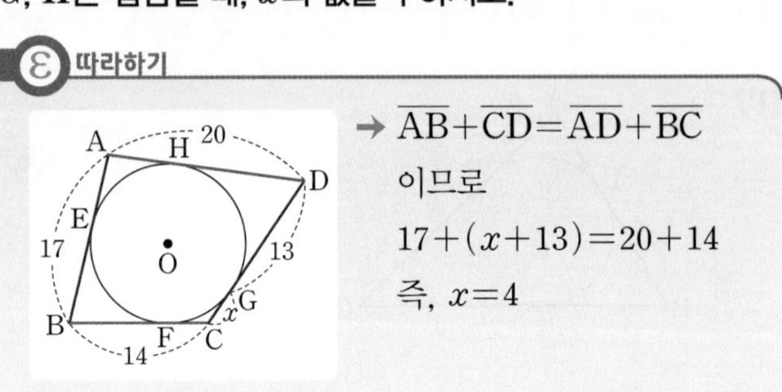

→ $\overline{AB}+\overline{CD}=\overline{AD}+\overline{BC}$

이므로

$17+(x+13)=20+14$

즉, $x=4$

04

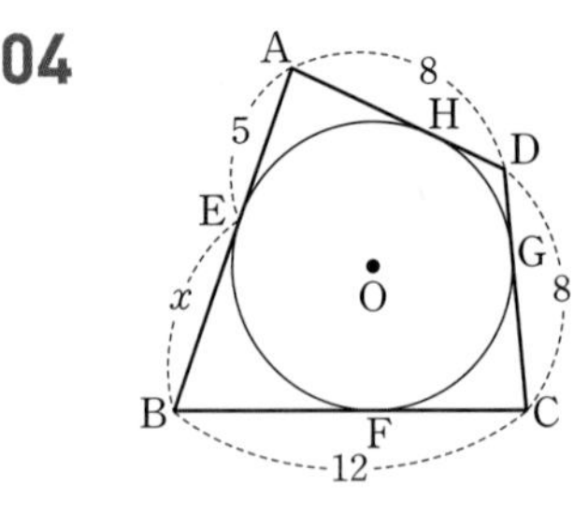

05

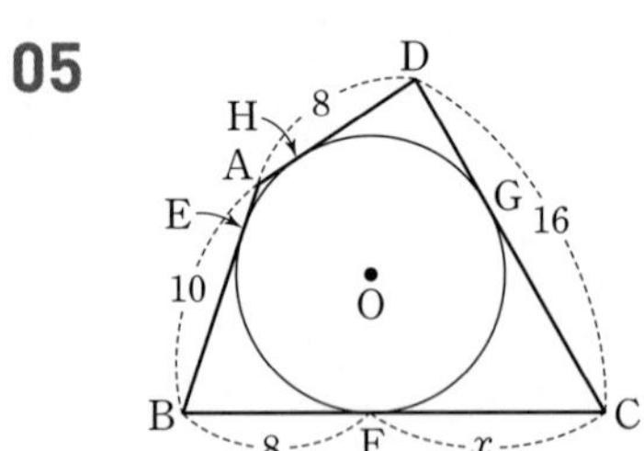

06

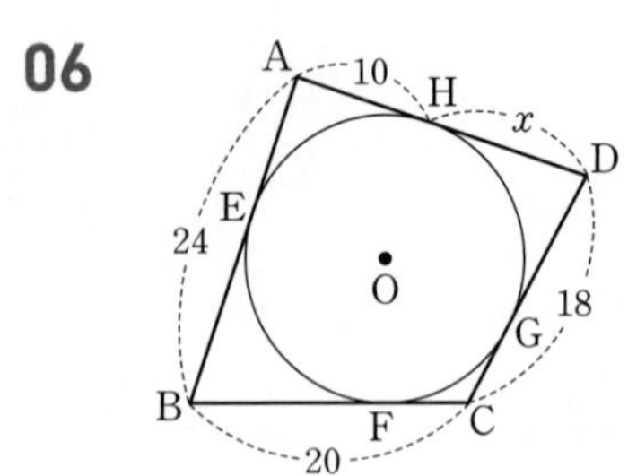

원에 외접하는 사각형의 둘레의 길이 구하기

다음 그림에서 □ABCD가 원 O에 외접할 때, □ABCD의 둘레의 길이를 구하시오.

따라하기

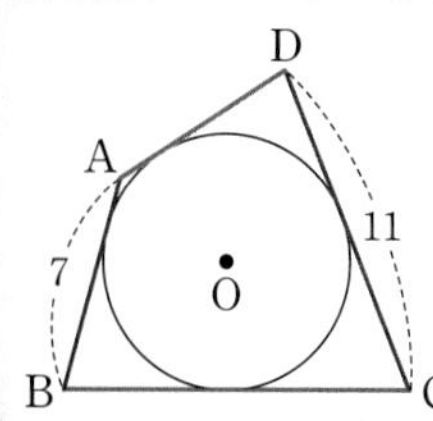

→ $\overline{AB}+\overline{CD}=\overline{AD}+\overline{BC}$ 이므로 □ABCD의 둘레의 길이는

$2(\overline{AB}+\overline{CD})=2\times(7+11)$
$=36$

07

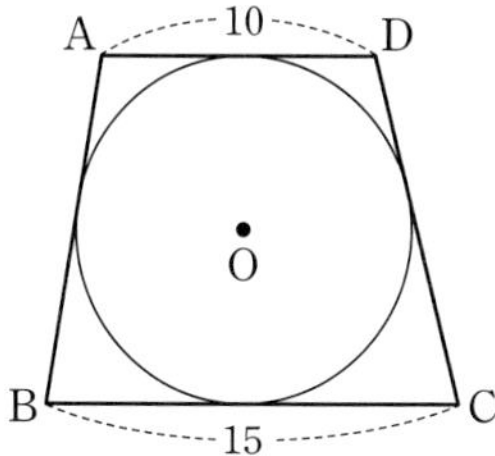

08

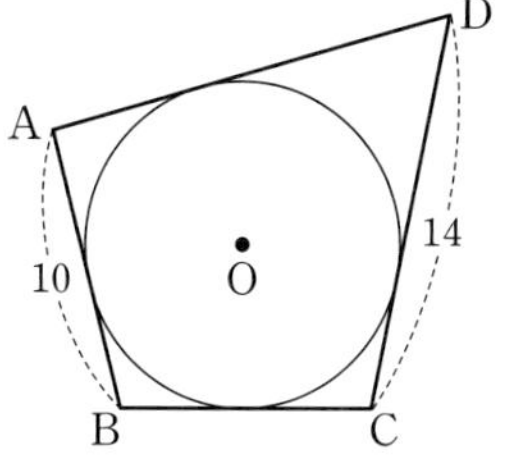

09

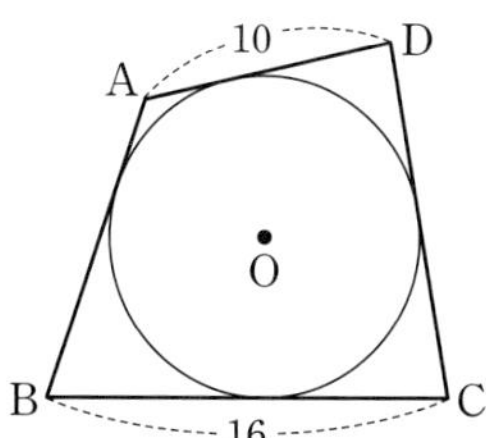

10

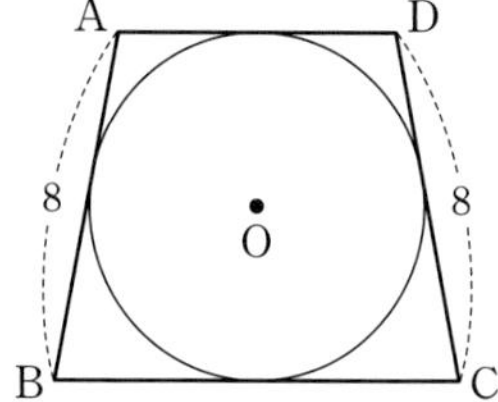

원에 외접하는 사각형의 성질을 이용하여 선분의 길이 구하기 (2)

다음 그림에서 □ABCD가 원 O에 외접하고 네 점 E, F, G, H는 접점일 때, x의 값을 구하시오.

따라하기

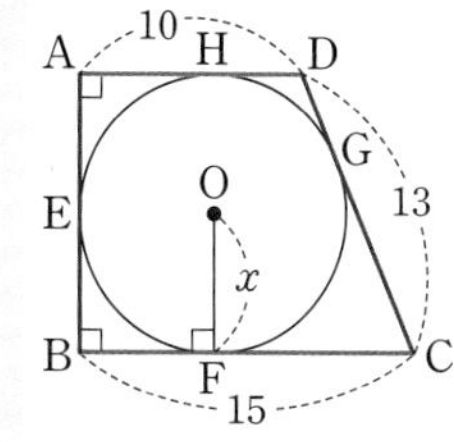

→ $\overline{AB}=\overline{HF}$이므로 $\overline{AB}=2x$
↳ 원 O의 지름

이때 $\overline{AB}+\overline{CD}=\overline{AD}+\overline{BC}$ 이므로

$2x+13=10+15$

즉, $x=6$

11

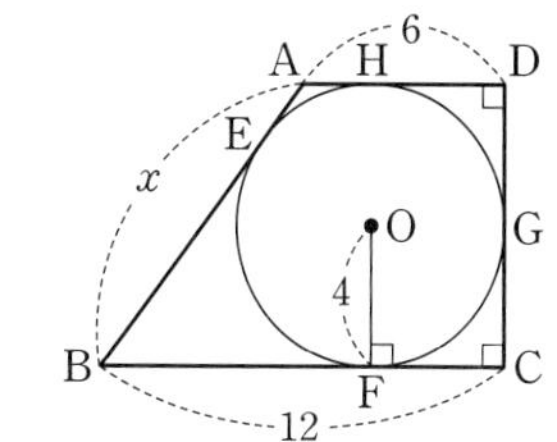

12

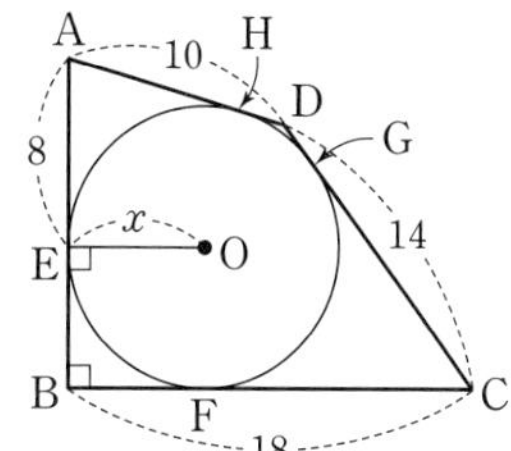

Tip 원의 반지름의 길이를 한 변의 길이로 하는 정사각형을 찾는다.

13 대표 문제

오른쪽 그림에서 □ABCD는 원 O에 외접하고 네 점 E, F, G, H는 접점이다. $\overline{AB}=18$, $\overline{BF}=12$, $\overline{CD}=9$, $\overline{AD}=9$이고 $\angle C=90°$일 때, 원 O의 넓이는?

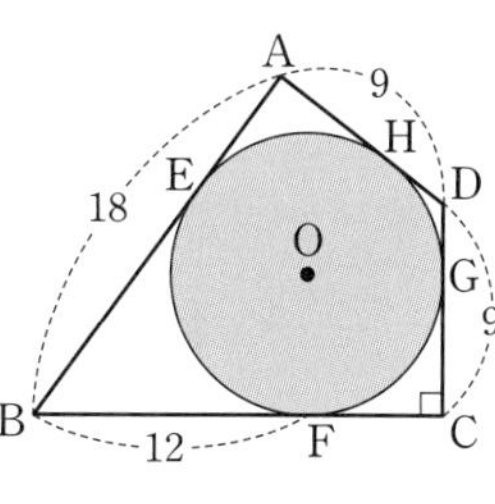

① 25π　② 28π　③ 30π
④ 36π　⑤ 40π

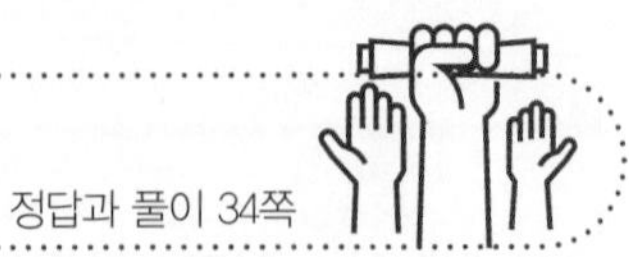

01

오른쪽 그림에서 두 직선 PA, PB는 원 O의 접선이고, 두 점 A, B는 각각 그 접점이다. $\overline{OA}=9$이고, $\overline{OP}$와 원 O의 교점 C에 대하여 $\overline{CP}=6$일 때, x의 값은?

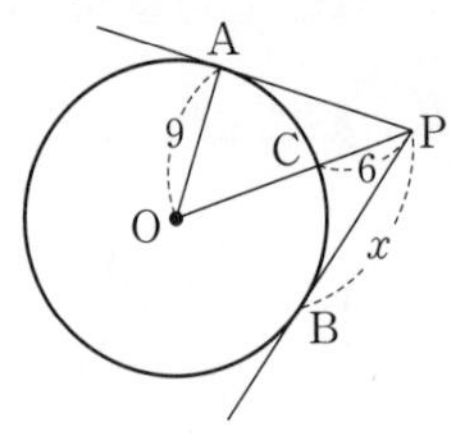

① 10　② 11　③ 12　④ 13　⑤ 14

02

오른쪽 그림에서 두 직선 PA, PB는 원 O의 접선이고, 두 점 A, B는 각각 그 접점이다. $\angle APB=48°$일 때, $\angle x$의 크기는?

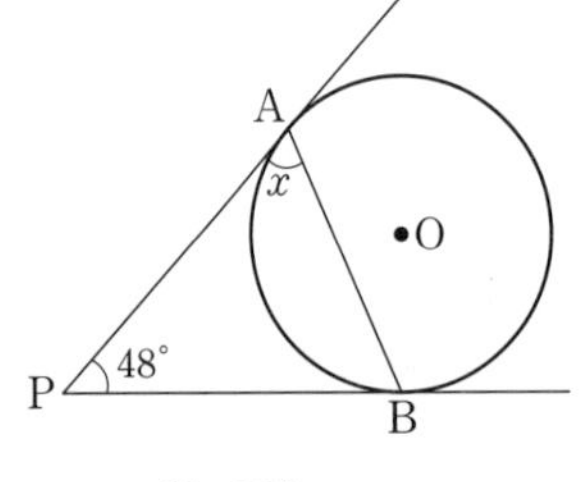

① $58°$　② $60°$　③ $62°$　④ $64°$　⑤ $66°$

03

오른쪽 그림에서 세 직선 AB, BC, AC는 원 O의 접선이고 세 점 D, E, F는 각각 그 접점이다. $\overline{AB}=13$, $\overline{BC}=9$, $\overline{CA}=15$일 때, $\overline{BD}$의 길이는?

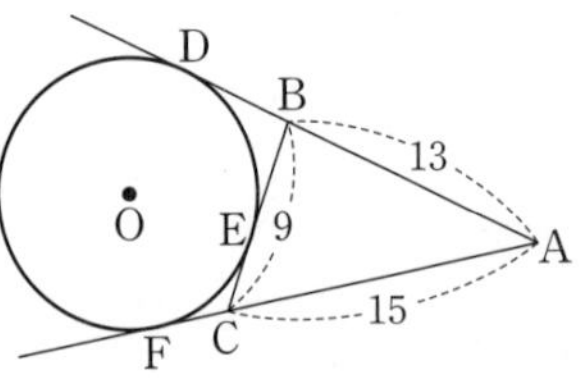

① $\frac{9}{2}$　② 5　③ $\frac{11}{2}$　④ 6　⑤ $\frac{13}{2}$

04

오른쪽 그림에서 원 O는 삼각형 ABC의 내접원이고, 세 점 D, E, F는 접점이다.
$\overline{AB}=12$, $\overline{BC}=16$,
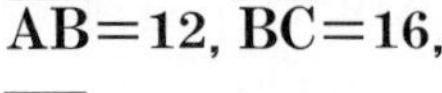
$\overline{CA}=10$일 때, x의 값은?

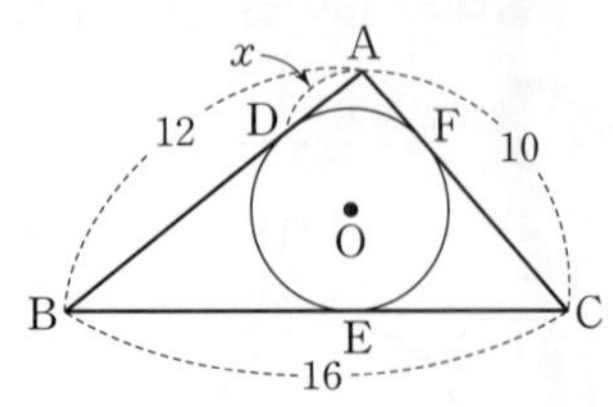

① 1　② $\frac{3}{2}$　③ 2　④ $\frac{5}{2}$　⑤ 3

05

오른쪽 그림과 같이 □ABCD가 원 O에 외접하고 있다. $\overline{CD}=17$이고 □ABCD의 둘레의 길이가 60일 때, x의 값은?

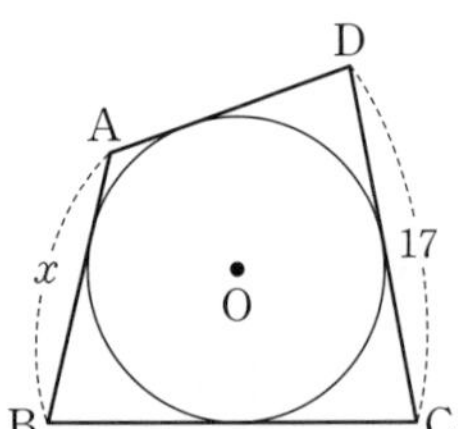

① 11　② 12　③ 13　④ 14　⑤ 15

06

오른쪽 그림과 같이 □ABCD가 원 O에 외접하고, 네 점 E, F, G, H는 접점이다. $\overline{AD}=9$, $\overline{BC}=18$, $\overline{OG}=6$이고 $\angle C=\angle D=90°$일 때, x의 값은?

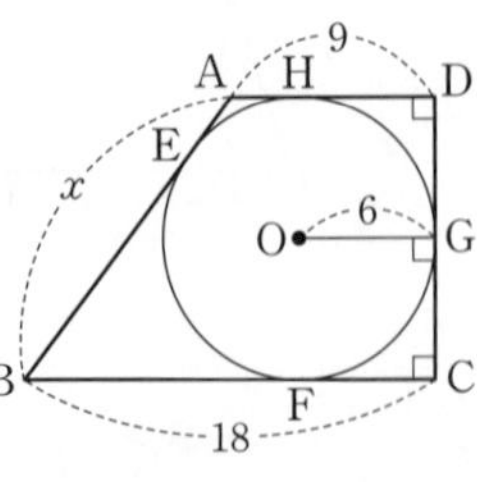

① 13　② 14　③ 15　④ 16　⑤ 17

원주각

1. 원주각의 성질

2. 원주각의 활용

1. 원주각의 성질

01 원주각과 중심각

정답과 풀이 35쪽

(1) **원주각**: 원 O에서 호 AB 위에 있지 않은 원 위의 점 P에 대하여 $\angle APB$를 호 AB에 대한 원주각이라 한다.

참고 한 호에 대한 중심각은 하나이지만 원주각은 무수히 많다.

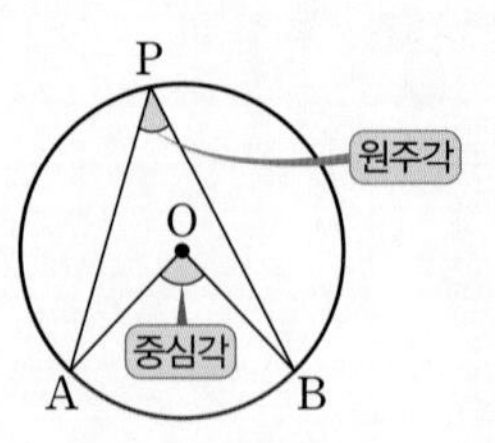

(2) **원주각과 중심각의 크기**: 원에서 한 호에 대한 원주각의 크기는 그 호에 대한 중심각의 크기의 $\frac{1}{2}$이다.

→ $\angle APB=\frac{1}{2}\angle AOB$

원주각의 크기 구하기

다음 그림에서 $\angle x$의 크기를 구하시오.

ε 따라하기

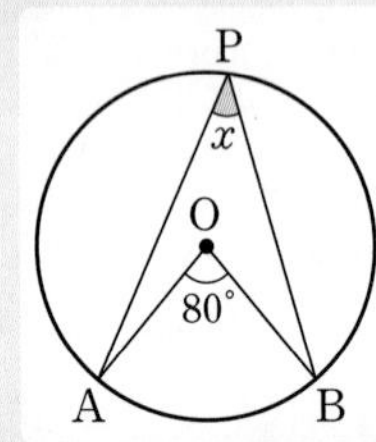

→ $\angle x=\frac{1}{2}\angle AOB$ (원주각, 중심각)

$=\frac{1}{2}\times 80^\circ$

$=40^\circ$

01

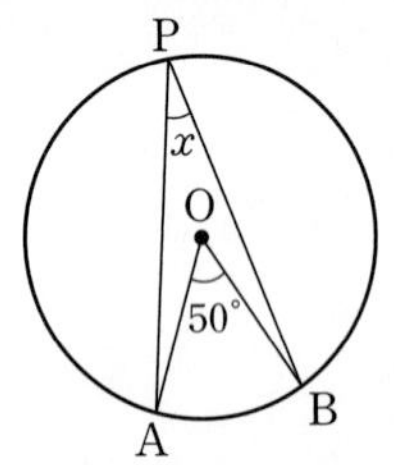

02

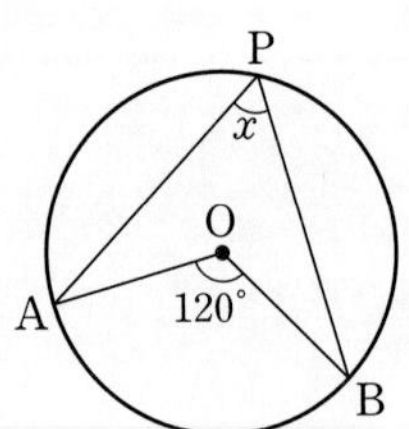

03

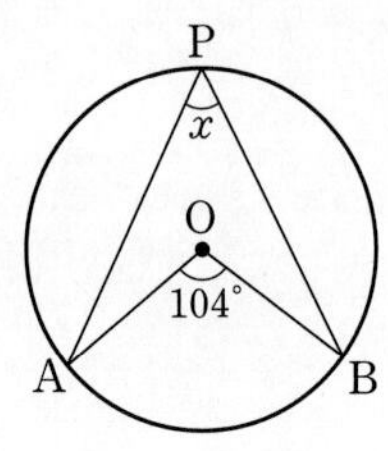

04

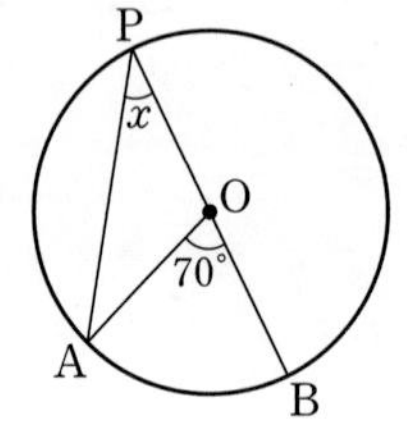

05

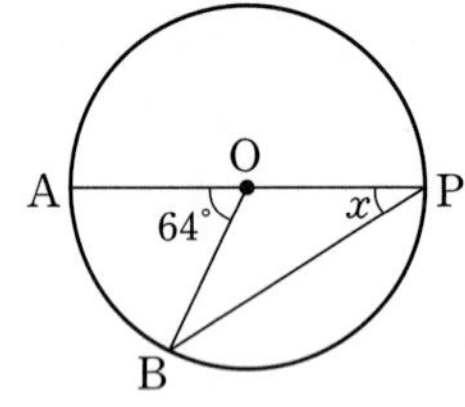

06

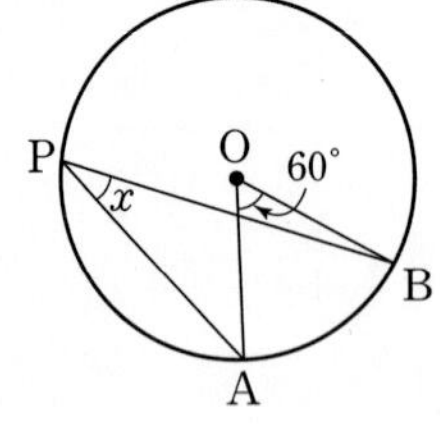

07

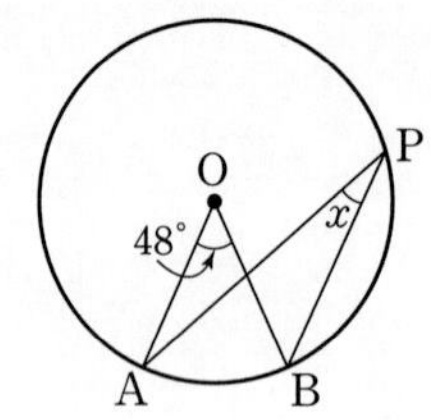

중심각의 크기 구하기

다음 그림에서 $\angle x$의 크기를 구하시오.

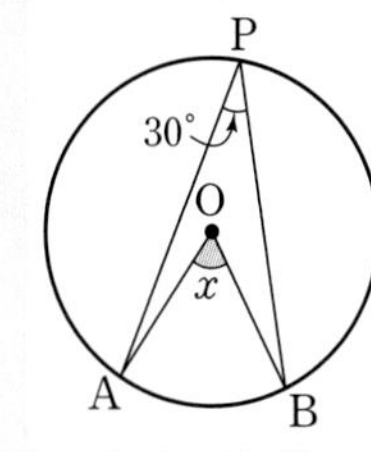

→ $\angle x = 2\angle \mathrm{APB}$ (중심각, 원주각)

$= 2 \times 30^\circ$

$= 60^\circ$

08

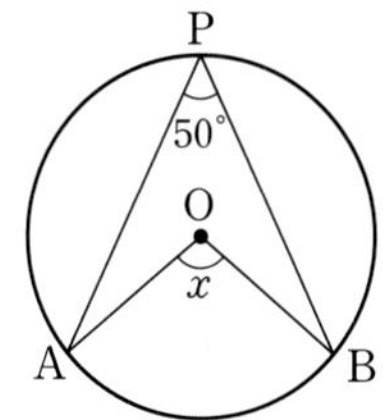

09

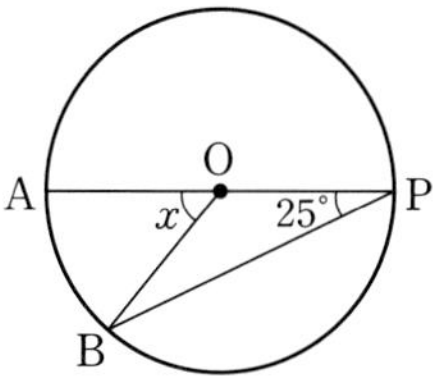

10

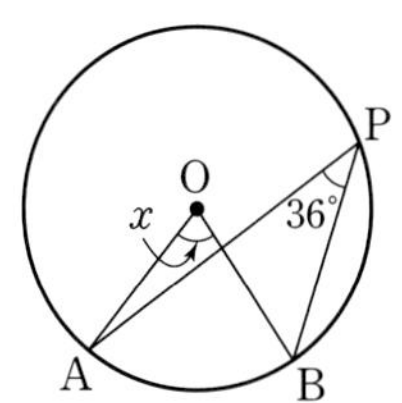

11

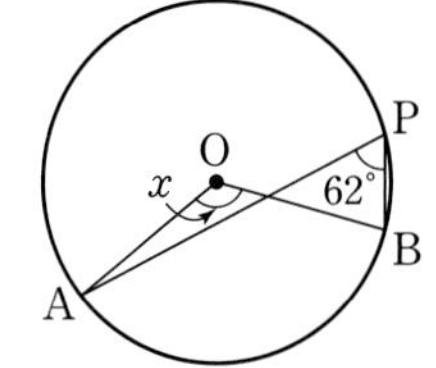

두 반지름과 두 현으로 이루어진 사각형에서 원주각의 크기 구하기

다음 그림에서 $\angle x$의 크기를 구하시오.

따라하기

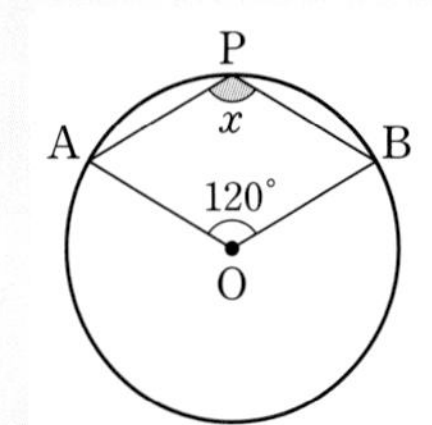

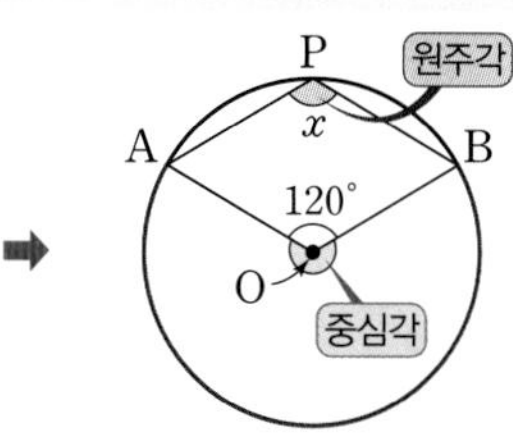

→ $360^\circ - 120^\circ = 240^\circ$이므로

$\angle x = \frac{1}{2} \times 240^\circ = 120^\circ$ ← (원주각의 크기) $= \frac{1}{2} \times$(중심각의 크기)

12

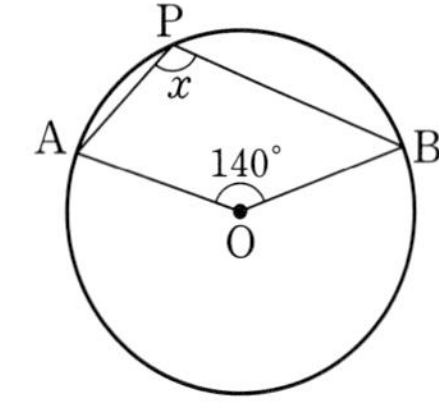

13

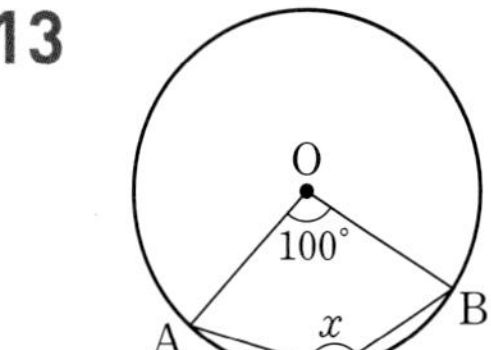

14

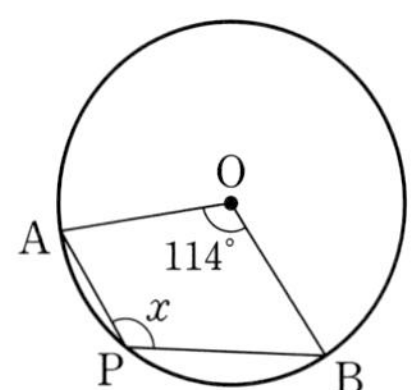

15

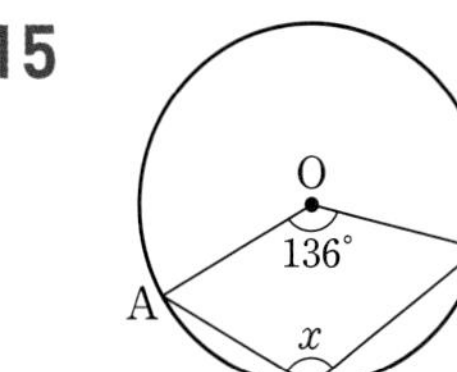

두 반지름과 두 현으로 이루어진 사각형에서 중심각의 크기 구하기

다음 그림에서 $\angle x$의 크기를 구하시오.

따라하기

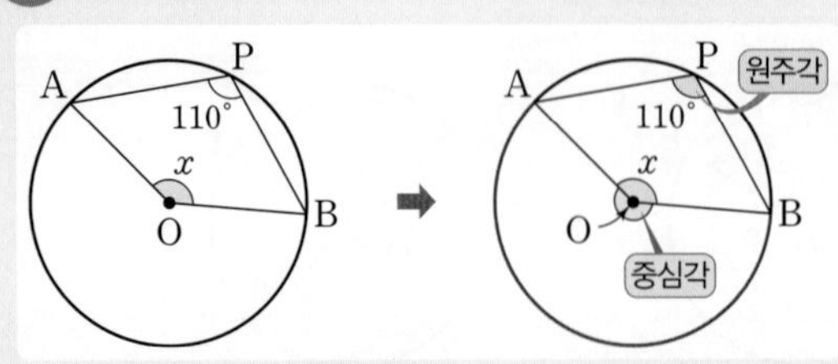

→ $2\times110^\circ=220^\circ$이므로 ← (중심각의 크기) $=2\times$(원주각의 크기)

$\angle x=360^\circ-220^\circ=140^\circ$

16

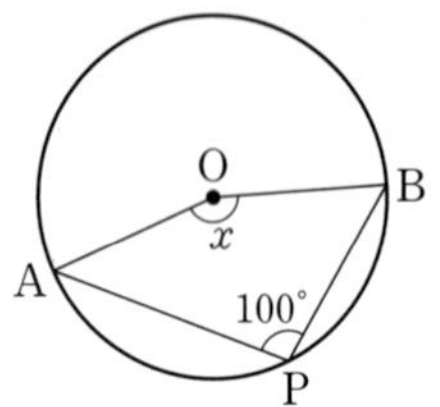

17

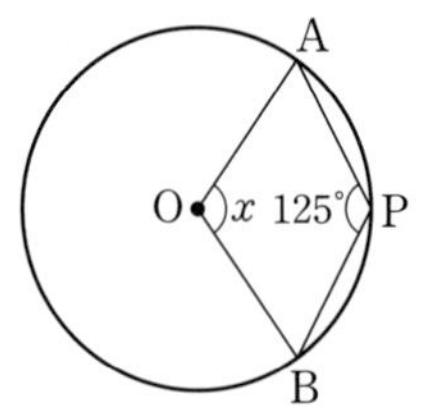

18

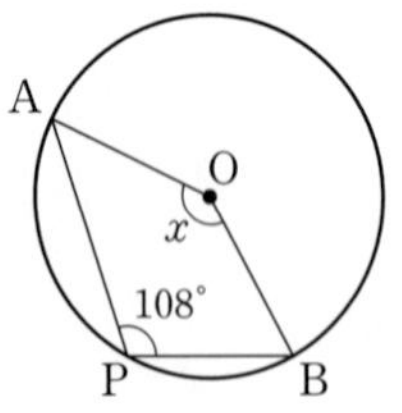

19

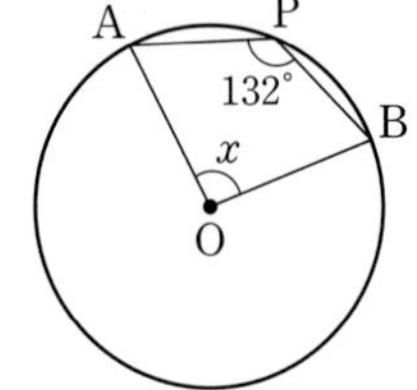

원의 접선이 주어진 경우 원주각과 중심각의 크기 구하기

다음 그림에서 $\overline{PA}$, $\overline{PB}$는 원 O의 접선이고 두 점 A, B는 접점일 때, $\angle x$의 크기를 구하시오.

따라하기

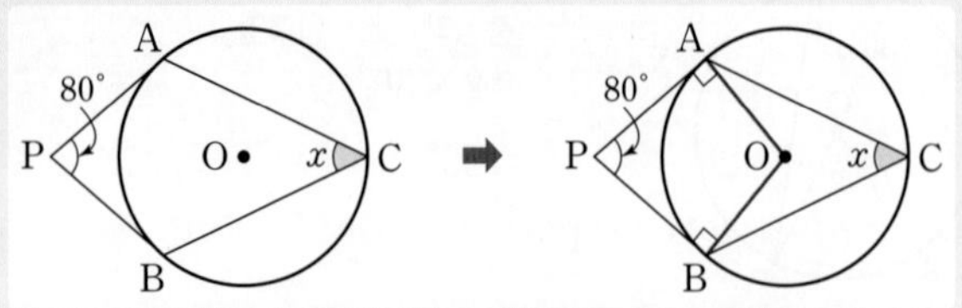

→ $\overline{OA}$, $\overline{OB}$를 그으면 $\angle PAO=\angle PBO=90^\circ$이므로

원의 접선은 그 접점을 지나는 반지름과 수직이다.

$\angle AOB=360^\circ-(90^\circ+90^\circ+80^\circ)=100^\circ$

따라서 $\angle x=\frac{1}{2}\angle AOB=\frac{1}{2}\times100^\circ=50^\circ$

20

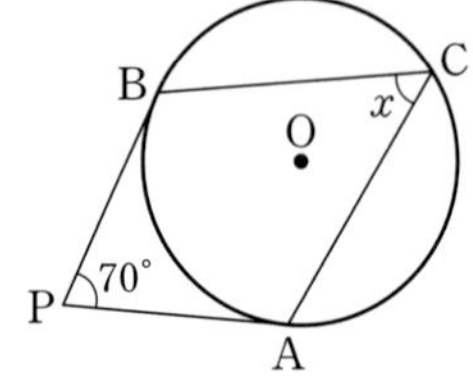

21

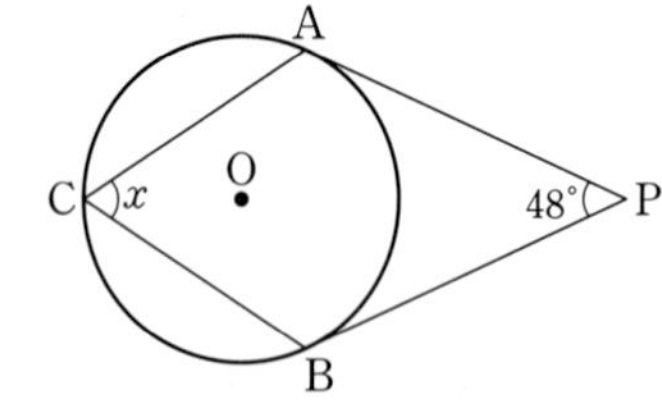

22

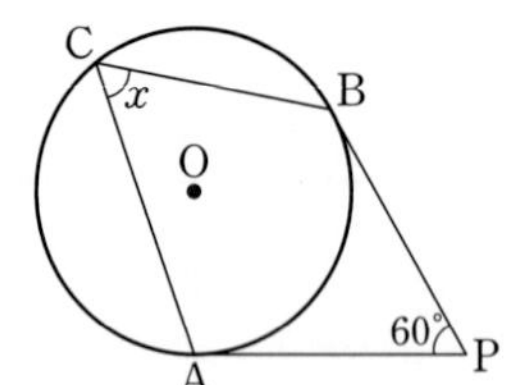

23 대표 문제

오른쪽 그림과 같은 원 O에서 $\angle x+\angle y$의 크기는?

① 100°　② 110°　③ 120°　④ 130°　⑤ 140°

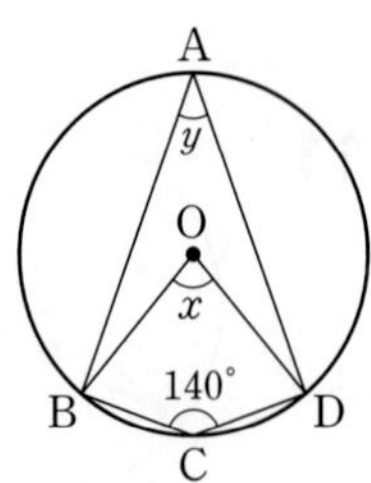

02 원주각의 성질

정답과 풀이 36쪽

(1) 원에서 한 호에 대한 원주각의 크기는 모두 같다.

→ $\angle AP_1B = \angle AP_2B = \angle AP_3B$

(2) 반원에 대한 원주각의 크기는 $90°$이다.

→ $\angle APB = 90°$

참고 반원에 대한 중심각의 크기는 $180°$이므로 원주각의 크기는 $\frac{1}{2} \times 180° = 90°$이다.

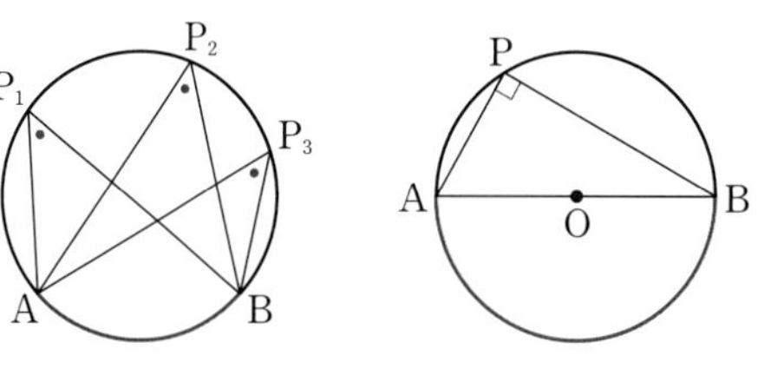

한 호에 대한 원주각의 크기 구하기

다음 그림에서 $\angle x$의 크기를 구하시오.

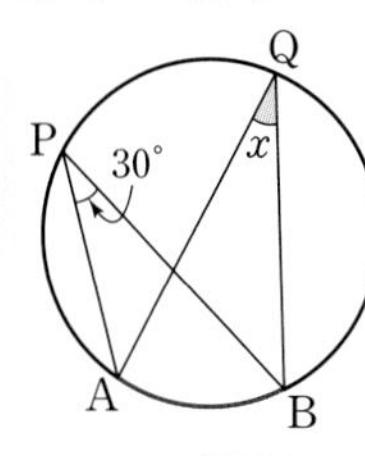

→ $\angle APB$, $\angle AQB$ → 호 AB에 대한 원주각

→ $\angle x = \angle APB = 30°$

01

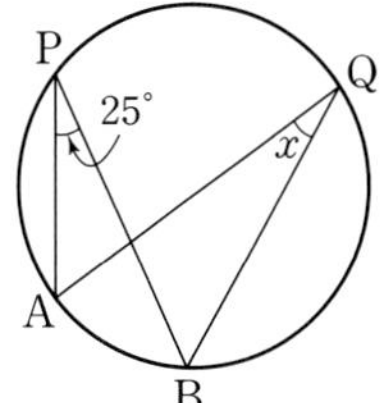

02

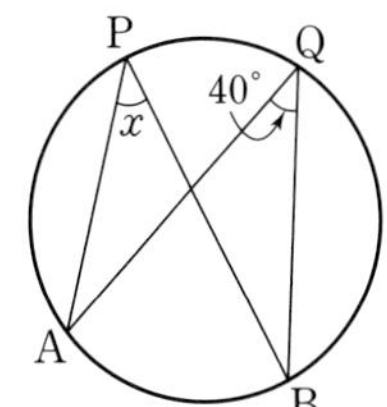

03

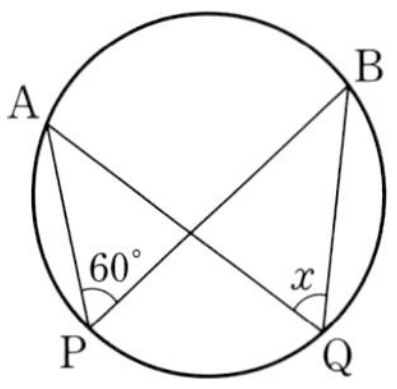

다음 그림에서 $\angle x$, $\angle y$의 크기를 각각 구하시오.

04

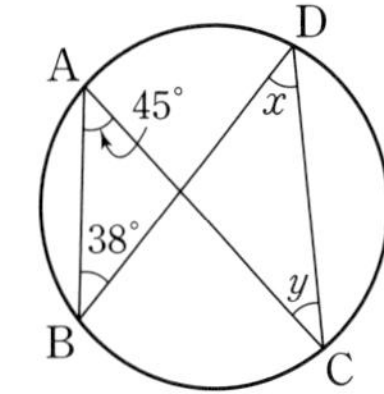

05

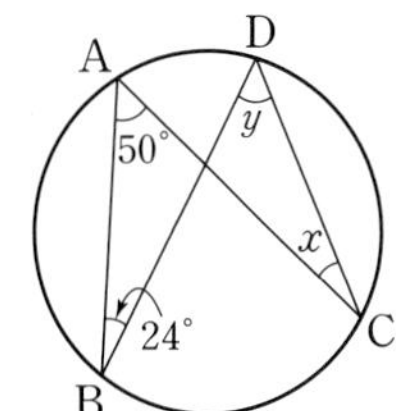

06

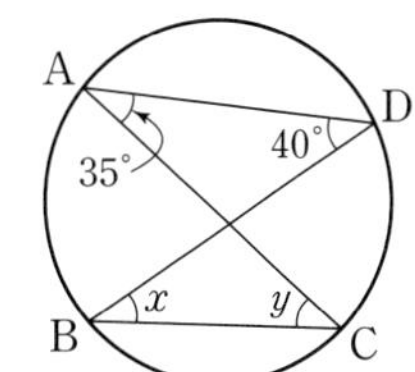

07

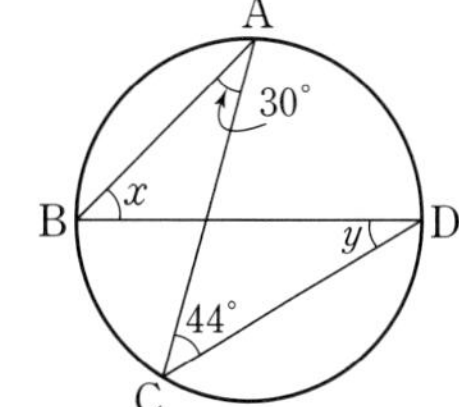

다음 그림에서 $\angle x$, $\angle y$의 크기를 각각 구하시오.

따라하기

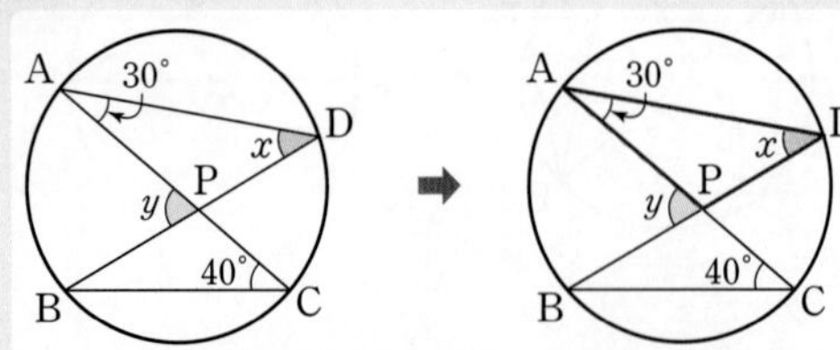

→ $\angle x = \angle ACB = 40^\circ$ ← 한 호에 대한 원주각의 크기는 같다.

$\triangle APD$에서

$\angle y = \angle PAD + \angle PDA$ ← 삼각형의 한 외각의 크기는 그와 이웃하지 않은 두 내각의 크기의 합과 같다.

$= 30^\circ + 40^\circ = 70^\circ$

08

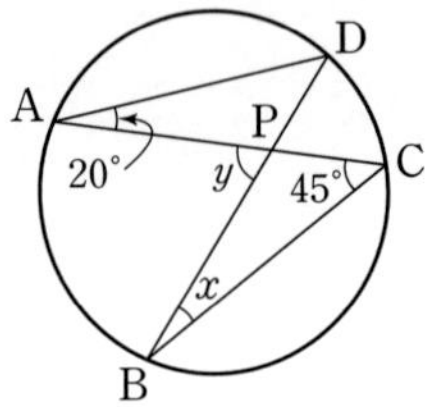

09

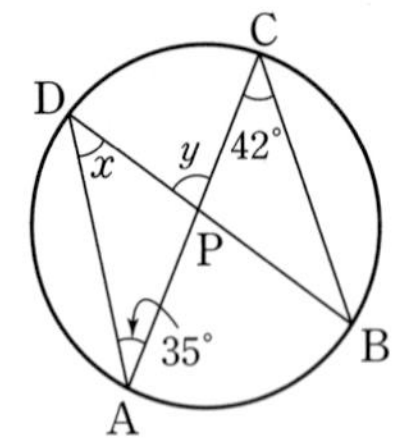

10

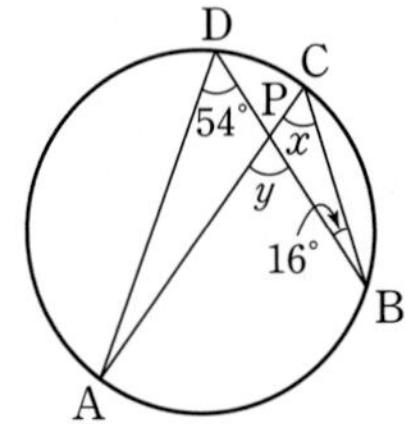

11

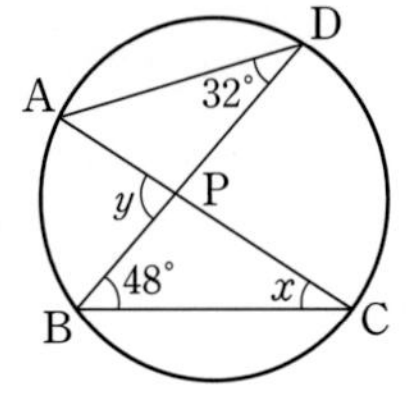

다음 그림에서 $\angle x$, $\angle y$의 크기를 각각 구하시오.

따라하기

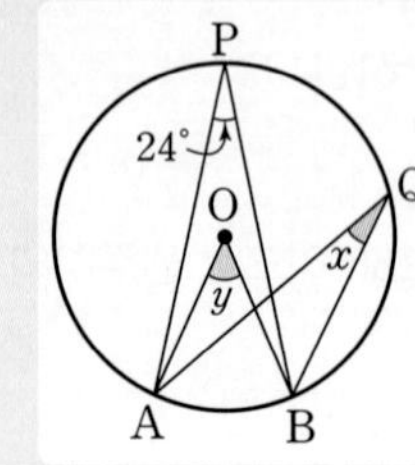

→ $\angle x = \angle APB = 24^\circ$

$\angle y = 2\angle APB = 2 \times 24^\circ = 48^\circ$

($\angle y$: 중심각, $\angle APB$: 원주각)

12

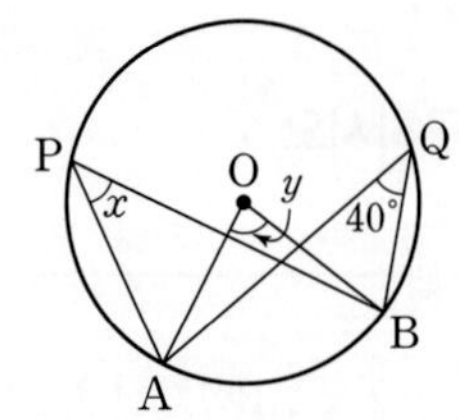

13

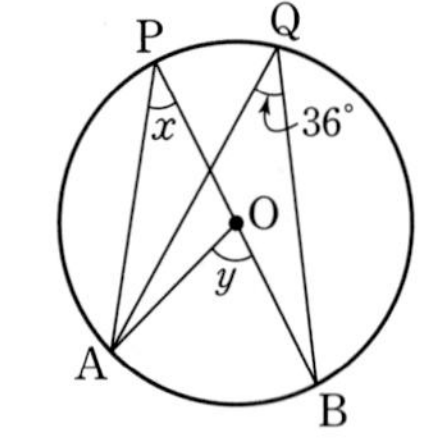

14

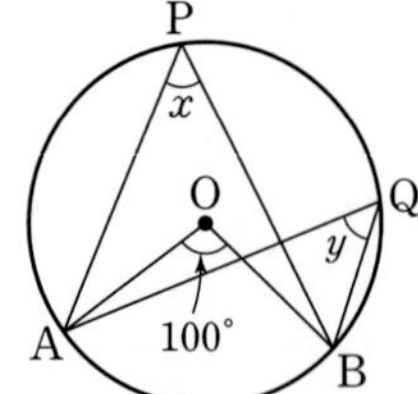

Tip 중심각의 크기를 이용하여 원주각의 크기를 먼저 구한다.

15

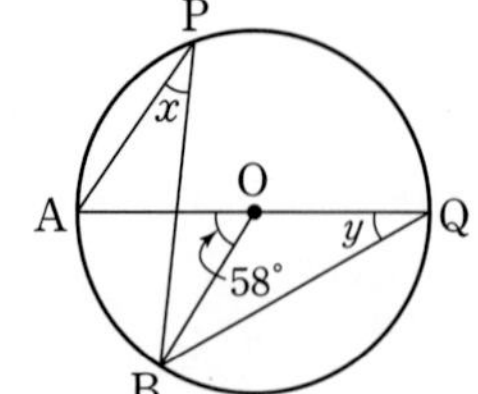

반원에 대한 원주각의 크기를 이용하여 각의 크기 구하기

다음 그림에서 $\overline{AB}$가 원 O의 지름일 때, $\angle x$의 크기를 구하시오.

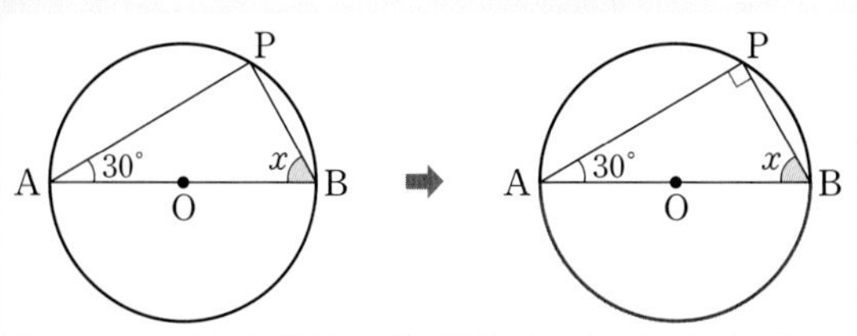

→ $\angle APB=90^\circ$이므로
└→ 반원에 대한 원주각의 크기는 90°이다.

$\angle x=180^\circ-(30^\circ+90^\circ)=60^\circ$

16

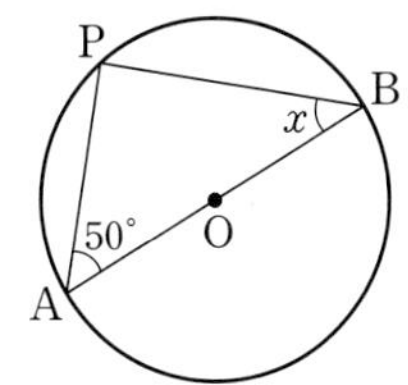

17

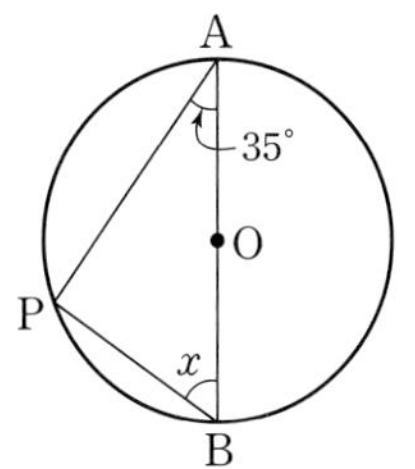

18

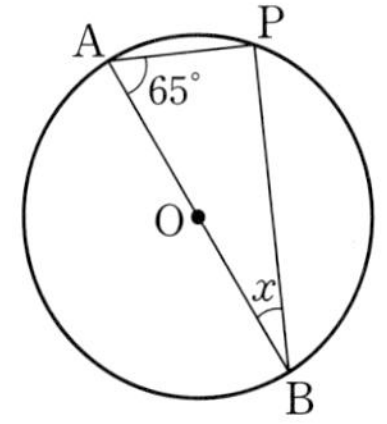

19

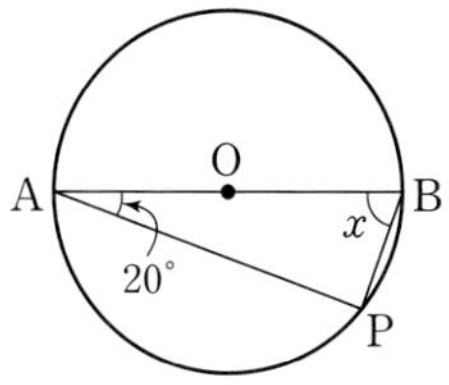

다음 그림에서 $\overline{AB}$가 원 O의 지름일 때, $\angle x$의 크기를 구하시오.

따라하기

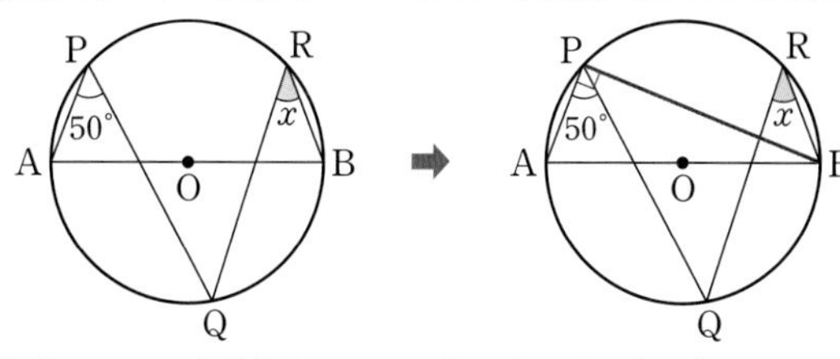

→ $\overline{PB}$를 그으면 $\overline{AB}$가 원 O의 지름이므로

$\angle APB=90^\circ$ ← 반원에 대한 원주각의 크기는 90°이다.

따라서 $\angle QPB=90^\circ-50^\circ=40^\circ$이므로

$\angle x=\angle QPB=40^\circ$ ← 한 호에 대한 원주각의 크기는 같다.

20

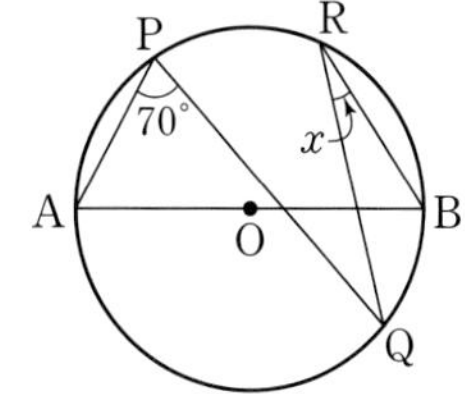

21

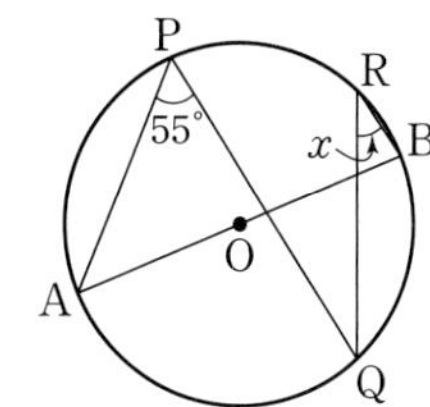

22

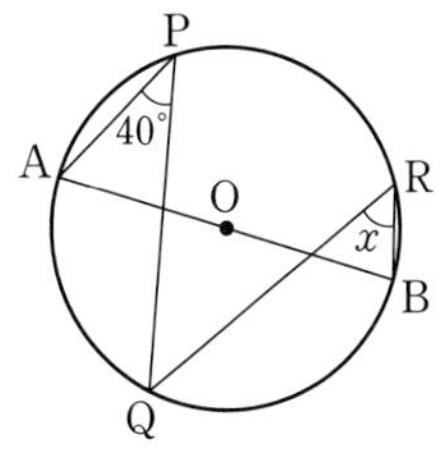

23 대표 문제

오른쪽 그림에서 $\overline{AB}$는 원 O의 지름이고 $\angle BAC=30^\circ$일 때, $\angle x$의 크기는?

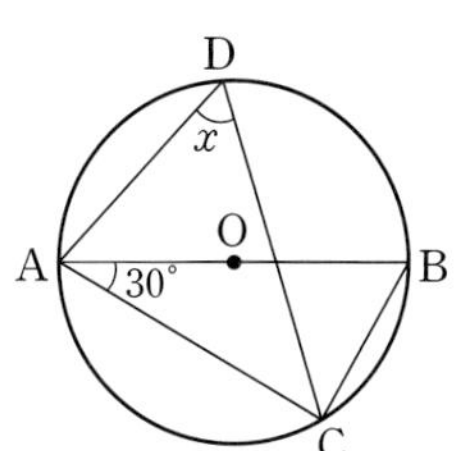

① 40° ② 45°
③ 50° ④ 55°
⑤ 60°

03 원주각의 크기와 호의 길이

정답과 풀이 37쪽

한 원에서

(1) 길이가 같은 호에 대한 원주각의 크기는 같다.

→ $\widehat{AB}=\widehat{CD}$이면 $\angle APB=\angle CQD$

(2) 크기가 같은 원주각에 대한 호의 길이는 같다.

→ $\angle APB=\angle CQD$이면 $\widehat{AB}=\widehat{CD}$

(3) 호의 길이는 그 호에 대한 원주각의 크기에 정비례한다.

→ $\angle APB : \angle CQD=\widehat{AB} : \widehat{CD}$

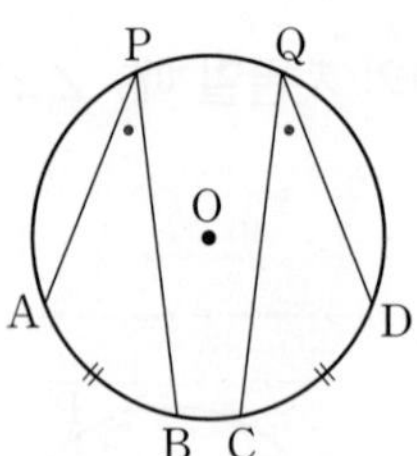

원주각의 크기와 호의 길이 (1)

다음 그림에서 $\angle x$의 크기를 구하시오.

01

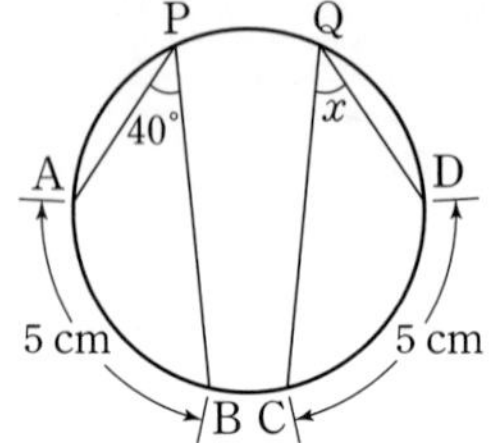

02

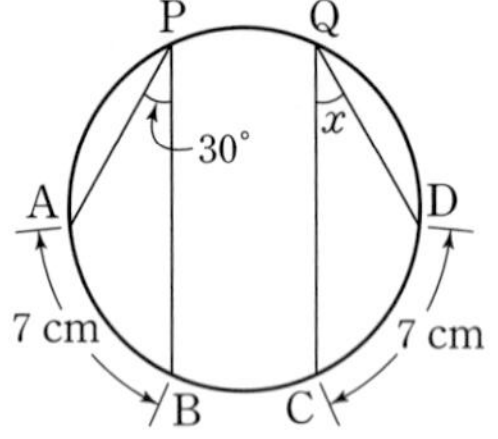

03

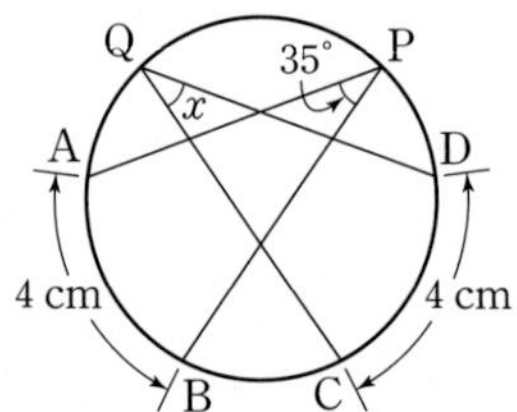

04

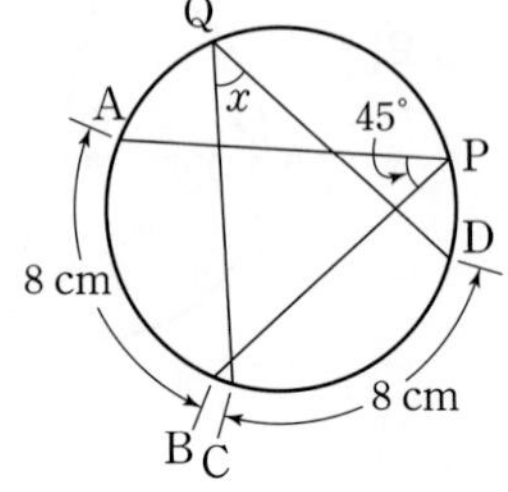

다음 그림에서 $\angle x$의 크기를 구하시오.

ε 따라하기

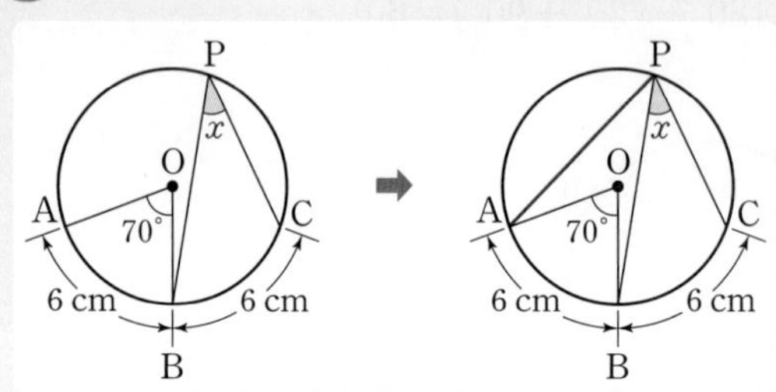

→ $\overline{AP}$를 그으면 $\angle AOB=70^\circ$이므로

$\angle APB=\frac{1}{2}\times70^\circ=35^\circ$

$\widehat{AB}=\widehat{BC}$이므로 $\angle APB=\angle BPC$

따라서 $\angle x=35^\circ$

05

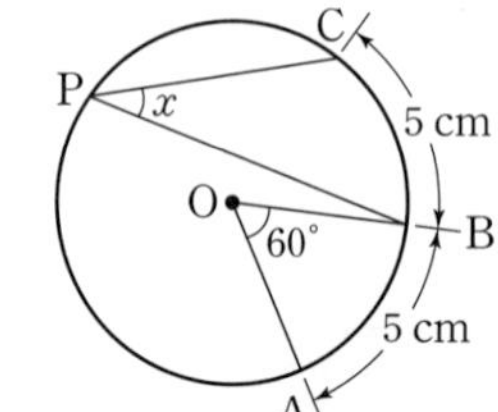

06

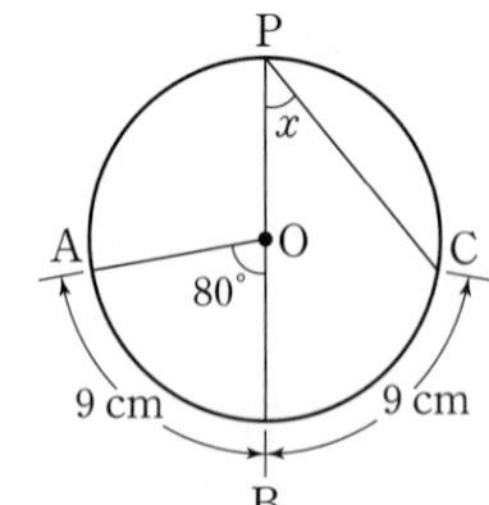

07

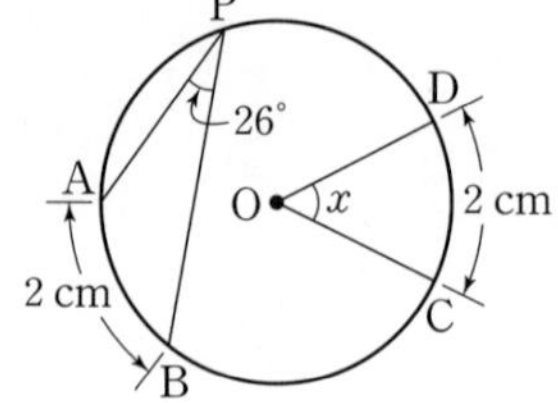

다음 그림에서 x의 값을 구하시오.

08

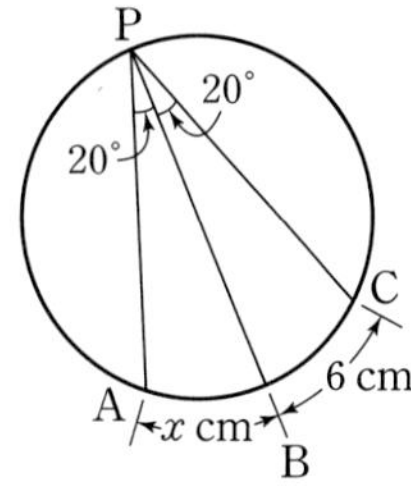

09

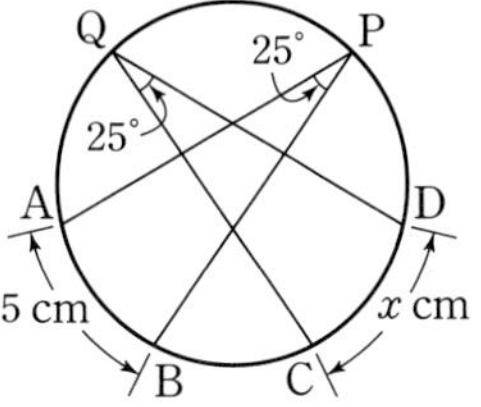

10

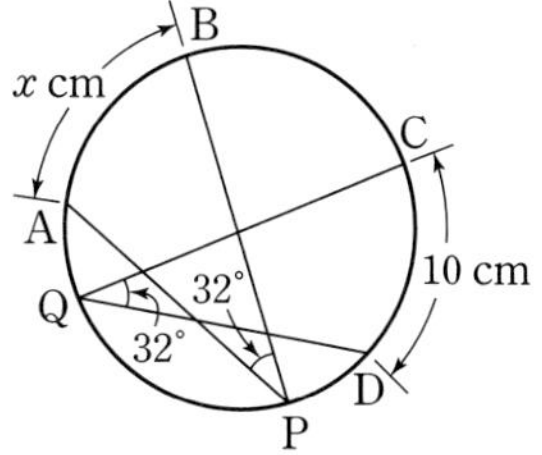

11

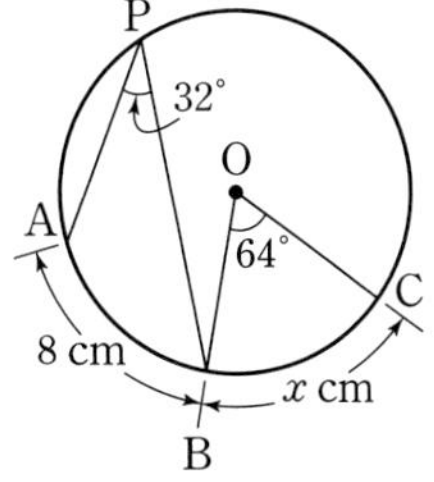

Tip $\overset{\frown}{BC}$의 원주각의 크기를 구해 본다.

12

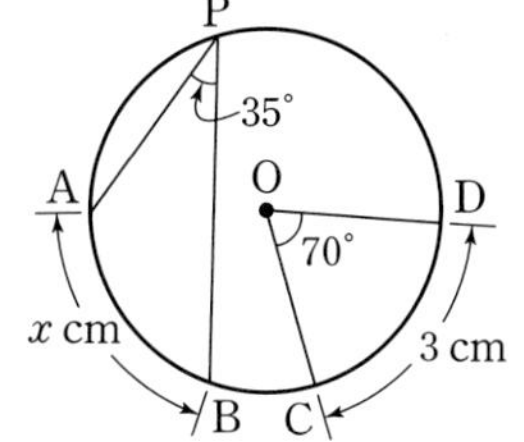

원주각의 크기와 호의 길이 (2)

다음 그림에서 $\angle x$의 크기를 구하시오.

따라하기

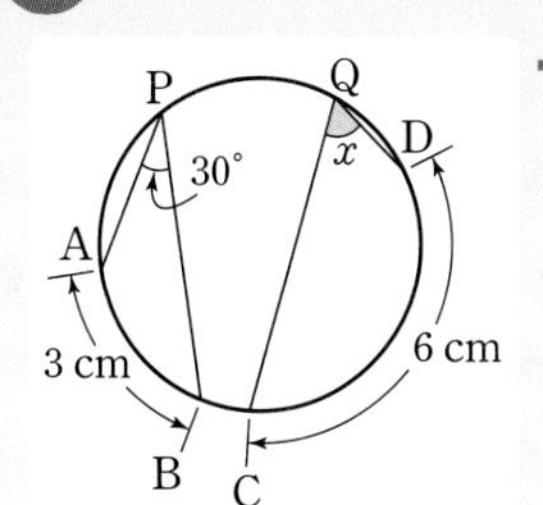

→ $\overset{\frown}{AB} : \overset{\frown}{CD} = 3 : 6 = 1 : 2$
이므로
$\angle APB : \angle CQD = 1 : 2$
따라서
$\angle CQD = 2\angle APB$
$= 2 \times 30^\circ = 60^\circ$
이므로 $\angle x = 60^\circ$

13

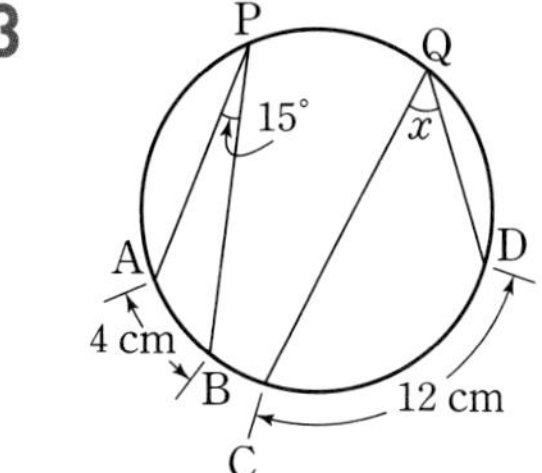

14

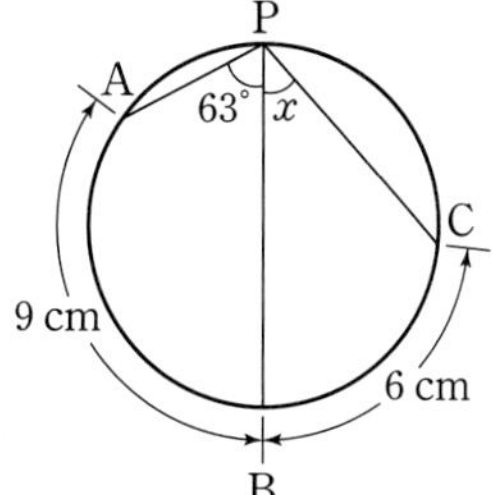

15

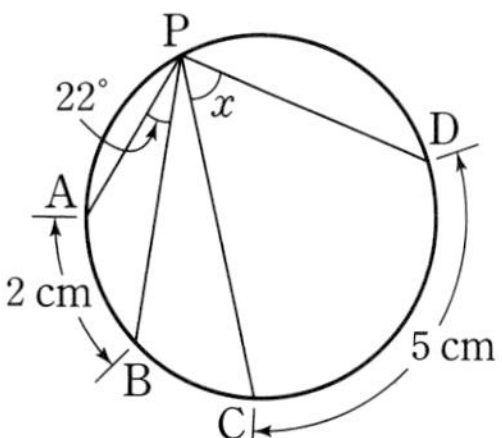

16

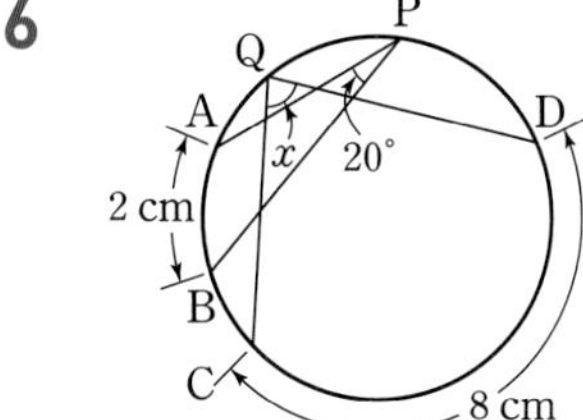

다음 그림에서 x의 값을 구하시오.

17

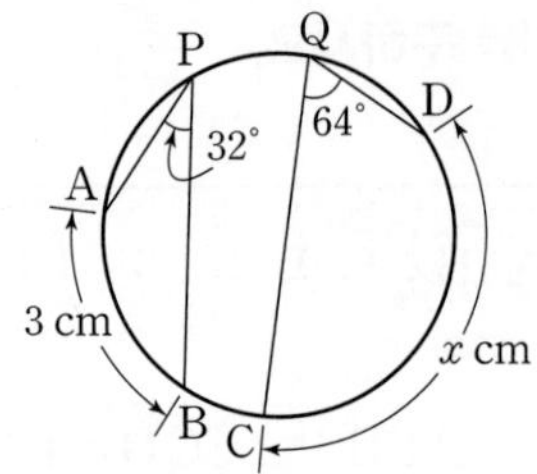

18

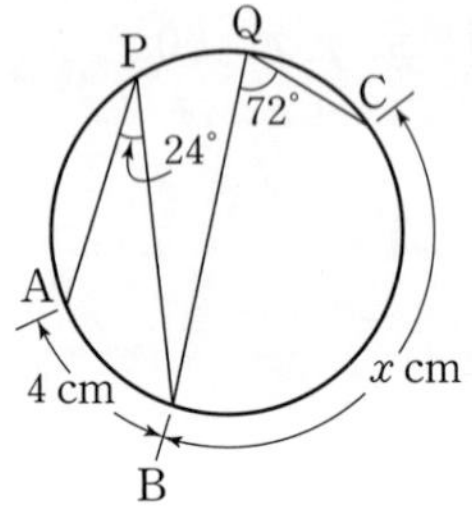

19

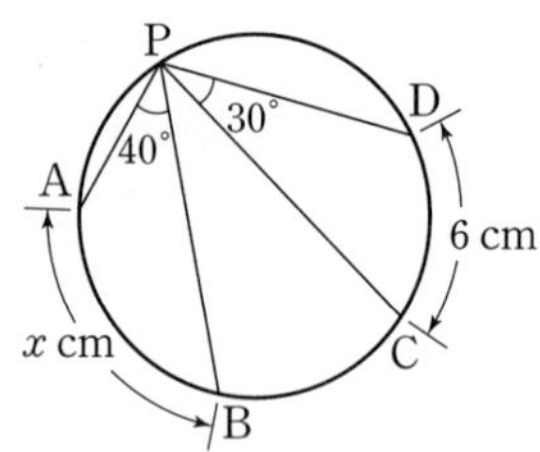

20

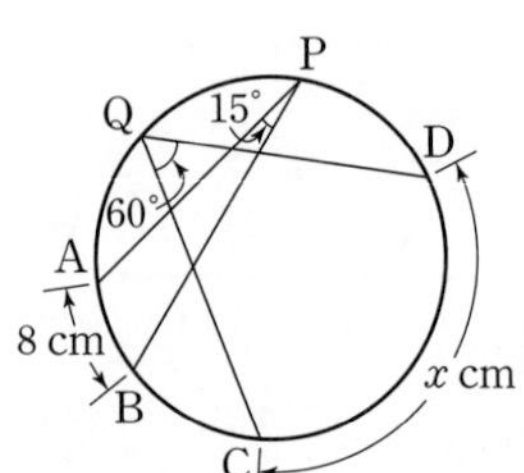

21

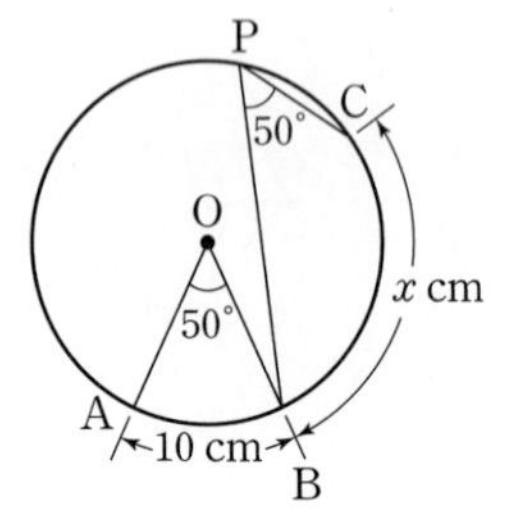

원주각의 크기와 호의 길이 (3)

원 O에 내접하는 삼각형 ABC에 대한 호의 길이의 비가 다음과 같을 때, $\angle A$의 크기를 구하시오.

따라하기

$\widehat{AB} : \widehat{BC} : \widehat{CA} = 3 : 2 : 1$

→ $\angle C : \angle A : \angle B = \widehat{AB} : \widehat{BC} : \widehat{CA} = 3 : 2 : 1$
└ 한 원에서 호의 길이는 그 호에 대한 원주각의 크기에 정비례한다.

이므로 $\angle A = \frac{2}{3+2+1} \times 180° = 60°$

22

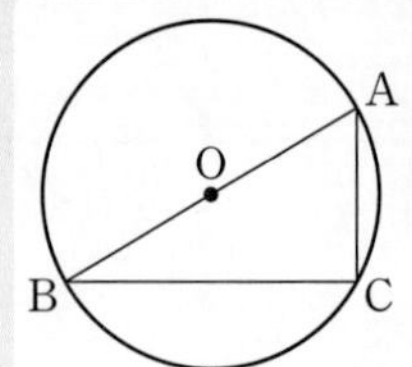

$\widehat{AB} : \widehat{BC} : \widehat{CA} = 3 : 4 : 5$

23

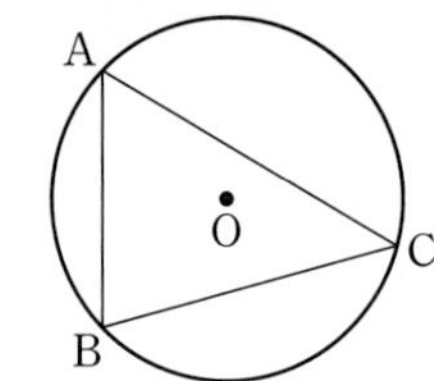

$\widehat{AB} : \widehat{BC} : \widehat{CA} = 5 : 1 : 3$

24 대표 문제

오른쪽 그림에서 $\widehat{AB} = \widehat{BC}$이고 $\angle ADB = 26°$, $\angle CAD = 49°$일 때, $\angle x$의 크기는?

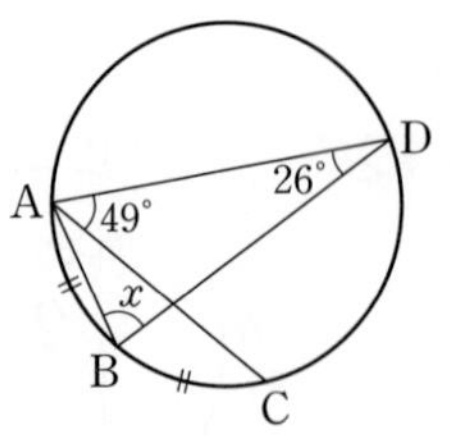

① 70° ② 73° ③ 76° ④ 79° ⑤ 82°

확인 문제

정답과 풀이 39쪽

01

오른쪽 그림과 같은 원 O에서 $\angle x$의 크기는?

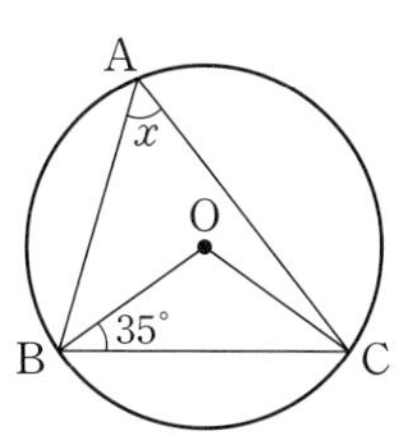

① 45°　② 50°　③ 55°　④ 60°　⑤ 65°

02

오른쪽 그림에서 $\overline{PA}$, $\overline{PB}$는 원 O의 접선이고 두 점 A, B는 접점이다. $\angle APB=50°$일 때,

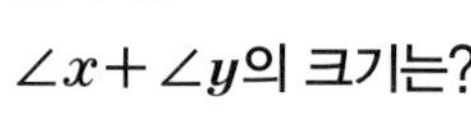

$\angle x+\angle y$의 크기는?

① 180°　② 185°　③ 190°　④ 195°　⑤ 200°

03

오른쪽 그림과 같은 원 O에서 $\angle APQ=20°$, $\angle QRB=40°$일 때, $\angle x$의 크기는?

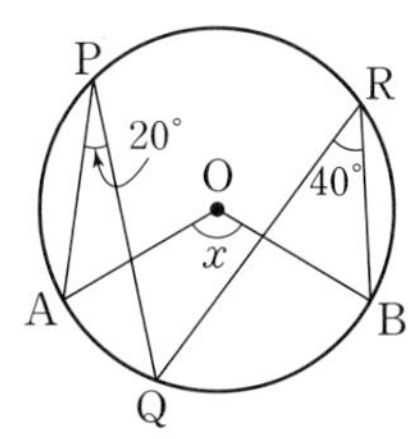

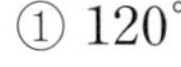

① 120°　② 130°　③ 140°　④ 150°　⑤ 160°

04

오른쪽 그림에서 $\angle ABD=25°$, $\angle BDC=40°$일 때, $\angle x+\angle y$의 크기는?

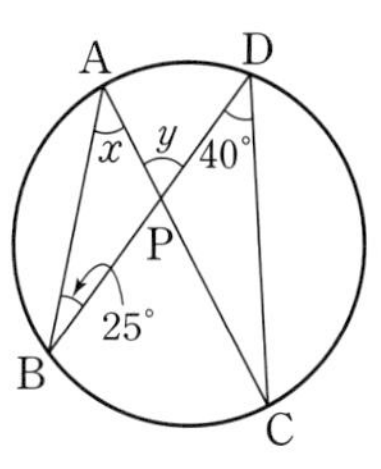

① 100°　② 105°　③ 110°　④ 115°　⑤ 120°

05

오른쪽 그림에서 $\overline{AB}$는 원 O의 지름이고 $\widehat{BD}=\widehat{CD}$이다. $\angle ABC=34°$일 때, $\angle x$의 크기는?

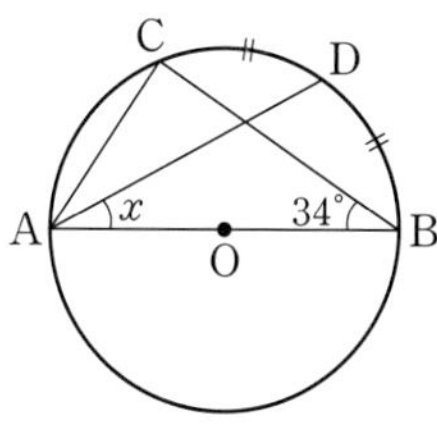

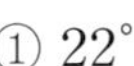

① 22°　② 24°　③ 26°　④ 28°　⑤ 30°

06

오른쪽 그림에서 $\angle BAC=30°$, $\angle BPC=100°$, $\widehat{BC}=6$ cm일 때, $\widehat{AD}$의 길이는?

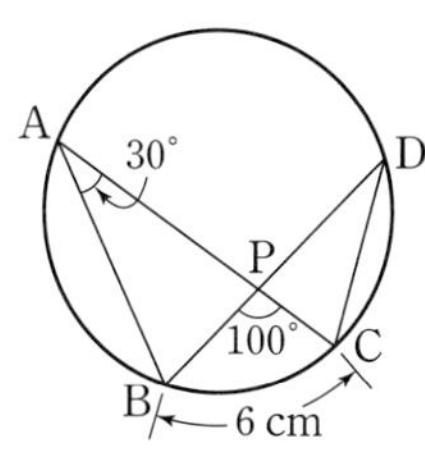

① 10 cm　② 12 cm　③ 14 cm　④ 16 cm　⑤ 18 cm

2. 원주각의 활용

01 네 점이 한 원 위에 있을 조건

정답과 풀이 39쪽

두 점 C, D가 직선 AB에 대하여 같은 쪽에 있을 때,

$\angle ACB = \angle ADB$

이면 네 점 A, B, C, D는 한 원 위에 있다.

참고 네 점 A, B, C, D가 한 원 위에 있으면
$\angle ACB = \angle ADB \leftarrow \widehat{AB}$에 대한 원주각

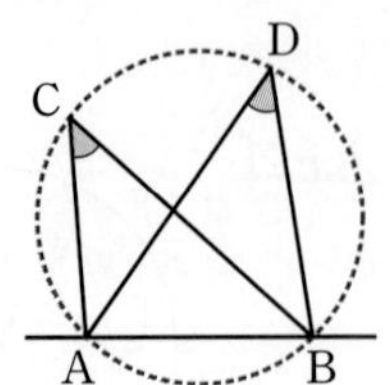

네 점이 한 원 위에 있을 조건

다음 그림에서 네 점 A, B, C, D가 한 원 위에 있으면 ○표, 한 원 위에 있지 않으면 ×표를 (　　) 안에 써넣으시오.

ε 따라하기

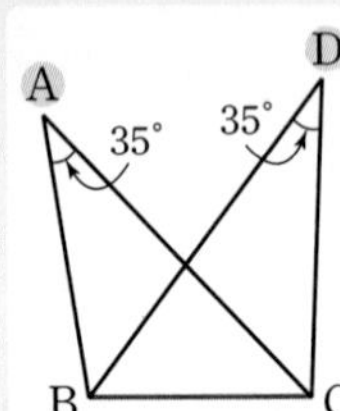

→ $\angle BAC = \angle BDC$이므로 네 점 A, B, C, D는 한 원 위에 있다.
↳ 한 직선에 대하여 같은 쪽에 있는 두 각의 크기가 같은지 확인한다.

(○)

01 (　　)

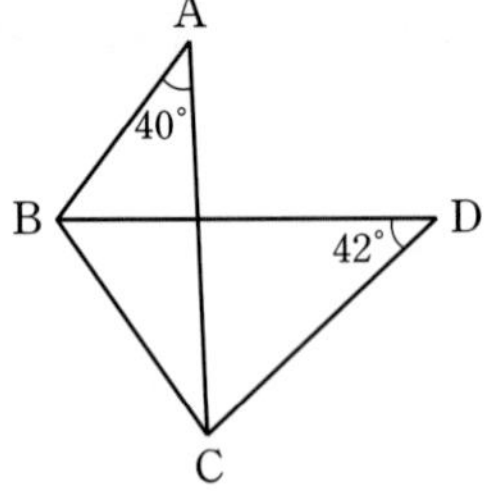

02 (　　)

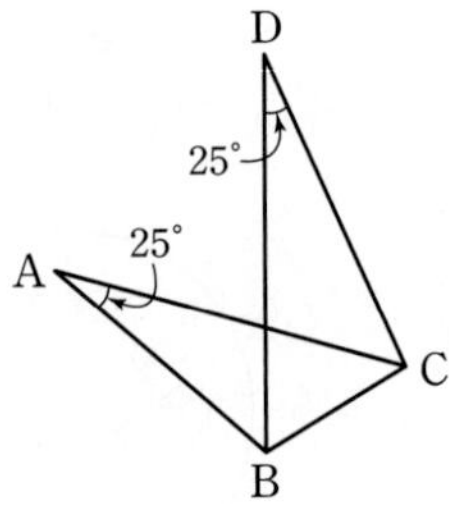

03 (　　)

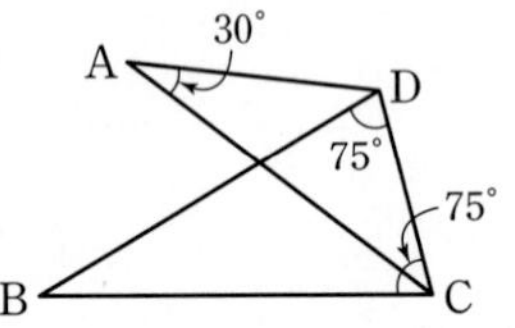

Tip 삼각형의 세 내각의 크기의 합은 180°임을 이용하여 한 직선에 대하여 같은 쪽에 있는 각의 크기를 구한다.

04 (　　)

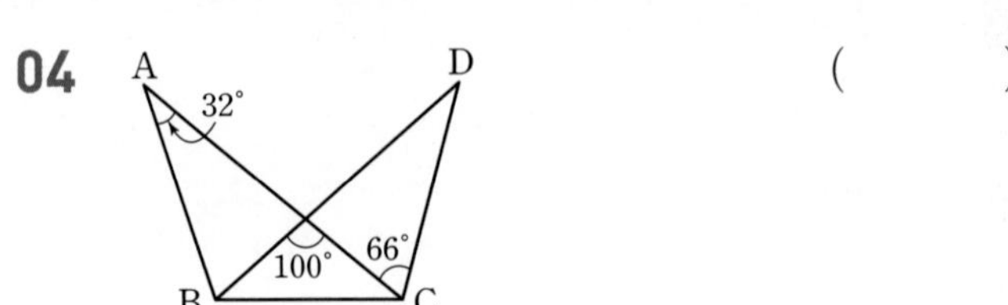

다음 그림에서 네 점 A, B, C, D가 한 원 위에 있을 때, $\angle x$의 크기를 구하시오.

05

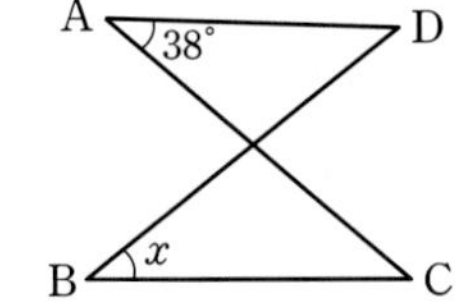

06

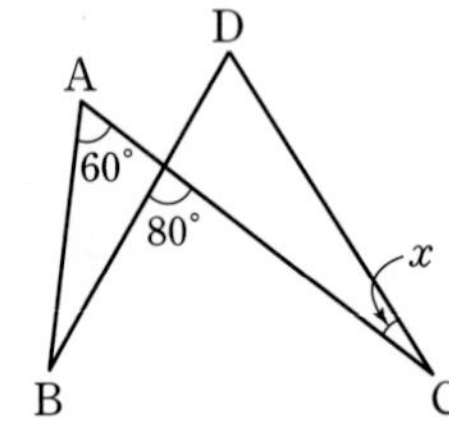

07 대표 문제

오른쪽 그림에서 네 점 A, B, C, D가 한 원 위에 있을 때, $\angle x$의 크기는?

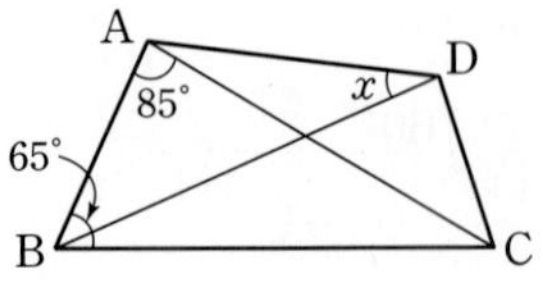

① 25°　　② 30°
③ 35°　　④ 40°
⑤ 45°

02 원에 내접하는 사각형의 성질

정답과 풀이 40쪽

(1) 원에 내접하는 사각형에서 한 쌍의 대각의 크기의 합은 180°이다.
→ $\angle A+\angle C=180^\circ$, $\angle B+\angle D=180^\circ$ (대각: 마주 보고 있는 각)

(2) 원에 내접하는 사각형에서 한 외각의 크기는 그와 이웃하는 내각의 대각의 크기와 같다.
→ $\angle DCE=\angle A$

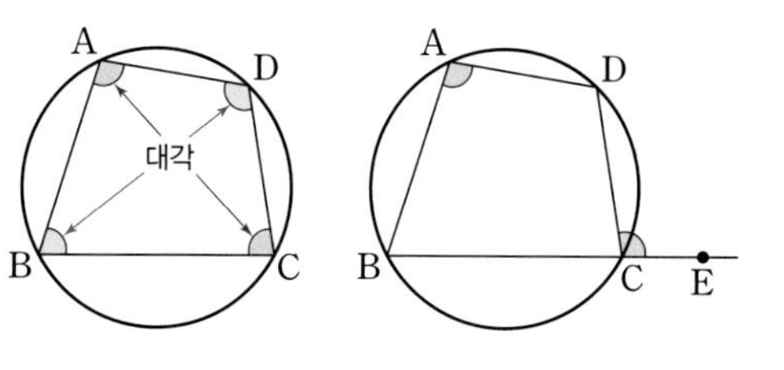

원에 내접하는 사각형의 성질 (1)

다음 그림에서 □ABCD가 원에 내접할 때, $\angle x$의 크기를 구하시오.

따라하기

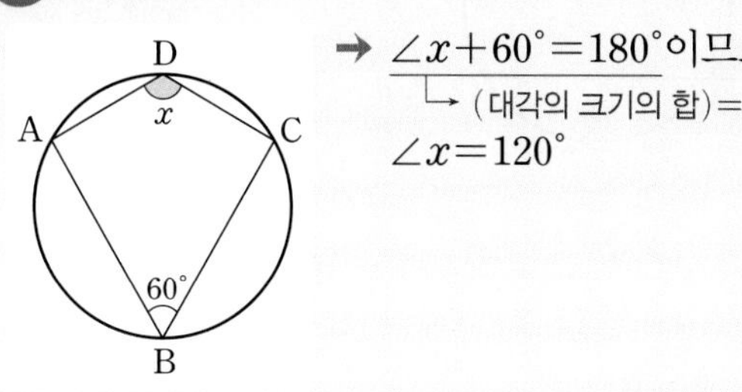

→ $\angle x+60^\circ=180^\circ$이므로
(대각의 크기의 합)$=180^\circ$
$\angle x=120^\circ$

01

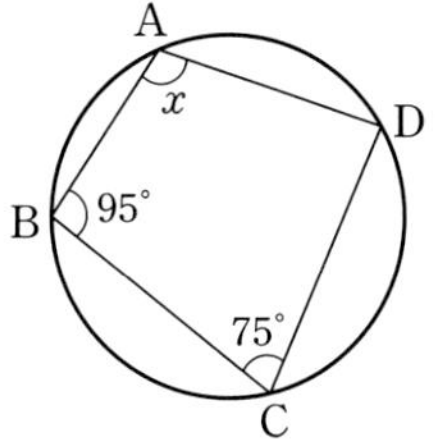

02

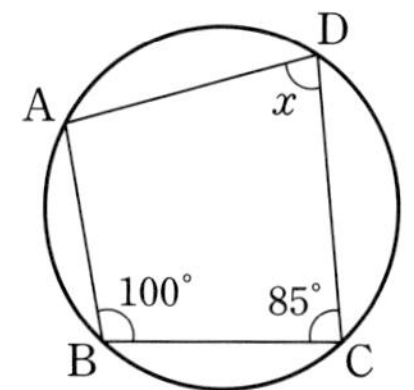

03

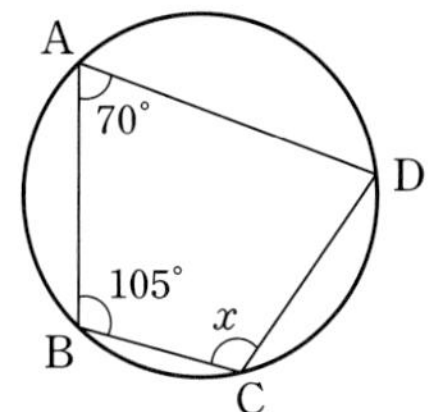

다음 그림에서 □ABCD가 원에 내접할 때, $\angle x$, $\angle y$의 크기를 각각 구하시오.

04

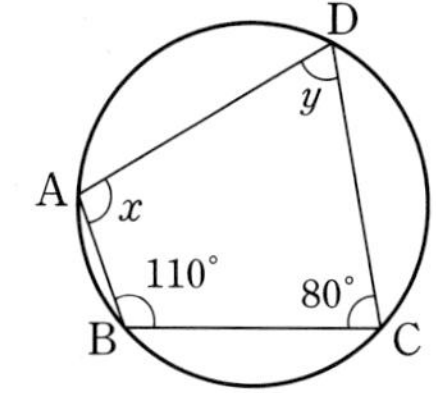

05

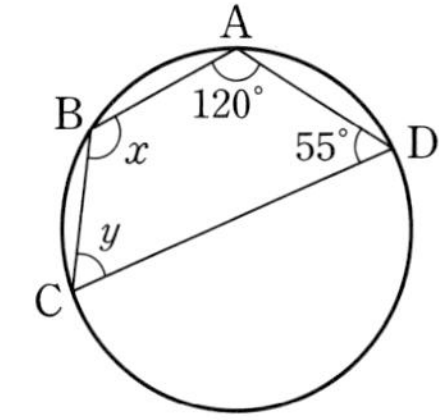

06

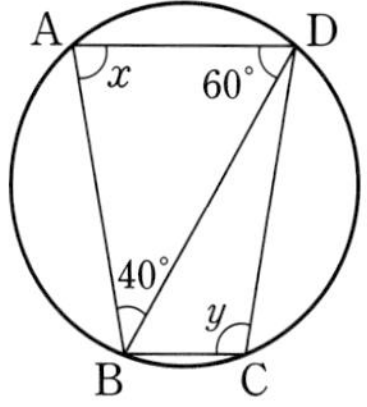

Tip 삼각형의 세 내각의 크기의 합은 180°임을 이용하여 한 각의 크기를 구한다.

07

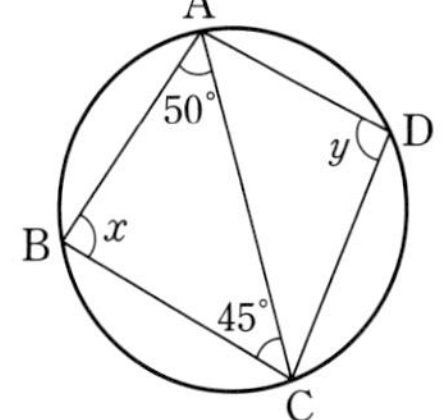

원에 내접하는 사각형의 성질 (2)

다음 그림에서 □ABCD가 원에 내접할 때, $\angle x$의 크기를 구하시오.

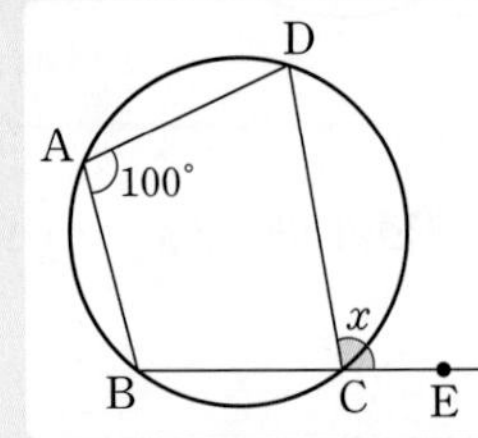

→ $\angle DCE = \angle A$이므로

$\angle x = 100^\circ$

(한 외각의 크기) =(외각에 이웃하는 내각에 대한 대각의 크기)

08

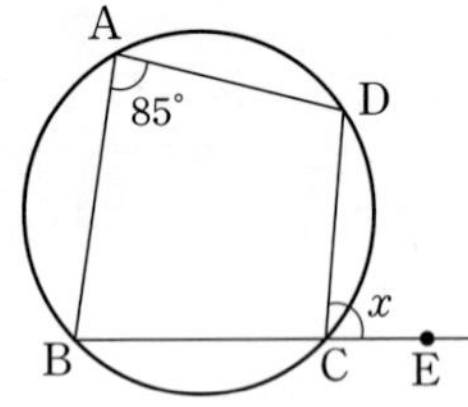

09

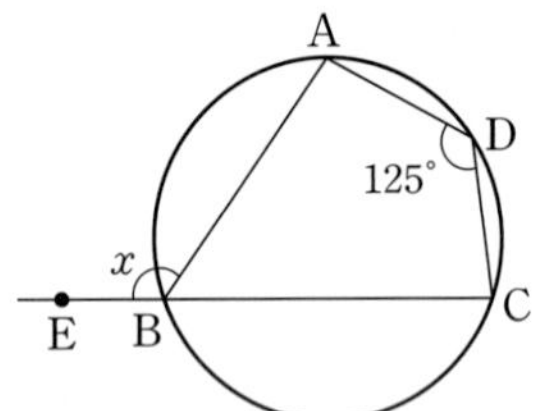

10

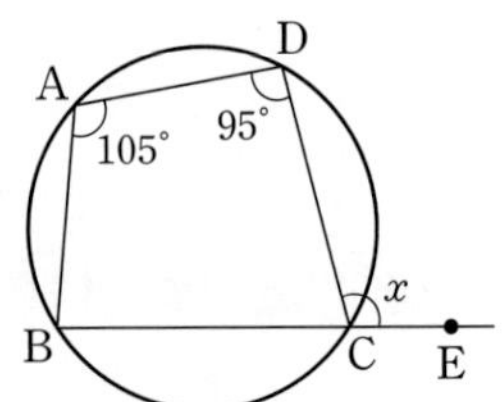

11

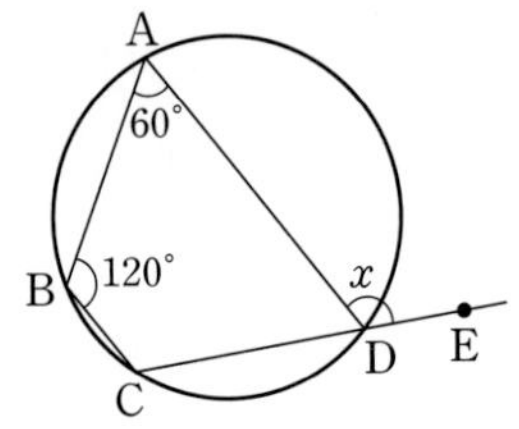

12

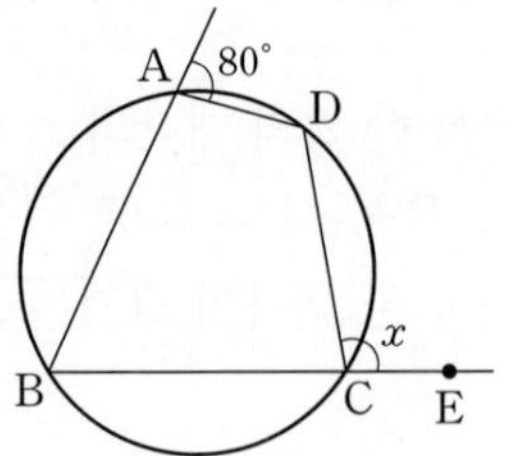

Tip 다각형의 한 꼭짓점에서 (내각의 크기)+(외각의 크기)=180°이다.

13

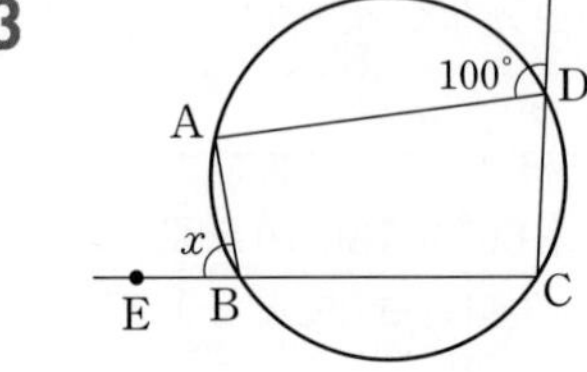

14

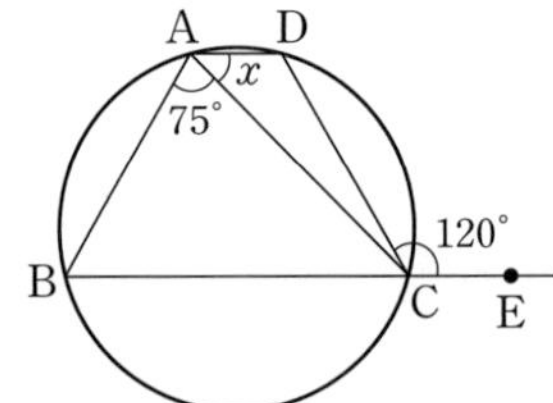

15

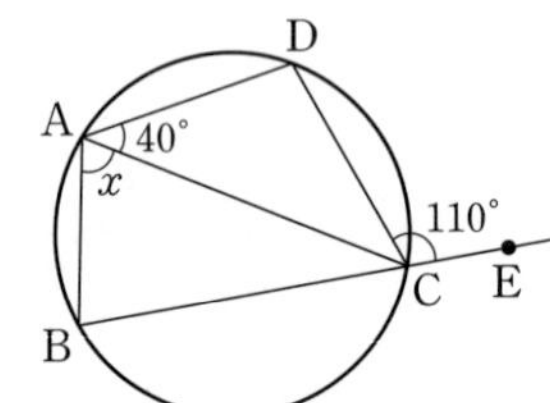

16 대표 문제

오른쪽 그림과 같이 □ABCD가 원에 내접할 때, $\angle y - \angle x$의 크기는?

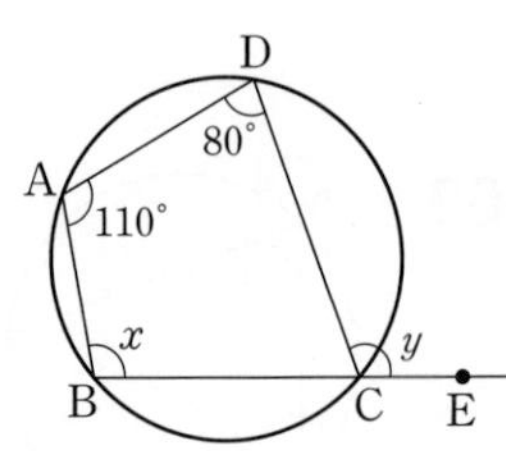

① 10° ② 15°
③ 20° ④ 25°
⑤ 30°

03 사각형이 원에 내접하기 위한 조건

정답과 풀이 40쪽

(1) 한 쌍의 대각의 크기의 합이 180°인 사각형은 원에 내접한다.
→ $\angle A+\angle C=180°$이면 □ABCD는 원에 내접한다.

(2) 한 외각의 크기가 그와 이웃하는 내각의 대각의 크기와 같은 사각형은 원에 내접한다.
→ $\angle DCE=\angle A$이면 □ABCD는 원에 내접한다.

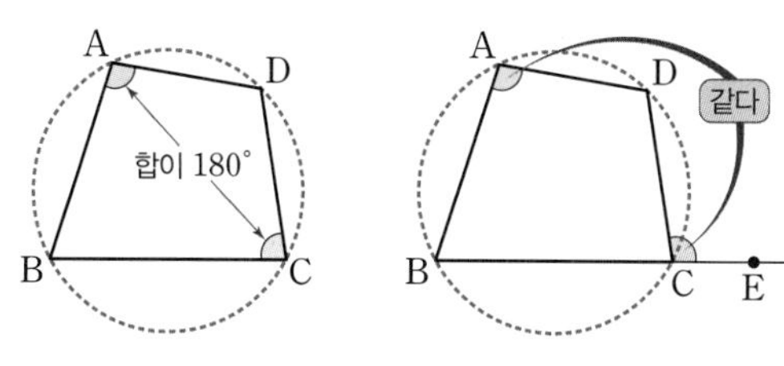

참고 정사각형, 직사각형, 등변사다리꼴은 항상 원에 내접한다.

원에 내접하는 사각형 찾기

다음 그림에서 □ABCD가 원에 내접하면 ○표, 내접하지 않으면 ×표를 (　　) 안에 써넣으시오.

따라하기

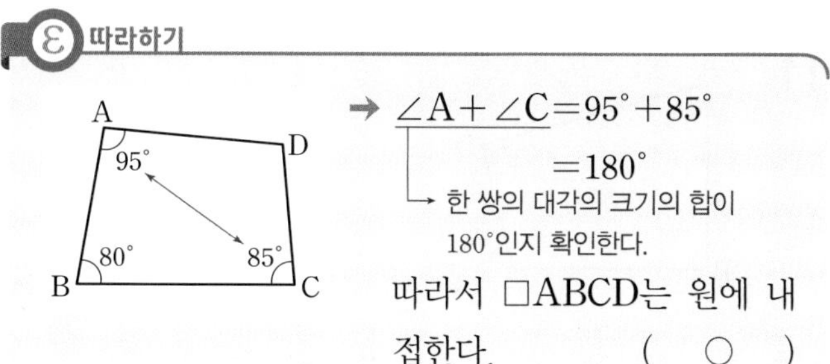

→ $\angle A+\angle C=95°+85°=180°$
└ 한 쌍의 대각의 크기의 합이 180°인지 확인한다.

따라서 □ABCD는 원에 내접한다. (○)

01 (　　)

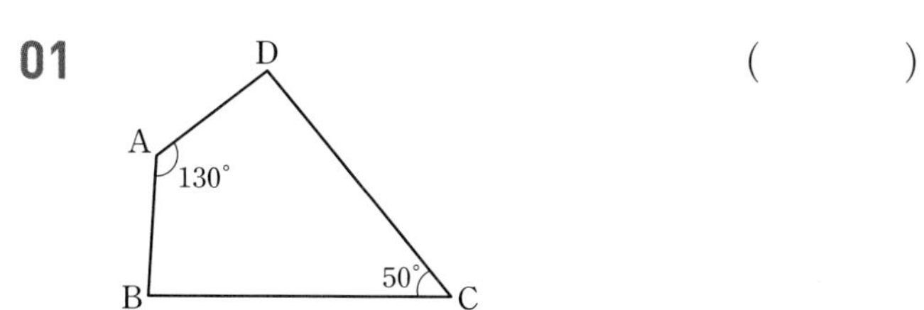

02 (　　)

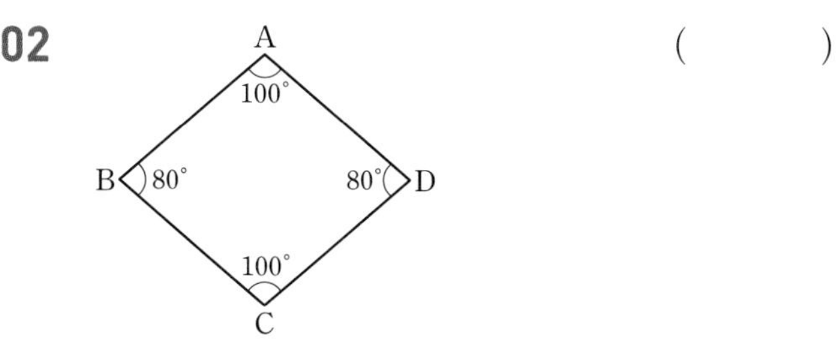

03 (　　)

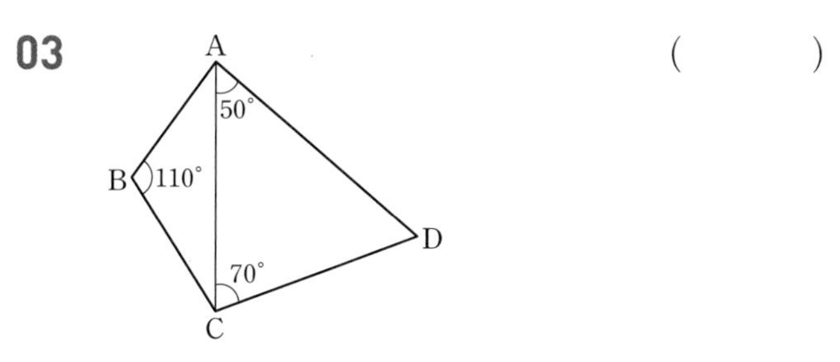

Tip 삼각형 ACD에서 ∠D의 크기를 구한다.

다음 그림에서 □ABCD가 원에 내접하면 ○표, 내접하지 않으면 ×표를 (　　) 안에 써넣으시오.

따라하기

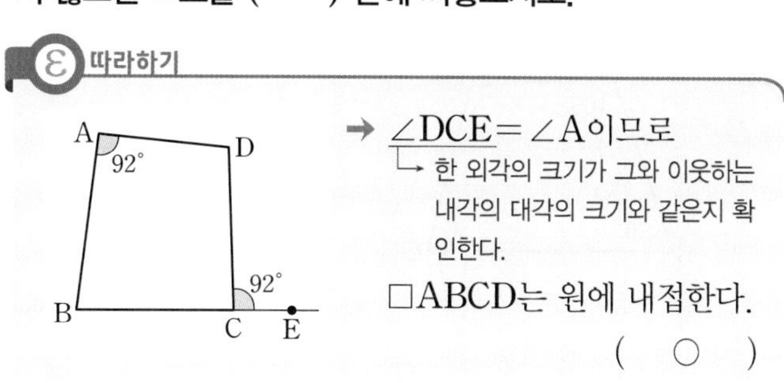

→ $\angle DCE=\angle A$이므로
└ 한 외각의 크기가 그와 이웃하는 내각의 대각의 크기와 같은지 확인한다.

□ABCD는 원에 내접한다.
(○)

04 (　　)

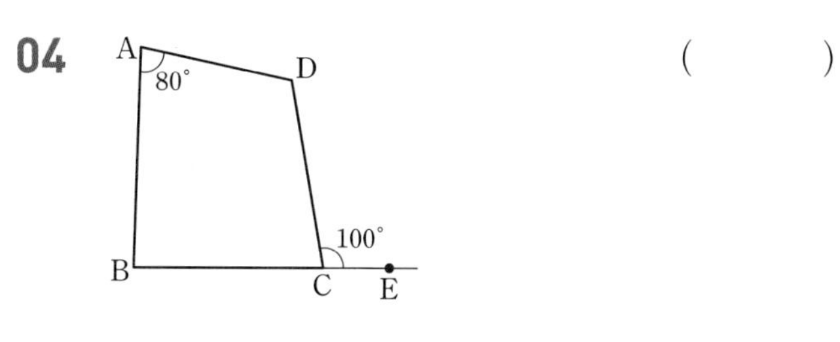

05 (　　)

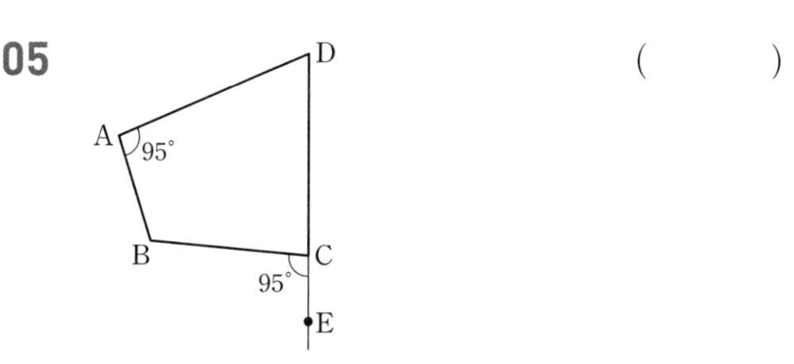

06 (　　)

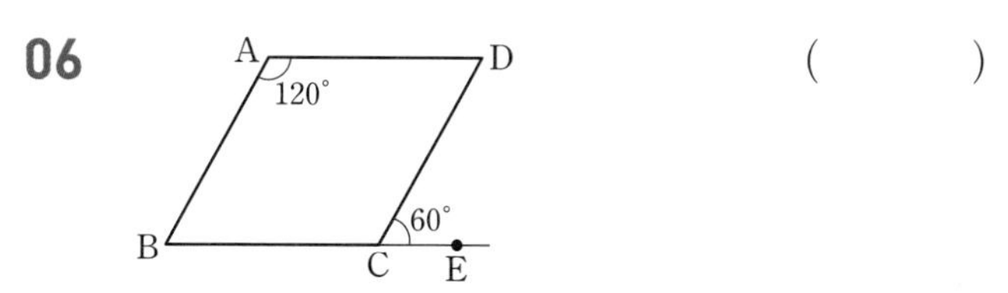

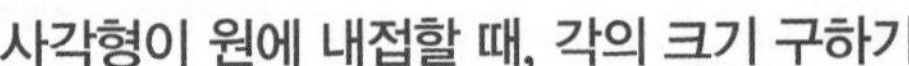

사각형이 원에 내접할 때, 각의 크기 구하기

다음 그림에서 □ABCD가 원에 내접할 때, $\angle x$의 크기를 구하시오.

따라하기

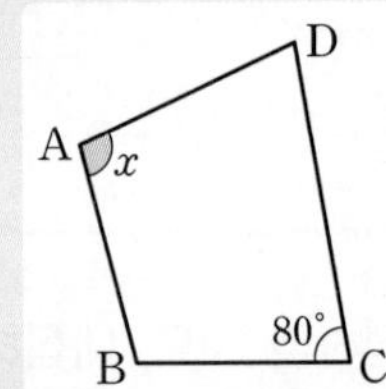

→ □ABCD가 원에 내접하므로
$\angle A+\angle C=180°$
└→ (대각의 크기의 합)$=180°$
즉, $\angle x+80°=180°$이므로
$\angle x=100°$

07

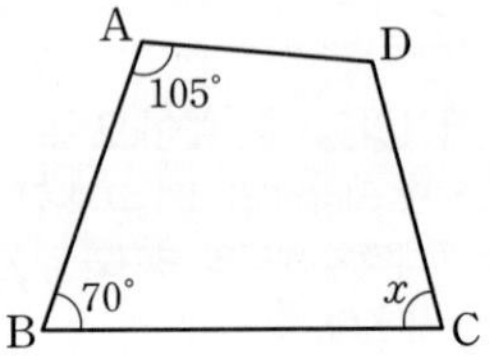

08

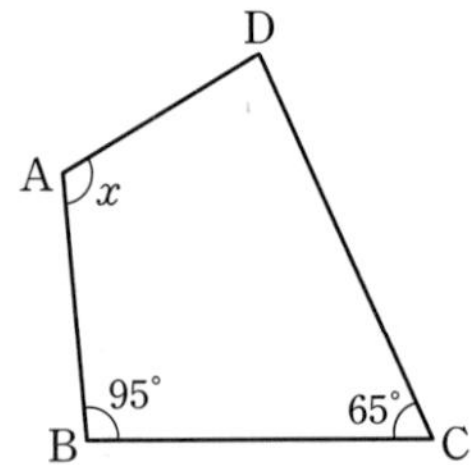

09

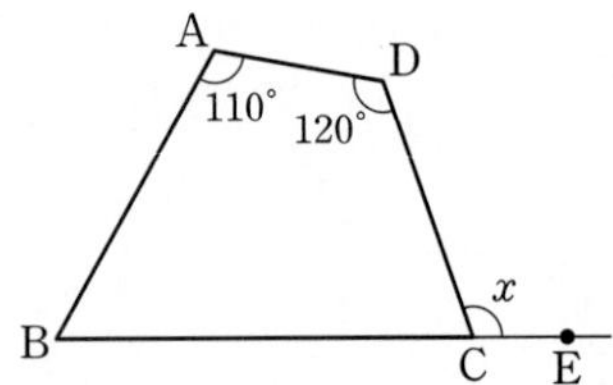

10

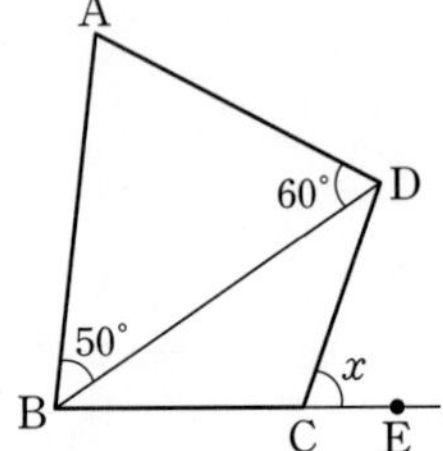

Tip 삼각형 ABD에서 $\angle A$의 크기를 구한다.

원에 내접하는 사각형의 활용

다음 그림에서 $\angle x$의 크기를 구하시오.

따라하기

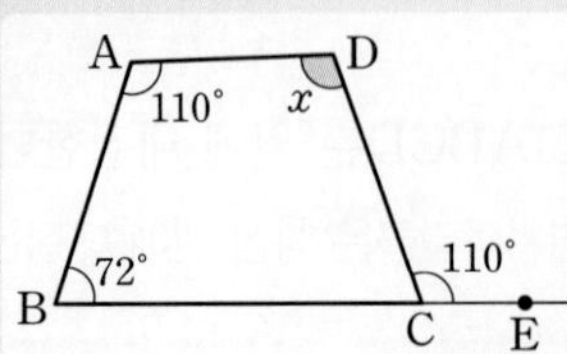

→ $\angle DCE=\angle A$이므로 □ABCD는 원에 내접한다.
└→ □ABCD가 원에 내접하는지 확인한다.
따라서 $72°+\angle x=180°$이므로
$\angle x=108°$

11

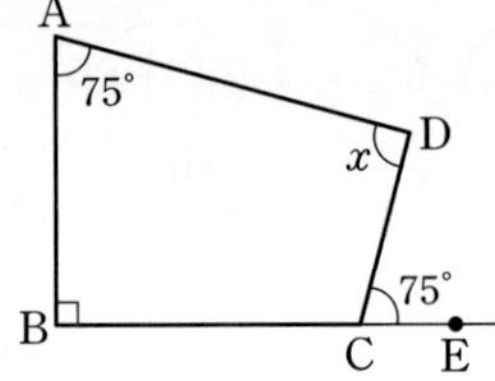

12

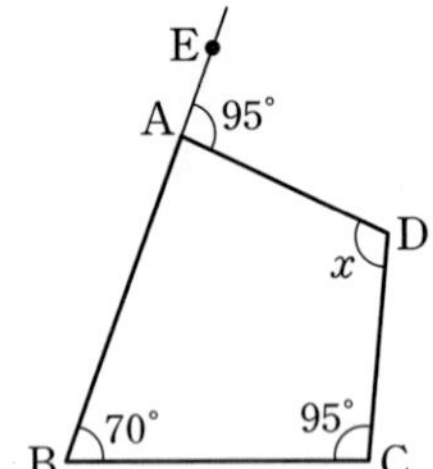

13

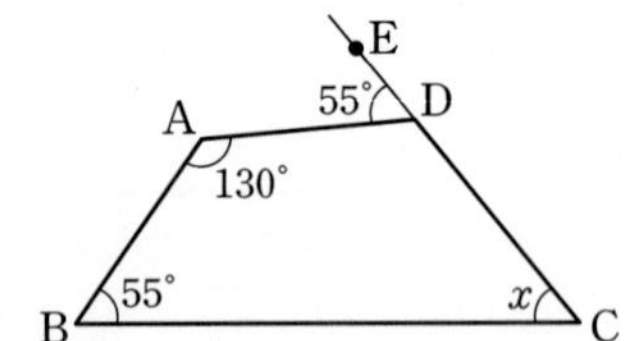

14 대표 문제

오른쪽 그림과 같이 □ABCD가 원에 내접할 때, $\angle x$의 크기는?

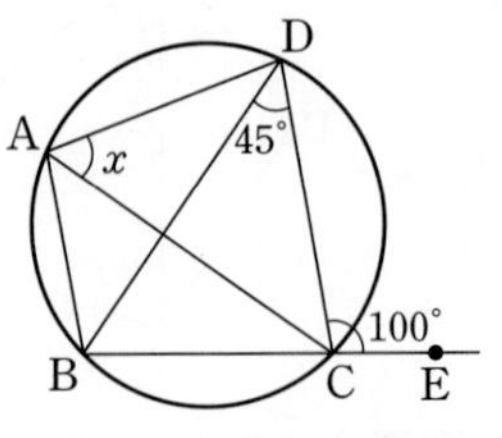

① 45° ② 50°
③ 55° ④ 60°
⑤ 65°

04 접선과 현이 이루는 각

정답과 풀이 41쪽

원의 접선과 그 접점을 지나는 현이 이루는 각의 크기는 그 각의 내부에 있는 호에 대한 원주각의 크기와 같다.

→ $\angle BAT = \angle BCA$

참고 원 O에서 $\angle BAT = \angle BCA$이면 직선 AT는 원 O의 접선이다.

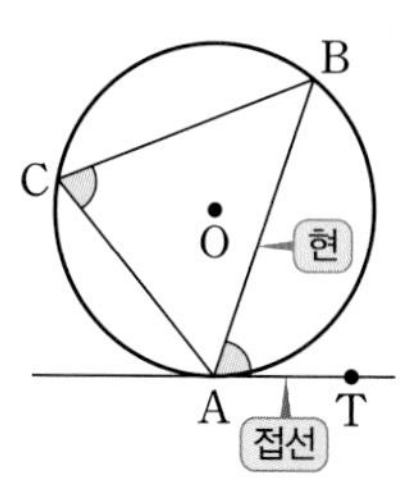

접선과 현이 이루는 각의 크기 구하기

다음 그림에서 직선 AT는 원의 접선이고 점 A는 접점일 때, $\angle x$의 크기를 구하시오.

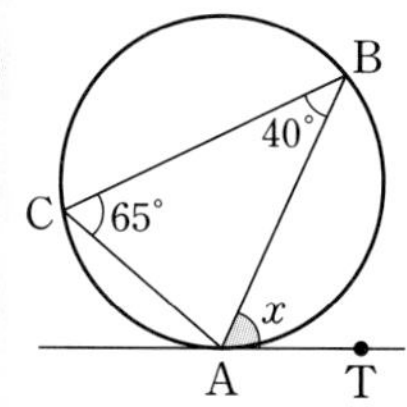

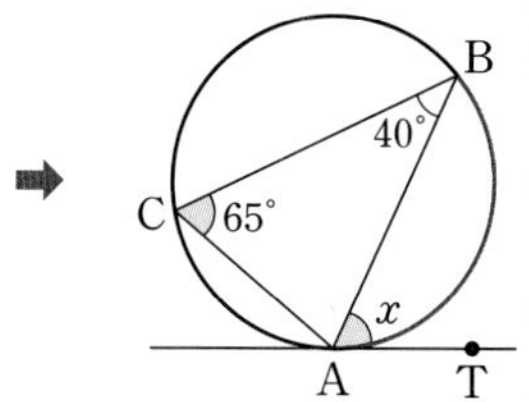

→ $\angle x = \angle BCA = 65°$

└→ $\angle BAT$의 내부에 있는 호에 대한 원주각

01

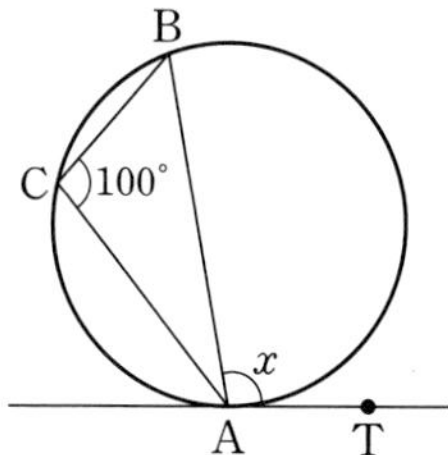

02

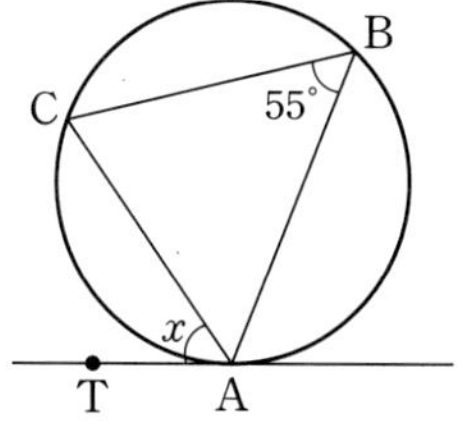

03

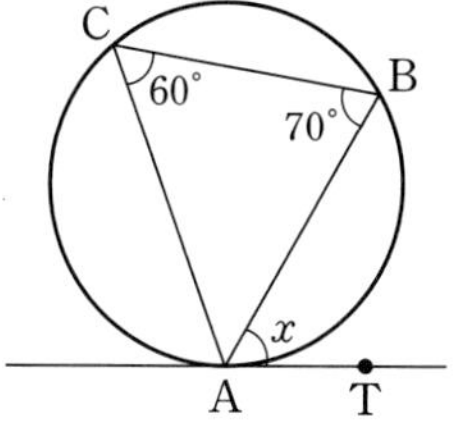

04

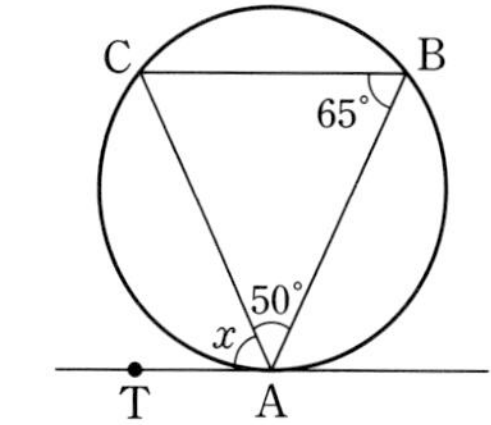

05

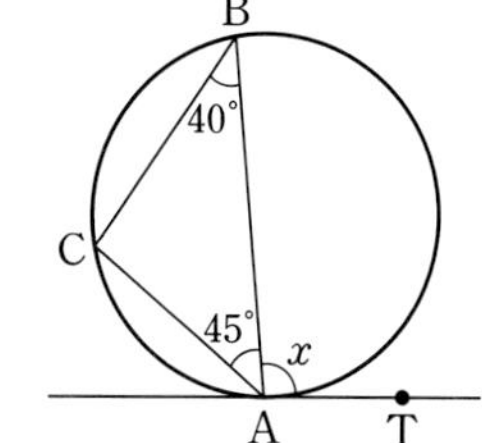

Tip 삼각형의 세 내각의 크기의 합은 180°이다.

06

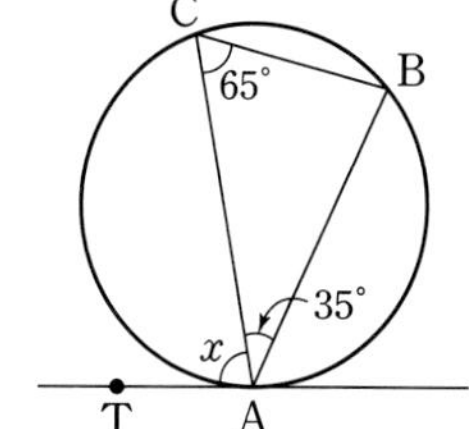

07

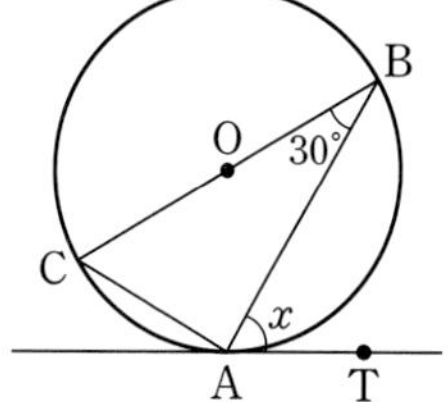

Tip 지름에 대한 원주각의 크기는 90°이다.

접선과 현이 이루는 각을 이용하여 원주각의 크기 구하기

다음 그림에서 직선 AT는 원의 접선이고 점 A는 접점일 때, $\angle x$의 크기를 구하시오.

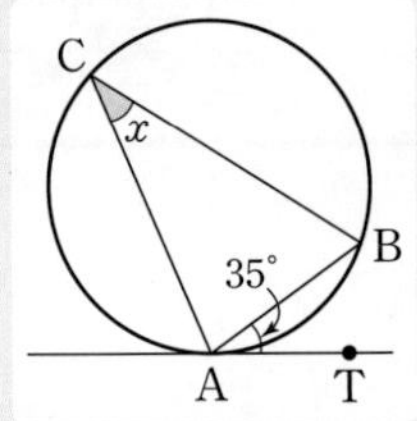

→ $\angle x = \underline{\angle BAT} = 35^\circ$
 └→ 접선과 현이 이루는 각

08

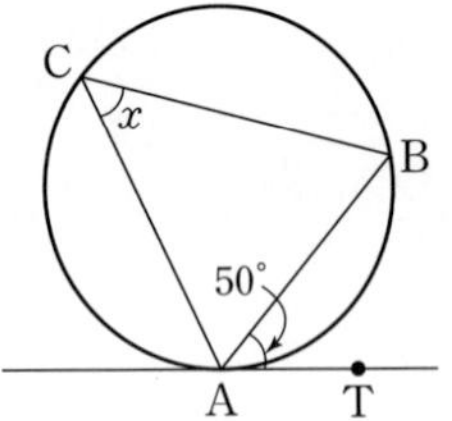

09

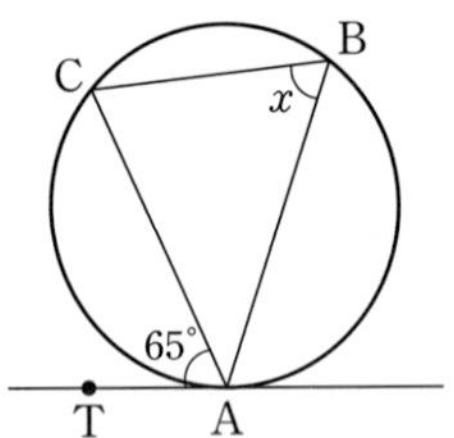

10

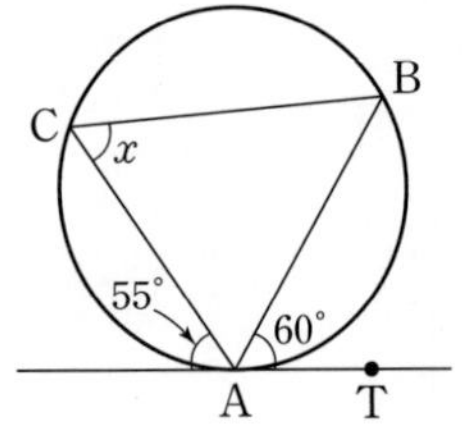

11

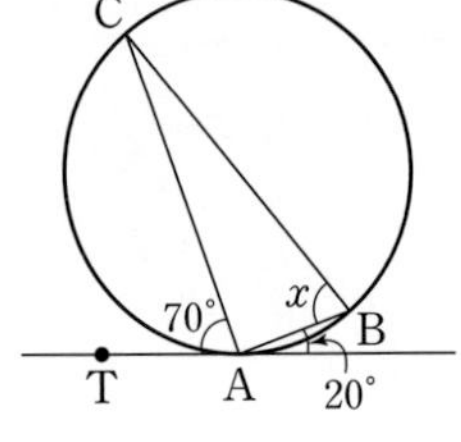

12

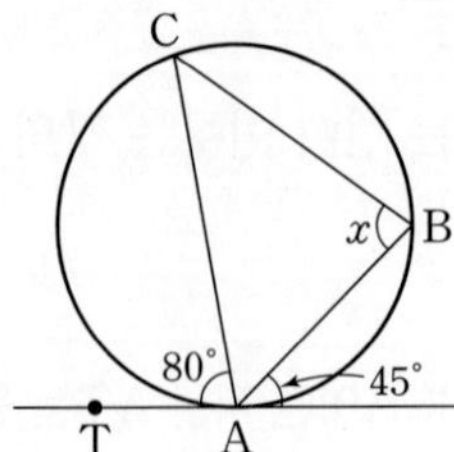

13

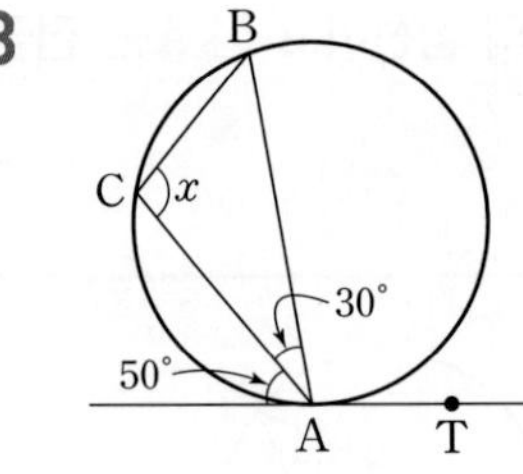

14

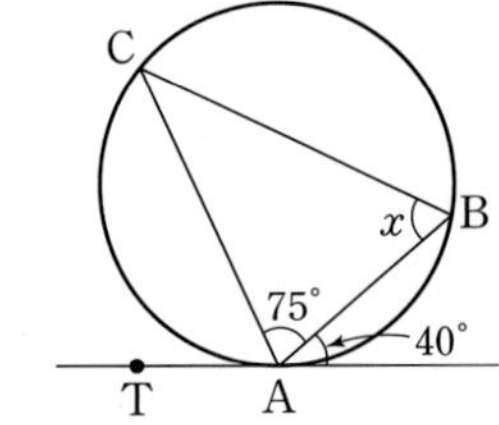

15

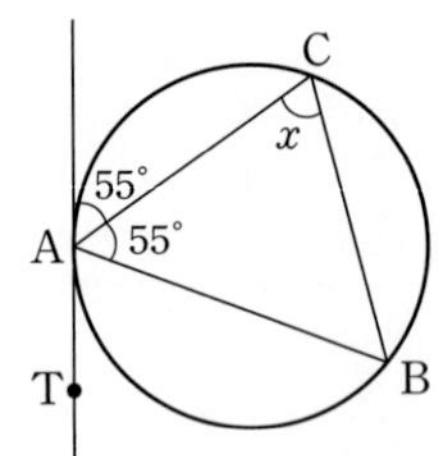

16

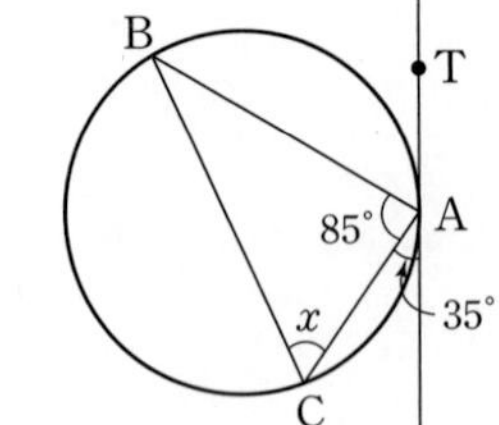

접선과 현이 이루는 각을 이용하여 중심각의 크기 구하기

다음 그림에서 직선 AT는 원 O의 접선이고 점 A는 접점일 때, $\angle x$의 크기를 구하시오.

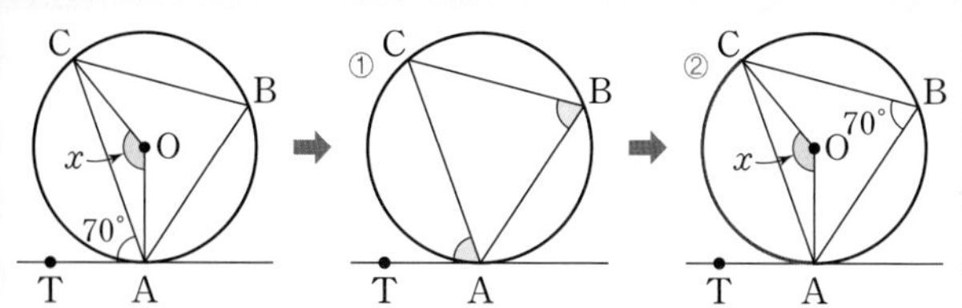

→ $\angle CBA=\angle CAT=70^\circ$이므로

① 원주각의 크기를 구한다.

$\angle x=2\angle CBA=2\times 70^\circ=140^\circ$

② 중심각의 크기를 구한다.

17

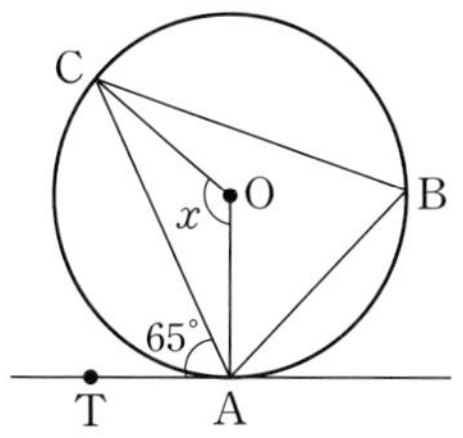

18

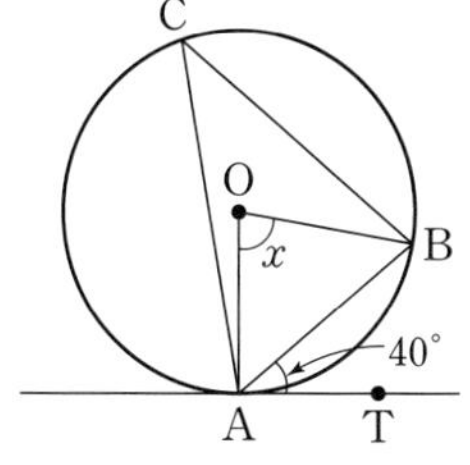

19

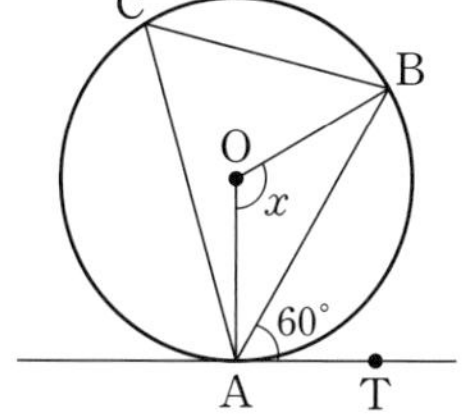

접선과 현이 이루는 각의 활용

다음 그림에서 직선 PT는 원 O의 접선이고 점 T는 접점일 때, $\angle x$의 크기를 구하시오.

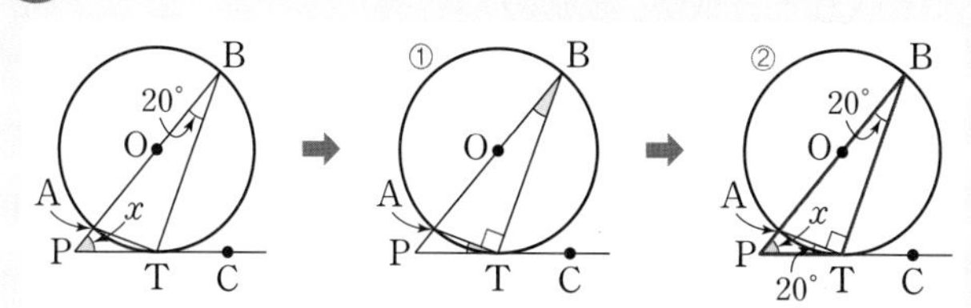

→ $\overline{AB}$가 원 O의 지름이므로 $\angle ATB=90^\circ$

또, $\angle ATP=\angle ABT=20^\circ$

① 접선과 현이 이루는 각의 크기를 구한다.

$\triangle PTB$에서

$\angle x=180^\circ-(20^\circ+20^\circ+90^\circ)=50^\circ$

② $\triangle PTB$에서 $\angle x$의 크기를 구한다.

20

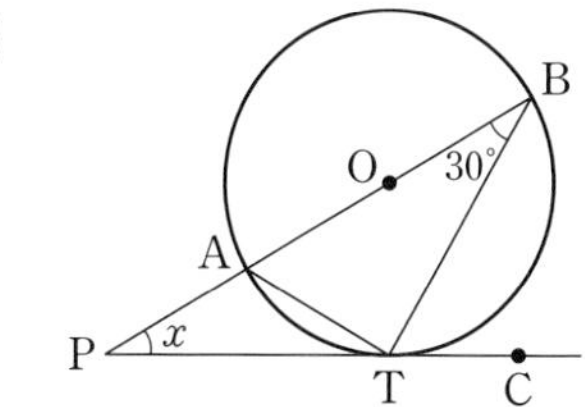

21

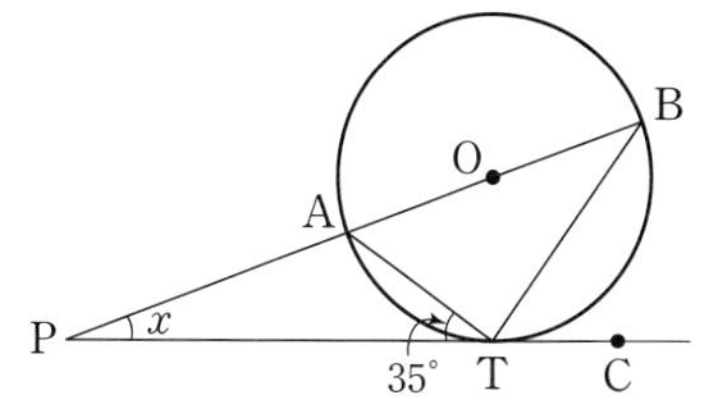

22 대표 문제

오른쪽 그림에서 직선 CT는 원의 접선이고 점 C는 접점일 때, $\angle x+\angle y$의 크기는?

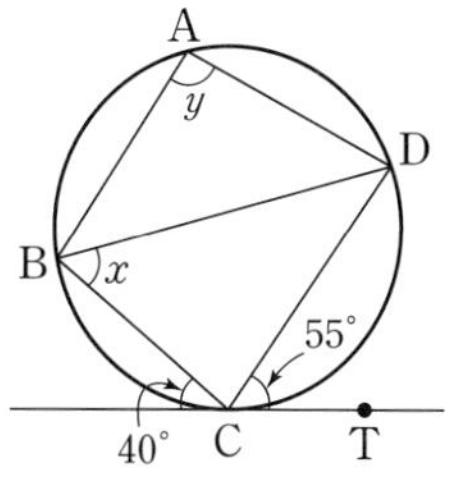

① 120° ② 130° ③ 140° ④ 150° ⑤ 160°

05 두 원에서 접선과 현이 이루는 각

정답과 풀이 42쪽

다음 그림과 같이 직선 PQ가 두 원의 공통인 접선이고 점 T가 접점일 때

(1)

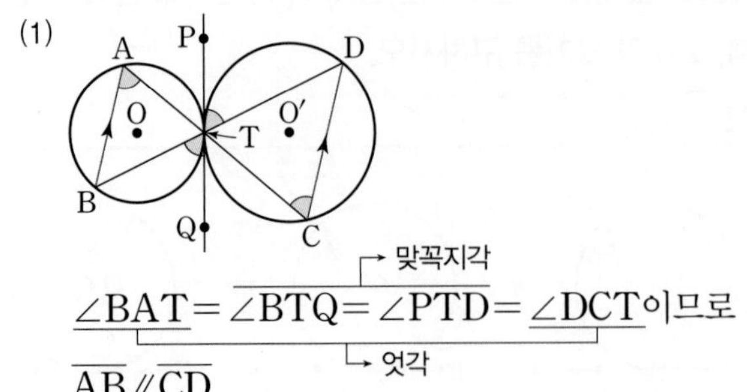

$\angle BAT = \angle BTQ = \angle PTD = \angle DCT$이므로 (맞꼭지각, 엇각)

$\overline{AB} /\!/ \overline{CD}$

(2)

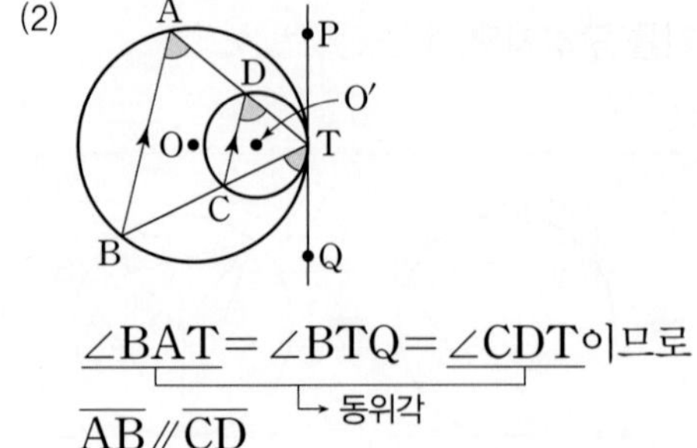

$\angle BAT = \angle BTQ = \angle CDT$이므로 (동위각)

$\overline{AB} /\!/ \overline{CD}$

외접하는 두 원에서 접선과 현이 이루는 각

다음 그림에서 직선 PQ는 두 원에 공통으로 접하는 직선이고 점 T는 접점일 때, $\angle x$의 크기를 구하시오.

따라하기

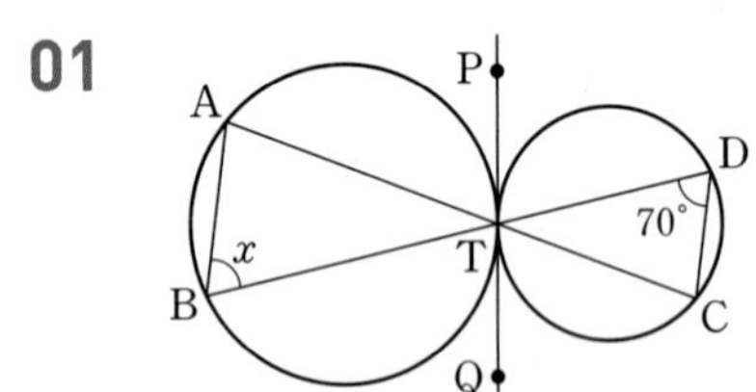

$\rightarrow \angle x = \angle BTQ$
$= \angle PTD$ (맞꼭지각)
$= \angle DCT$
$= 50°$

01

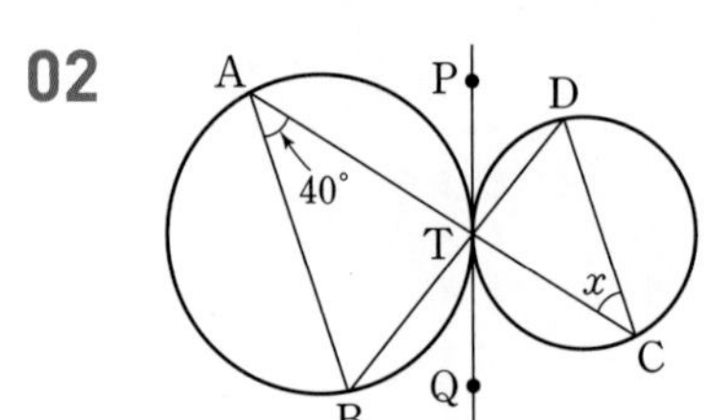

02

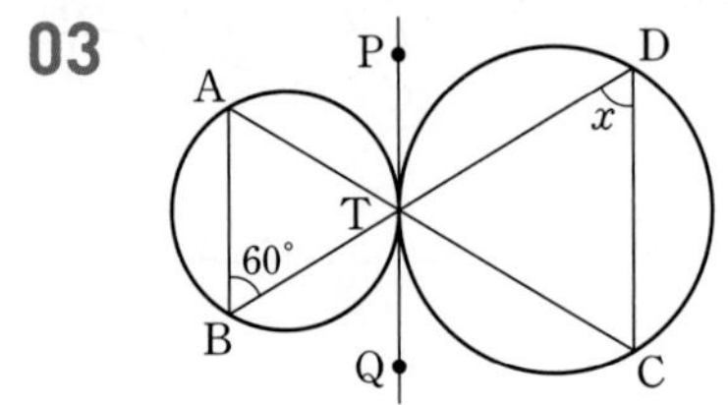

03

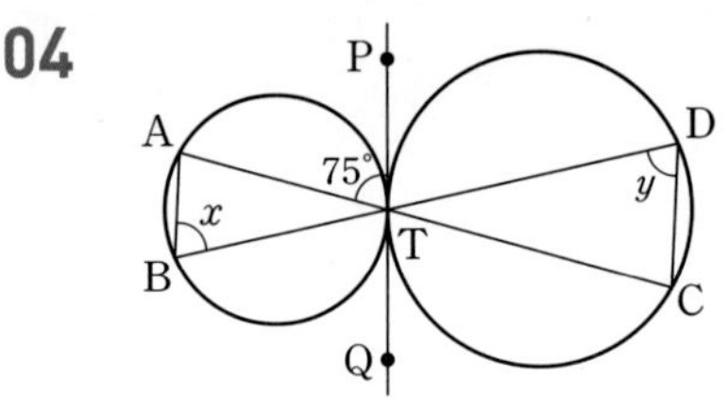

다음 그림에서 직선 PQ는 두 원에 공통으로 접하는 직선이고 점 T는 접점일 때, $\angle x$, $\angle y$의 크기를 각각 구하시오.

04

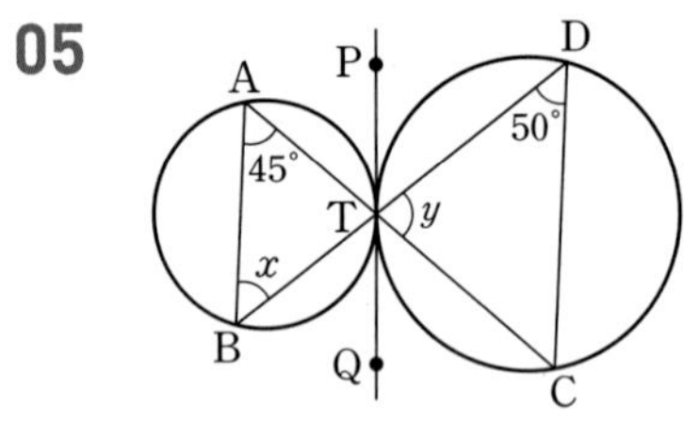

05

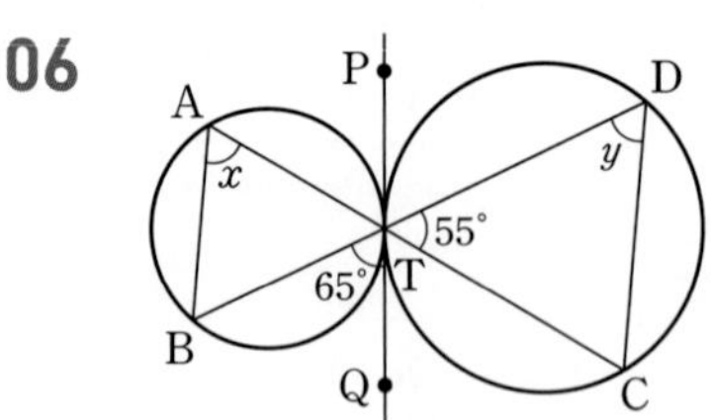

06

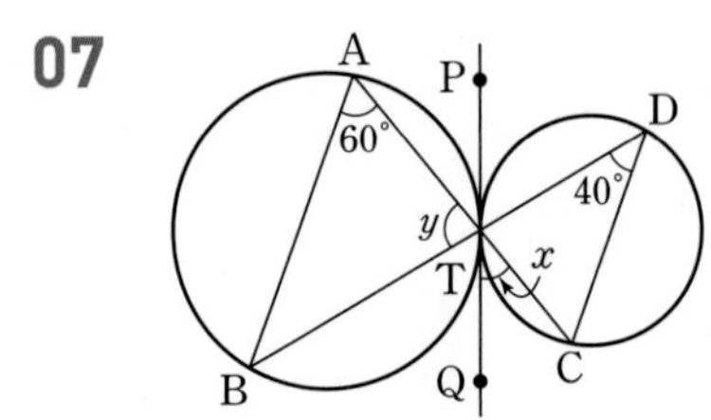

07

내접하는 두 원에서 접선과 현이 이루는 각

다음 그림에서 직선 PQ는 두 원에 공통으로 접하는 직선이고 점 T는 접점일 때, $\angle x$의 크기를 구하시오.

따라하기

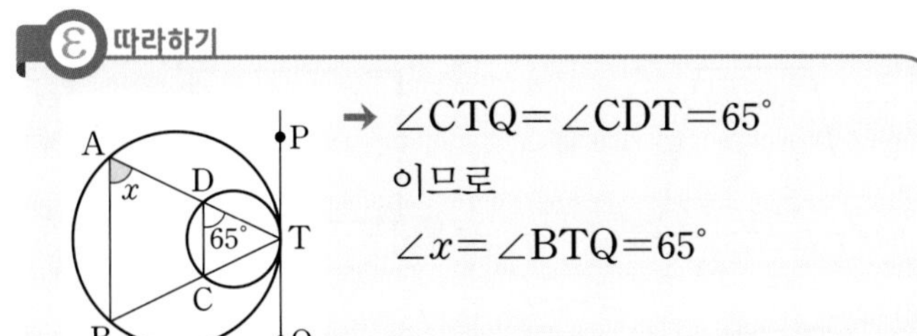

→ $\angle CTQ = \angle CDT = 65^\circ$
이므로
$\angle x = \angle BTQ = 65^\circ$

08

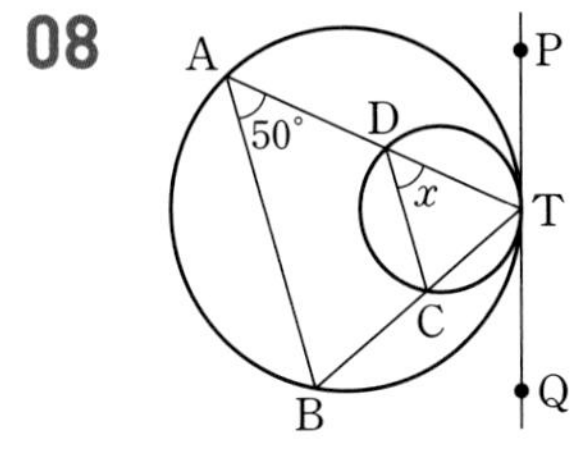

09

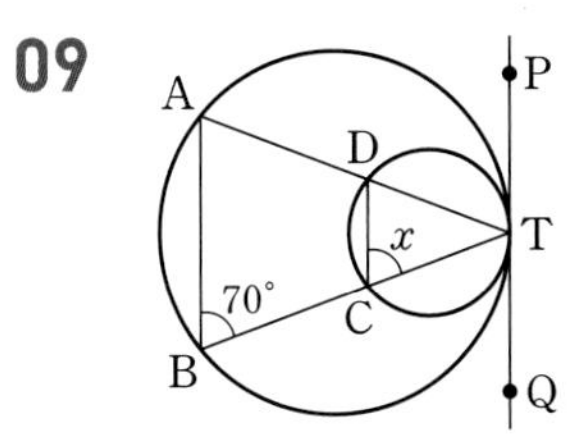

10

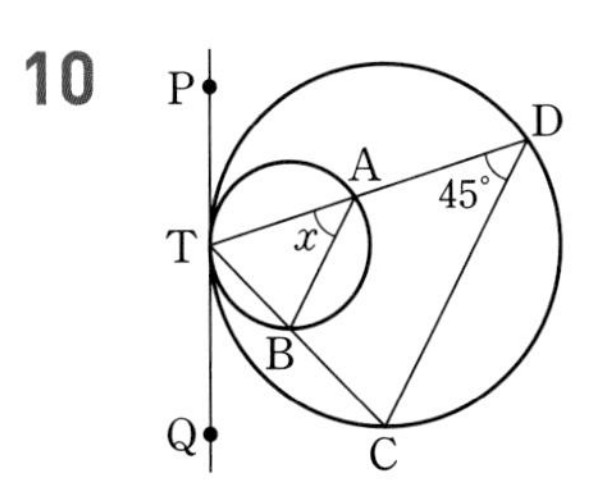

11

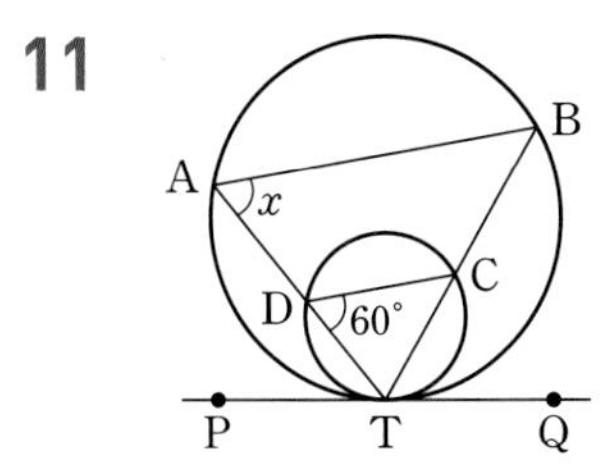

다음 그림에서 직선 PQ는 두 원에 공통으로 접하는 직선이고 점 T는 접점일 때, $\angle x$, $\angle y$의 크기를 각각 구하시오.

12

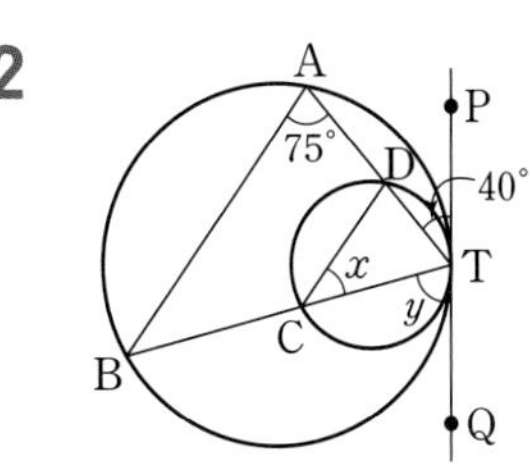

13

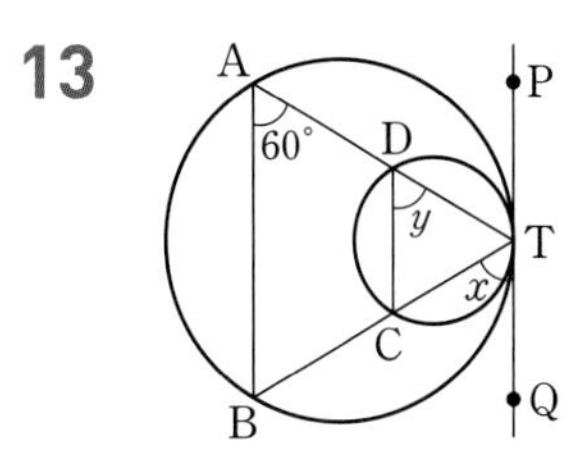

14

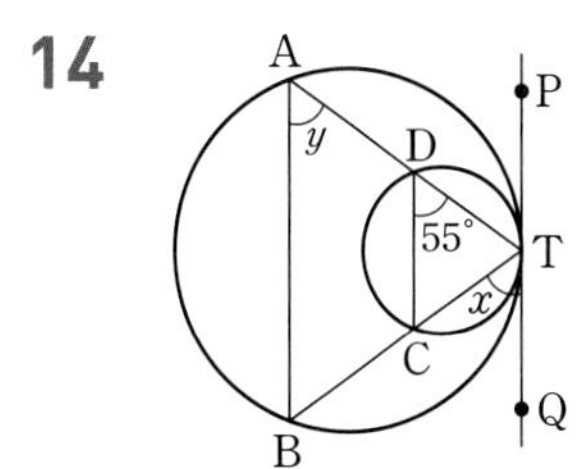

15 대표 문제

오른쪽 그림에서 직선 PQ는 두 원에 공통으로 접하는 접선이고 점 T는 접점일 때, $\angle x$의 크기는?

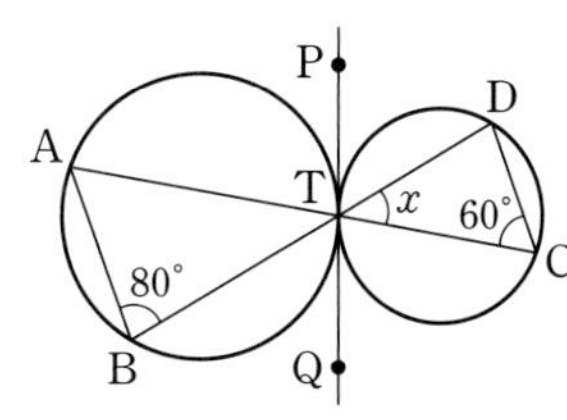

① 35°
② 40°
③ 45°
④ 50°
⑤ 55°

정답과 풀이 43쪽

01

오른쪽 그림에서 네 점 A, B, C, D가 한 원 위에 있을 때, $\angle x$의 크기는?

① 40°　② 45°
③ 50°　④ 55°
⑤ 60°

02

오른쪽 그림과 같이 □ABCD가 원 O에 내접할 때, $\angle y - \angle x$의 크기는?

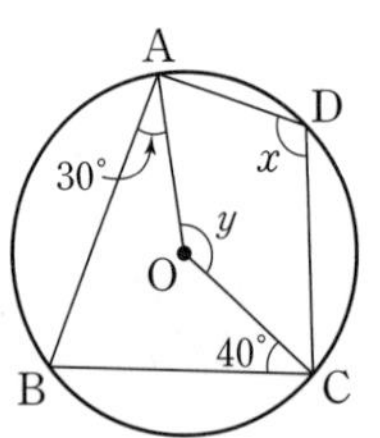

① 10°　② 20°
③ 30°　④ 40°
⑤ 50°

03

오른쪽 그림과 같이 □ABCD가 원에 내접할 때, $\angle x$의 크기는?

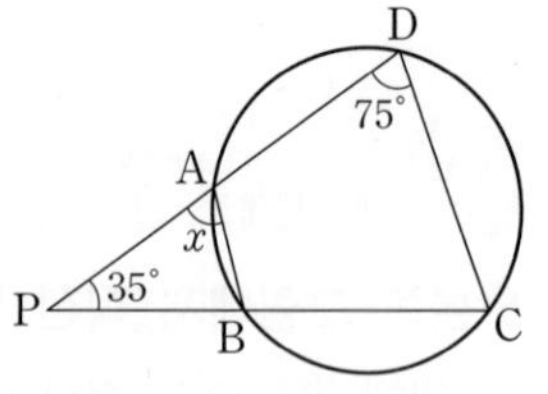

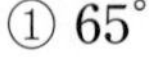

① 65°　② 70°
③ 75°　④ 80°
⑤ 85°

04

다음 중에서 □ABCD가 원에 내접하지 않는 것은?

①
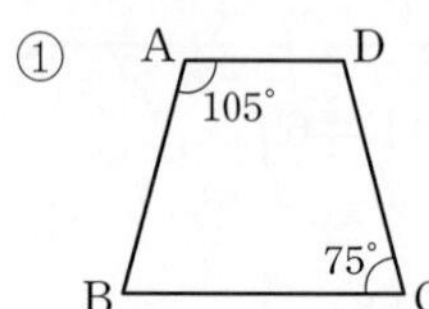

②
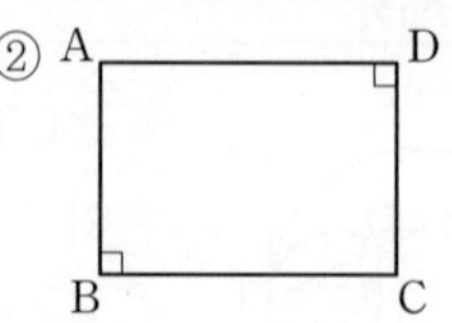

③
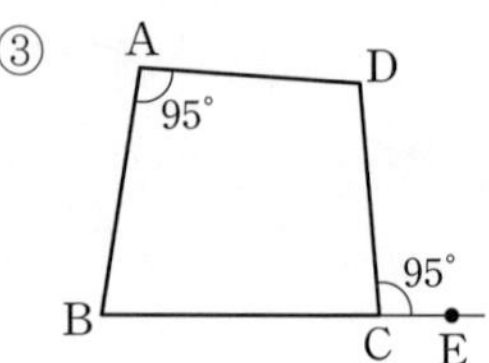

④
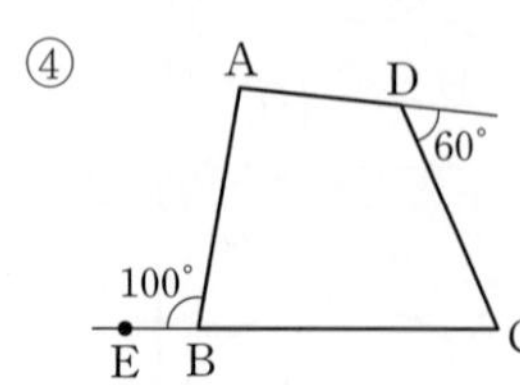

⑤
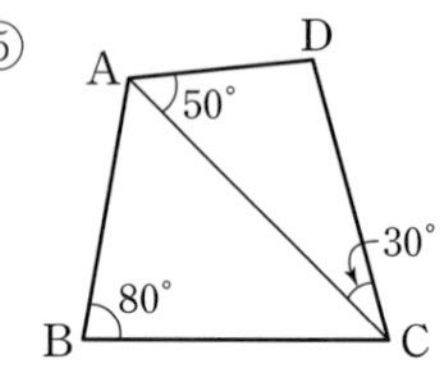

05

오른쪽 그림과 같이 □ABCD가 원에 내접하고 있다. 직선 CE는 원의 접선이고 점 C는 접점일 때, $\angle x$의 크기는?

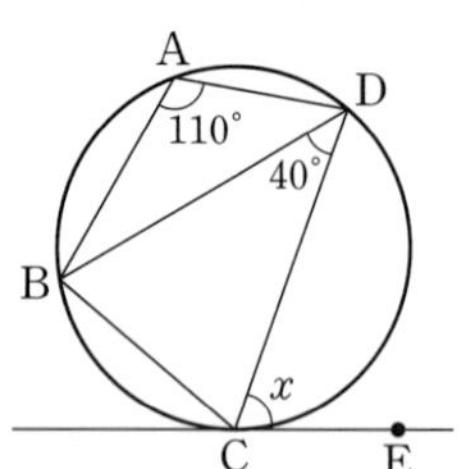

① 45°　② 50°
③ 55°　④ 60°
⑤ 70°

06

오른쪽 그림에서 직선 PQ는 두 원의 공통인 접선이고 점 T는 접점이다. 이때 $\angle x$의 크기는?

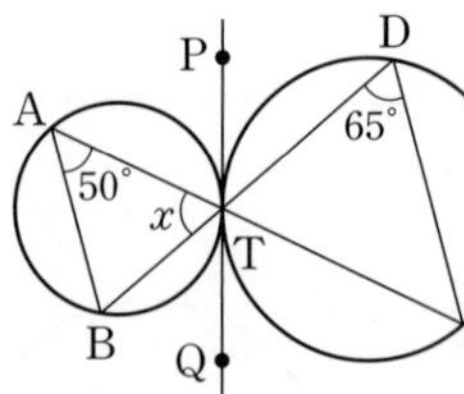

① 45°　② 50°
③ 55°　④ 60°
⑤ 65°

대푯값과 산포도

1. 대푯값

01 평균

정답과 풀이 44쪽

(1) **대푯값:** 자료 전체의 중심적인 경향이나 특징을 하나의 수로 나타낸 값

(2) **평균:** 전체 변량의 총합을 변량의 개수로 나눈 값 → $(평균)=\frac{(변량의\ 총합)}{(변량의\ 개수)}$

참고 대푯값으로 평균을 가장 많이 사용한다.

평균 구하기

다음 자료에 대하여 변량의 개수, 변량의 총합, 평균을 각각 구하시오.

따라하기

3　6　5　10

→ (변량의 개수)=4

(변량의 총합)=3+6+5+10=24

$(평균)=\frac{24}{4}=6$ ← $(평균)=\frac{(변량의\ 총합)}{(변량의\ 개수)}$

01

10　12　6　4

(1) 변량의 개수

(2) 변량의 총합

(3) 평균

02

8　7　9　5　6

(1) 변량의 개수

(2) 변량의 총합

(3) 평균

03

1　4　3　6　7　9

(1) 변량의 개수

(2) 변량의 총합

(3) 평균

다음 자료의 평균을 구하시오.

따라하기

8　13　7　12

→ $(평균)=\frac{8+13+7+12}{4}$ ← 변량의 총합 / ← 변량의 개수

$=\frac{40}{4}=10$

04

2　7　14　5

05

3　8　6　2　1

06

12　6　5　9　8

07

9　3　5　12　8　17

08

21　10　5　14　7　3

평균이 주어졌을 때, 변량 구하기

다음 자료의 평균이 [ ] 안의 수와 같을 때, x의 값을 구하시오.

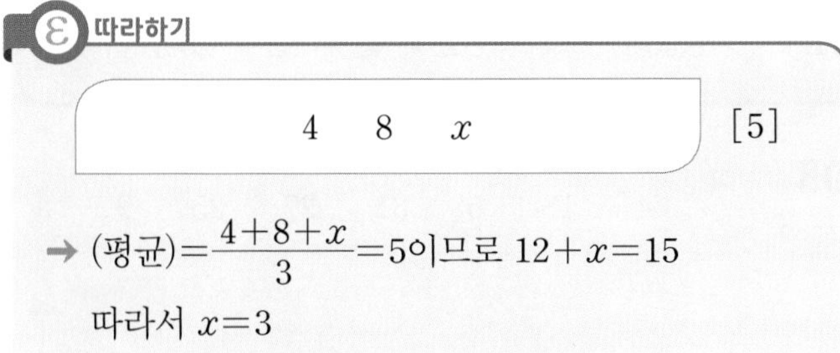

따라하기

4 8 x [5]

→ $(\text{평균})=\frac{4+8+x}{3}=5$이므로 $12+x=15$

따라서 $x=3$

09 3 x 11 [8]

10 9 x 4 8 [7]

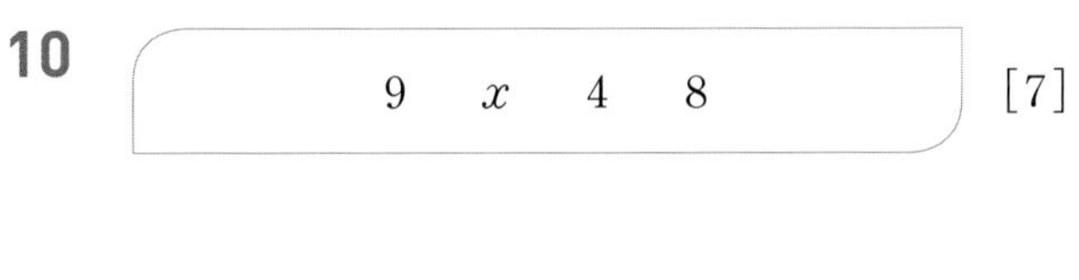

11 15 10 x 6 [11]

12 3 14 9 12 x [10]

13 18 x 8 7 20 5 [12]

일부 변량의 평균이 주어졌을 때, 전체 변량의 평균 구하기

두 변량 x, y의 평균이 [ ] 안의 수와 같을 때, 다음 자료의 평균을 구하시오.

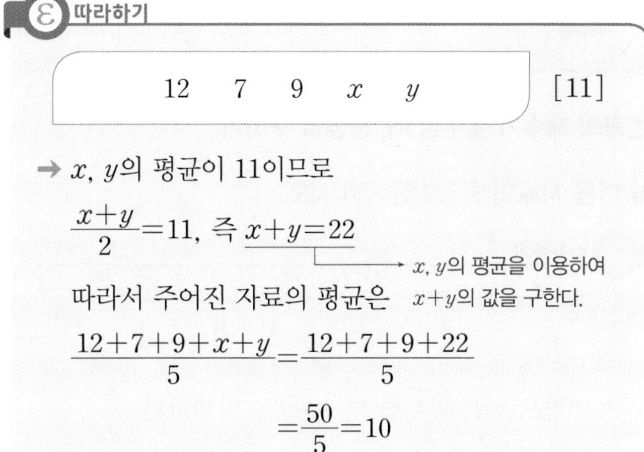

따라하기

12 7 9 x y [11]

→ x, y의 평균이 11이므로

$\frac{x+y}{2}=11$, 즉 $x+y=22$ → x, y의 평균을 이용하여 $x+y$의 값을 구한다.

따라서 주어진 자료의 평균은

$$\frac{12+7+9+x+y}{5}=\frac{12+7+9+22}{5}$$
$$=\frac{50}{5}=10$$

14 7 9 x y [6]

15 4 8 x 10 y [9]

16 1 6 x 2 y 5 [5]

17 대표 문제

다음은 주영이의 5회 동안의 수학 점수를 조사하여 나타낸 자료이다. 이 자료의 평균이 90점일 때, x의 값은?

(단위: 점)

85 93 87 92 x

① 89 ② 90 ③ 91
④ 92 ⑤ 93

02 중앙값

정답과 풀이 45쪽

중앙값: 자료의 변량을 작은 값부터 크기순으로 나열할 때, 한가운데에 있는 값

(1) 변량의 개수가 홀수이면 한가운데에 있는 값이 중앙값이다.

(2) 변량의 개수가 짝수이면 한가운데에 있는 두 값의 평균이 중앙값이다.

참고 자료에 매우 크거나 매우 작은 극단적인 값이 있는 경우에는 평균보다 중앙값이 자료의 특징을 더 잘 나타낼 수 있다.

변량의 개수가 홀수일 때, 중앙값 구하기

다음 자료의 중앙값을 구하시오.

ε 따라하기

5 1 7 3 8

→ 변량을 작은 값부터 크기순으로 나열하면

1, 3, 5, 7, 8 (한가운데에 있는 값)

변량의 개수가 홀수이므로 중앙값은 5이다.

01

15 5 2 10 8

02

6 19 3 38 4

03

17 4 5 13 9

04

11 19 8 16 7

05

4 18 6 31 27 25 9

06

19 10 28 14 6 16 3

07

24 17 9 48 57 8 11

08

36 15 23 19 2 45 20

09

47 56 80 21 14 25 33

변량의 개수가 짝수일 때, 중앙값 구하기

다음 자료의 중앙값을 구하시오.

따라하기

9 3 7 2

→ 변량을 작은 값부터 크기순으로 나열하면
2, 3, 7, 9 한가운데에 있는 두 값의 평균
변량의 개수가 짝수이므로 중앙값은 $\frac{3+7}{2}=5$이다.

10 12 4 8 1

11 8 24 10 16

12 2 5 18 4 11 7

13 14 31 26 9 20 18

14 8 17 29 32 41 6

짝수 개의 변량의 중앙값이 주어졌을 때, 변량 구하기

다음은 자료의 변량을 작은 값부터 크기순으로 나열한 것이다. 이 자료의 중앙값이 [ ] 안의 수일 때, x의 값을 구하시오.

따라하기

3 5 x 9 [6]

→ 한가운데에 있는 두 값은 5, x이므로
$\frac{5+x}{2}=6$, $5+x=12$
따라서 $x=7$

→ 중앙값을 구할 때는 한가운데에 있는 두 값을 찾는다.

15 4 15 x 39 [20]

16 2 4 x 9 18 27 [8]

17 8 17 20 x 31 46 [24]

18 대표 문제

다음은 은우네 반 학생 6명의 1년 동안의 봉사 활동 시간을 조사하여 나타낸 자료이다. 이 자료의 중앙값은?

(단위: 시간)

14 18 23 5 12 9

① 10시간 ② 11시간 ③ 12시간
④ 13시간 ⑤ 14시간

03 최빈값

정답과 풀이 46쪽

최빈값: 자료의 변량 중에서 가장 많이 나타나는 값

→ 도수가 가장 큰 값이 한 개 이상이면 그 값이 모두 최빈값이다.

참고 최빈값은 자료에 따라 2개 이상일 수도 있다.

최빈값 구하기

다음 자료의 최빈값을 구하시오.

2　6　5　3　6

→ 자료의 변량 중에서 6이 가장 많이 나타나므로 최빈값은 6이다.

01 3　5　7　3　4

02 2　5　1　2　2

03 12　8　16　8　12

04 9　8　9　9　4

05 10　9　32　8　10　4

06 8　6　15　8　4　6

도수분포표에서 최빈값 구하기

07 다음은 정연이네 반 학생 25명이 좋아하는 계절을 조사하여 나타낸 표이다. 이 자료의 최빈값을 구하시오.

계절	봄	여름	가을	겨울
도수(명)	9	4	7	5

08 다음은 달리기 동호회 회원 24명이 좋아하는 운동을 조사하여 나타낸 표이다. 이 자료의 최빈값을 구하시오.

운동	야구	축구	농구	배구
도수(명)	6	7	4	7

09 다음은 등산 동호회 회원 20명이 좋아하는 산을 조사하여 나타낸 표이다. 이 자료의 최빈값을 구하시오.

산	북한산	관악산	도봉산	청계산	수락산
도수(명)	6	5	3	3	3

10 다음은 현정이네 반 학생 30명이 좋아하는 과일을 조사하여 나타낸 표이다. 이 자료의 최빈값을 구하시오.

과일	사과	귤	딸기	포도	복숭아
도수(명)	4	6	7	7	6

04 대푯값 종합

정답과 풀이 46쪽

- 대푯값
  - 평균: $\frac{(\text{변량의 총합})}{(\text{변량의 개수})}$
  - 중앙값: 자료의 변량을 작은 값부터 크기순으로 나열할 때, 변량의 개수가
    - 홀수이면 → 한가운데에 있는 값
    - 짝수이면 → 한가운데에 있는 두 값의 평균
  - 최빈값: 자료의 변량 중에서 가장 많이 나타나는 값

대푯값

다음 중 옳은 것은 ○표, 옳지 않은 것은 ×표를 (　　) 안에 써넣으시오.

01 자료 전체의 중심적인 경향이나 특징을 하나의 수로 나타낸 값을 대푯값이라 한다. (　　)

02 자료에 매우 크거나 매우 작은 극단적인 값이 있는 경우에는 대푯값으로 평균이 적절하다. (　　)

03 중앙값은 항상 자료에 있는 값 중 하나이다. (　　)

04 최빈값은 항상 1개 존재한다. (　　)

05 최빈값은 좋아하는 과목과 같은 선호도를 조사할 때 대푯값으로 적절하다. (　　)

06 평균, 중앙값, 최빈값이 모두 같은 경우는 없다. (　　)

주어진 자료의 평균, 중앙값, 최빈값 구하기

아래 자료는 채영이네 반 학생 5명의 턱걸이 횟수를 조사하여 나타낸 것이다. 다음을 구하시오.

(단위: 회)

3　9　11　9　18

07 평균

08 중앙값

09 최빈값

아래 자료는 지성이네 반 학생 6명의 수면 시간을 조사하여 나타낸 것이다. 다음을 구하시오.

(단위: 시간)

9　6　7　5　6　9

10 평균

11 중앙값

12 최빈값

※ 아래 자료는 음악 동호회 회원 7명의 나이를 조사하여 나타낸 것이다. 다음을 구하시오.

(단위: 세)

16 20 16 20 21 16 17

13 평균

14 중앙값

15 최빈값

※ 아래 자료는 유진이네 반 학생 8명의 음악 수행평가 점수를 조사하여 나타낸 것이다. 다음을 구하시오.

(단위: 점)

7 8 8 9 10 8 9 5

16 평균

17 중앙값

18 최빈값

줄기와 잎 그림에서 평균, 중앙값, 최빈값 구하기

※ 오른쪽 줄기와 잎 그림은 어느 독서 동호회 회원들이 일 년 동안 읽은 책의 권수를 조사하여 나타낸 것이다. 다음을 구하시오.

(0|3은 3권)

줄기	잎
0	3 7
1	0 1 1 5
2	7

19 평균

20 중앙값

21 최빈값

※ 오른쪽 줄기와 잎 그림은 재원이네 반 학생들이 일주일 동안 받은 칭찬 스티커의 개수를 조사하여 나타낸 것이다. 다음을 구하시오.

(0|5는 5개)

줄기	잎
0	5 5 8
1	2 4 4 7
2	1

22 평균

23 중앙값

24 최빈값

확인 문제

정답과 풀이 47쪽

01

3개의 변량 x, y, z의 평균이 4일 때, 2, x, y, z, 6의 평균은?

① 3　② 4　③ 5　④ 6　⑤ 7

02

다음은 수현이네 반 학생 10명의 영어 듣기 평가 점수를 조사하여 나타낸 표이다. 영어 듣기 평가 점수의 평균은?

점수(점)	6	7	8	9	10
도수(명)	1	2	2	4	1

① 8점　② 8.2점　③ 8.4점　④ 8.6점　⑤ 8.8점

03

다음은 정훈이네 반 학생 6명의 몸무게를 작은 값부터 크기 순으로 나열한 것이다. 이 자료의 중앙값이 64 kg일 때, x의 값은?

(단위: kg)

52　58　61　x　69　72

① 63　② 64　③ 65　④ 66　⑤ 67

04

다음은 우진이네 반 학생 8명의 일주일 동안의 인터넷 사용 시간을 조사하여 나타낸 것이다. 이 자료의 중앙값을 a시간, 최빈값을 b시간이라 할 때, $a+b$의 값은?

(단위: 시간)

9　12　9　7　4　9　6　7

① 16　② 16.5　③ 17　④ 17.5　⑤ 18

05

다음은 서연이네 반 학생 7명의 제기차기 횟수를 조사하여 나타낸 것이다. 이 자료의 평균과 최빈값이 같을 때, x의 값은?

(단위: 회)

3　5　4　5　9　x　5

① 3　② 4　③ 5　④ 6　⑤ 7

06

오른쪽 줄기와 잎 그림은 민규네 반 학생 10명의 오래 매달리기 기록을 조사하여 나타낸 것이다. 이 자료의 평균을 a초, 중앙값을 b초, 최빈값을 c초라 할 때, a, b, c의 대소 관계를 바르게 나타낸 것은?

(0|4는 4초)

줄기	잎
0	4 6
1	1 2 7 9 9
2	0 4 8

① $a<b<c$　② $b<a<c$　③ $b=c<a$　④ $c<a=b$　⑤ $a=b=c$

01 편차

정답과 풀이 48쪽

(1) **산포도:** 변량이 흩어져 있는 정도를 하나의 수로 나타낸 값

(2) **편차:** 자료의 각 변량에서 평균을 뺀 값 ➜ (편차)=(변량)−(평균)

① 편차의 총합은 항상 0이다.

② 평균보다 큰 변량의 편차는 양수이고, 평균보다 작은 변량의 편차는 음수이다.

③ 편차의 절댓값이

- 클수록 그 변량은 평균에서 멀리 떨어져 있다.
- 작을수록 그 변량은 평균에 가까이 있다.

평균이 주어졌을 때, 편차 구하기

자료의 평균이 다음과 같을 때, 표를 완성하시오.

(평균)=5

변량	4	7	6	3
편차	−1	2	1	−2

└→ (편차)=(변량)−(평균)

01 (평균)=8

변량	5	10	4	13
편차				

02 (평균)=10

변량	7	15	12	6
편차				

03 (평균)=12

변량	20	9	14	5
편차				

평균이 주어졌을 때, 변량 구하기

자료의 평균이 다음과 같을 때, 표를 완성하시오.

따라하기

(평균)=6

→ (변량)=(편차)+(평균)

변량	8	9	5	2
편차	2	3	−1	−4

04 (평균)=7

변량				
편차	1	−2	5	−4

05 (평균)=9

변량				
편차	−3	2	−5	6

06 (평균)=15

변량				
편차	8	4	−7	−5

평균이 주어지지 않았을 때, 편차 구하기

다음 자료의 평균을 구하고, 표를 완성하시오.

따라하기

5 8 12 3

→ $(\text{평균})=\frac{5+8+12+3}{4}=\frac{28}{4}=7$

① 평균 구하기

변량	5	8	12	3
편차	-2	1	5	-4

② 편차 구하기

07

3 7 5 9

(평균)=

변량	3	7	5	9
편차				

08

12 6 13 5

(평균)=

변량	12	6	13	5
편차				

09

6 2 4 1 7

(평균)=

변량	6	2	4	1	7
편차					

10

14 20 16 10 15

(평균)=

변량	14	20	16	10	15
편차					

편차의 성질

어떤 자료의 편차가 다음과 같을 때, x의 값을 구하시오.

따라하기

3 -8 9 x

→ 편차의 총합은 0이므로

$3+(-8)+9+x=0$

따라서 $x=-4$

11

2 4 -3 x

12

-6 -1 x 5

13

4 -10 x 8 3

14

7 x -4 -5 -2

15 대표 문제

다음은 학생 5명의 몸무게의 편차를 나타낸 표이다. 평균이 60 kg일 때, 하영이의 몸무게는?

학생	진우	민서	하영	도준	준서
편차 (kg)	-5	8	x	-7	6

① 56 kg ② 58 kg ③ 60 kg
④ 62 kg ⑤ 64 kg

02 분산과 표준편차

정답과 풀이 49쪽

(1) **분산**: 편차의 제곱의 평균

→ $(\text{분산})=\dfrac{\{(\text{편차})^2\text{의 총합}\}}{(\text{변량의 개수})}$

(2) **표준편차**: 분산의 음이 아닌 제곱근

→ $(\text{표준편차})=\sqrt{(\text{분산})}$

참고 ① 분산과 표준편차는 평균을 중심으로 변량이 흩어져 있는 정도를 나타내는 산포도이다.
② 분산은 단위를 갖지 않고, 표준편차는 변량과 같은 단위를 갖는다.

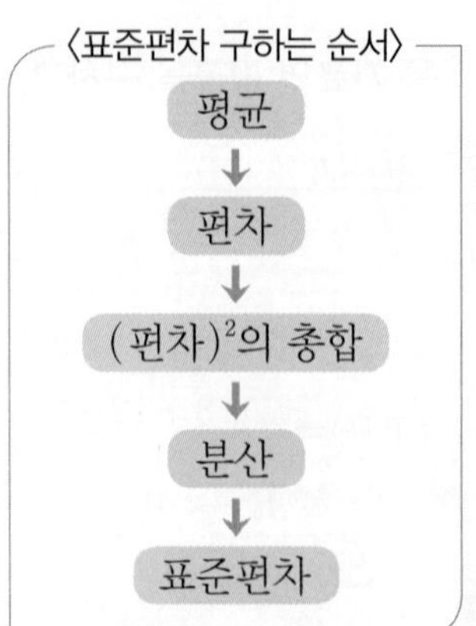

편차가 주어졌을 때, 분산, 표준편차 구하기

자료의 편차가 아래와 같을 때, 표를 완성하고 (편차)^{2}의 총합, 분산, 표준편차를 각각 구하시오.

편차	1	3	−3	−1
(편차)^2	1	9	9	1

→ (1) $\{(\text{편차})^2\text{의 총합}\}=1+9+9+1=20$

(2) $(\text{분산})=\dfrac{\{(\text{편차})^2\text{의 총합}\}}{(\text{변량의 개수})}=\dfrac{20}{4}=5$

(3) $(\text{표준편차})=\sqrt{(\text{분산})}=\sqrt{5}$

01

편차	−2	4	−6	4
(편차)^2				

(1) (편차)^{2}의 총합
(2) 분산
(3) 표준편차

02

편차	−4	2	0	−2	4
(편차)^2					

(1) (편차)^{2}의 총합
(2) 분산
(3) 표준편차

03

편차	−2	−1	2	1	0
(편차)^2					

(1) (편차)^{2}의 총합
(2) 분산
(3) 표준편차

04

편차	4	−3	1	3	−5
(편차)^2					

(1) (편차)^{2}의 총합
(2) 분산
(3) 표준편차

05

편차	−2	1	5	−1	−3
(편차)^2					

(1) (편차)^{2}의 총합
(2) 분산
(3) 표준편차

편차의 성질을 이용하여 분산, 표준편차 구하기

다음은 어떤 자료의 편차를 나타낸 것이다. x의 값, (편차)^{2}의 총합, 분산, 표준편차를 각각 구하시오.

따라하기

$-2 \quad 2 \quad x \quad 2$

→ (1) 편차의 총합은 0이므로 $-2+2+x+2=0$
따라서 $x=-2$

(2) $\{(\text{편차})^2\text{의 총합}\}=(-2)^2+2^2+(-2)^2+2^2$
$=16$

(3) $(\text{분산})=\dfrac{\{(\text{편차})^2\text{의 총합}\}}{(\text{변량의 개수})}=\dfrac{16}{4}=4$

(4) $(\text{표준편차})=\sqrt{(\text{분산})}=\sqrt{4}=2$

06

$-1 \quad x \quad 1 \quad 1$

(1) x의 값
(2) (편차)^{2}의 총합
(3) 분산
(4) 표준편차

07

$1 \quad 4 \quad x \quad -5 \quad -2$

(1) x의 값
(2) (편차)^{2}의 총합
(3) 분산
(4) 표준편차

08

$2 \quad 4 \quad 0 \quad -2 \quad x$

(1) x의 값
(2) (편차)^{2}의 총합
(3) 분산
(4) 표준편차

09

$-4 \quad x \quad 5 \quad -1 \quad -3$

(1) x의 값
(2) (편차)^{2}의 총합
(3) 분산
(4) 표준편차

10

$x \quad -3 \quad -1 \quad 1 \quad 5$

(1) x의 값
(2) (편차)^{2}의 총합
(3) 분산
(4) 표준편차

11

$-1 \quad 4 \quad -1 \quad -2 \quad 1 \quad x$

(1) x의 값
(2) (편차)^{2}의 총합
(3) 분산
(4) 표준편차

12

$5 \quad 4 \quad -2 \quad -1 \quad x \quad -7$

(1) x의 값
(2) (편차)^{2}의 총합
(3) 분산
(4) 표준편차

평균, 분산, 표준편차 구하기

다음 주어진 자료에 대하여 평균, 편차, (편차)^2, (편차)^{2}의 총합, 분산, 표준편차를 각각 구하시오.

2 8 4 6

→ (1) (평균)$=\frac{2+8+4+6}{4}=\frac{20}{4}=5$

(2)

변량	2	8	4	6
편차	-3	3	-1	1
(편차)^2	9	9	1	1

(3) {(편차)^{2}의 총합}$=9+9+1+1=20$

(4) (분산)$=\frac{\{(편차)^2의 총합\}}{(변량의 개수)}=\frac{20}{4}=5$

(5) (표준편차)$=\sqrt{(분산)}=\sqrt{5}$

13

3 6 4 5 7

(1) 평균

(2)

변량	3	6	4	5	7
편차					
(편차)^2					

(3) (편차)^{2}의 총합

(4) 분산

(5) 표준편차

14

6 4 7 5 8

(1) 평균

(2)

변량	6	4	7	5	8
편차					
(편차)^2					

(3) (편차)^{2}의 총합

(4) 분산

(5) 표준편차

15

7 13 11 10 4

(1) 평균

(2)

변량	7	13	11	10	4
편차					
(편차)^2					

(3) (편차)^{2}의 총합

(4) 분산

(5) 표준편차

16

4 12 6 8 10

(1) 평균

(2)

변량	4	12	6	8	10
편차					
(편차)^2					

(3) (편차)^{2}의 총합

(4) 분산

(5) 표준편차

17

10 4 6 13 12

(1) 평균

(2)

변량	10	4	6	13	12
편차					
(편차)^2					

(3) (편차)^{2}의 총합

(4) 분산

(5) 표준편차

18 다음은 학생 4명의 수학 점수를 조사하여 나타낸 자료이다. 수학 점수의 분산과 표준편차를 각각 구하시오.

(단위: 점)

83	78	78	81

19 다음은 학생 5명이 일 년 동안 읽은 책의 권수를 조사하여 나타낸 자료이다. 읽은 책의 권수의 분산과 표준편차를 각각 구하시오.

(단위: 권)

5	12	11	9	13

20 다음은 진이의 일주일 동안의 수면 시간을 조사하여 나타낸 자료이다. 수면 시간의 분산과 표준편차를 각각 구하시오.

(단위: 시간)

7	8	9	8	6	10	8

평균이 주어질 때 분산 구하기

주어진 자료의 평균이 [　　] 안의 수일 때, x의 값, 분산, 표준편차를 각각 구하시오.

따라하기

4	8	6	x	2

[6]

→ (1) 평균이 6이므로

$\frac{4+8+6+x+2}{5}=6$, $20+x=30$

따라서 $x=10$

(2) 편차는 각각 -2, 2, 0, 4, -4이므로

$(분산)=\frac{(-2)^2+2^2+0^2+4^2+(-4)^2}{5}$

$=\frac{40}{5}=8$

(3) $(표준편차)=\sqrt{8}=2\sqrt{2}$

21

10	x	9	11	7

[10]

(1) x의 값

(2) 분산

(3) 표준편차

22

11	4	x	7	10

[8]

(1) x의 값

(2) 분산

(3) 표준편차

23

3	12	10	6	x

[9]

(1) x의 값

(2) 분산

(3) 표준편차

03 산포도와 자료의 분포 상태

정답과 풀이 51쪽

(1) 분산과 표준편차가 작다. ➜ 변량들이 평균을 중심으로 가까이 모여 있다.
(2) 분산과 표준편차가 크다. ➜ 변량들이 평균을 중심으로 넓게 흩어져 있다.
(3) 분산과 표준편차가 작을수록 변량들이 평균 가까이에 모여 있는 것이므로 자료의 분포 상태가 더 고르다고 할 수 있다.

예

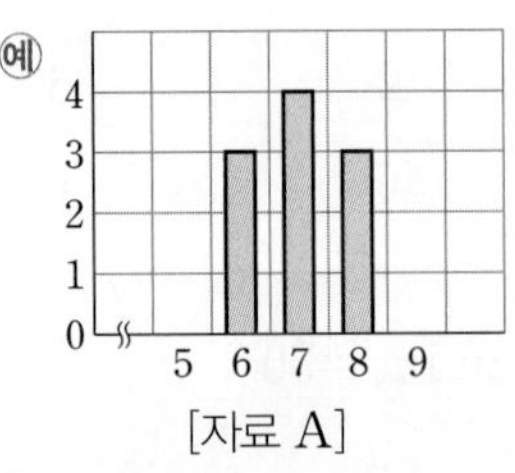

[자료 A]

평균: 7, 분산: $\frac{3}{5}$, 표준편차: $\frac{\sqrt{15}}{5}$

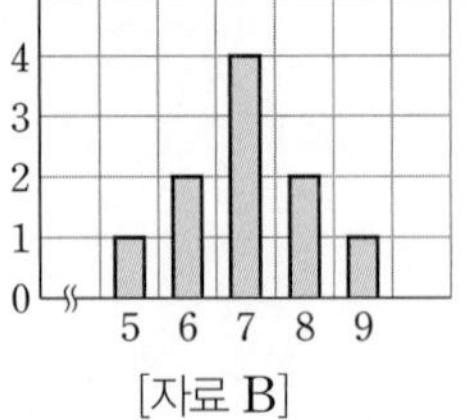

[자료 B]

평균: 7, 분산: $\frac{6}{5}$, 표준편차: $\frac{\sqrt{30}}{5}$

➜ 분산이 $\frac{3}{5}<\frac{6}{5}$이므로
표준편차가 $\frac{\sqrt{15}}{5}<\frac{\sqrt{30}}{5}$이므로] 자료 A가 자료 B보다 더 고르다.

자료의 해석

❀ 아래는 A, B 두 반의 과학 성적의 평균과 표준편차를 나타낸 자료이다. 다음 중 옳은 것은 ○표, 옳지 않은 것은 ×표를 ( ) 안에 써넣으시오.

	A 반	B 반
평균 (점)	82	80
표준편차 (점)	6	4

01 A 반의 과학 성적이 B 반의 과학 성적보다 우수하다. ( )

02 A 반의 산포도가 B 반의 산포도보다 작다. ( )

03 B 반의 과학 성적이 A 반의 과학 성적보다 더 고르다. ( )

❀ 아래는 어느 중학교 3학년 세 반의 학생들의 키의 평균과 표준편차를 나타낸 자료이다. 다음 물음에 답하시오.

	1반	2반	3반
평균 (cm)	157	160	158
표준편차 (cm)	5.6	4	2.3

04 키가 가장 큰 반을 말하시오.

05 키가 가장 고른 반을 말하시오.

06 키가 가장 고르지 않은 반을 말하시오.

아래는 어느 농구 경기에 참가한 A, B 두 팀 선수들 중에서 각각 5명의 득점을 조사하여 나타낸 표이다. 다음 물음에 답하시오.

(단위: 점)

A 팀	10	4	16	8	12
B 팀	12	11	8	10	9

07 두 팀 선수들의 득점의 평균을 각각 구하시오.

08 두 팀 선수들의 득점의 분산을 각각 구하시오.

09 두 팀 중에서 어느 팀 선수들의 득점이 더 고른지 말하시오.

아래는 지연이와 경훈이가 과녁에 화살을 5번씩 쏘아 얻은 점수를 조사하여 나타낸 표이다. 다음 물음에 답하시오.

(단위: 점)

지연	7	6	7	8	7
경훈	7	9	6	8	10

10 두 사람의 점수의 평균을 각각 구하시오.

11 두 사람의 점수의 분산을 각각 구하시오.

12 두 사람 중에서 누구의 점수가 더 고른지 말하시오.

아래는 A, B 두 반 학생들이 일주일 동안 도서관을 이용한 횟수를 조사하여 나타낸 막대그래프이다. 다음 물음에 답하시오.

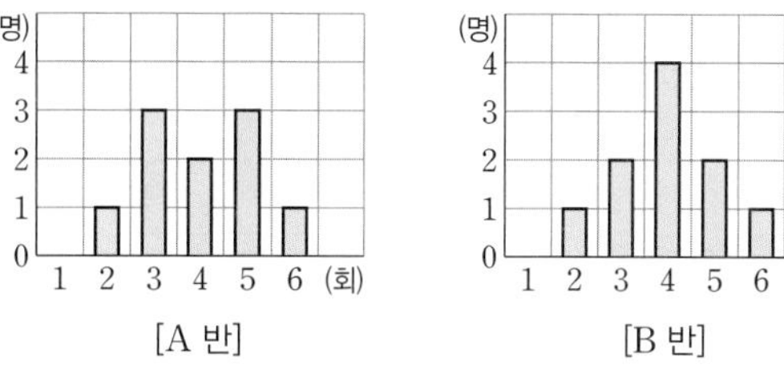

13 두 반 학생들의 도서관 이용 횟수의 평균을 각각 구하시오.

14 두 반 학생들의 도서관 이용 횟수의 분산을 각각 구하시오.

15 두 반 중에서 어느 반 학생들의 도서관 이용 횟수가 더 고른지 말하시오.

아래는 A, B, C 세 모둠 학생들의 음악 실기 성적을 조사하여 나타낸 막대그래프이다. 다음 물음에 답하시오.

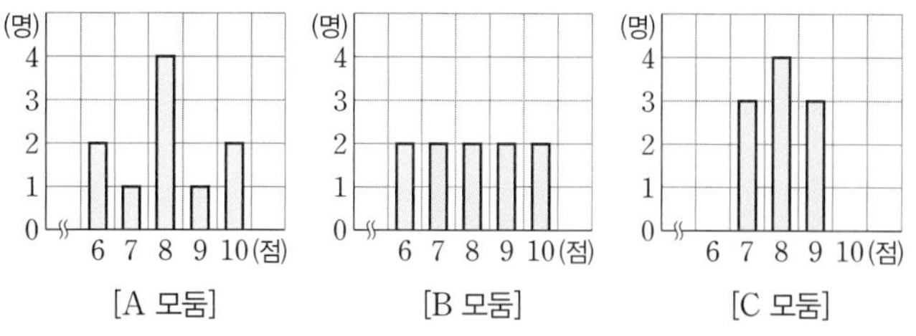

16 세 모둠 학생들의 음악 실기 성적의 평균을 각각 구하시오.

17 세 모둠 학생들의 음악 실기 성적의 분산을 각각 구하시오.

18 세 모둠 중에서 어느 모둠 학생들의 음악 실기 성적이 가장 고른지 말하시오.

확인 문제

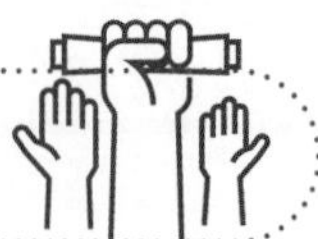

정답과 풀이 52쪽

01

다음은 5개 도시의 연평균 기온의 편차를 나타낸 표이다. $a+b$의 값은?

도시	A	B	C	D	E
편차(°C)	-3	a	2	4	b

① -3　② -2　③ 1　④ 2　⑤ 3

02

다음은 6명의 학생이 일주일 동안 받은 문자 메시지의 편차를 나타낸 표이다. 평균이 15개일 때, D 학생이 받은 문자 메시지의 개수는?

학생	A	B	C	D	E	F
편차(개)	-6	8	-2	x	4	x

① 13　② 14　③ 15　④ 16　⑤ 17

03

다음은 다섯 과목에 대한 시현이의 중간고사 시험 점수와 편차를 나타낸 표이다. $a+b$의 값은?

과목	국어	영어	수학	사회	과학
점수(점)	86	94	a	90	82
편차(점)	-3	5	4	b	-7

① 90　② 91　③ 92　④ 93　⑤ 94

04

다음 자료의 평균이 8일 때, 분산은?

6　10　x　5　4　8　7

① 8　② 10　③ 12　④ 14　⑤ 16

05

다음은 연우가 5회 동안 실시한 윗몸일으키기 횟수를 조사하여 나타낸 것이다. 연우의 윗몸일으키기 횟수의 표준편차는?

(단위: 회)

20　24　18　22　26

① 2회　② $\sqrt{5}$회　③ $2\sqrt{2}$회　④ 3회　⑤ $\sqrt{10}$회

06

아래는 어느 영화제에 출품된 세 영화 A, B, C의 심사위원 평점을 조사하여 나타낸 막대그래프이다. 다음 중에서 산포도가 작은 영화부터 차례로 나열한 것은?

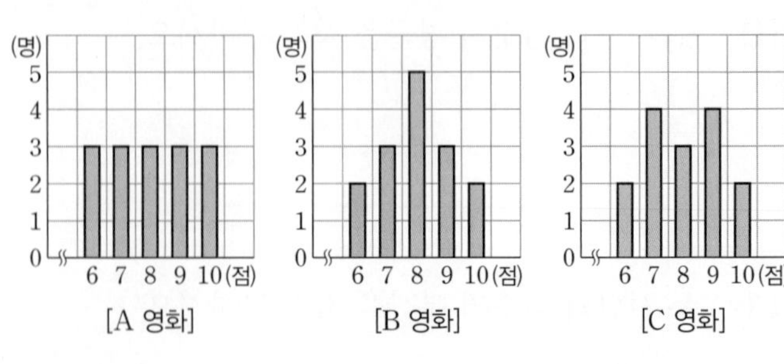

① A, B, C　② A, C, B　③ B, A, C　④ B, C, A　⑤ C, B, A

상관관계

1. 산점도와 상관관계

1. 산점도와 상관관계

01 산점도

정답과 풀이 54쪽

(1) 산점도: 두 변량 x, y의 순서쌍 (x, y)를 좌표로 하는 점을 좌표평면 위에 나타낸 그림

예

학생	키(cm)	몸무게(kg)
A	150	45
B	155	50
C	160	60
D	165	55
E	170	65

키: x cm
몸무게: y kg
순서쌍 (x, y)를 좌표로 하는 점을 좌표평면 위에 나타낸다.

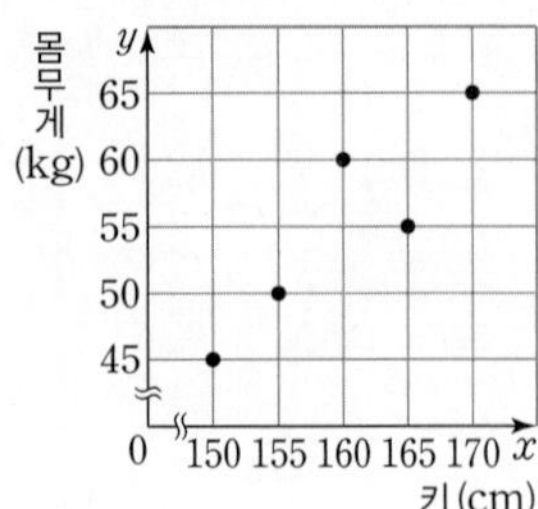

(2) 산점도에서 두 자료의 비교

① 이상 또는 이하에 대한 조건이 주어질 때

→ 가로축 또는 세로축에 평행한 선을 그어 그 선을 기준으로 두 자료를 비교한다.

(i) x가 a 이상

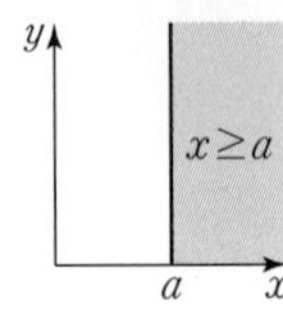

(ii) x가 a 이하

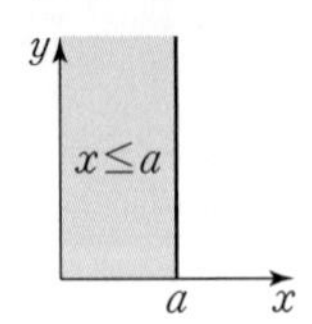

(iii) y가 b 이상

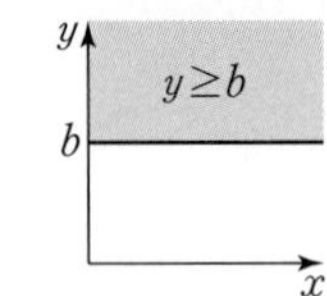

(iv) y가 b 이하

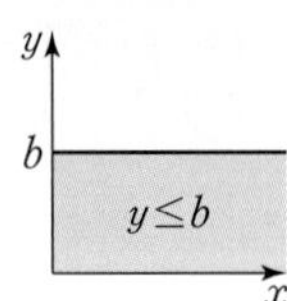

② 두 변량을 비교할 때

→ 대각선을 그어 대각선을 기준으로 두 자료를 비교한다.

(i) x가 y보다 작다.

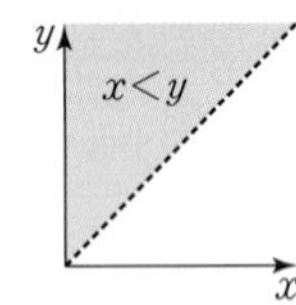

(ii) x가 y보다 크다.

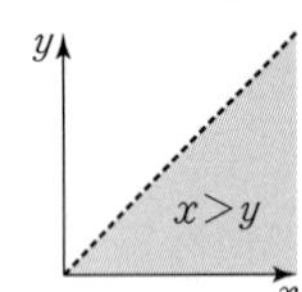

산점도 그리기

01 다음은 어느 반 학생 6명의 수학 점수와 영어 점수를 조사하여 나타낸 표이다. 수학 점수를 x점, 영어 점수를 y점이라 할 때, x, y의 산점도를 그리시오.

	A	B	C	D	E	F
수학 점수(점)	60	70	90	80	60	80
영어 점수(점)	80	60	90	70	50	80

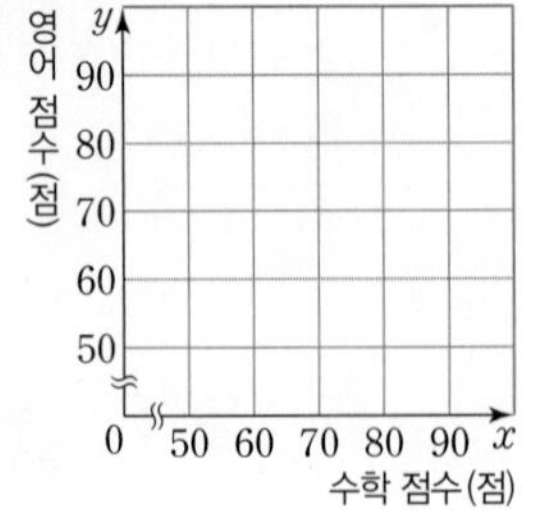

02 다음은 어느 안과에 방문한 환자 7명의 시력을 조사하여 나타낸 표이다. 왼쪽 눈의 시력을 x, 오른쪽 눈의 시력을 y라 할 때, x, y의 산점도를 그리시오.

	A	B	C	D	E	F	G
왼쪽 눈의 시력	0.9	0.7	1.0	0.9	0.7	1.2	0.8
오른쪽 눈의 시력	0.7	0.8	1.1	1.0	0.9	1.0	0.7

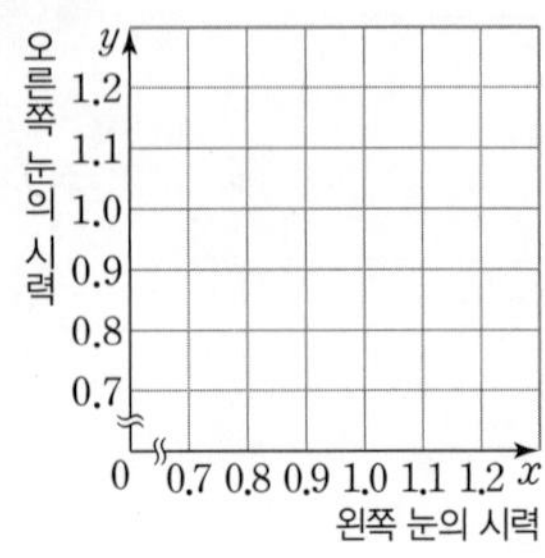

산점도 분석하기

아래는 양궁 선수 15명이 양궁 시합에서 1차, 2차에 화살을 쏘아 얻은 점수를 조사하여 나타낸 산점도이다. 다음을 구하시오.

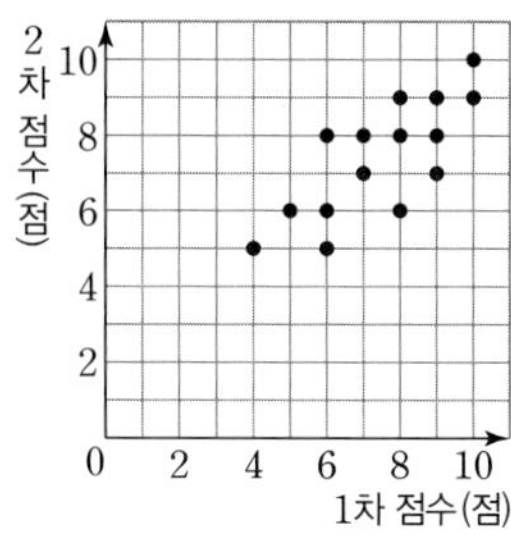

03 1차 점수가 8점 이상인 선수의 수

04 2차 점수가 7점 이하인 선수의 수

05 1차와 2차 점수가 모두 6점 미만인 선수의 수

06 1차와 2차 점수가 같은 선수의 수

07 1차보다 2차 점수가 높은 선수의 수

아래는 어느 반 학생 20명의 주말 동안의 게임 시간과 학습 시간을 조사하여 나타낸 산점도이다. 다음을 구하시오.

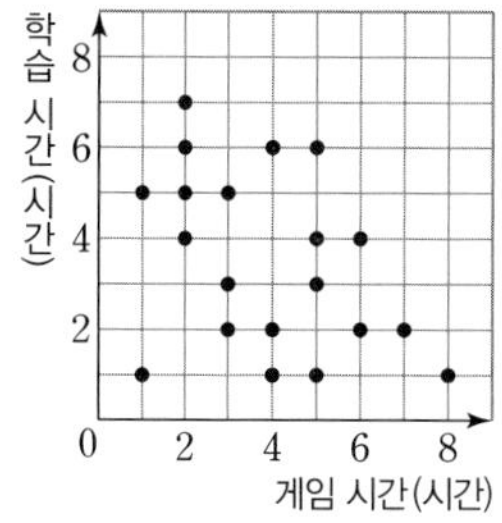

08 게임 시간이 3시간 미만인 학생 수

09 학습 시간이 6시간 이상인 학생 수

10 학습 시간이 가장 긴 학생의 게임 시간

11 게임 시간이 가장 긴 학생과 가장 짧은 학생의 게임 시간의 차

12 학습 시간보다 게임 시간이 긴 학생 수

❖ 아래는 어느 반 학생 20명의 미술 점수와 음악 점수를 조사하여 나타낸 산점도이다. 다음을 구하시오.

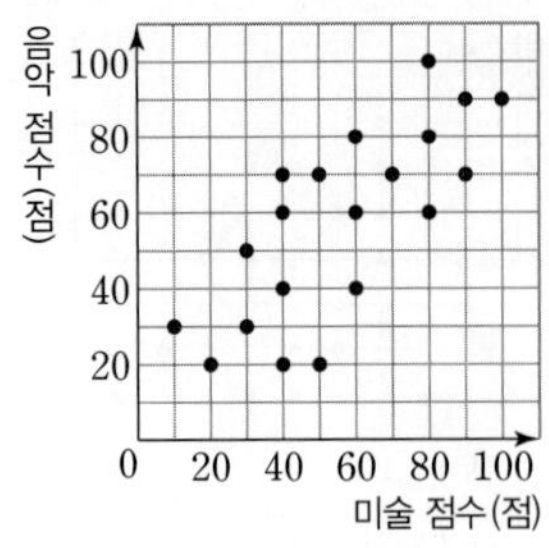

13 미술 점수가 가장 낮은 학생의 음악 점수

14 음악 점수가 가장 높은 학생의 미술 점수

15 미술 점수보다 음악 점수가 높은 학생 수

16 미술 점수와 음악 점수가 모두 40점 미만인 학생 수

17 미술 점수와 음악 점수의 평균이 80점 이상인 학생 수

❖ 아래는 어느 독서 동아리 학생들이 1학기와 2학기에 읽은 책의 권수를 조사하여 나타낸 산점도이다. 다음 물음에 답하시오. (단, 중복되는 점은 없다.)

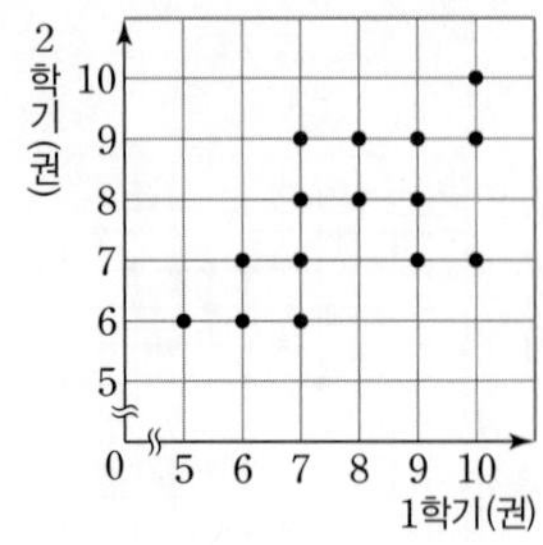

18 독서 동아리 전체 학생 수를 구하시오.

19 1학기 때 읽은 책의 권수가 가장 적은 학생이 2학기 때 읽은 책의 권수를 구하시오.

20 1학기와 2학기 때 읽은 책의 권수가 같은 학생 수를 구하시오.

21 1학기와 2학기에 읽은 책의 권수가 모두 7권 미만인 학생 수를 구하시오.

22 1학기와 2학기에 읽은 책이 합하여 18권 이상인 학생은 전체의 몇 %인지 구하시오.

02 상관관계

정답과 풀이 55쪽

(1) **상관관계**: 두 변량 x, y 사이에 어떤 관계가 있을 때, 이 관계를 상관관계라 하고, 두 변량 x와 y 사이에 상관관계가 있다고 한다.

(2) **상관관계의 종류**

① 양의 상관관계: x의 값이 커짐에 따라 y의 값도 대체로 커지는 관계

예 키와 발 크기

② 음의 상관관계: x의 값이 커짐에 따라 y의 값이 대체로 작아지는 관계

예 산의 높이와 기온

③ 상관관계가 없다.: x의 값이 커짐에 따라 y의 값이 커지는지 작아지는지 분명하지 않은 관계

예 몸무게와 수학 성적

① 양의 상관관계

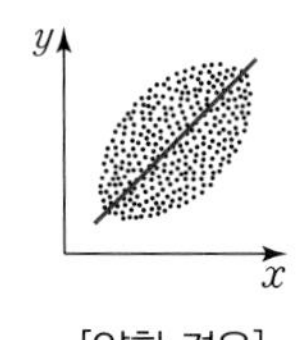

[강한 경우] [약한 경우]

② 음의 상관관계

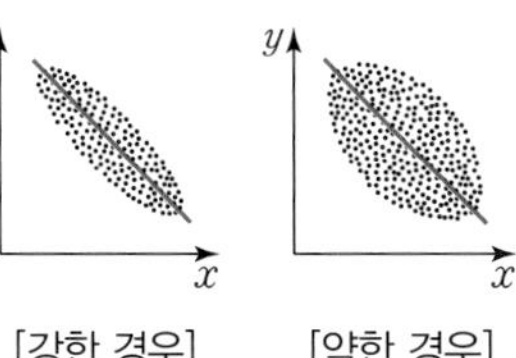

[강한 경우] [약한 경우]

③ 상관관계가 없다.

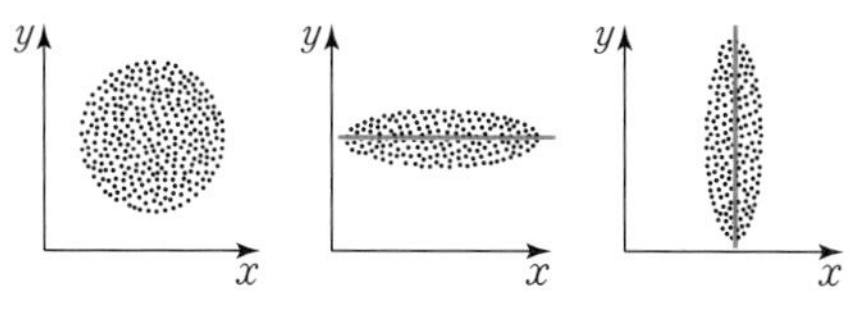

참고 양의 상관관계는 왼쪽 아래에서부터 오른쪽 위로 향하는 분포를 보이고, 음의 상관관계는 왼쪽 위에서부터 오른쪽 아래로 향하는 분포를 보인다.

상관관계의 종류

보기의 산점도에 대하여 다음 □ 안에 알맞은 것을 써넣으시오.

보기

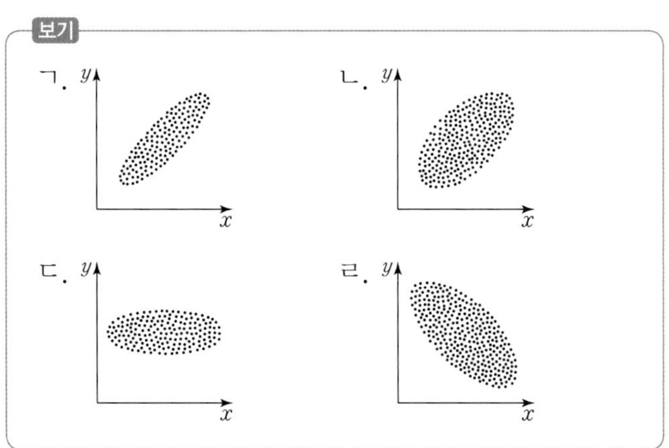

01 양의 상관관계를 나타내는 것은 □, □이다. 이때 □이 □보다 강한 양의 상관관계를 나타낸다.

02 음의 상관관계를 나타내는 것은 □이다.

03 상관관계가 없는 것은 □이다.

다음 두 변량 사이에 양의 상관관계가 있으면 '양', 음의 상관관계가 있으면 '음', 상관관계가 없으면 ×를 ( ) 안에 써넣으시오.

04 키와 영어 성적 ( )

05 통학 거리와 통학 시간 ( )

06 여름철 기온과 얼음 판매량 ( )

07 석유의 생산량과 가격 ( )

08 자동차의 속력과 도착지까지 걸리는 시간 ( )

상관관계의 해석

아래 그림은 어느 학교 학생들의 1년 동안 도서관 방문 횟수와 읽은 책의 권수를 조사하여 나타낸 산점도이다. 다음 중 옳은 것은 ○표, 옳지 않은 것은 ×표를 (   ) 안에 써넣으시오.

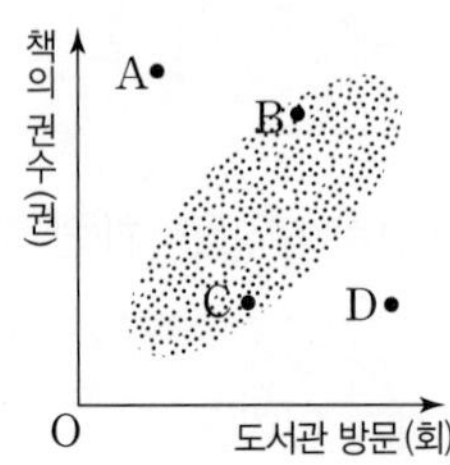

09 도서관 방문 횟수와 읽은 책의 권수 사이에는 양의 상관관계가 있다. (   )

10 A, B, C, D 중에서 책을 가장 많이 읽은 학생은 B이다. (   )

11 A, B, C, D 중에서 도서관을 가장 많이 방문한 학생은 D이다. (   )

12 B는 C보다 도서관 방문 횟수가 많다. (   )

13 D는 A보다 읽은 책의 권수가 더 많다. (   )

아래 그림은 도시의 인구수와 자동차 수 사이의 관계를 조사하여 나타낸 산점도이다. 다음 중 옳은 것은 ○표, 옳지 않은 것은 ×표를 (   ) 안에 써넣으시오.

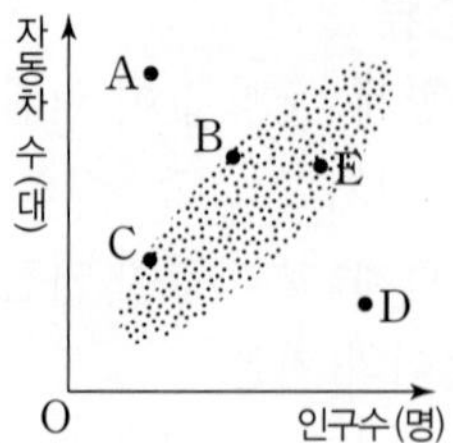

14 도시의 인구수가 많을수록 자동차 수도 많은 편이다. (   )

15 A, B, C, D, E 중에서 인구수가 가장 많은 도시는 A이다. (   )

16 A는 인구수에 비하여 자동차 수가 많은 편이다. (   )

17 D는 인구수에 비하여 자동차 수가 적은 편이다. (   )

18 E는 인구수도 적고 자동차 수도 적은 편이다. (   )

아래 그림은 어느 학교 학생들의 운동 시간과 체질량 지수를 조사하여 나타낸 산점도이다. 다음 중 옳은 것은 ○표, 옳지 않은 것은 ×표를 (　　) 안에 써넣으시오.

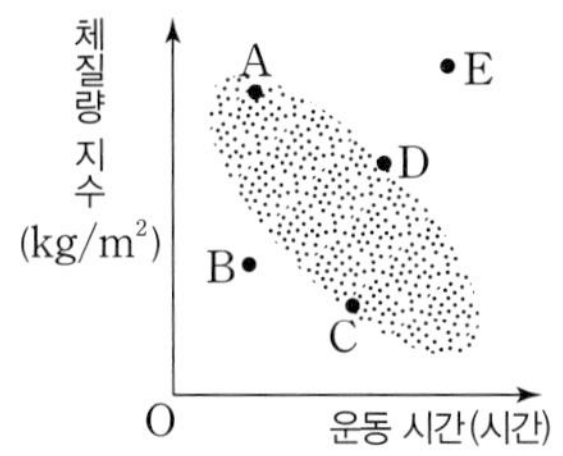

19 운동 시간과 체질량 지수 사이에는 음의 상관관계가 있다. (　　)

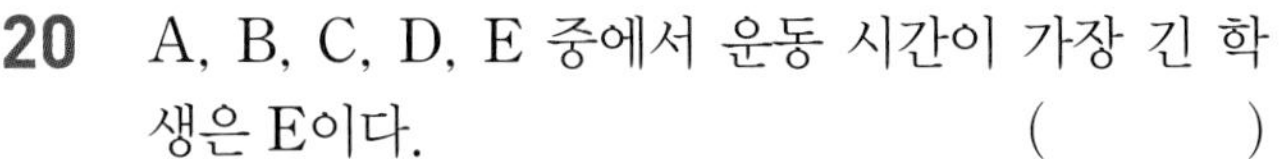

20 A, B, C, D, E 중에서 운동 시간이 가장 긴 학생은 E이다. (　　)

21 A, B, C, D, E 중에서 체질량 지수가 가장 낮은 학생은 B이다. (　　)

22 A는 E보다 운동 시간이 길다. (　　)

23 C는 D보다 체질량 지수가 낮다. (　　)

아래 그림은 직장인들의 근무 시간과 업무 만족도를 조사하여 나타낸 산점도이다. 다음 중 옳은 것은 ○표, 옳지 않은 것은 ×표를 (　　) 안에 써넣으시오.

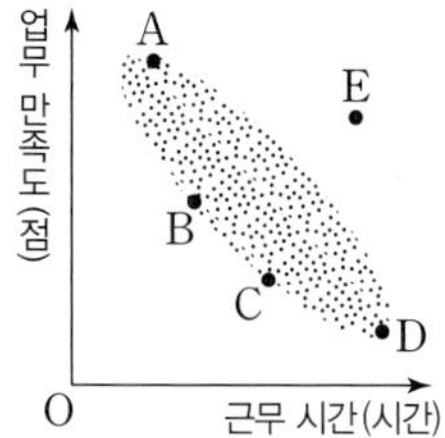

24 근무 시간이 긴 사람이 업무 만족도도 높은 편이다. (　　)

25 업무 만족도가 가장 높은 사람은 A이다. (　　)

26 업무 만족도가 가장 낮은 사람은 D이다. (　　)

27 B는 C보다 근무 시간이 길다. (　　)

28 E는 근무 시간도 길고 업무 만족도도 높은 편이다. (　　)

확인 문제

정답과 풀이 55쪽

[01~03] 아래 그림은 어느 회사 입사 지원자 10명의 필기 점수와 면접 점수를 조사하여 나타낸 산점도이다. 다음 물음에 답하시오.

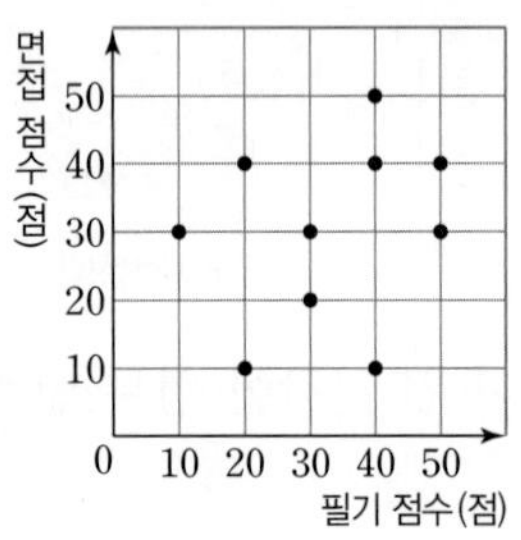

01

필기 점수와 면접 점수의 합이 80점 이상인 지원자 수는?

① 1명 ② 2명 ③ 3명
④ 4명 ⑤ 5명

02

필기 점수와 면접 점수의 차가 가장 큰 지원자의 두 점수의 차는?

① 20점 ② 25점 ③ 30점
④ 35점 ⑤ 40점

03

필기 점수보다 면접 점수가 높은 지원자는 전체의 몇 %인가?

① 10 % ② 20 % ③ 30 %
④ 40 % ⑤ 50 %

04

오른쪽 그림은 정현이네 반 학생들의 한 달 동안의 용돈과 저축액을 조사하여 나타낸 산점도이다. 다음 중에서 용돈에 비해 저축액이 적은 학생은?

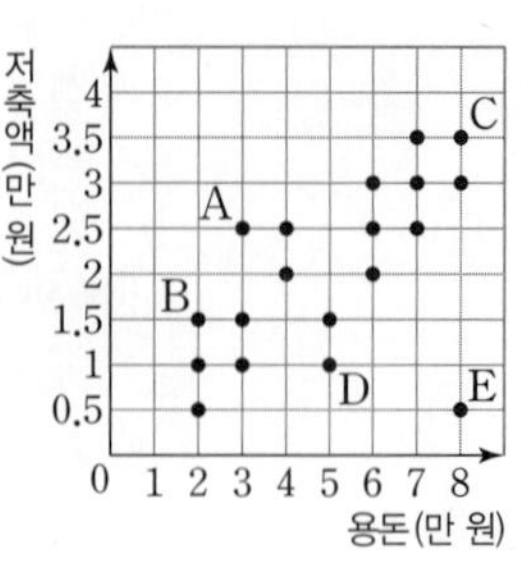

① A ② B
③ C ④ D
⑤ E

05

다음 중에서 두 변량의 산점도를 그린 것이 오른쪽 그림과 같이 나타나는 것은?

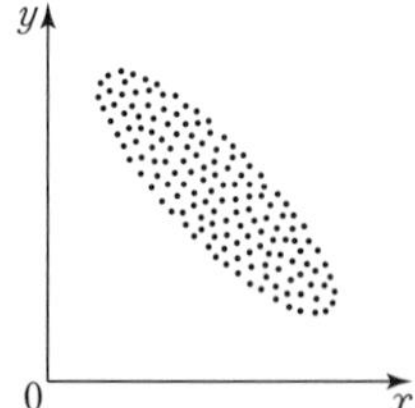

① 키와 앉은 키
② 쌀의 생산량과 가격
③ 이동 거리와 택시 요금
④ 머리 둘레의 길이와 수학 성적
⑤ 강수량과 습도

06

오른쪽 그림은 어느 학교 학생들의 오래 매달리기 기록과 턱걸이 횟수를 조사하여 나타낸 산점도이다. A, B, C, D, E 중에서 두 기록의 차가 가장 큰 학생은?

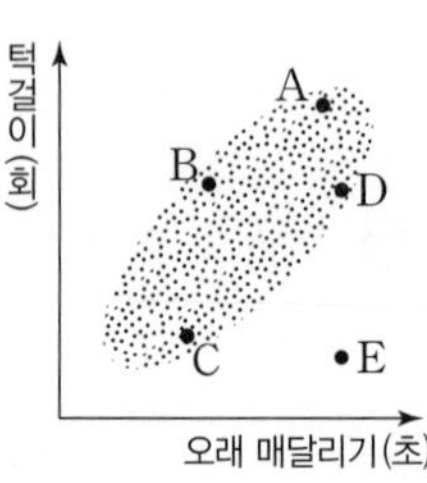

① A ② B ③ C
④ D ⑤ E

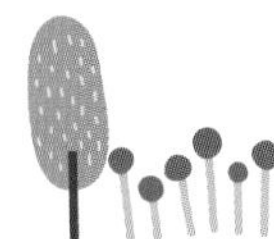

사회를 한 권으로
가뿐하게!

중학 사회

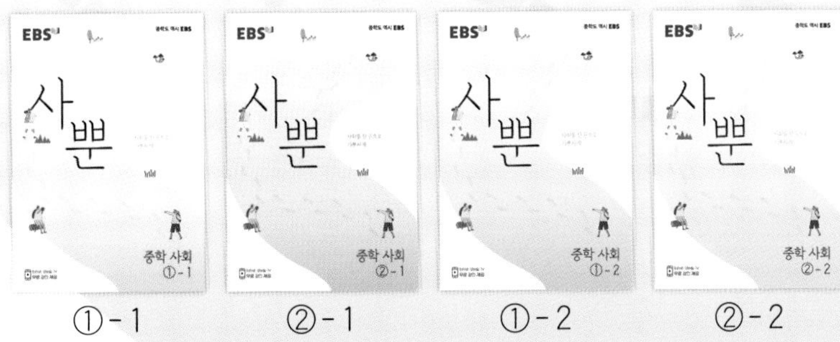

중학 역사

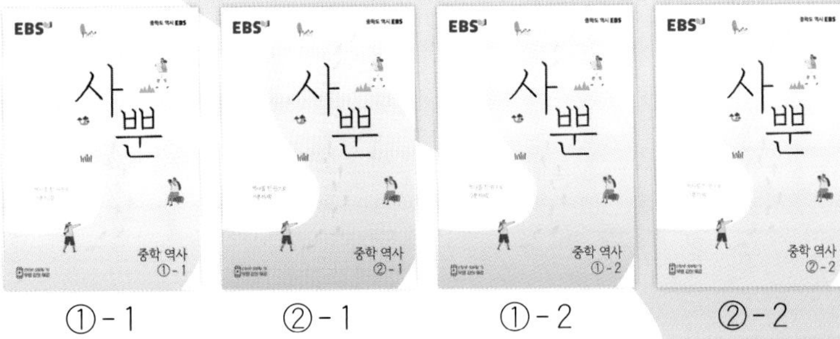

중 | 학 | 도 | 역 | 시 EBS

연산 ε 엡실론

정답과 풀이

중학 수학

3·2

Contents

이 책의 차례

정답과 풀이

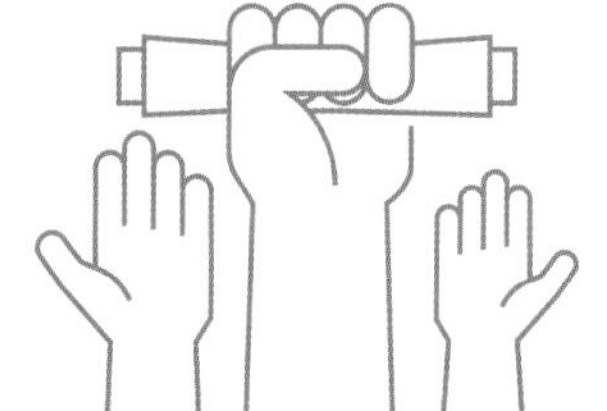

정답과 풀이

1 삼각비

1. 삼각비

01 삼각비 | 6~7쪽 |

01 $\sin A=\frac{12}{13}$, $\cos A=\frac{5}{13}$, $\tan A=\frac{12}{5}$

02 $\sin A=\frac{\sqrt{5}}{3}$, $\cos A=\frac{2}{3}$, $\tan A=\frac{\sqrt{5}}{2}$

03 $\sin A=\frac{\sqrt{3}}{3}$, $\cos A=\frac{\sqrt{6}}{3}$, $\tan A=\frac{\sqrt{2}}{2}$

04 $\sin A=\frac{7}{25}$, $\cos A=\frac{24}{25}$, $\tan A=\frac{7}{24}$

05 $\sin A=\frac{15}{17}$, $\cos A=\frac{8}{17}$, $\tan A=\frac{15}{8}$

06 $\sin B=\frac{\sqrt{7}}{4}$, $\cos B=\frac{3}{4}$, $\tan B=\frac{\sqrt{7}}{3}$

07 $\sin B=\frac{\sqrt{15}}{8}$, $\cos B=\frac{7}{8}$, $\tan B=\frac{\sqrt{15}}{7}$

08 $\sin B=\frac{\sqrt{42}}{7}$, $\cos B=\frac{\sqrt{7}}{7}$, $\tan B=\sqrt{6}$

09 $\sin B=\frac{\sqrt{3}}{2}$, $\cos B=\frac{1}{2}$, $\tan B=\sqrt{3}$

10 (1) $\frac{3\sqrt{10}}{10}$ (2) $\frac{3\sqrt{10}}{10}$　　**11** (1) 1 (2) $\frac{\sqrt{2}}{2}$

12 (1) $\frac{\sqrt{5}}{5}$ (2) $\frac{1}{2}$　　**13** ②

01 $\sin A=\frac{\overline{BC}}{\overline{AC}}=\frac{12}{13}$

$\cos A=\frac{\overline{AB}}{\overline{AC}}=\frac{5}{13}$

$\tan A=\frac{\overline{BC}}{\overline{AB}}=\frac{12}{5}$

02 $\sin A=\frac{\overline{BC}}{\overline{AC}}=\frac{\sqrt{5}}{3}$

$\cos A=\frac{\overline{AB}}{\overline{AC}}=\frac{2}{3}$

$\tan A=\frac{\overline{BC}}{\overline{AB}}=\frac{\sqrt{5}}{2}$

03 $\sin A=\frac{\overline{BC}}{\overline{AC}}=\frac{\sqrt{3}}{3}$

$\cos A=\frac{\overline{AB}}{\overline{AC}}=\frac{\sqrt{6}}{3}$

$\tan A=\frac{\overline{BC}}{\overline{AB}}=\frac{\sqrt{3}}{\sqrt{6}}=\frac{1}{\sqrt{2}}=\frac{\sqrt{2}}{2}$

04 $\sin A=\frac{\overline{BC}}{\overline{AC}}=\frac{7}{25}$

$\cos A=\frac{\overline{AB}}{\overline{AC}}=\frac{24}{25}$

$\tan A=\frac{\overline{BC}}{\overline{AB}}=\frac{7}{24}$

참고 기준각의 위치에 따라 높이와 밑변의 위치도 달라지므로 오른쪽 그림과 같이 기준각의 위치를 확인한 후 그에 따라 높이와 밑변을 파악한다.

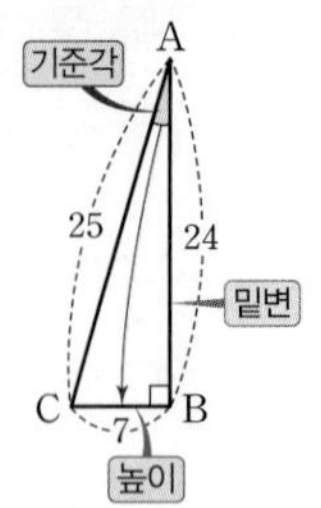

05 $\sin A=\frac{\overline{BC}}{\overline{AC}}=\frac{15}{17}$

$\cos A=\frac{\overline{AB}}{\overline{AC}}=\frac{8}{17}$

$\tan A=\frac{\overline{BC}}{\overline{AB}}=\frac{15}{8}$

06 피타고라스 정리에 의하여

$\overline{AB}=\sqrt{(\sqrt{7})^2+3^2}=\sqrt{16}=4$

이므로

$\sin B=\frac{\overline{AC}}{\overline{AB}}=\frac{\sqrt{7}}{4}$

$\cos B=\frac{\overline{BC}}{\overline{AB}}=\frac{3}{4}$

$\tan B=\frac{\overline{AC}}{\overline{BC}}=\frac{\sqrt{7}}{3}$

07 피타고라스 정리에 의하여

$\overline{AC}=\sqrt{8^2-7^2}=\sqrt{15}$

이므로

$\sin B=\frac{\overline{AC}}{\overline{AB}}=\frac{\sqrt{15}}{8}$

$\cos B=\frac{\overline{BC}}{\overline{AB}}=\frac{7}{8}$

$\tan B=\frac{\overline{AC}}{\overline{BC}}=\frac{\sqrt{15}}{7}$

08 피타고라스 정리에 의하여

$\overline{BC}=\sqrt{(2\sqrt{7})^2-(2\sqrt{6})^2}=\sqrt{4}=2$

이므로

$\sin B=\frac{\overline{AC}}{\overline{AB}}=\frac{2\sqrt{6}}{2\sqrt{7}}=\frac{\sqrt{6}}{\sqrt{7}}=\frac{\sqrt{42}}{7}$

$\cos B=\frac{\overline{BC}}{\overline{AB}}=\frac{2}{2\sqrt{7}}=\frac{1}{\sqrt{7}}=\frac{\sqrt{7}}{7}$

$\tan B=\frac{\overline{AC}}{\overline{BC}}=\frac{2\sqrt{6}}{2}=\sqrt{6}$

09 피타고라스 정리에 의하여

$\overline{AB}=\sqrt{2^2+(2\sqrt{3})^2}=\sqrt{16}=4$

이므로

$\sin B=\frac{\overline{AC}}{\overline{AB}}=\frac{2\sqrt{3}}{4}=\frac{\sqrt{3}}{2}$

$\cos B=\frac{\overline{BC}}{\overline{AB}}=\frac{2}{4}=\frac{1}{2}$

$\tan B=\frac{\overline{AC}}{\overline{BC}}=\frac{2\sqrt{3}}{2}=\sqrt{3}$

10 피타고라스 정리에 의하여

$\overline{BC}=\sqrt{(\sqrt{10})^2-1^2}=\sqrt{9}=3$

(1) $\sin A=\frac{\overline{BC}}{\overline{AB}}=\frac{3}{\sqrt{10}}=\frac{3\sqrt{10}}{10}$

(2) $\cos B=\frac{\overline{BC}}{\overline{AB}}=\frac{3}{\sqrt{10}}=\frac{3\sqrt{10}}{10}$

11 피타고라스 정리에 의하여

$\overline{AC}=\sqrt{3^2+3^2}=\sqrt{18}=3\sqrt{2}$

(1) $\tan A=\frac{\overline{BC}}{\overline{AB}}=\frac{3}{3}=1$

(2) $\sin C=\frac{\overline{AB}}{\overline{AC}}=\frac{3}{3\sqrt{2}}=\frac{1}{\sqrt{2}}=\frac{\sqrt{2}}{2}$

12 피타고라스 정리에 의하여

$\overline{BC}=\sqrt{(\sqrt{5})^2-1^2}=\sqrt{4}=2$

(1) $\cos A=\frac{\overline{AC}}{\overline{AB}}=\frac{1}{\sqrt{5}}=\frac{\sqrt{5}}{5}$

(2) $\tan B=\frac{\overline{AC}}{\overline{BC}}=\frac{1}{2}$

13 피타고라스 정리에 의하여

$\overline{AB}=\sqrt{7^2-3^2}=\sqrt{40}=2\sqrt{10}$

이므로

$\cos B=\frac{\overline{AB}}{\overline{BC}}=\frac{2\sqrt{10}}{7}$

$\tan C=\frac{\overline{AB}}{\overline{AC}}=\frac{2\sqrt{10}}{3}$

따라서 $\cos B\times\tan C=\frac{2\sqrt{10}}{7}\times\frac{2\sqrt{10}}{3}=\frac{40}{21}$

02 삼각비를 이용하여 변의 길이 구하기 | 8쪽 |

01 $x=3\sqrt{7}$, $y=9$ **02** $x=5$, $y=5\sqrt{3}$
03 $x=4$, $y=2\sqrt{13}$ **04** $x=9$, $y=6\sqrt{2}$
05 $x=2\sqrt{2}$, $y=2\sqrt{7}$ **06** $x=4$, $y=4\sqrt{2}$
07 ③

01 $\cos A=\frac{x}{12}$이므로 $\frac{x}{12}=\frac{\sqrt{7}}{4}$

즉, $x=\frac{\sqrt{7}}{4}\times 12=3\sqrt{7}$

피타고라스 정리에 의하여

$y=\sqrt{12^2-(3\sqrt{7})^2}=\sqrt{81}=9$

02 $\sin C=\frac{x}{10}$이므로 $\frac{x}{10}=\frac{1}{2}$

즉, $x=\frac{1}{2}\times 10=5$

피타고라스 정리에 의하여

$y=\sqrt{10^2-5^2}=\sqrt{75}=5\sqrt{3}$

03 $\tan B=\frac{x}{6}$이므로 $\frac{x}{6}=\frac{2}{3}$

즉, $x=\frac{2}{3}\times 6=4$

피타고라스 정리에 의하여

$y=\sqrt{6^2+4^2}=\sqrt{52}=2\sqrt{13}$

04 $\cos B=\frac{3}{x}$이므로 $\frac{3}{x}=\frac{1}{3}$

즉, $x=3\times 3=9$

피타고라스 정리에 의하여

$y=\sqrt{9^2-3^2}=\sqrt{72}=6\sqrt{2}$

05 $\sin A=\frac{x}{6}$이므로 $\frac{x}{6}=\frac{\sqrt{2}}{3}$

즉, $x=\frac{\sqrt{2}}{3}\times 6=2\sqrt{2}$

피타고라스 정리에 의하여

$y=\sqrt{6^2-(2\sqrt{2})^2}=\sqrt{28}=2\sqrt{7}$

06 $\tan C=\frac{x}{4}$이므로 $\frac{x}{4}=1$

즉, $x=4$

피타고라스 정리에 의하여

$y=\sqrt{4^2+4^2}=\sqrt{32}=4\sqrt{2}$

07 $\sin B=\frac{5}{\overline{AB}}$이므로 $\frac{5}{\overline{AB}}=\frac{1}{3}$

즉, $\overline{AB}=3\times 5=15$

피타고라스 정리에 의하여

$\overline{BC}=\sqrt{15^2-5^2}=\sqrt{200}=10\sqrt{2}$

03 삼각비의 값을 알 때, 다른 삼각비의 값 구하기 | 9쪽 |

01 $\sin A=\frac{\sqrt{5}}{3}$, $\tan A=\frac{\sqrt{5}}{2}$

02 $\sin A=\frac{3\sqrt{10}}{10}$, $\cos A=\frac{\sqrt{10}}{10}$

03 $\cos A=\frac{2\sqrt{6}}{7}$, $\tan A=\frac{5\sqrt{6}}{12}$

04 $\sin A=\frac{\sqrt{15}}{5}$, $\tan A=\frac{\sqrt{6}}{2}$

05 $\sin A=\frac{3}{5}$, $\cos A=\frac{4}{5}$

06 $\cos C=\frac{\sqrt{10}}{4}$, $\tan C=\frac{\sqrt{15}}{5}$

07 $\sin C=\frac{5}{6}$, $\tan C=\frac{5\sqrt{11}}{11}$

08 $\sin C=\frac{5\sqrt{74}}{74}$, $\cos C=\frac{7\sqrt{74}}{74}$

09 ④

01 $\cos A=\frac{2}{3}$이므로 오른쪽 그림과 같이

$\overline{AC}=3$, $\overline{AB}=2$, $\angle B=90°$

인 직각삼각형 ABC를 그리면 피타고라스 정리에 의하여

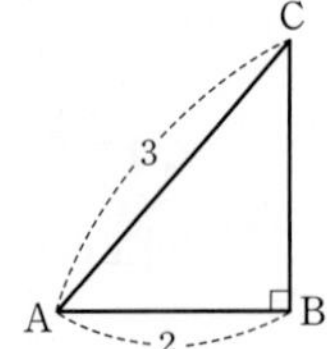

$\overline{BC}=\sqrt{3^2-2^2}=\sqrt{5}$

따라서

$\sin A=\frac{\sqrt{5}}{3}$, $\tan A=\frac{\sqrt{5}}{2}$

02 $\tan A=3$이므로 오른쪽 그림과 같이

$\overline{AB}=1$, $\overline{BC}=3$, $\angle B=90°$

인 직각삼각형 ABC를 그리면 피타고라스 정리에 의하여

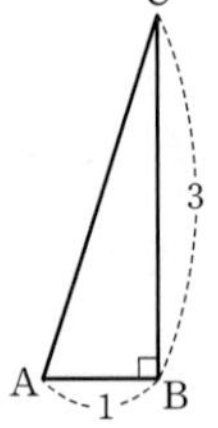

$\overline{AC}=\sqrt{1^2+3^2}=\sqrt{10}$

따라서

$\sin A=\frac{3}{\sqrt{10}}=\frac{3\sqrt{10}}{10}$

$\cos A=\frac{1}{\sqrt{10}}=\frac{\sqrt{10}}{10}$

03 $\sin A=\frac{5}{7}$이므로 오른쪽 그림과 같이

$\overline{AC}=7$, $\overline{BC}=5$, $\angle B=90°$

인 직각삼각형 ABC를 그리면 피타고라스 정리에 의하여

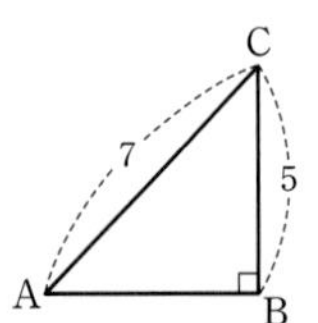

$\overline{AB}=\sqrt{7^2-5^2}=\sqrt{24}=2\sqrt{6}$

따라서

$\cos A=\frac{2\sqrt{6}}{7}$, $\tan A=\frac{5}{2\sqrt{6}}=\frac{5\sqrt{6}}{12}$

04 $\cos A=\frac{\sqrt{10}}{5}$이므로 오른쪽 그림과 같이

$\overline{AC}=5$, $\overline{AB}=\sqrt{10}$, $\angle B=90°$

인 직각삼각형 ABC를 그리면 피타고라스 정리에 의하여

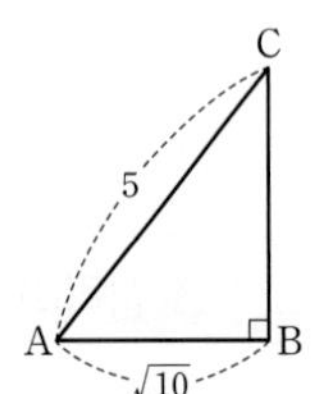

$\overline{BC}=\sqrt{5^2-(\sqrt{10})^2}=\sqrt{15}$

따라서

$\sin A=\frac{\sqrt{15}}{5}$

$\tan A=\frac{\sqrt{15}}{\sqrt{10}}=\frac{\sqrt{3}}{\sqrt{2}}=\frac{\sqrt{6}}{2}$

05 $\tan A=\frac{3}{4}$이므로 오른쪽 그림과 같이

$\overline{AB}=4$, $\overline{BC}=3$, $\angle B=90°$

인 직각삼각형 ABC를 그리면 피타고라스 정리에 의하여

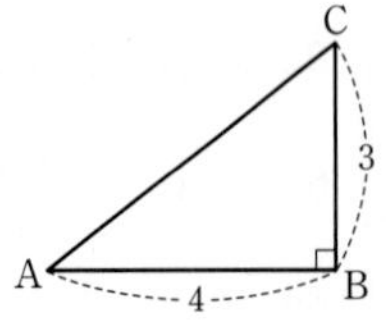

$\overline{AC}=\sqrt{4^2+3^2}=\sqrt{25}=5$

따라서

$\sin A=\frac{3}{5}$, $\cos A=\frac{4}{5}$

06 $\sin C=\frac{\sqrt{6}}{4}$이므로 오른쪽 그림과 같이

$\overline{AC}=4$, $\overline{AB}=\sqrt{6}$, $\angle B=90°$

인 직각삼각형 ABC를 그리면 피타고라스 정리에 의하여

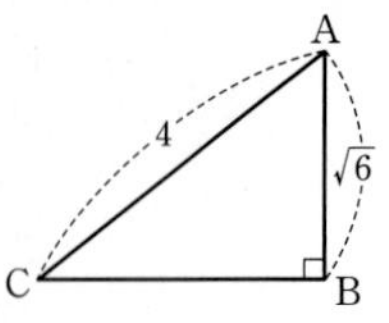

$\overline{BC}=\sqrt{4^2-(\sqrt{6})^2}=\sqrt{10}$

따라서

$\cos C=\frac{\sqrt{10}}{4}$

$\tan C=\frac{\sqrt{6}}{\sqrt{10}}=\frac{\sqrt{3}}{\sqrt{5}}=\frac{\sqrt{15}}{5}$

참고 직각삼각형 ABC를 오른쪽 그림과 같이 그릴 수도 있다.
이때 $\overline{AC}=4$, $\overline{AB}=\sqrt{6}$, $\angle B=90°$인 것은 변함이 없음에 유의하여 그리도록 한다.

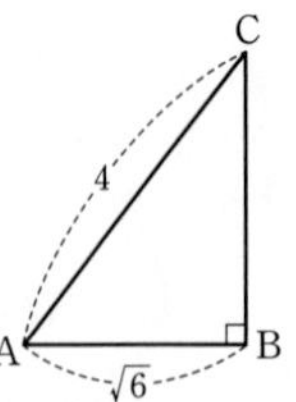

07 $\cos C=\frac{\sqrt{11}}{6}$이므로 오른쪽 그림과 같이

$\overline{AC}=6$, $\overline{BC}=\sqrt{11}$, $\angle B=90°$

인 직각삼각형 ABC를 그리면 피타고라스 정리에 의하여

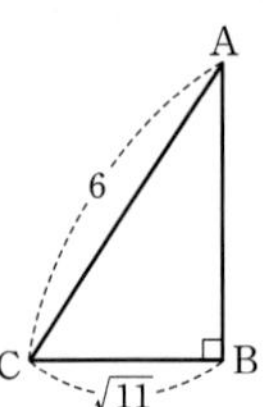

$\overline{AB}=\sqrt{6^2-(\sqrt{11})^2}=\sqrt{25}=5$

따라서

$\sin C=\frac{5}{6}$, $\tan C=\frac{5}{\sqrt{11}}=\frac{5\sqrt{11}}{11}$

08 $\tan C=\frac{5}{7}$이므로 오른쪽 그림과 같이

$\overline{BC}=7$, $\overline{AB}=5$, $\angle B=90°$

인 직각삼각형 ABC를 그리면 피타고라스 정리에 의하여

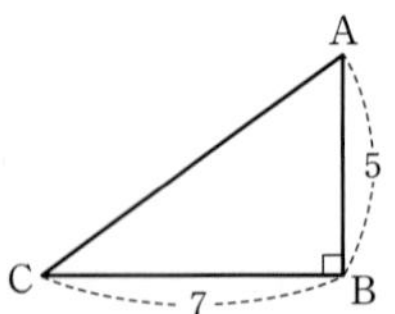

$\overline{AC}=\sqrt{7^2+5^2}=\sqrt{74}$

따라서

$\sin C=\frac{5}{\sqrt{74}}=\frac{5\sqrt{74}}{74}$

$\cos C=\frac{7}{\sqrt{74}}=\frac{7\sqrt{74}}{74}$

09 $\sin B=\frac{2}{5}$이므로 오른쪽 그림과 같이

$\overline{AB}=5$, $\overline{AC}=2$, $\angle C=90°$

인 직각삼각형 ABC를 그리면 피타고라스 정리에 의하여

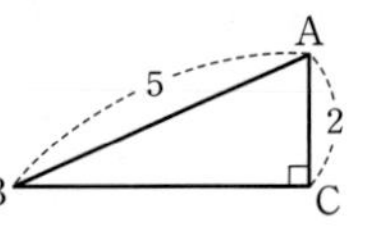

$\overline{BC}=\sqrt{5^2-2^2}=\sqrt{21}$

따라서

$\cos B=\frac{\sqrt{21}}{5}$, $\tan B=\frac{2}{\sqrt{21}}=\frac{2\sqrt{21}}{21}$

이므로

$\cos B\times\tan B=\frac{\sqrt{21}}{5}\times\frac{2\sqrt{21}}{21}=\frac{2}{5}$

04 직각삼각형의 닮음과 삼각비 | 10~11쪽 |

01 $\sin x=\frac{\sqrt{5}}{3}$, $\cos x=\frac{2}{3}$, $\tan x=\frac{\sqrt{5}}{2}$

02 $\sin x=\frac{3}{5}$, $\cos x=\frac{4}{5}$, $\tan x=\frac{3}{4}$

03 $\sin x=\frac{1}{2}$, $\cos x=\frac{\sqrt{3}}{2}$, $\tan x=\frac{\sqrt{3}}{3}$

04 $\sin x=\frac{12}{13}$, $\cos x=\frac{5}{13}$, $\tan x=\frac{12}{5}$

05 $\sin x=\frac{4}{5}$, $\cos x=\frac{3}{5}$, $\tan x=\frac{4}{3}$

06 $\sin x=\frac{2}{3}$, $\cos x=\frac{\sqrt{5}}{3}$, $\tan x=\frac{2\sqrt{5}}{5}$

07 $\sin x=\frac{\sqrt{5}}{3}$, $\cos x=\frac{2}{3}$, $\tan x=\frac{\sqrt{5}}{2}$

08 $\sin x=\frac{\sqrt{13}}{7}$, $\cos x=\frac{6}{7}$, $\tan x=\frac{\sqrt{13}}{6}$

09 $\sin x=\frac{5}{6}$, $\cos x=\frac{\sqrt{11}}{6}$, $\tan x=\frac{5\sqrt{11}}{11}$

10 $\sin x=\frac{4\sqrt{41}}{41}$, $\cos x=\frac{5\sqrt{41}}{41}$, $\tan x=\frac{4}{5}$

11 $\sin x=\frac{3}{4}$, $\cos x=\frac{\sqrt{7}}{4}$, $\tan x=\frac{3\sqrt{7}}{7}$

12 $\sin x=\frac{1}{2}$, $\cos x=\frac{\sqrt{3}}{2}$, $\tan x=\frac{\sqrt{3}}{3}$

13 ④

01 $\triangle ABC$와 $\triangle DEC$에서
$\angle ABC=\angle DEC=90°$, $\angle C$는 공통
이므로 $\triangle ABC \backsim \triangle DEC$ (AA 닮음)
따라서 $\angle BAC=\angle EDC=x$이므로
$\sin x=\frac{2\sqrt{5}}{6}=\frac{\sqrt{5}}{3}$, $\cos x=\frac{4}{6}=\frac{2}{3}$, $\tan x=\frac{2\sqrt{5}}{4}=\frac{\sqrt{5}}{2}$

02 $\triangle ABC$와 $\triangle DBE$에서
$\angle ACB=\angle DEB=90°$, $\angle B$는 공통
이므로 $\triangle ABC \backsim \triangle DBE$ (AA 닮음)
따라서 $\angle BAC=\angle BDE=x$이므로
$\sin x=\frac{6}{10}=\frac{3}{5}$, $\cos x=\frac{8}{10}=\frac{4}{5}$, $\tan x=\frac{6}{8}=\frac{3}{4}$

03 $\triangle ABC$와 $\triangle DEC$에서
$\angle ABC=\angle DEC=90°$, $\angle C$는 공통
이므로 $\triangle ABC \backsim \triangle DEC$ (AA 닮음)
따라서 $\angle BAC=\angle EDC=x$이므로
$\sin x=\frac{2}{4}=\frac{1}{2}$, $\cos x=\frac{2\sqrt{3}}{4}=\frac{\sqrt{3}}{2}$, $\tan x=\frac{2}{2\sqrt{3}}=\frac{1}{\sqrt{3}}=\frac{\sqrt{3}}{3}$

04 $\triangle ABC$와 $\triangle EBD$에서
$\angle BAC=\angle BED=90°$, $\angle B$는 공통
이므로 $\triangle ABC \backsim \triangle EBD$ (AA 닮음)
따라서 $\angle BCA=\angle BDE=x$이므로
$\sin x=\frac{12}{13}$, $\cos x=\frac{5}{13}$, $\tan x=\frac{12}{5}$

05 $\triangle ABC$와 $\triangle EDC$에서
$\angle BAC=\angle DEC=90°$, $\angle C$는 공통
이므로 $\triangle ABC \backsim \triangle EDC$ (AA 닮음)
따라서 $\angle ABC=\angle EDC=x$이므로
$\sin x=\frac{12}{15}=\frac{4}{5}$, $\cos x=\frac{9}{15}=\frac{3}{5}$, $\tan x=\frac{12}{9}=\frac{4}{3}$

06 $\triangle ABC$와 $\triangle EBD$에서
$\angle BAC=\angle BED=90°$, $\angle B$는 공통
이므로 $\triangle ABC \backsim \triangle EBD$ (AA 닮음)
따라서 $\angle ACB=\angle EDB=x$이므로
$\sin x=\frac{2}{3}$, $\cos x=\frac{\sqrt{5}}{3}$, $\tan x=\frac{2}{\sqrt{5}}=\frac{2\sqrt{5}}{5}$

07 $\triangle ABC$와 $\triangle DAC$에서
$\angle BAC=\angle ADC=90°$, $\angle C$는 공통
이므로 $\triangle ABC \backsim \triangle DAC$ (AA 닮음)
따라서 $\angle ABC=\angle DAC=x$이므로
$\sin x=\frac{\sqrt{5}}{3}$, $\cos x=\frac{2}{3}$, $\tan x=\frac{\sqrt{5}}{2}$

08 $\triangle ABC$와 $\triangle DBA$에서
$\angle BAC=\angle BDA=90°$, $\angle B$는 공통
이므로 $\triangle ABC \backsim \triangle DBA$ (AA 닮음)
따라서 $\angle ACB=\angle DAB=x$이므로
$\sin x=\frac{\sqrt{13}}{7}$, $\cos x=\frac{6}{7}$, $\tan x=\frac{\sqrt{13}}{6}$

09 $\triangle ABC$와 $\triangle DBA$에서
$\angle BAC=\angle BDA=90°$, $\angle B$는 공통
이므로 $\triangle ABC \backsim \triangle DBA$ (AA 닮음)
따라서 $\angle ACB=\angle DAB=x$이므로
$\sin x=\frac{5}{6}$, $\cos x=\frac{\sqrt{11}}{6}$, $\tan x=\frac{5}{\sqrt{11}}=\frac{5\sqrt{11}}{11}$

10 $\triangle ABC$와 $\triangle DBA$에서
$\angle BAC=\angle BDA=90°$, $\angle B$는 공통
이므로 $\triangle ABC \backsim \triangle DBA$ (AA 닮음)
따라서 $\angle ACB=\angle DAB=x$이므로
$\sin x=\frac{4}{\sqrt{41}}=\frac{4\sqrt{41}}{41}$, $\cos x=\frac{5}{\sqrt{41}}=\frac{5\sqrt{41}}{41}$, $\tan x=\frac{4}{5}$

11 피타고라스 정리에 의하여
$\overline{BC}=\sqrt{6^2+(2\sqrt{7})^2}=\sqrt{64}=8$
$\triangle ABC$와 $\triangle AED$에서
$\angle A$는 공통, $\angle ACB=\angle ADE$
이므로 $\triangle ABC \backsim \triangle AED$ (AA 닮음)
따라서 $\angle ABC=\angle AED=x$이므로
$\sin x=\frac{6}{8}=\frac{3}{4}$, $\cos x=\frac{2\sqrt{7}}{8}=\frac{\sqrt{7}}{4}$,
$\tan x=\frac{6}{2\sqrt{7}}=\frac{3}{\sqrt{7}}=\frac{3\sqrt{7}}{7}$

12 피타고라스 정리에 의하여

$\overline{AE}=\sqrt{10^2-5^2}=\sqrt{75}=5\sqrt{3}$

$\triangle ABC$와 $\triangle AED$에서

$\angle A$는 공통, $\angle ACB=\angle ADE$

이므로 $\triangle ABC \backsim \triangle AED$ (AA 닮음)

따라서 $\angle ABC=\angle AED=x$이므로

$\sin x=\frac{5}{10}=\frac{1}{2}$, $\cos x=\frac{5\sqrt{3}}{10}=\frac{\sqrt{3}}{2}$,

$\tan x=\frac{5}{5\sqrt{3}}=\frac{1}{\sqrt{3}}=\frac{\sqrt{3}}{3}$

13 피타고라스 정리에 의하여

$\overline{AB}=\sqrt{4^2+(2\sqrt{5})^2}=\sqrt{36}=6$

$\triangle ABC$와 $\triangle CBD$에서

$\angle ACB=\angle CDB=90°$, $\angle B$는 공통

이므로 $\triangle ABC \backsim \triangle CBD$ (AA 닮음)

즉, $\angle BAC=\angle BCD=x$이므로

$\sin x=\frac{4}{6}=\frac{2}{3}$

$\triangle ABC$와 $\triangle ACD$에서

$\angle ACB=\angle ADC=90°$, $\angle A$는 공통

이므로 $\triangle ABC \backsim \triangle ACD$ (AA 닮음)

즉, $\angle ABC=\angle ACD=y$이므로

$\cos y=\frac{4}{6}=\frac{2}{3}$

따라서 $\sin x+\cos y=\frac{2}{3}+\frac{2}{3}=\frac{4}{3}$

확인문제

| 12쪽 |

01 ③ 02 ② 03 ③ 04 ⑤ 05 ⑤
06 ①

01 ③ $\tan A=\frac{6}{3}=2$

02 피타고라스 정리에 의하여

$\overline{AB}=\sqrt{12^2-8^2}=\sqrt{80}=4\sqrt{5}$

따라서

$\sin B=\frac{8}{12}=\frac{2}{3}$, $\sin C=\frac{4\sqrt{5}}{12}=\frac{\sqrt{5}}{3}$

이므로

$\sin B\times\sin C=\frac{2}{3}\times\frac{\sqrt{5}}{3}=\frac{2\sqrt{5}}{9}$

03 $\tan A=\frac{\overline{BC}}{3}$이므로 $\frac{\overline{BC}}{3}=\sqrt{3}$

즉, $\overline{BC}=3\sqrt{3}$

따라서 피타고라스 정리에 의하여

$\overline{AB}=\sqrt{(3\sqrt{3})^2+3^2}=\sqrt{36}=6$

04 $\cos A=\frac{\overline{AB}}{16}$이므로 $\frac{\overline{AB}}{16}=\frac{3}{4}$

즉, $\overline{AB}=\frac{3}{4}\times16=12$

피타고라스 정리에 의하여

$\overline{BC}=\sqrt{16^2-12^2}=\sqrt{112}=4\sqrt{7}$

이므로 $\triangle ABC$의 넓이는

$\frac{1}{2}\times12\times4\sqrt{7}=24\sqrt{7}$

05 $\sin C=\frac{5}{6}$이므로 오른쪽 그림과 같이

$\overline{AB}=5$, $\overline{BC}=6$, $\angle A=90°$

인 직각삼각형 ABC를 그리면 피타고라스 정리에 의하여

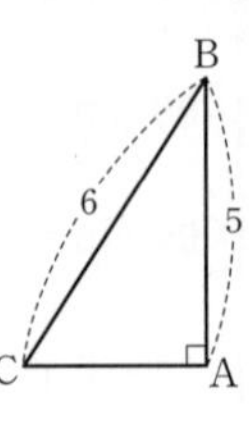

$\overline{AC}=\sqrt{6^2-5^2}=\sqrt{11}$

따라서

$\cos C=\frac{\sqrt{11}}{6}$, $\tan C=\frac{5}{\sqrt{11}}=\frac{5\sqrt{11}}{11}$

이므로

$\cos C\times\tan C=\frac{\sqrt{11}}{6}\times\frac{5\sqrt{11}}{11}=\frac{5}{6}$

06 피타고라스 정리에 의하여

$\overline{AC}=\sqrt{14^2-6^2}=\sqrt{160}=4\sqrt{10}$

$\triangle ABC$와 $\triangle HBA$에서

$\angle BAC=\angle BHA=90°$, $\angle B$는 공통

이므로 $\triangle ABC \backsim \triangle HBA$ (AA 닮음)

즉, $\angle ACB=\angle HAB=x$이므로

$\tan x=\frac{6}{4\sqrt{10}}=\frac{3}{2\sqrt{10}}=\frac{3\sqrt{10}}{20}$

$\triangle ABC$와 $\triangle HAC$에서

$\angle BAC=\angle AHC=90°$, $\angle C$는 공통

이므로 $\triangle ABC \backsim \triangle HAC$ (AA 닮음)

즉, $\angle ABC=\angle HAC=y$이므로

$\sin y=\frac{4\sqrt{10}}{14}=\frac{2\sqrt{10}}{7}$

따라서

$\tan x\times\sin y=\frac{3\sqrt{10}}{20}\times\frac{2\sqrt{10}}{7}=\frac{3}{7}$

2. 삼각비의 값

01 특수각의 삼각비의 값 | 13~14쪽 |

01 (1) $\frac{1}{2}$ (2) $\frac{\sqrt{3}}{2}$ (3) $\frac{\sqrt{3}}{3}$　02 (1) $\frac{\sqrt{2}}{2}$ (2) $\frac{\sqrt{2}}{2}$ (3) 1

03 (1) $\frac{\sqrt{3}}{2}$ (2) $\frac{1}{2}$ (3) $\sqrt{3}$　04 $\sqrt{3}$　05 $\frac{\sqrt{2}-1}{2}$

06 $-\frac{\sqrt{3}}{6}$　07 $\frac{\sqrt{3}}{4}$　08 $\frac{3}{2}$　09 2

10 $\sqrt{3}$　11 $\frac{2\sqrt{3}-\sqrt{6}}{4}$　12 $\frac{\sqrt{6}+2\sqrt{2}}{2}$

13 $\frac{\sqrt{2}-\sqrt{6}}{2}$　14 5　15 45°　16 30°

17 60°　18 60°　19 45°　20 ②

01 (1) $\sin 30^\circ=\frac{\overline{AC}}{\overline{AB}}=\frac{1}{2}$

(2) $\cos 30^\circ=\frac{\overline{BC}}{\overline{AB}}=\frac{\sqrt{3}}{2}$

(3) $\tan 30^\circ=\frac{\overline{AC}}{\overline{BC}}=\frac{1}{\sqrt{3}}=\frac{\sqrt{3}}{3}$

02 (1) $\sin 45^\circ=\frac{\overline{AC}}{\overline{AB}}=\frac{1}{\sqrt{2}}=\frac{\sqrt{2}}{2}$

(2) $\cos 45^\circ=\frac{\overline{BC}}{\overline{AB}}=\frac{1}{\sqrt{2}}=\frac{\sqrt{2}}{2}$

(3) $\tan 45^\circ=\frac{\overline{AC}}{\overline{BC}}=\frac{1}{1}=1$

03 (1) $\sin 60^\circ=\frac{\overline{AC}}{\overline{AB}}=\frac{\sqrt{3}}{2}$

(2) $\cos 60^\circ=\frac{\overline{BC}}{\overline{AB}}=\frac{1}{2}$

(3) $\tan 60^\circ=\frac{\overline{AC}}{\overline{BC}}=\frac{\sqrt{3}}{1}=\sqrt{3}$

04 $\cos 30^\circ+\sin 60^\circ=\frac{\sqrt{3}}{2}+\frac{\sqrt{3}}{2}=\sqrt{3}$

05 $\sin 45^\circ-\cos 60^\circ=\frac{\sqrt{2}}{2}-\frac{1}{2}=\frac{\sqrt{2}-1}{2}$

06 $\tan 30^\circ-\sin 60^\circ=\frac{\sqrt{3}}{3}-\frac{\sqrt{3}}{2}=\frac{2\sqrt{3}-3\sqrt{3}}{6}=-\frac{\sqrt{3}}{6}$

07 $\sin 30^\circ\times\cos 30^\circ=\frac{1}{2}\times\frac{\sqrt{3}}{2}=\frac{\sqrt{3}}{4}$

08 $\sin 60^\circ\times\tan 60^\circ=\frac{\sqrt{3}}{2}\times\sqrt{3}=\frac{3}{2}$

09 $\tan 60^\circ\div\cos 30^\circ=\sqrt{3}\div\frac{\sqrt{3}}{2}$

$=\sqrt{3}\times\frac{2}{\sqrt{3}}=2$

10 $\tan 45^\circ\times\cos 30^\circ+\sin 60^\circ=1\times\frac{\sqrt{3}}{2}+\frac{\sqrt{3}}{2}$

$=\frac{\sqrt{3}}{2}+\frac{\sqrt{3}}{2}=\sqrt{3}$

11 $\cos 30^\circ-\sin 45^\circ\times\sin 60^\circ=\frac{\sqrt{3}}{2}-\frac{\sqrt{2}}{2}\times\frac{\sqrt{3}}{2}$

$=\frac{\sqrt{3}}{2}-\frac{\sqrt{6}}{4}=\frac{2\sqrt{3}-\sqrt{6}}{4}$

12 $2\sin 60^\circ\times\sin 45^\circ+\cos 45^\circ\div\sin 30^\circ$

$=2\times\frac{\sqrt{3}}{2}\times\frac{\sqrt{2}}{2}+\frac{\sqrt{2}}{2}\div\frac{1}{2}=\frac{\sqrt{6}}{2}+\frac{\sqrt{2}}{2}\times 2$

$=\frac{\sqrt{6}}{2}+\sqrt{2}=\frac{\sqrt{6}+2\sqrt{2}}{2}$

13 $\sin 30^\circ\div\cos 45^\circ-\sin 45^\circ\times\tan 60^\circ$

$=\frac{1}{2}\div\frac{\sqrt{2}}{2}-\frac{\sqrt{2}}{2}\times\sqrt{3}=\frac{1}{2}\times\frac{2}{\sqrt{2}}-\frac{\sqrt{6}}{2}$

$=\frac{1}{\sqrt{2}}-\frac{\sqrt{6}}{2}=\frac{\sqrt{2}}{2}-\frac{\sqrt{6}}{2}=\frac{\sqrt{2}-\sqrt{6}}{2}$

14 $(\sqrt{2}\sin 45^\circ+\sqrt{3}\sin 60^\circ)\div\sin 30^\circ$

$=\left(\sqrt{2}\times\frac{\sqrt{2}}{2}+\sqrt{3}\times\frac{\sqrt{3}}{2}\right)\div\frac{1}{2}$

$=\left(1+\frac{3}{2}\right)\times 2=\frac{5}{2}\times 2=5$

15 $\cos 45^\circ=\frac{\sqrt{2}}{2}$이므로 $A=45^\circ$

16 $\tan 30^\circ=\frac{\sqrt{3}}{3}$이므로 $A=30^\circ$

17 $\sin 60^\circ=\frac{\sqrt{3}}{2}$이므로 $A=60^\circ$

18 $\cos 60^\circ=\frac{1}{2}$이므로 $A=60^\circ$

19 $\tan 45^\circ=1$이므로 $A=45^\circ$

20 $(\sin 30^\circ-\cos 30^\circ)(\sin 60^\circ+\cos 60^\circ)$

$=\left(\frac{1}{2}-\frac{\sqrt{3}}{2}\right)\left(\frac{\sqrt{3}}{2}+\frac{1}{2}\right)=\left(\frac{1}{2}-\frac{\sqrt{3}}{2}\right)\left(\frac{1}{2}+\frac{\sqrt{3}}{2}\right)$

$=\left(\frac{1}{2}\right)^2-\left(\frac{\sqrt{3}}{2}\right)^2=\frac{1}{4}-\frac{3}{4}=-\frac{1}{2}$

02 특수각의 삼각비를 이용하여 변의 길이 구하기 | 15~16쪽 |

01 $x=4$, $y=4\sqrt{3}$　02 $x=6$, $y=3\sqrt{3}$
03 $x=4$, $y=4\sqrt{2}$　04 $x=4$, $y=2$
05 $x=\frac{10\sqrt{3}}{3}$, $y=\frac{5\sqrt{3}}{3}$　06 $x=\sqrt{3}$, $y=\sqrt{6}$
07 $x=\sqrt{3}$, $y=3$　08 $x=6$, $y=4\sqrt{3}$
09 $x=5\sqrt{3}$, $y=\frac{5\sqrt{6}}{2}$　10 $x=6\sqrt{2}$, $y=2\sqrt{6}$
11 $6\sqrt{3}$　12 $\frac{16}{3}$　13 ③

01 $\cos 60°=\frac{x}{8}$이므로 $\frac{x}{8}=\frac{1}{2}$, $2x=8$

즉, $x=4$

$\sin 60°=\frac{y}{8}$이므로 $\frac{y}{8}=\frac{\sqrt{3}}{2}$, $2y=8\sqrt{3}$

즉, $y=4\sqrt{3}$

[다른 풀이]

$\tan 60°=\frac{y}{4}$이므로 $\frac{y}{4}=\sqrt{3}$

즉, $y=4\sqrt{3}$

02 $\sin 30°=\frac{3}{x}$이므로 $\frac{3}{x}=\frac{1}{2}$

즉, $x=6$

$\tan 30°=\frac{3}{y}$이므로 $\frac{3}{y}=\frac{\sqrt{3}}{3}$, $\sqrt{3}y=9$

즉, $y=\frac{9}{\sqrt{3}}=\frac{9\sqrt{3}}{3}=3\sqrt{3}$

03 $\tan 45°=\frac{x}{4}$이므로 $\frac{x}{4}=1$

즉, $x=4$

$\cos 45°=\frac{4}{y}$이므로 $\frac{4}{y}=\frac{\sqrt{2}}{2}$, $\sqrt{2}y=8$

즉, $y=\frac{8}{\sqrt{2}}=\frac{8\sqrt{2}}{2}=4\sqrt{2}$

04 $\cos 30°=\frac{2\sqrt{3}}{x}$이므로 $\frac{2\sqrt{3}}{x}=\frac{\sqrt{3}}{2}$, $\frac{2}{x}=\frac{1}{2}$

즉, $x=4$

$\tan 30°=\frac{y}{2\sqrt{3}}$이므로 $\frac{y}{2\sqrt{3}}=\frac{\sqrt{3}}{3}$, $3y=6$

즉, $y=2$

05 $\sin 60°=\frac{5}{x}$이므로 $\frac{5}{x}=\frac{\sqrt{3}}{2}$, $\sqrt{3}x=10$

즉, $x=\frac{10}{\sqrt{3}}=\frac{10\sqrt{3}}{3}$

$\tan 60°=\frac{5}{y}$이므로 $\frac{5}{y}=\sqrt{3}$

즉, $y=\frac{5}{\sqrt{3}}=\frac{5\sqrt{3}}{3}$

06 $\tan 45°=\frac{\sqrt{3}}{x}$이므로 $\frac{\sqrt{3}}{x}=1$

즉, $x=\sqrt{3}$

$\sin 45°=\frac{\sqrt{3}}{y}$이므로 $\frac{\sqrt{3}}{y}=\frac{\sqrt{2}}{2}$, $\sqrt{2}y=2\sqrt{3}$

즉, $y=\frac{2\sqrt{3}}{\sqrt{2}}=\frac{2\sqrt{6}}{2}=\sqrt{6}$

07 $\triangle ABD$에서 $\sin 45°=\frac{x}{\sqrt{6}}$이므로

$\frac{x}{\sqrt{6}}=\frac{\sqrt{2}}{2}$, $2x=2\sqrt{3}$, 즉 $x=\sqrt{3}$

$\triangle ACD$에서 $\tan 30°=\frac{\sqrt{3}}{y}$이므로

$\frac{\sqrt{3}}{y}=\frac{\sqrt{3}}{3}$, 즉 $y=3$

08 $\triangle ACD$에서 $\tan 45°=\frac{6}{x}$이므로

$\frac{6}{x}=1$, 즉 $x=6$

$\triangle ABD$에서 $\sin 60°=\frac{6}{y}$이므로

$\frac{6}{y}=\frac{\sqrt{3}}{2}$, $\sqrt{3}y=12$

즉, $y=\frac{12}{\sqrt{3}}=\frac{12\sqrt{3}}{3}=4\sqrt{3}$

09 $\triangle ABC$에서 $\sin 60°=\frac{x}{10}$이므로

$\frac{x}{10}=\frac{\sqrt{3}}{2}$, $2x=10\sqrt{3}$

즉, $x=5\sqrt{3}$

$\triangle ACD$에서 $\cos 45°=\frac{y}{5\sqrt{3}}$이므로

$\frac{y}{5\sqrt{3}}=\frac{\sqrt{2}}{2}$, $2y=5\sqrt{6}$

즉, $y=\frac{5\sqrt{6}}{2}$

10 $\triangle ABC$에서 $\tan 45°=\frac{x}{6\sqrt{2}}$이므로

$\frac{x}{6\sqrt{2}}=1$, 즉 $x=6\sqrt{2}$

$\triangle BCD$에서 $\tan 60°=\frac{6\sqrt{2}}{y}$이므로

$\frac{6\sqrt{2}}{y}=\sqrt{3}$, $\sqrt{3}y=6\sqrt{2}$

즉, $y=\frac{6\sqrt{2}}{\sqrt{3}}=\frac{6\sqrt{6}}{3}=2\sqrt{6}$

11 $\triangle ADC$에서 $\tan 60°=\frac{\overline{AC}}{3}$이므로

$\frac{\overline{AC}}{3}=\sqrt{3}$, 즉 $\overline{AC}=3\sqrt{3}$

$\triangle ABC$에서 $\sin 30°=\frac{3\sqrt{3}}{x}$이므로

$\frac{3\sqrt{3}}{x}=\frac{1}{2}$, 즉 $x=6\sqrt{3}$

12 △ABC에서 $\tan 30^\circ=\frac{\overline{BC}}{8}$이므로

$\frac{\overline{BC}}{8}=\frac{\sqrt{3}}{3}$, $3\overline{BC}=8\sqrt{3}$

즉, $\overline{BC}=\frac{8\sqrt{3}}{3}$

△BCD에서 $\cos 30^\circ=\frac{\frac{8\sqrt{3}}{3}}{x}$이므로

$\frac{\frac{8\sqrt{3}}{3}}{x}=\frac{\sqrt{3}}{2}$, $\sqrt{3}x=\frac{16\sqrt{3}}{3}$

즉, $x=\frac{16}{3}$

13 △ABC에서 $\tan 30^\circ=\frac{\overline{BC}}{9\sqrt{3}}$이므로

$\frac{\overline{BC}}{9\sqrt{3}}=\frac{\sqrt{3}}{3}$, $3\overline{BC}=27$

즉, $\overline{BC}=9$

△DBC에서 $\sin 45^\circ=\frac{9}{x}$이므로

$\frac{9}{x}=\frac{\sqrt{2}}{2}$, $\sqrt{2}x=18$

즉, $x=\frac{18}{\sqrt{2}}=\frac{18\sqrt{2}}{2}=9\sqrt{2}$

03 직선의 기울기와 삼각비 | 17쪽 |

01 3	02 $\frac{4}{3}$	03 $\frac{\sqrt{3}}{4}$	04 30°
05 60°	06 $y=x+2$	07 $y=\frac{\sqrt{3}}{3}x+\sqrt{3}$	
08 ④			

01 기울기가 3이므로 $\tan a=3$

02 $4x-3y+1=0$에서 $y=\frac{4}{3}x+\frac{1}{3}$

기울기가 $\frac{4}{3}$이므로 $\tan a=\frac{4}{3}$

03 $\sqrt{3}x-4y-2=0$에서 $y=\frac{\sqrt{3}}{4}x-\frac{1}{2}$

기울기가 $\frac{\sqrt{3}}{4}$이므로 $\tan a=\frac{\sqrt{3}}{4}$

04 $\sqrt{3}x-3y-6=0$에서 $y=\frac{\sqrt{3}}{3}x-2$

즉, 기울기가 $\frac{\sqrt{3}}{3}$이므로 주어진 직선이 x축의 양의 방향과 이루는 예각의 크기를 a라 하면

$\tan a=\frac{\sqrt{3}}{3}$

이때 $\tan 30^\circ=\frac{\sqrt{3}}{3}$이므로 $a=30^\circ$

05 $6x-2\sqrt{3}y+3=0$에서 $y=\frac{3}{\sqrt{3}}x+\frac{3}{2\sqrt{3}}=\sqrt{3}x+\frac{\sqrt{3}}{2}$

즉, 기울기가 $\sqrt{3}$이므로 주어진 직선이 x축의 양의 방향과 이루는 예각의 크기를 a라 하면

$\tan a=\sqrt{3}$

이때 $\tan 60^\circ=\sqrt{3}$이므로 $a=60^\circ$

06 주어진 직선이 x축의 양의 방향과 이루는 예각의 크기가 45°이므로 기울기는

$\tan 45^\circ=1$

또, 주어진 직선의 y절편이 2이므로 구하는 직선의 방정식은

$y=x+2$

07 주어진 직선이 x축의 양의 방향과 이루는 예각의 크기가 30°이므로 기울기는

$\tan 30^\circ=\frac{\sqrt{3}}{3}$

또, 주어진 직선이 점 $(-3, 0)$을 지나므로 구하는 직선의 방정식은

$y=\frac{\sqrt{3}}{3}(x+3)$, 즉 $y=\frac{\sqrt{3}}{3}x+\sqrt{3}$

08 x축의 양의 방향과 이루는 예각의 크기가 60°인 직선의 기울기는

$\tan 60^\circ=\sqrt{3}$

기울기가 $\sqrt{3}$이고 점 $(-1, 2\sqrt{3})$을 지나는 직선의 방정식은

$y=\sqrt{3}(x+1)+2\sqrt{3}$, 즉 $y=\sqrt{3}x+3\sqrt{3}$

04 예각의 삼각비의 값 | 18~19쪽 |

01 $\overline{AB}$	02 $\overline{DE}$	03 $\overline{AB}$	04 $\overline{BC}$
05 $\overline{AB}$	06 0.73	07 0.93	08 0.73
09 0.68	10 0.7771	11 0.6293	12 1.2349
13 0.6293	14 0.7771	15 0.47	16 0.88
17 0.53	18 0.88	19 0.47	20 0.3584
21 2.6051	22 0.3584	23 ⑤	

01 직각삼각형 ABC에서

$\cos x=\frac{\overline{AB}}{\overline{AC}}=\frac{\overline{AB}}{1}=\overline{AB}$

02 직각삼각형 ADE에서

$\tan x=\frac{\overline{DE}}{\overline{AD}}=\frac{\overline{DE}}{1}=\overline{DE}$

03 직각삼각형 ABC에서

$\sin y=\frac{\overline{AB}}{\overline{AC}}=\frac{\overline{AB}}{1}=\overline{AB}$

04 직각삼각형 ABC에서

$\cos y=\frac{\overline{BC}}{\overline{AC}}=\frac{\overline{BC}}{1}=\overline{BC}$

05 $\overline{BC}/\!/\overline{DE}$이므로 $\angle ACB=\angle AED$ (동위각)

따라서

$\sin z=\sin y=\overline{AB}$

06 직각삼각형 OAB에서

$\cos 43^\circ=\frac{\overline{OB}}{\overline{OA}}=\frac{\overline{OB}}{1}=\overline{OB}=0.73$

07 직각삼각형 OCD에서

$\tan 43^\circ=\frac{\overline{CD}}{\overline{OD}}=\frac{\overline{CD}}{1}=\overline{CD}=0.93$

08 직각삼각형 OAB에서

$\angle OAB=90^\circ-43^\circ=47^\circ$

따라서

$\sin 47^\circ=\frac{\overline{OB}}{\overline{OA}}=\frac{\overline{OB}}{1}=\overline{OB}=0.73$

09 직각삼각형 OAB에서

$\cos 47^\circ=\frac{\overline{AB}}{\overline{OA}}=\frac{\overline{AB}}{1}=\overline{AB}=0.68$

10 직각삼각형 OAB에서

$\sin 51^\circ=\frac{\overline{AB}}{\overline{OA}}=\frac{\overline{AB}}{1}=\overline{AB}=0.7771$

11 직각삼각형 OAB에서

$\cos 51^\circ=\frac{\overline{OB}}{\overline{OA}}=\frac{\overline{OB}}{1}=\overline{OB}=0.6293$

12 직각삼각형 OCD에서

$\tan 51^\circ=\frac{\overline{CD}}{\overline{OD}}=\frac{\overline{CD}}{1}=\overline{CD}=1.2349$

13 직각삼각형 OAB에서

$\angle OAB=90^\circ-51^\circ=39^\circ$

따라서

$\sin 39^\circ=\frac{\overline{OB}}{\overline{OA}}=\frac{\overline{OB}}{1}=\overline{OB}=0.6293$

14 직각삼각형 OAB에서

$\cos 39^\circ=\frac{\overline{AB}}{\overline{OA}}=\frac{\overline{AB}}{1}=\overline{AB}=0.7771$

15 직각삼각형 OAB에서

$\sin 28^\circ=\frac{\overline{AB}}{\overline{OA}}=\frac{\overline{AB}}{1}=\overline{AB}=0.47$

16 직각삼각형 OAB에서

$\cos 28^\circ=\frac{\overline{OB}}{\overline{OA}}=\frac{\overline{OB}}{1}=\overline{OB}=0.88$

17 직각삼각형 OCD에서

$\tan 28^\circ=\frac{\overline{CD}}{\overline{OD}}=\frac{\overline{CD}}{1}=\overline{CD}=0.53$

18 직각삼각형 OAB에서

$\angle OAB=90^\circ-28^\circ=62^\circ$

따라서

$\sin 62^\circ=\frac{\overline{OB}}{\overline{OA}}=\frac{\overline{OB}}{1}=\overline{OB}=0.88$

19 직각삼각형 OAB에서

$\cos 62^\circ=\frac{\overline{AB}}{\overline{OA}}=\frac{\overline{AB}}{1}=\overline{AB}=0.47$

20 직각삼각형 OAB에서

$\cos 69^\circ=\frac{\overline{OB}}{\overline{OA}}=\frac{\overline{OB}}{1}=\overline{OB}=0.3584$

21 직각삼각형 OCD에서

$\tan 69^\circ=\frac{\overline{CD}}{\overline{OD}}=\frac{\overline{CD}}{1}=\overline{CD}=2.6051$

22 직각삼각형 OAB에서

$\angle OAB=90^\circ-69^\circ=21^\circ$

따라서

$\sin 21^\circ=\frac{\overline{OB}}{\overline{OA}}=\frac{\overline{OB}}{1}=\overline{OB}=0.3584$

23 ⑤ 직각삼각형 OCD에서

$\tan z=\frac{\overline{OD}}{\overline{CD}}=\frac{1}{\overline{CD}}$

05 0°, 90°의 삼각비의 값

| 20쪽 |

01 0	**02** 1	**03** 1	**04** 0
05 0	**06** -1	**07** 1	**08** 0
09 $\frac{3+\sqrt{6}}{6}$	**10** 4	**11** $-\sqrt{3}$	**12** $\sqrt{2}-\sqrt{3}$
13 $-\frac{3}{4}$	**14** -2		

06 $\sin 0^\circ-\cos 0^\circ=0-1=-1$

07 $\sin 90^\circ+\tan 0^\circ=1+0=1$

08 $\sin 90^\circ\times\cos 0^\circ-\tan 45^\circ=1\times1-1=0$

09 $\cos 60^\circ\times\cos 0^\circ+\sin 45^\circ\times\tan 30^\circ=\frac{1}{2}\times1+\frac{\sqrt{2}}{2}\times\frac{\sqrt{3}}{3}$

$=\frac{3+\sqrt{6}}{6}$

10 $(1+\cos 0^\circ)(1+\tan 45^\circ)=(1+1)(1+1)$
$=2\times 2=4$

11 $\cos 90^\circ \times \sin 60^\circ - \cos 0^\circ \times \tan 60^\circ = 0\times\frac{\sqrt{3}}{2}-1\times\sqrt{3}$
$=-\sqrt{3}$

12 $(2\sin 45^\circ - 3\tan 30^\circ)\times \sin 90^\circ = \left(2\times\frac{\sqrt{2}}{2}-3\times\frac{\sqrt{3}}{3}\right)\times 1$
$=\sqrt{2}-\sqrt{3}$

13 $(\sin 0^\circ - \sin 30^\circ)(\sin 90^\circ + \cos 60^\circ) = \left(0-\frac{1}{2}\right)\left(1+\frac{1}{2}\right)$
$=-\frac{1}{2}\times\frac{3}{2}=-\frac{3}{4}$

14 $(\tan 45^\circ - 2\cos 30^\circ)(\cos 0^\circ + \tan 60^\circ)$
$=\left(1-2\times\frac{\sqrt{3}}{2}\right)(1+\sqrt{3})$
$=(1-\sqrt{3})(1+\sqrt{3})$
$=1^2-(\sqrt{3})^2=1-3=-2$

06 삼각비의 대소 관계 | 21쪽 |

01 ×	02 ○	03 ×	04 ○
05 ×	06 <	07 <	08 >
09 <	10 ①		

01 $0^\circ \le A \le 90^\circ$일 때, A의 크기가 커지면 $\cos A$의 값은 감소한다.

03 $0^\circ \le A < 90^\circ$일 때, A의 크기가 작아지면 $\tan A$의 값은 감소한다.

04 $0^\circ \le A \le 90^\circ$일 때, $0 \le \sin A \le 1$이므로 $\sin A$의 최댓값은 1, 최솟값은 0이다.

05 A의 크기가 0°에서 90°로 증가하면 $\tan A$의 값은 0에서 한없이 증가한다. 이때 $\tan 90^\circ$의 값은 정할 수 없으므로 $\tan A$의 최댓값은 구할 수 없다.

06 $0^\circ \le x \le 90^\circ$에서 x의 크기가 커지면 $\cos x$의 값은 감소한다.
이때 $79^\circ > 21^\circ$이므로 $\cos 79^\circ < \cos 21^\circ$

07 $0^\circ \le x < 90^\circ$에서 x의 크기가 커지면 $\tan x$의 값은 증가한다.
이때 $15^\circ < 50^\circ$이므로 $\tan 15^\circ < \tan 50^\circ$

08 $0^\circ \le x \le 90^\circ$에서 x의 크기가 커지면 $\sin x$의 값은 증가하고, $\cos x$의 값은 감소한다.
이때 $\sin 45^\circ = \cos 45^\circ$이고 $\sin 45^\circ < \sin 80^\circ$,
$\cos 45^\circ > \cos 80^\circ$이므로
$\cos 80^\circ < \cos 45^\circ = \sin 45^\circ < \sin 80^\circ$
즉, $\sin 80^\circ > \cos 80^\circ$

09 $0^\circ \le x < 90^\circ$에서 x의 크기가 커지면 $\tan x$의 값은 증가한다.
이때 $45^\circ < 55^\circ$이므로 $\tan 45^\circ < \tan 55^\circ$
즉, $\tan 55^\circ > 1$
한편, $0^\circ \le x \le 90^\circ$에서 $0 \le \cos x \le 1$이므로
$\cos 55^\circ < \tan 55^\circ$

10 $0^\circ \le x \le 90^\circ$에서 x의 크기가 커지면 $\sin x$의 값은 증가하고, $\cos x$의 값은 감소한다.
이때 $\sin 45^\circ = \cos 45^\circ$이고 $\sin 28^\circ < \sin 45^\circ$,
$\cos 33^\circ > \cos 45^\circ$이므로
$\sin 28^\circ < \sin 45^\circ = \cos 45^\circ < \cos 33^\circ$
즉, $\sin 28^\circ < \cos 33^\circ$ …… ㉠
또, $\sin 90^\circ = 1$이고 $0 < \cos 33^\circ < 1$이므로
$\cos 33^\circ < \sin 90^\circ$ …… ㉡
$0^\circ \le x < 90^\circ$에서 x의 크기가 커지면 $\tan x$의 값은 증가한다.
이때 $45^\circ < 46^\circ$이므로 $\tan 45^\circ < \tan 46^\circ$
즉, $\tan 46^\circ > 1$ …… ㉢
㉠, ㉡, ㉢에 의하여
$\sin 28^\circ < \cos 33^\circ < \sin 90^\circ < \tan 46^\circ$
따라서 삼각비의 값이 작은 것부터 차례로 나열한 것은 ①이다.

07 삼각비의 표 | 22~23쪽 |

01 0.8572	02 0.5592	03 1.5399	04 0.5299
05 0.8660	06 34°	07 31°	08 35°
09 33°	10 32°	11 5.736	12 15.542
13 68.82	14 44°	15 42°	16 ③

06 $\sin 34^\circ = 0.5592$이므로 $x=34^\circ$

07 $\cos 31^\circ = 0.8572$이므로 $x=31^\circ$

08 $\tan 35^\circ = 0.7002$이므로 $x=35^\circ$

09 $\sin 33^\circ = 0.5446$이므로 $x=33^\circ$

10 $\tan 32^\circ = 0.6249$이므로 $x=32^\circ$

11 $\cos 55^\circ=\frac{x}{10}$

이때 $\cos 55^\circ=0.5736$이므로

$\frac{x}{10}=0.5736$, 즉 $x=5.736$

12 $\angle B=90^\circ-39^\circ=51^\circ$이므로

$\sin 51^\circ=\frac{x}{20}$

이때 $\sin 51^\circ=0.7771$이므로

$\frac{x}{20}=0.7771$, 즉 $x=15.542$

13 $\angle A=90^\circ-36^\circ=54^\circ$이므로

$\tan 54^\circ=\frac{x}{50}$

이때 $\tan 54^\circ=1.3764$이므로

$\frac{x}{50}=1.3764$, 즉 $x=68.82$

14 $\sin x=\frac{69.47}{100}=0.6947$

이때 $\sin 44^\circ=0.6947$이므로 $x=44^\circ$

15 $\tan x=\frac{45.02}{50}=0.9004$

이때 $\tan 42^\circ=0.9004$이므로 $x=42^\circ$

16 $\sin 27^\circ=0.4540$, $\tan 29^\circ=0.5543$이므로

$x=27^\circ$, $y=29^\circ$

따라서 $x+y=27^\circ+29^\circ=56^\circ$

확인문제

| 24쪽 |

01 ②　02 ③　03 ②　04 ④　05 ⑤
06 ②

01 ① $\cos 30^\circ\times\sin 60^\circ=\frac{\sqrt{3}}{2}\times\frac{\sqrt{3}}{2}=\frac{3}{4}$

② $\sin 45^\circ\div\cos 60^\circ=\frac{\sqrt{2}}{2}\div\frac{1}{2}=\frac{\sqrt{2}}{2}\times 2=\sqrt{2}$

③ $\sin 30^\circ+\tan 45^\circ\times\cos 30^\circ=\frac{1}{2}+1\times\frac{\sqrt{3}}{2}=\frac{1+\sqrt{3}}{2}$

④ $\sin 90^\circ-\sin 45^\circ\times\cos 45^\circ=1-\frac{\sqrt{2}}{2}\times\frac{\sqrt{2}}{2}$

$=1-\frac{1}{2}=\frac{1}{2}$

⑤ $\tan 0^\circ\times\cos 60^\circ+\cos 0^\circ=0\times\frac{1}{2}+1=1$

02 직각삼각형 ABC에서 $\sin 30^\circ=\frac{8}{x}$

이때 $\sin 30^\circ=\frac{1}{2}$이므로

$\frac{8}{x}=\frac{1}{2}$, 즉 $x=16$

직각삼각형 DBC에서 $\sin 45^\circ=\frac{y}{16}$

이때 $\sin 45^\circ=\frac{\sqrt{2}}{2}$이므로

$\frac{y}{16}=\frac{\sqrt{2}}{2}$, $2y=16\sqrt{2}$

즉, $y=8\sqrt{2}$

따라서 $xy=16\times 8\sqrt{2}=128\sqrt{2}$

03 직선의 기울기가 $\frac{3}{4}$이므로 $\tan a=\frac{3}{4}$

오른쪽 그림과 같이 직선 $y=\frac{3}{4}x+3$과 y축, x축과의 교점을 각각 A, B라 하면

$y=\frac{3}{4}x+3$
A
B
O
a
x
y

A(0, 3), B(−4, 0)

즉, $\overline{OA}=3$, $\overline{OB}=4$이므로

$\overline{AB}=\sqrt{3^2+4^2}=\sqrt{25}=5$

따라서 $\sin a=\frac{3}{5}$, $\cos a=\frac{4}{5}$이므로

$(\sin a+\cos a)\tan a=\left(\frac{3}{5}+\frac{4}{5}\right)\times\frac{3}{4}=\frac{7}{5}\times\frac{3}{4}=\frac{21}{20}$

04 $\sin 37^\circ=\frac{\overline{AB}}{\overline{OA}}=\frac{\overline{AB}}{1}=0.6018$

직각삼각형 OAB에서

$\angle OAB=90^\circ-37^\circ=53^\circ$

이므로

$\sin 53^\circ=\frac{\overline{OB}}{\overline{OA}}=\frac{\overline{OB}}{1}=0.7986$

따라서 $\sin 37^\circ+\sin 53^\circ=0.6018+0.7986=1.4004$

05 $0^\circ\le x\le 90^\circ$에서 x의 크기가 커지면 $\sin x$의 값은 증가하고, $\cos x$의 값은 감소한다.

이때 $\sin 45^\circ=\cos 45^\circ$이고 $\sin 45^\circ<\sin 59^\circ$, $\cos 45^\circ>\cos 59^\circ$이므로

$\cos 59^\circ<\cos 45^\circ=\sin 45^\circ<\sin 59^\circ$

즉, $\cos 59^\circ<\sin 59^\circ$

또, $0^\circ\le x<90^\circ$에서 x의 크기가 커지면 $\tan x$의 값은 증가한다.

이때 $45^\circ<59^\circ$이므로 $\tan 45^\circ<\tan 59^\circ$

즉, $\tan 59^\circ>1$

한편, $0^\circ\le x\le 90^\circ$에서 $0\le\sin x\le 1$, $0\le\cos x\le 1$이므로

$\cos 59^\circ<\sin 59^\circ<\tan 59^\circ$

06 $\cos x=\frac{11.25}{50}=0.225$

이때 $\cos 77^\circ=0.2250$이므로 $x=77^\circ$

2 삼각비의 활용

1. 길이 구하기

01 직각삼각형의 변의 길이 | 26~28쪽 |

01 $x=10\sin 34^\circ$, $y=10\cos 34^\circ$

02 $x=\dfrac{8}{\tan 22^\circ}$, $y=\dfrac{8}{\sin 22^\circ}$

03 $x=\dfrac{4}{\cos 40^\circ}$, $y=4\tan 40^\circ$

04 $x=20$, $y=6.08$

05 $x=20.25$, $y=14.75$

06 2.8 m

07 5 m

08 (1) 4 m (2) 2.61 m (3) 6.61 m

09 (1) 1.6 m (2) 4.44 m (3) 6.04 m

10 (1) 1.5 m (2) 32.8 m (3) 34.3 m

11 (1) 1.5 m (2) 127.5 m (3) 150 m

12 (1) 10 m (2) 10 m (3) $10\sqrt{3}$ m (4) $(10\sqrt{3}+10)$ m

13 (1) 100 m (2) $\dfrac{100\sqrt{3}}{3}$ m (3) 100 m (4) $\dfrac{300+100\sqrt{3}}{3}$ m

14 (1) 30° (2) $15\sqrt{3}$ m

15 ②

01 $\sin 34^\circ=\dfrac{x}{10}$이므로 $x=10\sin 34^\circ$

$\cos 34^\circ=\dfrac{y}{10}$이므로 $y=10\cos 34^\circ$

02 $\tan 22^\circ=\dfrac{8}{x}$이므로 $x=\dfrac{8}{\tan 22^\circ}$

$\sin 22^\circ=\dfrac{8}{y}$이므로 $y=\dfrac{8}{\sin 22^\circ}$

03 $\cos 40^\circ=\dfrac{4}{x}$이므로 $x=\dfrac{4}{\cos 40^\circ}$

$\tan 40^\circ=\dfrac{y}{4}$이므로 $y=4\tan 40^\circ$

04 $\cos 18^\circ=\dfrac{19}{x}=0.95$이므로

$x=\dfrac{19}{0.95}=20$

$\tan 18^\circ=\dfrac{y}{19}=0.32$이므로

$y=0.32\times 19=6.08$

05 $\cos 36^\circ=\dfrac{x}{25}=0.81$이므로

$x=0.81\times 25=20.25$

$\sin 36^\circ=\dfrac{y}{25}=0.59$이므로

$y=0.59\times 25=14.75$

06 직각삼각형 ABC에서

$\sin 34^\circ=\dfrac{\overline{AC}}{5}$

이때 $\sin 34^\circ=0.56$이므로

$\dfrac{\overline{AC}}{5}=0.56$, 즉 $\overline{AC}=0.56\times 5=2.8\,(\text{m})$

따라서 지면에서 A 지점까지의 높이는 2.8 m이다.

07 직각삼각형 ABC에서

$\sin 33^\circ=\dfrac{2.7}{\overline{AC}}$

이때 $\sin 33^\circ=0.54$이므로

$\dfrac{2.7}{\overline{AC}}=0.54$, 즉 $\overline{AC}=\dfrac{2.7}{0.54}=5\,(\text{m})$

08 (1) 직각삼각형 ABC에서

$\cos 41^\circ=\dfrac{3}{\overline{AB}}$

이때 $\cos 41^\circ=0.75$이므로

$\dfrac{3}{\overline{AB}}=0.75$, 즉 $\overline{AB}=\dfrac{3}{0.75}=4\,(\text{m})$

(2) 직각삼각형 ABC에서

$\tan 41^\circ=\dfrac{\overline{BC}}{3}$

이때 $\tan 41^\circ=0.87$이므로

$\dfrac{\overline{BC}}{3}=0.87$, 즉 $\overline{BC}=0.87\times 3=2.61\,(\text{m})$

(3) 부러지기 전의 나무의 높이는

$\overline{AB}+\overline{BC}=4+2.61=6.61\,(\text{m})$

09 (1) $\overline{CE}=\overline{BD}=1.6\,(\text{m})$

(2) 직각삼각형 ABC에서

$\overline{BC}=\overline{DE}=4\,(\text{m})$

이므로 $\tan 48^\circ=\dfrac{\overline{AC}}{4}$

이때 $\tan 48^\circ=1.11$이므로

$\dfrac{\overline{AC}}{4}=1.11$, 즉 $\overline{AC}=1.11\times 4=4.44\,(\text{m})$

(3) 나무의 높이는

$\overline{AC}+\overline{CE}=4.44+1.6=6.04\,(\text{m})$

10 (1) $\overline{CE}=\overline{BD}=1.5\,(\text{m})$

(2) 직각삼각형 ABC에서

$\sin 55^\circ=\dfrac{\overline{AC}}{40}$

이때 $\sin 55^\circ=0.82$이므로

$\dfrac{\overline{AC}}{40}=0.82$, 즉 $\overline{AC}=0.82\times 40=32.8\,(\text{m})$

(3) 지면에서 연까지의 높이는

$\overline{AC}+\overline{CE}=32.8+1.5=34.3\,(\text{m})$

11 (1) $\overline{CE}=\overline{AD}=1.5\,(\mathrm{m})$

(2) $\overline{BC}=\overline{BE}-\overline{CE}=129-1.5=127.5\,(\mathrm{m})$

(3) 직각삼각형 ABC에서

$\sin 58^\circ=\dfrac{127.5}{\overline{AB}}$

이때 $\sin 58^\circ=0.85$이므로

$\dfrac{127.5}{\overline{AB}}=0.85$, 즉 $\overline{AB}=\dfrac{127.5}{0.85}=150\,(\mathrm{m})$

따라서 보민이의 눈에서 드론까지의 거리는 150 m이다.

12 (1) $\overline{AH}=\overline{DC}=10\,(\mathrm{m})$

(2) 직각삼각형 ACH에서

$\tan 45^\circ=\dfrac{\overline{CH}}{10}$

이때 $\tan 45^\circ=1$이므로

$\dfrac{\overline{CH}}{10}=1$, 즉 $\overline{CH}=10\,(\mathrm{m})$

(3) 직각삼각형 ABH에서

$\tan 60^\circ=\dfrac{\overline{BH}}{10}$

이때 $\tan 60^\circ=\sqrt{3}$이므로

$\dfrac{\overline{BH}}{10}=\sqrt{3}$, 즉 $\overline{BH}=10\sqrt{3}\,(\mathrm{m})$

(4) 나무의 높이는

$\overline{BH}+\overline{CH}=10\sqrt{3}+10\,(\mathrm{m})$

[다른 풀이]

(2) 직각삼각형 ACH는 $\overline{AH}=\overline{CH}$인 직각이등변삼각형이므로

$\overline{CH}=\overline{AH}=10\,(\mathrm{m})$

(3) 직각삼각형 ABH에서 $\angle BAH=60^\circ$이므로

$\overline{AH}:\overline{BH}=1:\sqrt{3}$

즉, $10:\overline{BH}=1:\sqrt{3}$이므로 $\overline{BH}=10\sqrt{3}\,(\mathrm{m})$

13 (1) $\overline{AH}=\overline{CD}=100\,(\mathrm{m})$

(2) 직각삼각형 ACH에서

$\tan 30^\circ=\dfrac{\overline{CH}}{100}$

이때 $\tan 30^\circ=\dfrac{\sqrt{3}}{3}$이므로

$\dfrac{\overline{CH}}{100}=\dfrac{\sqrt{3}}{3}$, $3\overline{CH}=100\sqrt{3}$

즉, $\overline{CH}=\dfrac{100\sqrt{3}}{3}\,(\mathrm{m})$

건물 Q의 높이는 $\overline{AD}$이고 $\overline{AD}=\overline{CH}$이므로 건물 Q의 높이는 $\dfrac{100\sqrt{3}}{3}$ m이다.

(3) 직각삼각형 ABH에서

$\tan 45^\circ=\dfrac{\overline{BH}}{100}$

이때 $\tan 45^\circ=1$이므로

$\dfrac{\overline{BH}}{100}=1$, 즉 $\overline{BH}=100\,(\mathrm{m})$

(4) 건물 P의 높이는

$\overline{BH}+\overline{CH}=100+\dfrac{100\sqrt{3}}{3}=\dfrac{300+100\sqrt{3}}{3}\,(\mathrm{m})$

[다른 풀이]

(3) 직각삼각형 ABH는 $\overline{AH}=\overline{BH}$인 직각이등변삼각형이므로

$\overline{BH}=\overline{AH}=100\,(\mathrm{m})$

14 (1) 오른쪽 그림에서 $\overline{AH}/\!/\overline{BC}$이므로

$\angle ABC=\angle BAH=30^\circ$ (엇각)

(2) 직각삼각형 ABC에서

$\tan 30^\circ=\dfrac{15}{\overline{BC}}$

이때 $\tan 30^\circ=\dfrac{\sqrt{3}}{3}$이므로

$\dfrac{15}{\overline{BC}}=\dfrac{\sqrt{3}}{3}$, $\sqrt{3}\,\overline{BC}=45$

즉, $\overline{BC}=\dfrac{45}{\sqrt{3}}=\dfrac{45\sqrt{3}}{3}=15\sqrt{3}\,(\mathrm{m})$

15 직각삼각형 ABC에서

$\overline{AC}=\overline{DE}=20\,(\mathrm{m})$

이므로 $\tan 60^\circ=\dfrac{\overline{BC}}{20}$

이때 $\tan 60^\circ=\sqrt{3}$이므로

$\dfrac{\overline{BC}}{20}=\sqrt{3}$, 즉 $\overline{BC}=20\sqrt{3}\,(\mathrm{m})$

따라서 지면에서 동상의 꼭대기까지의 높이는

$\overline{BC}+\overline{CE}=\overline{BC}+\overline{AD}=20\sqrt{3}+1.6\,(\mathrm{m})$

02 일반 삼각형의 변의 길이 (1)

| 29~30쪽 |

01 6, $3\sqrt{2}$, 6, $3\sqrt{2}$, $3\sqrt{2}$, $4\sqrt{2}$, $5\sqrt{2}$
02 (1) $4\sqrt{3}$ (2) 4 (3) 2 (4) $2\sqrt{13}$
03 (1) 9 (2) $3\sqrt{3}$ (3) 6 (4) $3\sqrt{7}$
04 (1) 5 (2) $5\sqrt{3}$ (3) $2\sqrt{3}$ (4) $\sqrt{37}$
05 5 **06** $2\sqrt{31}$ **07** $2\sqrt{7}$ **08** $30\sqrt{7}$ m
09 $3\sqrt{13}$ km **10** ⑤

01 직각삼각형 ABH에서

$\sin 45^\circ=\dfrac{\overline{AH}}{\boxed{6}}=\dfrac{\sqrt{2}}{2}$이므로

$\overline{AH}=\boxed{3\sqrt{2}}$

$\cos 45^\circ=\dfrac{\overline{BH}}{\boxed{6}}=\dfrac{\sqrt{2}}{2}$이므로

$\overline{BH}=\boxed{3\sqrt{2}}$

직각삼각형 ACH에서

$\overline{AH}=\boxed{3\sqrt{2}}$, $\overline{CH}=\overline{BC}-\overline{BH}=7\sqrt{2}-3\sqrt{2}=\boxed{4\sqrt{2}}$

이므로

$\overline{AC}=\sqrt{\overline{AH}^2+\overline{CH}^2}=\sqrt{(3\sqrt{2})^2+(4\sqrt{2})^2}$
$=\sqrt{50}=\boxed{5\sqrt{2}}$

02 (1) 직각삼각형 ACH에서
$\sin 60^\circ=\frac{\overline{AH}}{8}=\frac{\sqrt{3}}{2}$이므로
$\overline{AH}=4\sqrt{3}$
(2) 직각삼각형 ACH에서
$\cos 60^\circ=\frac{\overline{CH}}{8}=\frac{1}{2}$이므로
$\overline{CH}=4$
(3) $\overline{BH}=\overline{BC}-\overline{CH}=6-4=2$
(4) 직각삼각형 ABH에서
$\overline{AB}=\sqrt{\overline{AH}^2+\overline{BH}^2}=\sqrt{(4\sqrt{3})^2+2^2}$
$=\sqrt{52}=2\sqrt{13}$

03 (1) 직각삼각형 ACH에서
$\cos 30^\circ=\frac{\overline{AH}}{6\sqrt{3}}=\frac{\sqrt{3}}{2}$이므로
$\overline{AH}=9$
(2) 직각삼각형 ACH에서
$\sin 30^\circ=\frac{\overline{CH}}{6\sqrt{3}}=\frac{1}{2}$이므로
$\overline{CH}=3\sqrt{3}$
(3) $\overline{BH}=\overline{AB}-\overline{AH}=15-9=6$
(4) 직각삼각형 BCH에서
$\overline{BC}=\sqrt{\overline{BH}^2+\overline{CH}^2}=\sqrt{6^2+(3\sqrt{3})^2}$
$=\sqrt{63}=3\sqrt{7}$

04 (1) 직각삼각형 ABH에서
$\sin 30^\circ=\frac{\overline{AH}}{10}=\frac{1}{2}$이므로
$\overline{AH}=5$
(2) 직각삼각형 ABH에서
$\cos 30^\circ=\frac{\overline{BH}}{10}=\frac{\sqrt{3}}{2}$이므로
$\overline{BH}=5\sqrt{3}$
(3) $\overline{CH}=\overline{BC}-\overline{BH}=7\sqrt{3}-5\sqrt{3}=2\sqrt{3}$
(4) 직각삼각형 ACH에서
$\overline{AC}=\sqrt{\overline{AH}^2+\overline{CH}^2}=\sqrt{5^2+(2\sqrt{3})^2}$
$=\sqrt{37}$

05 오른쪽 그림과 같이 꼭짓점 C에서 $\overline{AB}$에 내린 수선의 발을 H라 하자.

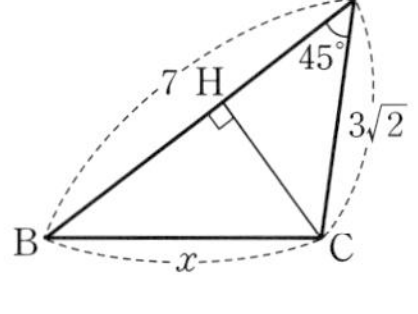

직각삼각형 ACH에서
$\sin 45^\circ=\frac{\overline{CH}}{3\sqrt{2}}=\frac{\sqrt{2}}{2}$이므로
$\overline{CH}=3$
$\cos 45^\circ=\frac{\overline{AH}}{3\sqrt{2}}=\frac{\sqrt{2}}{2}$이므로
$\overline{AH}=3$
직각삼각형 BCH에서
$\overline{BH}=\overline{AB}-\overline{AH}=7-3=4$
이므로
$x=\sqrt{\overline{BH}^2+\overline{CH}^2}=\sqrt{4^2+3^2}$
$=\sqrt{25}=5$

06 오른쪽 그림과 같이 꼭짓점 A에서 $\overline{BC}$에 내린 수선의 발을 H라 하자.

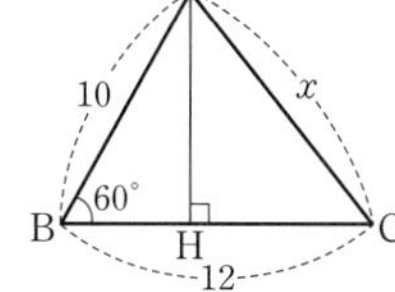

직각삼각형 ABH에서
$\sin 60^\circ=\frac{\overline{AH}}{10}=\frac{\sqrt{3}}{2}$이므로
$\overline{AH}=5\sqrt{3}$
$\cos 60^\circ=\frac{\overline{BH}}{10}=\frac{1}{2}$이므로
$\overline{BH}=5$
직각삼각형 ACH에서
$\overline{CH}=\overline{BC}-\overline{BH}=12-5=7$
이므로
$x=\sqrt{\overline{AH}^2+\overline{CH}^2}=\sqrt{(5\sqrt{3})^2+7^2}$
$=\sqrt{124}=2\sqrt{31}$

07 오른쪽 그림과 같이 꼭짓점 A에서 $\overline{BC}$에 내린 수선의 발을 H라 하자.

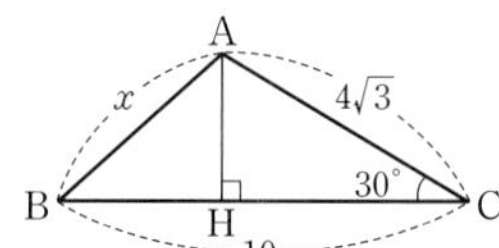

직각삼각형 ACH에서
$\sin 30^\circ=\frac{\overline{AH}}{4\sqrt{3}}=\frac{1}{2}$이므로
$\overline{AH}=2\sqrt{3}$
$\cos 30^\circ=\frac{\overline{CH}}{4\sqrt{3}}=\frac{\sqrt{3}}{2}$이므로
$\overline{CH}=6$
직각삼각형 ABH에서
$\overline{BH}=\overline{BC}-\overline{CH}=10-6=4$
이므로
$x=\sqrt{\overline{AH}^2+\overline{BH}^2}=\sqrt{(2\sqrt{3})^2+4^2}$
$=\sqrt{28}=2\sqrt{7}$

08 오른쪽 그림과 같이 꼭짓점 A에서 $\overline{BC}$에 내린 수선의 발을 H라 하자.

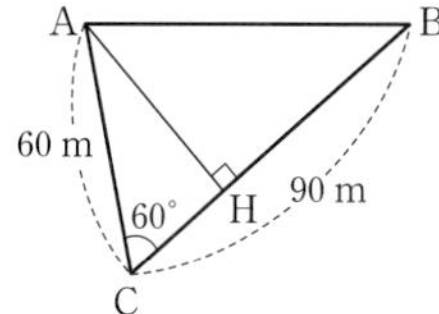

직각삼각형 ACH에서
$\sin 60^\circ=\frac{\overline{AH}}{60}=\frac{\sqrt{3}}{2}$이므로
$\overline{AH}=30\sqrt{3}\,(\text{m})$

$\cos 60^\circ=\frac{\overline{CH}}{60}=\frac{1}{2}$이므로

$\overline{CH}=30\ (m)$

직각삼각형 ABH에서

$\overline{BH}=\overline{BC}-\overline{CH}=90-30=60\ (m)$

이므로

$\overline{AB}=\sqrt{\overline{AH}^2+\overline{BH}^2}=\sqrt{(30\sqrt{3})^2+60^2}$

$=\sqrt{6300}=30\sqrt{7}\ (m)$

따라서 두 지점 A, B 사이의 거리는 $30\sqrt{7}$ m이다.

09 오른쪽 그림과 같이 꼭짓점 B에서 $\overline{AC}$에 내린 수선의 발을 H라 하자.

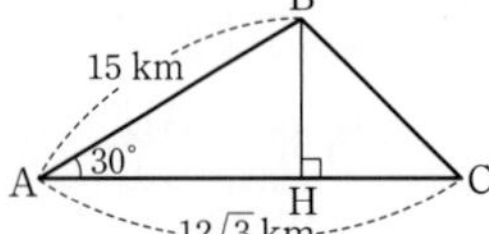

직각삼각형 ABH에서

$\sin 30^\circ=\frac{\overline{BH}}{15}=\frac{1}{2}$이므로

$\overline{BH}=\frac{15}{2}\ (km)$

$\cos 30^\circ=\frac{\overline{AH}}{15}=\frac{\sqrt{3}}{2}$이므로

$\overline{AH}=\frac{15\sqrt{3}}{2}\ (km)$

직각삼각형 BCH에서

$\overline{CH}=\overline{AC}-\overline{AH}=12\sqrt{3}-\frac{15\sqrt{3}}{2}=\frac{9\sqrt{3}}{2}\ (km)$

이므로

$\overline{BC}=\sqrt{\overline{BH}^2+\overline{CH}^2}=\sqrt{\left(\frac{15}{2}\right)^2+\left(\frac{9\sqrt{3}}{2}\right)^2}$

$=\sqrt{117}=3\sqrt{13}\ (km)$

따라서 터널의 길이는 $3\sqrt{13}$ km이다.

10 오른쪽 그림과 같이 꼭짓점 A에서 $\overline{BC}$에 내린 수선의 발을 H라 하자.

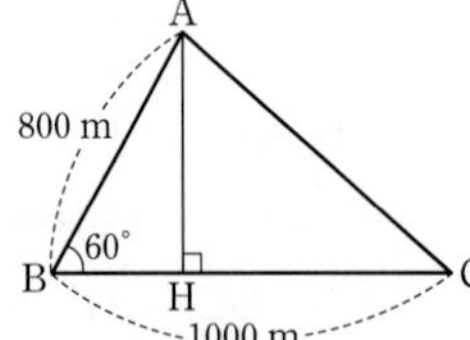

직각삼각형 ABH에서

$\sin 60^\circ=\frac{\overline{AH}}{800}=\frac{\sqrt{3}}{2}$이므로

$\overline{AH}=400\sqrt{3}\ (m)$

$\cos 60^\circ=\frac{\overline{BH}}{800}=\frac{1}{2}$이므로

$\overline{BH}=400\ (m)$

직각삼각형 ACH에서

$\overline{CH}=\overline{BC}-\overline{BH}=1000-400=600\ (m)$

이므로

$\overline{AC}=\sqrt{\overline{AH}^2+\overline{CH}^2}=\sqrt{(400\sqrt{3})^2+600^2}$

$=\sqrt{840000}=200\sqrt{21}\ (m)$

따라서 학교와 도서관 사이의 거리는 $200\sqrt{21}$ m이다.

03 일반 삼각형의 변의 길이 (2)

| 31~32쪽 |

01 10, 5, 45°, 45°, $5\sqrt{2}$ **02** (1) $\frac{9\sqrt{2}}{2}$ (2) 60° (3) $3\sqrt{6}$
03 (1) $4\sqrt{3}$ (2) 45° (3) $4\sqrt{6}$ **04** (1) $3\sqrt{2}$ (2) 30° (3) $6\sqrt{2}$
05 $4\sqrt{6}$ **06** $12\sqrt{2}$ **07** $5\sqrt{6}$ **08** $60\sqrt{2}$ m
09 $60\sqrt{6}$ m **10** ③

01 직각삼각형 BCH에서

$\sin 30^\circ=\frac{\overline{CH}}{\boxed{10}}=\frac{1}{2}$이므로

$\overline{CH}=\boxed{5}$

삼각형 ABC에서

$\angle A=180^\circ-(\angle B+\angle C)$

$=180^\circ-(30^\circ+105^\circ)=\boxed{45^\circ}$

직각삼각형 ACH에서

$\sin \boxed{45^\circ}=\frac{\overline{CH}}{\overline{AC}}=\frac{5}{\overline{AC}}=\frac{\sqrt{2}}{2}$이므로

$\sqrt{2}\,\overline{AC}=10$, 즉 $\overline{AC}=\frac{10}{\sqrt{2}}=\boxed{5\sqrt{2}}$

참고 $\overline{AB}=\overline{AH}+\overline{BH}=\overline{AC}\cos A+\overline{BC}\cos B$

$=5\sqrt{2}\cos 45^\circ+10\cos 30^\circ$

$=5\sqrt{2}\times\frac{\sqrt{2}}{2}+10\times\frac{\sqrt{3}}{2}$

$=5+5\sqrt{3}$

02 (1) 직각삼각형 ACH에서

$\sin 45^\circ=\frac{\overline{CH}}{9}=\frac{\sqrt{2}}{2}$이므로

$\overline{CH}=\frac{9\sqrt{2}}{2}$

(2) 삼각형 ABC에서

$\angle B=180^\circ-(\angle A+\angle C)$

$=180^\circ-(45^\circ+75^\circ)=60^\circ$

(3) 직각삼각형 BCH에서

$\sin 60^\circ=\frac{\frac{9\sqrt{2}}{2}}{\overline{BC}}=\frac{\sqrt{3}}{2}$이므로

$\sqrt{3}\,\overline{BC}=9\sqrt{2}$, 즉 $\overline{BC}=\frac{9\sqrt{2}}{\sqrt{3}}=3\sqrt{6}$

03 (1) 직각삼각형 ABH에서

$\sin 60^\circ=\frac{\overline{AH}}{8}=\frac{\sqrt{3}}{2}$이므로

$\overline{AH}=4\sqrt{3}$

(2) 삼각형 ABC에서

$\angle C=180^\circ-(\angle A+\angle B)$

$=180^\circ-(75^\circ+60^\circ)=45^\circ$

(3) 직각삼각형 ACH에서

$\sin 45^\circ=\frac{4\sqrt{3}}{\overline{AC}}=\frac{\sqrt{2}}{2}$이므로

$\sqrt{2}\,\overline{AC}=8\sqrt{3}$, 즉 $\overline{AC}=\frac{8\sqrt{3}}{\sqrt{2}}=4\sqrt{6}$

04 (1) 직각삼각형 BCH에서

$\sin 45^\circ=\frac{\overline{BH}}{6}=\frac{\sqrt{2}}{2}$이므로

$\overline{BH}=3\sqrt{2}$

(2) 삼각형 ABC에서

$\angle A=180^\circ-(\angle B+\angle C)$

$=180^\circ-(105^\circ+45^\circ)=30^\circ$

(3) 직각삼각형 ABH에서

$\sin 30^\circ=\frac{3\sqrt{2}}{\overline{AB}}=\frac{1}{2}$이므로 $\overline{AB}=6\sqrt{2}$

05 오른쪽 그림과 같이 꼭짓점 C에서 $\overline{AB}$에 내린 수선의 발을 H라 하자.

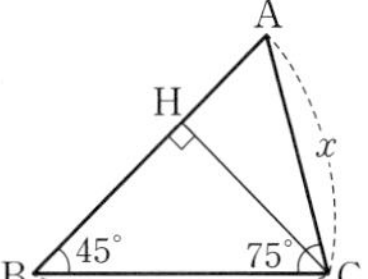

직각삼각형 BCH에서

$\sin 45^\circ=\frac{\overline{CH}}{12}=\frac{\sqrt{2}}{2}$이므로

$\overline{CH}=6\sqrt{2}$

삼각형 ABC에서

$\angle A=180^\circ-(\angle B+\angle C)$

$=180^\circ-(45^\circ+75^\circ)=60^\circ$

직각삼각형 ACH에서

$\sin 60^\circ=\frac{6\sqrt{2}}{x}=\frac{\sqrt{3}}{2}$이므로

$\sqrt{3}x=12\sqrt{2}$, 즉 $x=\frac{12\sqrt{2}}{\sqrt{3}}=4\sqrt{6}$

06 오른쪽 그림과 같이 꼭짓점 B에서 $\overline{AC}$에 내린 수선의 발을 H라 하자.

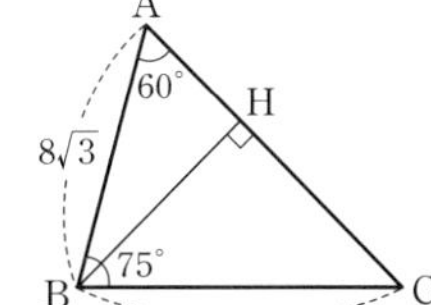

직각삼각형 ABH에서

$\sin 60^\circ=\frac{\overline{BH}}{8\sqrt{3}}=\frac{\sqrt{3}}{2}$이므로

$\overline{BH}=12$

삼각형 ABC에서

$\angle C=180^\circ-(\angle A+\angle B)$

$=180^\circ-(60^\circ+75^\circ)=45^\circ$

직각삼각형 BCH에서

$\sin 45^\circ=\frac{12}{x}=\frac{\sqrt{2}}{2}$이므로

$\sqrt{2}x=24$, 즉 $x=\frac{24}{\sqrt{2}}=12\sqrt{2}$

07 오른쪽 그림과 같이 꼭짓점 A에서 $\overline{BC}$에 내린 수선의 발을 H라 하자.

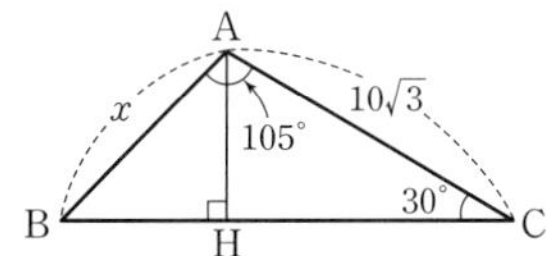

직각삼각형 ACH에서

$\sin 30^\circ=\frac{\overline{AH}}{10\sqrt{3}}=\frac{1}{2}$이므로

$\overline{AH}=5\sqrt{3}$

삼각형 ABC에서

$\angle B=180^\circ-(\angle A+\angle C)$

$=180^\circ-(105^\circ+30^\circ)=45^\circ$

직각삼각형 ABH에서

$\sin 45^\circ=\frac{5\sqrt{3}}{x}=\frac{\sqrt{2}}{2}$이므로

$\sqrt{2}x=10\sqrt{3}$

즉, $x=\frac{10\sqrt{3}}{\sqrt{2}}=5\sqrt{6}$

08 오른쪽 그림과 같이 꼭짓점 B에서 $\overline{AC}$에 내린 수선의 발을 H라 하자.

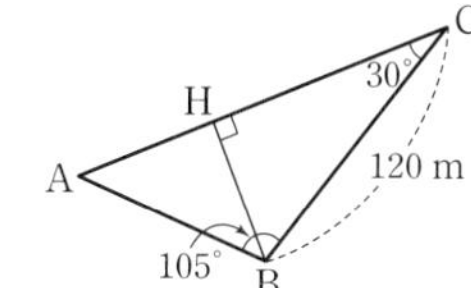

직각삼각형 BCH에서

$\sin 30^\circ=\frac{\overline{BH}}{120}=\frac{1}{2}$이므로

$\overline{BH}=60\,(\text{m})$

삼각형 ABC에서

$\angle A=180^\circ-(\angle B+\angle C)$

$=180^\circ-(105^\circ+30^\circ)=45^\circ$

직각삼각형 ABH에서

$\sin 45^\circ=\frac{60}{\overline{AB}}=\frac{\sqrt{2}}{2}$이므로

$\sqrt{2}\,\overline{AB}=120$

즉, $\overline{AB}=\frac{120}{\sqrt{2}}=60\sqrt{2}\,(\text{m})$

따라서 두 등대 A, B 사이의 거리는 $60\sqrt{2}$ m이다.

09 오른쪽 그림과 같이 꼭짓점 B에서 $\overline{AC}$에 내린 수선의 발을 H라 하자.

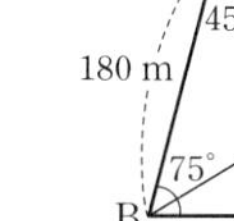

직각삼각형 ABH에서

$\sin 45^\circ=\frac{\overline{BH}}{180}=\frac{\sqrt{2}}{2}$이므로

$\overline{BH}=90\sqrt{2}\,(\text{m})$

삼각형 ABC에서

$\angle C=180^\circ-(\angle A+\angle B)$

$=180^\circ-(45^\circ+75^\circ)=60^\circ$

직각삼각형 BCH에서

$\sin 60^\circ=\frac{90\sqrt{2}}{\overline{BC}}=\frac{\sqrt{3}}{2}$이므로

$\sqrt{3}\,\overline{BC}=180\sqrt{2}$

즉, $\overline{BC}=\frac{180\sqrt{2}}{\sqrt{3}}=60\sqrt{6}\,(\text{m})$

따라서 두 지점 B, C 사이의 거리는 $60\sqrt{6}$ m이다.

10 오른쪽 그림과 같이 꼭짓점 A에서 $\overline{BC}$에 내린 수선의 발을 H라 하자.

직각삼각형 ACH에서

$\sin 60^\circ=\dfrac{\overline{AH}}{160}=\dfrac{\sqrt{3}}{2}$이므로

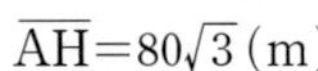

$\overline{AH}=80\sqrt{3}\,(\mathrm{m})$

삼각형 ABC에서

$\angle B=180^\circ-(\angle A+\angle C)$

$=180^\circ-(75^\circ+60^\circ)=45^\circ$

직각삼각형 ABH에서

$\sin 45^\circ=\dfrac{80\sqrt{3}}{\overline{AB}}=\dfrac{\sqrt{2}}{2}$이므로

$\sqrt{2}\,\overline{AB}=160\sqrt{3}$

즉, $\overline{AB}=\dfrac{160\sqrt{3}}{\sqrt{2}}=80\sqrt{6}\,(\mathrm{m})$

따라서 매점과 대관람차 사이의 거리는 $80\sqrt{6}$ m이다.

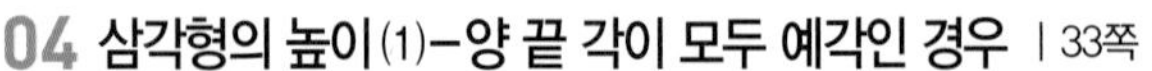

04 삼각형의 높이(1)–양 끝 각이 모두 예각인 경우 | 33쪽 |

01 60°, 60°, $\sqrt{3}$, 30°, 30°, $\dfrac{\sqrt{3}}{3}$, $\sqrt{3}$, $\dfrac{\sqrt{3}}{3}$, 6
02 $3-\sqrt{3}$ **03** $7\sqrt{3}-7$ **04** $(90-30\sqrt{3})$ m

01 직각삼각형 ABH에서

$\angle BAH=90^\circ-30^\circ=\boxed{60^\circ}$

이므로

$\tan\boxed{60^\circ}=\dfrac{\overline{BH}}{h}=\sqrt{3}$, 즉 $\overline{BH}=\boxed{\sqrt{3}}\,h$

직각삼각형 ACH에서

$\angle CAH=90^\circ-60^\circ=\boxed{30^\circ}$

이므로

$\tan\boxed{30^\circ}=\dfrac{\overline{CH}}{h}=\dfrac{\sqrt{3}}{3}$, 즉 $\overline{CH}=\boxed{\dfrac{\sqrt{3}}{3}}\,h$

$\overline{BC}=\overline{BH}+\overline{CH}$이므로

$8\sqrt{3}=\boxed{\sqrt{3}}\,h+\boxed{\dfrac{\sqrt{3}}{3}}\,h$, $\dfrac{4\sqrt{3}}{3}h=8\sqrt{3}$

즉, $h=8\sqrt{3}\times\dfrac{3}{4\sqrt{3}}=\boxed{6}$

02 직각삼각형 ABH에서

$\angle BAH=90^\circ-60^\circ=30^\circ$

이므로

$\tan 30^\circ=\dfrac{\overline{BH}}{h}=\dfrac{\sqrt{3}}{3}$, 즉 $\overline{BH}=\dfrac{\sqrt{3}}{3}h$

직각삼각형 ACH에서

$\angle CAH=90^\circ-45^\circ=45^\circ$

이므로

$\tan 45^\circ=\dfrac{\overline{CH}}{h}=1$, 즉 $\overline{CH}=h$

$\overline{BC}=\overline{BH}+\overline{CH}$이므로

$2=\dfrac{\sqrt{3}}{3}h+h$, $\dfrac{\sqrt{3}+3}{3}h=2$

따라서

$h=2\times\dfrac{3}{\sqrt{3}+3}=\dfrac{6(\sqrt{3}-3)}{(\sqrt{3}+3)(\sqrt{3}-3)}$

$=3-\sqrt{3}$

03 직각삼각형 ABH에서

$\angle BAH=90^\circ-45^\circ=45^\circ$

이므로

$\tan 45^\circ=\dfrac{\overline{BH}}{h}=1$, 즉 $\overline{BH}=h$

직각삼각형 ACH에서

$\angle CAH=90^\circ-30^\circ=60^\circ$

이므로

$\tan 60^\circ=\dfrac{\overline{CH}}{h}=\sqrt{3}$, 즉 $\overline{CH}=\sqrt{3}h$

$\overline{BC}=\overline{BH}+\overline{CH}$이므로

$14=h+\sqrt{3}h$, $(\sqrt{3}+1)h=14$

따라서

$h=\dfrac{14}{\sqrt{3}+1}=\dfrac{14(\sqrt{3}-1)}{(\sqrt{3}+1)(\sqrt{3}-1)}$

$=7(\sqrt{3}-1)=7\sqrt{3}-7$

04 오른쪽 그림과 같이 꼭짓점 C에서 $\overline{AB}$에 내린 수선의 발을 H라 하자.

직각삼각형 ACH에서

$\angle ACH=90^\circ-60^\circ=30^\circ$

이므로

$\tan 30^\circ=\dfrac{\overline{AH}}{\overline{CH}}=\dfrac{\sqrt{3}}{3}$

즉, $\overline{AH}=\dfrac{\sqrt{3}}{3}\overline{CH}$

직각삼각형 BCH에서

$\angle BCH=90^\circ-45^\circ=45^\circ$

이므로

$\tan 45^\circ=\dfrac{\overline{BH}}{\overline{CH}}=1$

즉, $\overline{BH}=\overline{CH}$

$\overline{AB}=\overline{AH}+\overline{BH}$이므로

$60=\dfrac{\sqrt{3}}{3}\overline{CH}+\overline{CH}$, $\dfrac{\sqrt{3}+3}{3}\overline{CH}=60$

따라서

$\overline{CH}=60\times\dfrac{3}{\sqrt{3}+3}=\dfrac{180(\sqrt{3}-3)}{(\sqrt{3}+3)(\sqrt{3}-3)}$

$=30(3-\sqrt{3})=90-30\sqrt{3}\,(\mathrm{m})$

05 삼각형의 높이(2)-양 끝 각 중 한 각이 둔각인 경우 | 34쪽 |

01 60°, 60°, $\sqrt{3}$, 60°, 30°, 30°, $\frac{\sqrt{3}}{3}$, $\sqrt{3}$, $\frac{\sqrt{3}}{3}$, $4\sqrt{3}$
02 $6\sqrt{2}+2\sqrt{6}$ **03** $3\sqrt{3}+3$ **04** $(45\sqrt{3}+45)$ m

01 직각삼각형 ABH에서
$\angle BAH=90°-30°=\boxed{60°}$
이므로
$\tan\boxed{60°}=\frac{\overline{BH}}{h}=\sqrt{3}$, 즉 $\overline{BH}=\boxed{\sqrt{3}}h$
직각삼각형 ACH에서
$\angle ACH=180°-120°=\boxed{60°}$
$\angle CAH=90°-60°=\boxed{30°}$
이므로
$\tan\boxed{30°}=\frac{\overline{CH}}{h}=\frac{\sqrt{3}}{3}$, 즉 $\overline{CH}=\boxed{\frac{\sqrt{3}}{3}}h$
$\overline{BC}=\overline{BH}-\overline{CH}$이므로
$8=\boxed{\sqrt{3}}h-\boxed{\frac{\sqrt{3}}{3}}h$, $\frac{2\sqrt{3}}{3}h=8$
즉, $h=8\times\frac{3}{2\sqrt{3}}=\boxed{4\sqrt{3}}$

02 직각삼각형 ABH에서
$\angle BAH=90°-45°=45°$
이므로
$\tan 45°=\frac{\overline{BH}}{h}=1$, 즉 $\overline{BH}=h$
직각삼각형 ACH에서
$\angle ACH=180°-120°=60°$
$\angle CAH=90°-60°=30°$
이므로
$\tan 30°=\frac{\overline{CH}}{h}=\frac{\sqrt{3}}{3}$, 즉 $\overline{CH}=\frac{\sqrt{3}}{3}h$
$\overline{BC}=\overline{BH}-\overline{CH}$이므로
$4\sqrt{2}=h-\frac{\sqrt{3}}{3}h$, $\frac{3-\sqrt{3}}{3}h=4\sqrt{2}$
따라서
$h=4\sqrt{2}\times\frac{3}{3-\sqrt{3}}=\frac{12\sqrt{2}(3+\sqrt{3})}{(3-\sqrt{3})(3+\sqrt{3})}$
$=2\sqrt{2}(3+\sqrt{3})=6\sqrt{2}+2\sqrt{6}$

03 직각삼각형 ACH에서
$\angle CAH=90°-30°=60°$
이므로
$\tan 60°=\frac{\overline{CH}}{h}=\sqrt{3}$, 즉 $\overline{CH}=\sqrt{3}h$
직각삼각형 ABH에서
$\angle ABH=180°-135°=45°$
$\angle BAH=90°-45°=45°$
이므로
$\tan 45°=\frac{\overline{BH}}{h}=1$, 즉 $\overline{BH}=h$
$\overline{BC}=\overline{CH}-\overline{BH}$이므로
$6=\sqrt{3}h-h$, $(\sqrt{3}-1)h=6$
따라서
$h=\frac{6}{\sqrt{3}-1}=\frac{6(\sqrt{3}+1)}{(\sqrt{3}-1)(\sqrt{3}+1)}$
$=3(\sqrt{3}+1)=3\sqrt{3}+3$

04 직각삼각형 ACD에서
$\angle ACD=90°-30°=60°$
이므로
$\tan 60°=\frac{\overline{AD}}{\overline{CD}}=\sqrt{3}$
즉, $\overline{AD}=\sqrt{3}\,\overline{CD}$
직각삼각형 BCD에서
$\angle BCD=90°-45°=45°$
이므로
$\tan 45°=\frac{\overline{BD}}{\overline{CD}}=1$
즉, $\overline{BD}=\overline{CD}$
$\overline{AB}=\overline{AD}-\overline{BD}$이므로
$90=\sqrt{3}\,\overline{CD}-\overline{CD}$, $(\sqrt{3}-1)\overline{CD}=90$
따라서
$\overline{CD}=\frac{90}{\sqrt{3}-1}=\frac{90(\sqrt{3}+1)}{(\sqrt{3}-1)(\sqrt{3}+1)}$
$=45(\sqrt{3}+1)=45\sqrt{3}+45$ (m)
이므로 구하는 건물의 높이는 $(45\sqrt{3}+45)$ m이다.

확인문제 | 35쪽 |

01 ⑤ **02** ② **03** ③ **04** ③ **05** ③
06 ①

01 $\cos 66°=\frac{x}{20}=0.41$이므로
$x=0.41\times20=8.2$
$\sin 66°=\frac{y}{20}=0.91$이므로
$y=0.91\times20=18.2$
따라서 $x+y=8.2+18.2=26.4$

02 직각삼각형 BCD에서

$\tan 30° = \dfrac{\overline{CD}}{15} = \dfrac{\sqrt{3}}{3}$이므로

$\overline{CD} = 5\sqrt{3}$ (m)

직각삼각형 ABD에서

$\tan 60° = \dfrac{\overline{AD}}{15} = \sqrt{3}$이므로

$\overline{AD} = 15\sqrt{3}$ (m)

따라서 지면에서 A 지점까지의 높이는

$\overline{CD} + \overline{AD} = 5\sqrt{3} + 15\sqrt{3} = 20\sqrt{3}$ (m)

03 오른쪽 그림과 같이 꼭짓점 C에서 $\overline{AB}$에 내린 수선의 발을 H라 하자.

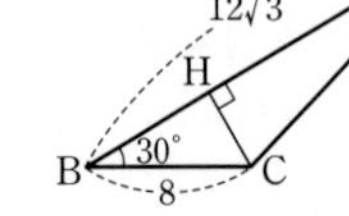

직각삼각형 BCH에서

$\sin 30° = \dfrac{\overline{CH}}{8} = \dfrac{1}{2}$이므로

$\overline{CH} = 4$

$\cos 30° = \dfrac{\overline{BH}}{8} = \dfrac{\sqrt{3}}{2}$이므로

$\overline{BH} = 4\sqrt{3}$

따라서 직각삼각형 ACH에서

$\overline{AH} = \overline{AB} - \overline{BH} = 12\sqrt{3} - 4\sqrt{3} = 8\sqrt{3}$

이므로

$\overline{AC} = \sqrt{\overline{AH}^2 + \overline{CH}^2} = \sqrt{(8\sqrt{3})^2 + 4^2}$

$= \sqrt{208} = 4\sqrt{13}$

04 오른쪽 그림과 같이 꼭짓점 B에서 $\overline{AC}$에 내린 수선의 발을 H라 하자.

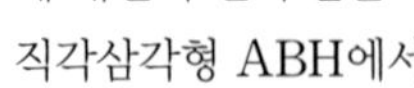

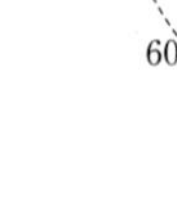

직각삼각형 ABH에서

$\sin 45° = \dfrac{\overline{BH}}{60} = \dfrac{\sqrt{2}}{2}$이므로

$\overline{BH} = 30\sqrt{2}$ (m)

삼각형 ABC에서

$\angle C = 180° - (\angle A + \angle B)$

$= 180° - (45° + 75°) = 60°$

직각삼각형 BCH에서

$\sin 60° = \dfrac{30\sqrt{2}}{\overline{BC}} = \dfrac{\sqrt{3}}{2}$이므로

$\sqrt{3}\,\overline{BC} = 60\sqrt{2}$

즉, $\overline{BC} = \dfrac{60\sqrt{2}}{\sqrt{3}} = 20\sqrt{6}$ (m)

따라서 텐트 B에서 공동 식수대 C까지의 거리는 $20\sqrt{6}$ m이다.

참고 $\overline{AC} = \overline{AH} + \overline{CH}$

$= \overline{AB}\cos A + \overline{BC}\cos C$

$= 60\cos 45° + 20\sqrt{6}\cos 60°$

$= 60 \times \dfrac{\sqrt{2}}{2} + 20\sqrt{6} \times \dfrac{1}{2}$

$= 30\sqrt{2} + 10\sqrt{6}$ (m)

따라서 텐트 A에서 공동 식수대 C까지의 거리는 $(30\sqrt{2} + 10\sqrt{6})$ m이다.

05 직각삼각형 ABH에서

$\angle BAH = 90° - 45° = 45°$

이므로

$\tan 45° = \dfrac{\overline{BH}}{h} = 1$

즉, $\overline{BH} = h$

직각삼각형 ACH에서

$\angle CAH = 90° - 60° = 30°$

이므로

$\tan 30° = \dfrac{\overline{CH}}{h} = \dfrac{\sqrt{3}}{3}$

즉, $\overline{CH} = \dfrac{\sqrt{3}}{3}h$

$\overline{BC} = \overline{BH} + \overline{CH}$이므로

$16 = h + \dfrac{\sqrt{3}}{3}h$, $\dfrac{3+\sqrt{3}}{3}h = 16$

따라서

$h = 16 \times \dfrac{3}{3+\sqrt{3}} = \dfrac{48(3-\sqrt{3})}{(3+\sqrt{3})(3-\sqrt{3})}$

$= 8(3-\sqrt{3}) = 24 - 8\sqrt{3}$

06 직각삼각형 ABD에서

$\angle BAD = 90° - 45° = 45°$

이므로

$\tan 45° = \dfrac{\overline{BD}}{\overline{AD}} = 1$

즉, $\overline{BD} = \overline{AD}$

직각삼각형 ACD에서

$\angle CAD = 90° - 60° = 30°$

이므로

$\tan 30° = \dfrac{\overline{CD}}{\overline{AD}} = \dfrac{\sqrt{3}}{3}$

즉, $\overline{CD} = \dfrac{\sqrt{3}}{3}\overline{AD}$

$\overline{BC} = \overline{BD} - \overline{CD}$이므로

$30\sqrt{3} = \overline{AD} - \dfrac{\sqrt{3}}{3}\overline{AD}$, $\dfrac{3-\sqrt{3}}{3}\overline{AD} = 30\sqrt{3}$

따라서

$\overline{AD} = 30\sqrt{3} \times \dfrac{3}{3-\sqrt{3}} = \dfrac{90\sqrt{3}(3+\sqrt{3})}{(3-\sqrt{3})(3+\sqrt{3})}$

$= 15\sqrt{3}(3+\sqrt{3}) = 45\sqrt{3} + 45$ (m)

이므로 등대의 높이는 $(45\sqrt{3} + 45)$ m이다.

2. 넓이 구하기

01 삼각형의 넓이

| 36~39쪽 |

01 $2\sqrt{2}$	02 $\frac{55\sqrt{3}}{2}$	03 $6\sqrt{2}$	04 $\frac{27}{2}$
05 $15\sqrt{3}$	06 $12\sqrt{2}$	07 $\frac{25}{2}$	08 $3\sqrt{6}$
09 $3\sqrt{21}$	10 $3\sqrt{3}$	11 9	12 $4\sqrt{3}$
13 $3\sqrt{3}$	14 3	15 5	16 $4\sqrt{2}$
17 $6\sqrt{3}$	18 $4\sqrt{3}$	19 $\frac{18+3\sqrt{3}}{4}$	20 28
21 $42\sqrt{3}$	22 $12\sqrt{3}$	23 $56\sqrt{3}$	24 11
25 $\frac{85\sqrt{3}}{4}$	26 $24\sqrt{3}+36$	27 $72+24\sqrt{6}$	28 ⑤

01 $\triangle ABC=\frac{1}{2}\times 2\sqrt{2}\times 2\sqrt{2}\times \sin 45^\circ$
$=\frac{1}{2}\times 2\sqrt{2}\times 2\sqrt{2}\times\frac{\sqrt{2}}{2}=2\sqrt{2}$

02 $\triangle ABC=\frac{1}{2}\times 10\times 11\times \sin 60^\circ$
$=\frac{1}{2}\times 10\times 11\times\frac{\sqrt{3}}{2}=\frac{55\sqrt{3}}{2}$

03 $\triangle ABC=\frac{1}{2}\times 4\times 6\times \sin 45^\circ$
$=\frac{1}{2}\times 4\times 6\times\frac{\sqrt{2}}{2}=6\sqrt{2}$

04 $\triangle ABC=\frac{1}{2}\times 6\times 9\times \sin 30^\circ$
$=\frac{1}{2}\times 6\times 9\times\frac{1}{2}=\frac{27}{2}$

05 $\triangle ABC=\frac{1}{2}\times 10\times 6\times \sin 60^\circ$
$=\frac{1}{2}\times 10\times 6\times\frac{\sqrt{3}}{2}=15\sqrt{3}$

06 $\triangle ABC=\frac{1}{2}\times 6\times 8\times \sin (180^\circ-135^\circ)$
$=\frac{1}{2}\times 6\times 8\times \sin 45^\circ$
$=\frac{1}{2}\times 6\times 8\times\frac{\sqrt{2}}{2}=12\sqrt{2}$

07 $\triangle ABC=\frac{1}{2}\times 10\times 5\times \sin (180^\circ-150^\circ)$
$=\frac{1}{2}\times 10\times 5\times \sin 30^\circ$
$=\frac{1}{2}\times 10\times 5\times\frac{1}{2}=\frac{25}{2}$

08 $\triangle ABC=\frac{1}{2}\times 2\sqrt{3}\times 6\times \sin (180^\circ-135^\circ)$
$=\frac{1}{2}\times 2\sqrt{3}\times 6\times \sin 45^\circ$
$=\frac{1}{2}\times 2\sqrt{3}\times 6\times\frac{\sqrt{2}}{2}=3\sqrt{6}$

09 $\triangle ABC=\frac{1}{2}\times 2\sqrt{7}\times 6\times \sin (180^\circ-120^\circ)$
$=\frac{1}{2}\times 2\sqrt{7}\times 6\times \sin 60^\circ$
$=\frac{1}{2}\times 2\sqrt{7}\times 6\times\frac{\sqrt{3}}{2}=3\sqrt{21}$

10 $\frac{1}{2}\times x\times 4\times \sin 60^\circ=9$이므로
$\frac{1}{2}\times x\times 4\times\frac{\sqrt{3}}{2}=9$, $\sqrt{3}x=9$
즉, $x=\frac{9}{\sqrt{3}}=3\sqrt{3}$

11 $\frac{1}{2}\times 4\sqrt{2}\times x\times \sin 30^\circ=9\sqrt{2}$이므로
$\frac{1}{2}\times 4\sqrt{2}\times x\times\frac{1}{2}=9\sqrt{2}$, $\sqrt{2}x=9\sqrt{2}$
즉, $x=9$

12 $\frac{1}{2}\times x\times 8\times \sin 60^\circ=24$이므로
$\frac{1}{2}\times x\times 8\times\frac{\sqrt{3}}{2}=24$, $2\sqrt{3}x=24$
즉, $x=\frac{24}{2\sqrt{3}}=4\sqrt{3}$

13 $\frac{1}{2}\times x\times 2\sqrt{6}\times \sin 45^\circ=9$이므로
$\frac{1}{2}\times x\times 2\sqrt{6}\times\frac{\sqrt{2}}{2}=9$, $\sqrt{3}x=9$
즉, $x=\frac{9}{\sqrt{3}}=3\sqrt{3}$

14 $\frac{1}{2}\times x\times 4\times \sin (180^\circ-150^\circ)=3$이므로
$\frac{1}{2}\times x\times 4\times \sin 30^\circ=3$
$\frac{1}{2}\times x\times 4\times\frac{1}{2}=3$
즉, $x=3$

15 $\frac{1}{2}\times 8\times x\times \sin (180^\circ-120^\circ)=10\sqrt{3}$이므로
$\frac{1}{2}\times 8\times x\times \sin 60^\circ=10\sqrt{3}$
$\frac{1}{2}\times 8\times x\times\frac{\sqrt{3}}{2}=10\sqrt{3}$, $2\sqrt{3}x=10\sqrt{3}$
즉, $x=5$

16 $\frac{1}{2}\times x\times 3\times \sin(180^\circ-135^\circ)=6$이므로

$\frac{1}{2}\times x\times 3\times \sin 45^\circ=6$

$\frac{1}{2}\times x\times 3\times \frac{\sqrt{2}}{2}=6$, $\frac{3\sqrt{2}}{4}x=6$

즉, $x=6\times\frac{4}{3\sqrt{2}}=4\sqrt{2}$

17 $\frac{1}{2}\times 4\sqrt{2}\times x\times \sin(180^\circ-120^\circ)=18\sqrt{2}$이므로

$\frac{1}{2}\times 4\sqrt{2}\times x\times \sin 60^\circ=18\sqrt{2}$

$\frac{1}{2}\times 4\sqrt{2}\times x\times \frac{\sqrt{3}}{2}=18\sqrt{2}$, $\sqrt{6}x=18\sqrt{2}$

즉, $x=\frac{18\sqrt{2}}{\sqrt{6}}=6\sqrt{3}$

18 $\frac{1}{2}\times 6\times x\times \sin(180^\circ-150^\circ)=6\sqrt{3}$이므로

$\frac{1}{2}\times 6\times x\times \sin 30^\circ=6\sqrt{3}$

$\frac{1}{2}\times 6\times x\times \frac{1}{2}=6\sqrt{3}$, $\frac{3}{2}x=6\sqrt{3}$

즉, $x=6\sqrt{3}\times\frac{2}{3}=4\sqrt{3}$

19 오른쪽 그림과 같이 $\overline{AC}$를 그으면

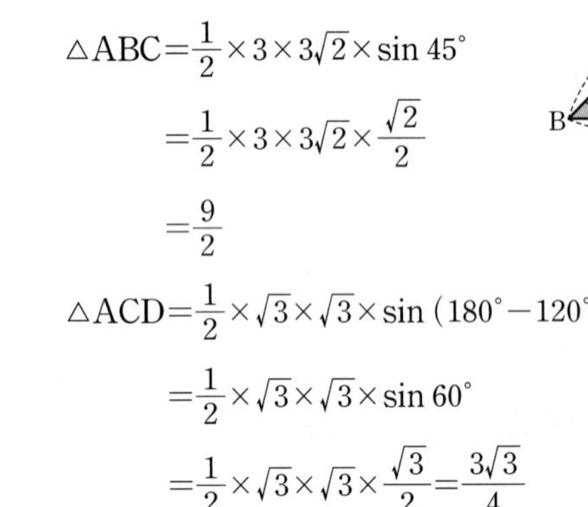

$\triangle ABC=\frac{1}{2}\times 3\times 3\sqrt{2}\times \sin 45^\circ$

$=\frac{1}{2}\times 3\times 3\sqrt{2}\times\frac{\sqrt{2}}{2}$

$=\frac{9}{2}$

$\triangle ACD=\frac{1}{2}\times\sqrt{3}\times\sqrt{3}\times\sin(180^\circ-120^\circ)$

$=\frac{1}{2}\times\sqrt{3}\times\sqrt{3}\times\sin 60^\circ$

$=\frac{1}{2}\times\sqrt{3}\times\sqrt{3}\times\frac{\sqrt{3}}{2}=\frac{3\sqrt{3}}{4}$

따라서

$\square ABCD=\triangle ABC+\triangle ACD$

$=\frac{9}{2}+\frac{3\sqrt{3}}{4}=\frac{18+3\sqrt{3}}{4}$

20 오른쪽 그림과 같이 $\overline{BD}$를 그으면

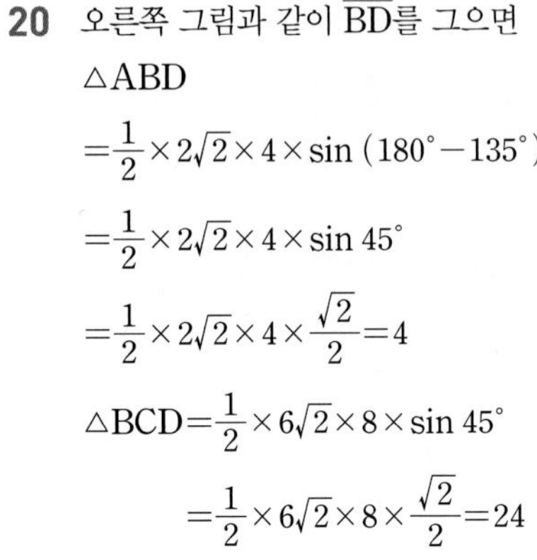
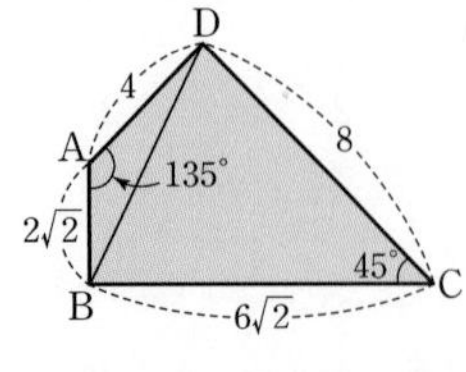

$\triangle ABD$

$=\frac{1}{2}\times 2\sqrt{2}\times 4\times\sin(180^\circ-135^\circ)$

$=\frac{1}{2}\times 2\sqrt{2}\times 4\times\sin 45^\circ$

$=\frac{1}{2}\times 2\sqrt{2}\times 4\times\frac{\sqrt{2}}{2}=4$

$\triangle BCD=\frac{1}{2}\times 6\sqrt{2}\times 8\times\sin 45^\circ$

$=\frac{1}{2}\times 6\sqrt{2}\times 8\times\frac{\sqrt{2}}{2}=24$

따라서

$\square ABCD=\triangle ABD+\triangle BCD$

$=4+24=28$

21 오른쪽 그림과 같이 $\overline{AC}$를 그으면

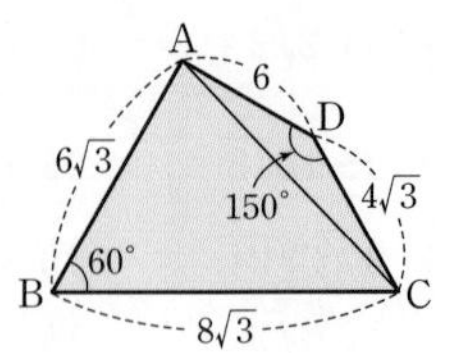

$\triangle ABC$

$=\frac{1}{2}\times 6\sqrt{3}\times 8\sqrt{3}\times\sin 60^\circ$

$=\frac{1}{2}\times 6\sqrt{3}\times 8\sqrt{3}\times\frac{\sqrt{3}}{2}$

$=36\sqrt{3}$

$\triangle ACD=\frac{1}{2}\times 6\times 4\sqrt{3}\times\sin(180^\circ-150^\circ)$

$=\frac{1}{2}\times 6\times 4\sqrt{3}\times\sin 30^\circ$

$=\frac{1}{2}\times 6\times 4\sqrt{3}\times\frac{1}{2}=6\sqrt{3}$

따라서

$\square ABCD=\triangle ABC+\triangle ACD$

$=36\sqrt{3}+6\sqrt{3}=42\sqrt{3}$

22 오른쪽 그림과 같이 $\overline{AC}$를 그으면

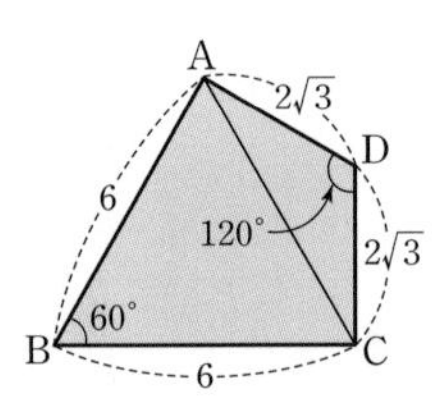

$\triangle ABC=\frac{1}{2}\times 6\times 6\times\sin 60^\circ$

$=\frac{1}{2}\times 6\times 6\times\frac{\sqrt{3}}{2}$

$=9\sqrt{3}$

$\triangle ACD=\frac{1}{2}\times 2\sqrt{3}\times 2\sqrt{3}\times\sin(180^\circ-120^\circ)$

$=\frac{1}{2}\times 2\sqrt{3}\times 2\sqrt{3}\times\sin 60^\circ$

$=\frac{1}{2}\times 2\sqrt{3}\times 2\sqrt{3}\times\frac{\sqrt{3}}{2}=3\sqrt{3}$

따라서

$\square ABCD=\triangle ABC+\triangle ACD$

$=9\sqrt{3}+3\sqrt{3}=12\sqrt{3}$

23 오른쪽 그림과 같이 $\overline{BD}$를 그으면

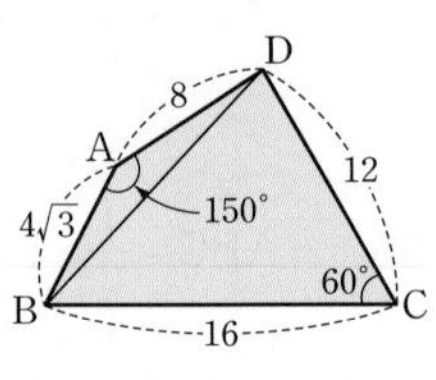

$\triangle ABD$

$=\frac{1}{2}\times 4\sqrt{3}\times 8\times\sin(180^\circ-150^\circ)$

$=\frac{1}{2}\times 4\sqrt{3}\times 8\times\sin 30^\circ$

$=\frac{1}{2}\times 4\sqrt{3}\times 8\times\frac{1}{2}=8\sqrt{3}$

$\triangle BCD=\frac{1}{2}\times 16\times 12\times\sin 60^\circ$

$=\frac{1}{2}\times 16\times 12\times\frac{\sqrt{3}}{2}=48\sqrt{3}$

따라서

$\square ABCD=\triangle ABD+\triangle BCD$

$=8\sqrt{3}+48\sqrt{3}=56\sqrt{3}$

24 $\triangle ABC=\frac{1}{2}\times3\times4=6$

직각삼각형 ABC에서

$\overline{AC}=\sqrt{3^2+4^2}=\sqrt{25}=5$

이므로

$\triangle ACD=\frac{1}{2}\times5\times4\times\sin 30^\circ$

$=\frac{1}{2}\times5\times4\times\frac{1}{2}=5$

따라서

$\square ABCD=\triangle ABC+\triangle ACD$

$=6+5=11$

25 $\triangle ABC=\frac{1}{2}\times5\times10\times\sin 60^\circ$

$=\frac{1}{2}\times5\times10\times\frac{\sqrt{3}}{2}=\frac{25\sqrt{3}}{2}$

직각삼각형 ABC에서

$\overline{AC}=10\sin 60^\circ=10\times\frac{\sqrt{3}}{2}=5\sqrt{3}$

이므로

$\triangle ACD=\frac{1}{2}\times5\sqrt{3}\times7\times\sin 30^\circ$

$=\frac{1}{2}\times5\sqrt{3}\times7\times\frac{1}{2}=\frac{35\sqrt{3}}{4}$

따라서

$\square ABCD=\triangle ABC+\triangle ACD$

$=\frac{25\sqrt{3}}{2}+\frac{35\sqrt{3}}{4}=\frac{85\sqrt{3}}{4}$

26 직각삼각형 BCD에서

$\cos 45^\circ=\frac{6\sqrt{2}}{\overline{BD}}=\frac{\sqrt{2}}{2}$

$\sqrt{2}\,\overline{BD}=12\sqrt{2}$, 즉 $\overline{BD}=12$

따라서

$\triangle ABD=\frac{1}{2}\times8\times12\times\sin 60^\circ$

$=\frac{1}{2}\times8\times12\times\frac{\sqrt{3}}{2}=24\sqrt{3}$

$\triangle BCD=\frac{1}{2}\times12\times6\sqrt{2}\times\sin 45^\circ$

$=\frac{1}{2}\times12\times6\sqrt{2}\times\frac{\sqrt{2}}{2}=36$

이므로

$\square ABCD=\triangle ABD+\triangle BCD$

$=24\sqrt{3}+36$

[다른 풀이]

직각삼각형 BCD는 $\overline{BC}=\overline{CD}$인 직각이등변삼각형이므로

$\overline{CD}=\overline{BC}=6\sqrt{2}$

따라서

$\overline{BD}=\sqrt{\overline{BC}^2+\overline{CD}^2}=\sqrt{(6\sqrt{2})^2+(6\sqrt{2})^2}$

$=\sqrt{144}=12$

27 직각삼각형 ABC에서

$\sin 45^\circ=\frac{12}{\overline{AC}}=\frac{\sqrt{2}}{2}$

$\sqrt{2}\,\overline{AC}=24$, 즉 $\overline{AC}=\frac{24}{\sqrt{2}}=12\sqrt{2}$

$\angle ACB=90^\circ-45^\circ=45^\circ$이므로

$\triangle ABC=\frac{1}{2}\times12\sqrt{2}\times12\times\sin 45^\circ$

$=\frac{1}{2}\times12\sqrt{2}\times12\times\frac{\sqrt{2}}{2}=72$

$\triangle ACD=\frac{1}{2}\times12\sqrt{2}\times8\times\sin 60^\circ$

$=\frac{1}{2}\times12\sqrt{2}\times8\times\frac{\sqrt{3}}{2}=24\sqrt{6}$

따라서

$\square ABCD=\triangle ABC+\triangle ACD$

$=72+24\sqrt{6}$

[다른 풀이]

직각삼각형 ABC는 $\overline{AB}=\overline{BC}$인 직각이등변삼각형이므로

$\overline{AB}=\overline{BC}=12$

따라서 $\triangle ABC=\frac{1}{2}\times12\times12=72$

28 ① 직각삼각형 ABC에서

$\cos 60^\circ=\frac{\overline{AB}}{20}=\frac{1}{2}$이므로 $\overline{AB}=10$

② 직각삼각형 ABC에서

$\sin 60^\circ=\frac{\overline{AC}}{20}=\frac{\sqrt{3}}{2}$이므로 $\overline{AC}=10\sqrt{3}$

③ $\triangle ABC=\frac{1}{2}\times10\times20\times\sin 60^\circ$

$=\frac{1}{2}\times10\times20\times\frac{\sqrt{3}}{2}=50\sqrt{3}$

④ $\triangle ACD=\frac{1}{2}\times10\sqrt{3}\times12\times\sin 30^\circ$

$=\frac{1}{2}\times10\sqrt{3}\times12\times\frac{1}{2}=30\sqrt{3}$

⑤ $\square ABCD=\triangle ABC+\triangle ACD$

$=50\sqrt{3}+30\sqrt{3}=80\sqrt{3}$

[다른 풀이]

①, ② 직각삼각형 ABC에서 $\overline{BC}=20$이고

$\overline{AB}:\overline{AC}:\overline{BC}=1:\sqrt{3}:2$이므로

$\overline{AB}=10$, $\overline{AC}=10\sqrt{3}$

③ $\triangle ABC=\frac{1}{2}\times10\times10\sqrt{3}=50\sqrt{3}$

02 평행사변형의 넓이 | 40쪽 |

01 $54\sqrt{2}$	**02** 8	**03** $6\sqrt{3}$	**04** $15\sqrt{3}$
05 12	**06** 56	**07** ⑤	

01 $\square ABCD=9\times12\times\sin45^\circ$
$=9\times12\times\frac{\sqrt{2}}{2}=54\sqrt{2}$

02 $\square ABCD=4\times4\times\sin30^\circ$
$=4\times4\times\frac{1}{2}=8$

03 $\square ABCD=2\sqrt{3}\times2\sqrt{3}\times\sin60^\circ$
$=2\sqrt{3}\times2\sqrt{3}\times\frac{\sqrt{3}}{2}=6\sqrt{3}$

04 $\square ABCD=5\times6\times\sin(180^\circ-120^\circ)$
$=5\times6\times\sin60^\circ$
$=5\times6\times\frac{\sqrt{3}}{2}=15\sqrt{3}$

05 $\square ABCD=4\times6\times\sin(180^\circ-150^\circ)$
$=4\times6\times\sin30^\circ$
$=4\times6\times\frac{1}{2}=12$

06 $\overline{CD}=\overline{AB}=8\sqrt{2}$이므로
$\square ABCD=7\times8\sqrt{2}\times\sin(180^\circ-135^\circ)$
$=7\times8\sqrt{2}\times\sin45^\circ$
$=7\times8\sqrt{2}\times\frac{\sqrt{2}}{2}=56$
[다른 풀이]
평행사변형에서 이웃하는 두 내각의 크기의 합은 180°이므로
$\angle A+\angle D=180^\circ$
즉, $\angle A=180^\circ-135^\circ=45^\circ$
따라서
$\square ABCD=7\times8\sqrt{2}\times\sin45^\circ=7\times8\sqrt{2}\times\frac{\sqrt{2}}{2}=56$

07 $\angle A+\angle D=180^\circ$이므로
$\angle A=180^\circ-150^\circ=30^\circ$
평행사변형 ABCD의 넓이가 56이므로
$8\times\overline{AB}\times\sin30^\circ=56$
$8\times\overline{AB}\times\frac{1}{2}=56$, $4\overline{AB}=56$
즉, $\overline{AB}=14$
[다른 풀이]
평행사변형 ABCD의 넓이가 56이므로
$8\times\overline{CD}\times\sin(180^\circ-150^\circ)=56$
$8\times\overline{CD}\times\sin30^\circ=56$
$8\times\overline{CD}\times\frac{1}{2}=56$, $4\overline{CD}=56$
즉, $\overline{CD}=14$
이때 $\overline{AB}=\overline{CD}$이므로 $\overline{AB}=14$

03 사각형의 넓이

| 41쪽 |

01 $10\sqrt{2}$	**02** $\frac{135}{2}$	**03** 40	**04** $30\sqrt{3}$
05 $9\sqrt{3}$	**06** 75	**07** ④	

01 $\square ABCD=\frac{1}{2}\times8\times5\times\sin45^\circ$
$=\frac{1}{2}\times8\times5\times\frac{\sqrt{2}}{2}=10\sqrt{2}$

02 $\square ABCD=\frac{1}{2}\times18\times15\times\sin(180^\circ-150^\circ)$
$=\frac{1}{2}\times18\times15\times\sin30^\circ$
$=\frac{1}{2}\times18\times15\times\frac{1}{2}$
$=\frac{135}{2}$

03 $\square ABCD=\frac{1}{2}\times10\times8\times\sin90^\circ$
$=\frac{1}{2}\times10\times8\times1=40$
[다른 풀이]
오른쪽 그림과 같이 두 대각선의 교점을 E라 하고, $\overline{BE}=x$라 하면 $\overline{DE}=8-x$이므로

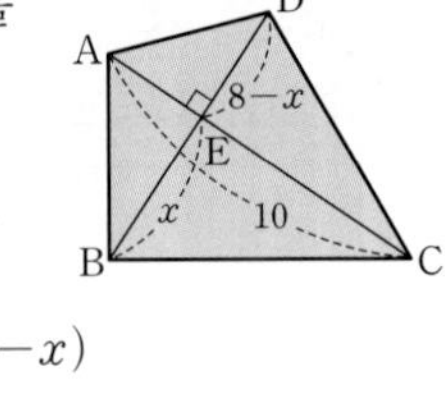

$\square ABCD=\triangle ABC+\triangle ACD$
$=\frac{1}{2}\times10\times x+\frac{1}{2}\times10\times(8-x)$
$=5x+40-5x=40$

04 $\square ABCD=\frac{1}{2}\times10\times12\times\sin(180^\circ-120^\circ)$
$=\frac{1}{2}\times10\times12\times\sin60^\circ$
$=\frac{1}{2}\times10\times12\times\frac{\sqrt{3}}{2}$
$=30\sqrt{3}$

05 등변사다리꼴의 두 대각선의 길이는 서로 같으므로
$\overline{AC}=\overline{BD}=6$
따라서
$\square ABCD=\frac{1}{2}\times6\times6\times\sin60^\circ$
$=\frac{1}{2}\times6\times6\times\frac{\sqrt{3}}{2}$
$=9\sqrt{3}$

06 등변사다리꼴의 두 대각선의 길이는 서로 같으므로
$\overline{BD}=\overline{AC}=10\sqrt{3}$

따라서

$\square ABCD=\frac{1}{2}\times10\sqrt{3}\times10\sqrt{3}\times\sin(180^\circ-150^\circ)$

$=\frac{1}{2}\times10\sqrt{3}\times10\sqrt{3}\times\sin30^\circ$

$=\frac{1}{2}\times10\sqrt{3}\times10\sqrt{3}\times\frac{1}{2}$

$=75$

07 사각형 ABCD의 넓이가 $44\sqrt{3}$이므로

$\frac{1}{2}\times11\times16\times\sin x=44\sqrt{3}$

즉, $\sin x=\frac{\sqrt{3}}{2}$

이때 $\sin60^\circ=\frac{\sqrt{3}}{2}$이고 $\angle x$가 예각이므로

$\angle x=60^\circ$

확인문제

| 42쪽 |

01 ② **02** ③ **03** ④ **04** ④ **05** ⑤
06 ④

01 $\triangle ABC=\frac{1}{2}\times7\times12\times\sin45^\circ$

$=\frac{1}{2}\times7\times12\times\frac{\sqrt{2}}{2}$

$=21\sqrt{2}\,(cm^2)$

02 $\overline{AB}=\overline{AC}$이므로

$\angle C=\angle B=60^\circ$

이때 삼각형의 세 내각의 크기의 합은 180°이므로

$\angle A=180^\circ-(60^\circ+60^\circ)=60^\circ$

즉, 삼각형 ABC는 정삼각형이다.

따라서

$\triangle ABC=\frac{1}{2}\times6\sqrt{2}\times6\sqrt{2}\times\sin60^\circ$

$=\frac{1}{2}\times6\sqrt{2}\times6\sqrt{2}\times\frac{\sqrt{3}}{2}$

$=18\sqrt{3}$

참고 세 내각의 크기가 모두 같은 삼각형은 정삼각형이다.
이때 삼각형의 세 내각의 크기의 합은 180°이므로 한 내각의 크기를 $\angle x$라 하면
$3\angle x=180^\circ$, 즉 $\angle x=60^\circ$
따라서 세 내각의 크기가 모두 60°로 같은 삼각형은 정삼각형이다.

03 삼각형 ABC의 넓이가 $12\,cm^2$이므로

$\frac{1}{2}\times\overline{AB}\times8\times\sin(180^\circ-150^\circ)=12$

$\frac{1}{2}\times\overline{AB}\times8\times\sin30^\circ=12$

$\frac{1}{2}\times\overline{AB}\times8\times\frac{1}{2}=12$, $2\overline{AB}=12$

즉, $\overline{AB}=6\,(cm)$

04 오른쪽 그림과 같이 $\overline{BD}$를 그으면

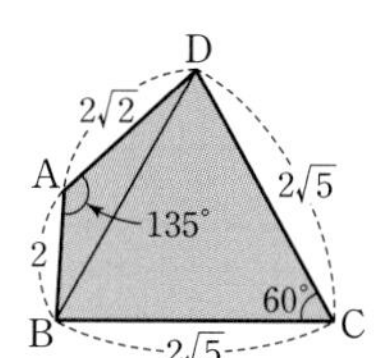

$\triangle ABD$

$=\frac{1}{2}\times2\times2\sqrt{2}\times\sin(180^\circ-135^\circ)$

$=\frac{1}{2}\times2\times2\sqrt{2}\times\sin45^\circ$

$=\frac{1}{2}\times2\times2\sqrt{2}\times\frac{\sqrt{2}}{2}=2$

$\triangle BCD=\frac{1}{2}\times2\sqrt{5}\times2\sqrt{5}\times\sin60^\circ$

$=\frac{1}{2}\times2\sqrt{5}\times2\sqrt{5}\times\frac{\sqrt{3}}{2}=5\sqrt{3}$

이므로

$\square ABCD=\triangle ABD+\triangle BCD$

$=2+5\sqrt{3}$

05 평행사변형 ABCD의 넓이가 $20\sqrt{3}$이므로

$\overline{AB}\times5\times\sin(180^\circ-120^\circ)=20\sqrt{3}$

$\overline{AB}\times5\times\sin60^\circ=20\sqrt{3}$

$\overline{AB}\times5\times\frac{\sqrt{3}}{2}=20\sqrt{3}$

$\frac{5\sqrt{3}}{2}\overline{AB}=20\sqrt{3}$

즉, $\overline{AB}=20\sqrt{3}\times\frac{2}{5\sqrt{3}}=8$

06 오른쪽 그림과 같이 두 대각선의 교점을 E라 하자.

이때 삼각형의 한 외각의 크기는 그와 이웃하지 않은 두 내각의 크기의 합과 같으므로

$\angle DEC=35^\circ+25^\circ=60^\circ$

따라서

$\square ABCD=\frac{1}{2}\times12\times9\times\sin60^\circ$

$=\frac{1}{2}\times12\times9\times\frac{\sqrt{3}}{2}$

$=27\sqrt{3}$

3 원과 직선

1. 원의 현

01 원의 중심과 현의 수직이등분선 | 44~46쪽 |

01 7	**02** 8	**03** 18	**04** 12
05 9	**06** 8	**07** 30	**08** 4
09 13	**10** 8	**11** $2\sqrt{11}$	**12** 9
13 18	**14** 5	**15** $\frac{15}{2}$	**16** $2\sqrt{3}$
17 10	**18** $\frac{31}{2}$	**19** ②	

01 원의 중심에서 현에 내린 수선은 그 현을 이등분하므로
$\overline{BM}=\overline{AM}=7$, 즉 $x=7$

02 원의 중심에서 현에 내린 수선은 그 현을 이등분하므로
$\overline{AM}=\overline{BM}$
즉, $\overline{AM}=\frac{1}{2}\overline{AB}=\frac{1}{2}\times16=8$이므로
$x=8$

03 원의 중심에서 현에 내린 수선은 그 현을 이등분하므로
$\overline{AM}=\overline{BM}$
즉, $\overline{AB}=2\overline{AM}=2\times9=18$이므로
$x=18$

04 $\overline{AB}$는 현 CD의 수직이등분선이므로 $\overline{AB}$는 원의 지름이다.
따라서 원의 반지름의 길이는
$\frac{1}{2}\overline{AB}=\frac{1}{2}\times24=12$

05 $\overline{AB}$는 현 CD의 수직이등분선이므로 $\overline{AB}$는 원의 지름이다.
따라서 원의 반지름의 길이는
$\frac{1}{2}\overline{AB}=\frac{1}{2}\times(6+12)=9$

06 $\overline{AB}$는 현 CD의 수직이등분선이므로 $\overline{AB}$는 원의 지름이다.
따라서 원의 반지름의 길이는
$\frac{1}{2}\overline{AB}=\frac{1}{2}\times(4+12)=8$

07 직각삼각형 OBM에서
$\overline{BM}=\sqrt{17^2-8^2}=\sqrt{225}=15$
원의 중심에서 현에 내린 수선은 그 현을 이등분하므로
$\overline{AM}=\overline{BM}$
즉, $\overline{AB}=2\overline{BM}=2\times15=30$이므로
$x=30$

08 원의 중심에서 현에 내린 수선은 그 현을 이등분하므로
$\overline{AM}=\overline{BM}$
즉, $\overline{AM}=\frac{1}{2}\overline{AB}=\frac{1}{2}\times6=3$
직각삼각형 OAM에서
$\overline{OM}=\sqrt{5^2-3^2}=\sqrt{16}=4$
즉, $x=4$

09 원의 중심에서 현에 내린 수선은 그 현을 이등분하므로
$\overline{AM}=\overline{BM}$
즉, $\overline{AM}=\frac{1}{2}\overline{AB}=\frac{1}{2}\times24=12$
직각삼각형 OAM에서
$\overline{OA}=\sqrt{12^2+5^2}=\sqrt{169}=13$
즉, $x=13$

10 원의 중심에서 현에 내린 수선은 그 현을 이등분하므로
$\overline{AM}=\overline{BM}$
즉, $\overline{AM}=\frac{1}{2}\overline{AB}=\frac{1}{2}\times8\sqrt{3}=4\sqrt{3}$
직각삼각형 OAM에서
$\overline{OA}=\sqrt{(4\sqrt{3})^2+4^2}=\sqrt{64}=8$
즉, $x=8$

11 오른쪽 그림과 같이 $\overline{OA}$를 그으면
$\overline{OA}=\overline{OC}=12$
원의 중심에서 현에 내린 수선은 그 현을 이등분하므로
$\overline{AM}=\overline{BM}$
즉, $\overline{AM}=\frac{1}{2}\overline{AB}=\frac{1}{2}\times20=10$
직각삼각형 OAM에서
$\overline{OM}=\sqrt{12^2-10^2}=\sqrt{44}=2\sqrt{11}$
즉, $x=2\sqrt{11}$

12 오른쪽 그림과 같이 $\overline{OA}$를 그으면

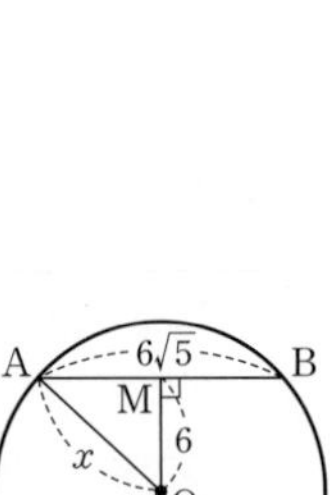

$\overline{OA}=\overline{OC}=x$
원의 중심에서 현에 내린 수선은 그 현을 이등분하므로
$\overline{AM}=\overline{BM}$
즉, $\overline{AM}=\frac{1}{2}\overline{AB}=\frac{1}{2}\times6\sqrt{5}=3\sqrt{5}$
직각삼각형 OAM에서
$\overline{OA}=\sqrt{(3\sqrt{5})^2+6^2}=\sqrt{81}=9$
즉, $x=9$

13 오른쪽 그림과 같이 $\overline{OA}$를 그으면

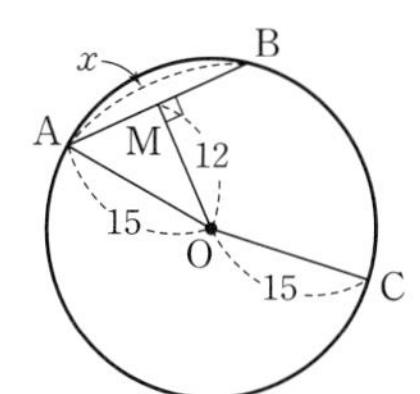

$\overline{OA}=\overline{OC}=15$

직각삼각형 OAM에서

$\overline{AM}=\sqrt{15^2-12^2}=\sqrt{81}=9$

원의 중심에서 현에 내린 수선은 그 현을 이등분하므로

$\overline{AM}=\overline{BM}$

즉, $\overline{AB}=2\overline{AM}=2\times9=18$이므로

$x=18$

14 오른쪽 그림과 같이 $\overline{OA}$를 긋고

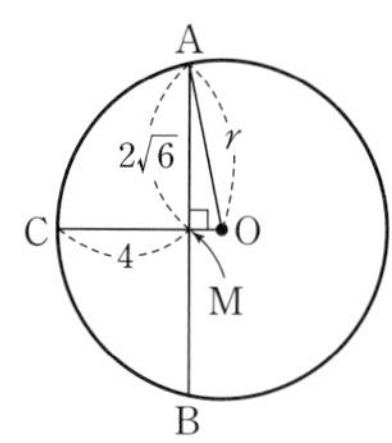

$\overline{OA}=r$로 놓으면

$\overline{OM}=r-4$

직각삼각형 OAM에서

$\overline{OA}^2=\overline{AM}^2+\overline{OM}^2$

$r^2=(2\sqrt{6})^2+(r-4)^2$

$r^2=24+r^2-8r+16$, $8r=40$

즉, $r=5$

따라서 원 O의 반지름의 길이는 5이다.

15 오른쪽 그림과 같이 $\overline{OB}$를 긋고

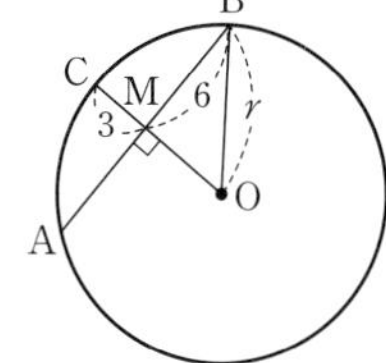

$\overline{OB}=r$로 놓으면

$\overline{OM}=r-3$

직각삼각형 OBM에서

$\overline{OB}^2=\overline{BM}^2+\overline{OM}^2$

$r^2=6^2+(r-3)^2$

$r^2=36+r^2-6r+9$, $6r=45$

즉, $r=\frac{15}{2}$

따라서 원 O의 반지름의 길이는 $\frac{15}{2}$이다.

16 원의 중심에서 현에 내린 수선은 그 현을 이등분하므로

$\overline{AM}=\overline{BM}$

즉, $\overline{AM}=\frac{1}{2}\overline{AB}=\frac{1}{2}\times2\sqrt{3}=\sqrt{3}$

오른쪽 그림과 같이 $\overline{OA}$를 그으면

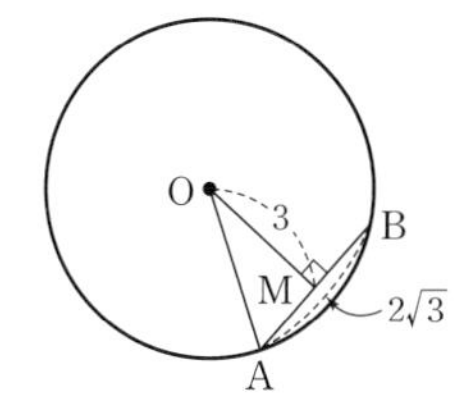

직각삼각형 OAM에서

$\overline{OA}=\sqrt{(\sqrt{3})^2+3^2}$

$=\sqrt{12}=2\sqrt{3}$

따라서 원 O의 반지름의 길이는 $2\sqrt{3}$이다.

17 직선 CM은 현 AB의 수직이등분선이므로 오른쪽 그림과 같이 $\overline{CM}$의 연장선을 그으면 원의 중심 O는 직선 CM 위에 있다.

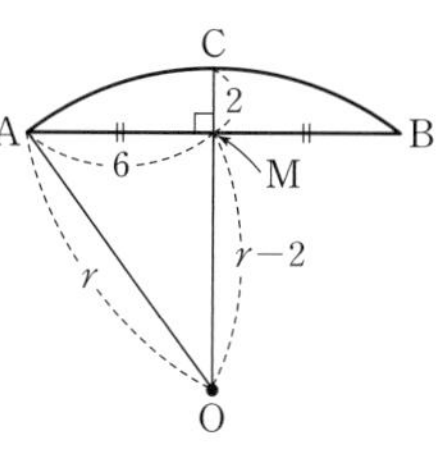

$\overline{OA}$를 긋고 $\overline{OA}=r$로 놓으면

$\overline{OM}=r-2$

직각삼각형 OAM에서

$\overline{OA}^2=\overline{AM}^2+\overline{OM}^2$, $r^2=6^2+(r-2)^2$

$r^2=36+r^2-4r+4$, $4r=40$

즉, $r=10$

따라서 원 O의 반지름의 길이는 10이다.

18 직선 CM은 현 AB의 수직이등분선이므로 오른쪽 그림과 같이 $\overline{CM}$의 연장선을 그으면 원의 중심 O는 직선 CM 위에 있다.

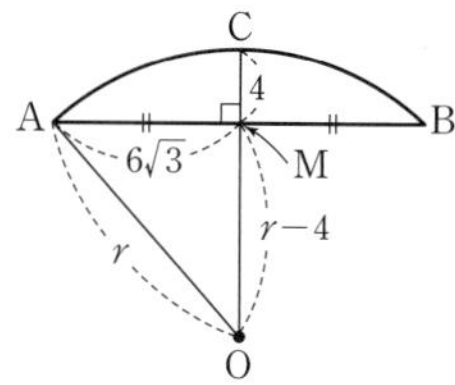

$\overline{OA}$를 긋고 $\overline{OA}=r$로 놓으면

$\overline{OM}=r-4$

$\overline{AM}=\frac{1}{2}\overline{AB}=\frac{1}{2}\times12\sqrt{3}=6\sqrt{3}$

직각삼각형 OAM에서

$\overline{OA}^2=\overline{AM}^2+\overline{OM}^2$, $r^2=(6\sqrt{3})^2+(r-4)^2$

$r^2=108+r^2-8r+16$, $8r=124$

즉, $r=\frac{31}{2}$

따라서 원 O의 반지름의 길이는 $\frac{31}{2}$이다.

19 오른쪽 그림과 같이 $\overline{OB}$를 긋고

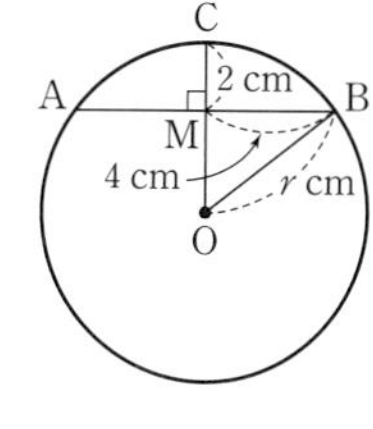

$\overline{OB}=r$ cm로 놓으면

$\overline{OM}=(r-2)$ cm

직각삼각형 OBM에서

$\overline{OB}^2=\overline{BM}^2+\overline{OM}^2$

$r^2=4^2+(r-2)^2$

$r^2=16+r^2-4r+4$, $4r=20$

즉, $r=5$

따라서 원 O의 반지름의 길이는 5 cm이다.

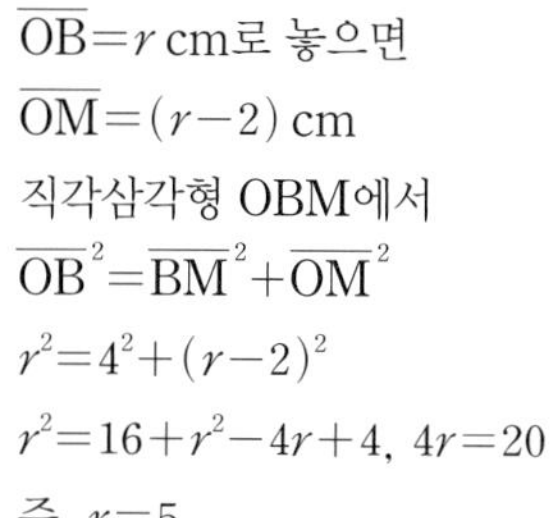

02 현의 길이

| 47~48쪽 |

01 7	**02** 10	**03** 6	**04** 13
05 6	**06** 2	**07** 6	**08** 5
09 4	**10** 8	**11** 65°	**12** 36°
13 58°	**14** ③		

01 $\overline{OM}=\overline{ON}$이므로

$\overline{AB}=\overline{CD}=14$

이때 원의 중심에서 현에 내린 수선은 그 현을 이등분하므로

$\overline{AM}=\overline{BM}$

즉, $\overline{AM}=\frac{1}{2}\overline{AB}=\frac{1}{2}\times14=7$이므로

$x=7$

02 원의 중심에서 현에 내린 수선은 그 현을 이등분하므로
$\overline{AM}=\overline{BM}$
즉, $\overline{AB}=2\overline{AM}=2\times5=10$
$\overline{OM}=\overline{ON}$이므로 $\overline{CD}=\overline{AB}=10$
즉, $x=10$

03 $\overline{OM}=\overline{ON}$이므로
$\overline{AB}=\overline{AC}=12$
이때 원의 중심에서 현에 내린 수선은 그 현을 이등분하므로
$\overline{AM}=\overline{BM}$
즉, $\overline{AM}=\frac{1}{2}\overline{AB}=\frac{1}{2}\times12=6$이므로
$x=6$

04 $\overline{AB}=\overline{CD}$이므로
$\overline{OM}=\overline{ON}=13$
즉, $x=13$

05 원의 중심에서 현에 내린 수선은 그 현을 이등분하므로
$\overline{CN}=\overline{DN}$
즉, $\overline{CD}=2\overline{CN}=2\times4=8$
따라서 $\overline{AB}=\overline{CD}$이므로
$\overline{OM}=\overline{ON}=6$
즉, $x=6$

06 원의 중심에서 현에 내린 수선은 그 현을 이등분하므로
$\overline{AN}=\overline{CN}$
즉, $\overline{AC}=2\overline{AN}=2\times3=6$
따라서 $\overline{AB}=\overline{AC}$이므로
$\overline{OM}=\overline{ON}=2$
즉, $x=2$

07 원의 중심에서 현에 내린 수선은 그 현을 이등분하므로
$\overline{AM}=\overline{BM}$, $\overline{CN}=\overline{DN}$
따라서
$\overline{AM}=\frac{1}{2}\overline{AB}=\frac{1}{2}\times16=8$
$\overline{CD}=2\overline{CN}=2\times8=16$
직각삼각형 OAM에서
$\overline{OM}=\sqrt{10^2-8^2}=\sqrt{36}=6$
이때 $\overline{AB}=\overline{CD}$이므로 $\overline{OM}=\overline{ON}=6$
즉, $x=6$

08 원의 중심에서 현에 내린 수선은 그 현을 이등분하므로
$\overline{AM}=\overline{BM}$, $\overline{CN}=\overline{DN}$ …… ㉠
이때 $\overline{OM}=\overline{ON}$이므로
$\overline{AB}=\overline{CD}$ …… ㉡
㉠, ㉡에 의하여
$\overline{AM}=\overline{BM}=\overline{CN}=\overline{DN}$
직각삼각형 OAM에서
$\overline{AM}=\sqrt{7^2-(2\sqrt{6})^2}=\sqrt{25}=5$
따라서 $\overline{DN}=\overline{AM}=5$이므로
$x=5$

09 원의 중심에서 현에 내린 수선은 그 현을 이등분하므로
$\overline{CN}=\overline{DN}$
즉, $\overline{CN}=\frac{1}{2}\overline{CD}=\frac{1}{2}\times4=2$
직각삼각형 OCN에서
$\overline{ON}=\sqrt{(2\sqrt{5})^2-2^2}=\sqrt{16}=4$
이때 $\overline{AB}=\overline{CD}$이므로
$\overline{OM}=\overline{ON}=4$
즉, $x=4$

10 직각삼각형 OAM에서
$\overline{OM}=\sqrt{(8\sqrt{2})^2-8^2}=\sqrt{64}=8$
원의 중심에서 현에 내린 수선은 그 현을 이등분하므로
$\overline{AM}=\overline{BM}$, $\overline{CN}=\overline{DN}$
따라서
$\overline{AB}=2\overline{AM}=2\times8=16$
$\overline{CD}=2\overline{CN}=2\times8=16$
이므로 $\overline{AB}=\overline{CD}$
즉, $\overline{OM}=\overline{ON}=8$이므로
$x=8$

11 $\overline{OM}=\overline{ON}$이므로
$\overline{AB}=\overline{AC}$
따라서 $\triangle ABC$는 $\overline{AB}=\overline{AC}$인 이등변삼각형이므로
$\angle B=\angle C$, 즉 $\angle x=65^\circ$

12 $\overline{OM}=\overline{ON}$이므로
$\overline{AB}=\overline{AC}$
따라서 $\triangle ABC$는 $\overline{AB}=\overline{AC}$인 이등변삼각형이므로
$\angle B=\angle C=72^\circ$
삼각형의 세 내각의 크기의 합은 180°이므로
$\angle A=180^\circ-(72^\circ+72^\circ)=36^\circ$
즉, $\angle x=36^\circ$

13 $\overline{OM}=\overline{ON}$이므로
$\overline{AB}=\overline{AC}$
따라서 $\triangle ABC$는 $\overline{AB}=\overline{AC}$인 이등변삼각형이므로
$\angle B=\angle C=\angle x$
삼각형의 세 내각의 크기의 합은 180°이므로
$64^\circ+\angle x+\angle x=180^\circ$, $2\angle x=116^\circ$
즉, $\angle x=58^\circ$

14 $\overline{OM}=\overline{ON}$이므로

$\overline{AB}=\overline{AC}$

따라서 $\triangle ABC$는 $\overline{AB}=\overline{AC}$인 이등변삼각형이므로

$\angle B=\angle C=54°$

삼각형의 세 내각의 크기의 합은 180°이므로

$\angle A=180°-(54°+54°)=72°$

즉, $\angle x=72°$

확인문제

| 49쪽 |

01 ⑤ **02** ③ **03** ② **04** ④ **05** ③
06 ⑤

01 원의 중심에서 현에 내린 수선은 그 현을 이등분하므로

$\overline{AM}=\overline{BM}$

즉, $\overline{AB}=2\overline{BM}=2\times11=22$

02 오른쪽 그림과 같이 $\overline{OA}$를 그으면

$\overline{OA}=\overline{OC}=r$

원의 중심에서 현에 내린 수선은 그 현을 이등분하므로

$\overline{AH}=\overline{BH}$

즉, $\overline{AH}=\frac{1}{2}\overline{AB}=\frac{1}{2}\times8\sqrt{2}=4\sqrt{2}$

직각삼각형 OAH에서

$\overline{OA}=\sqrt{4^2+(4\sqrt{2})^2}=\sqrt{48}=4\sqrt{3}$

즉, $r=4\sqrt{3}$

03 원의 중심에서 현에 내린 수선은 그 현을 이등분하므로

$\overline{AM}=\overline{BM}=\frac{1}{2}\overline{AB}=\frac{1}{2}\times14=7$

오른쪽 그림과 같이 $\overline{OA}$를 그으면 직각삼각형 OAM에서

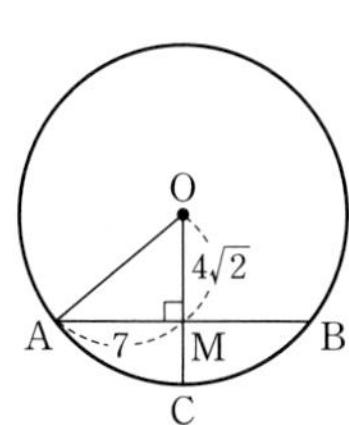

$\overline{OA}=\sqrt{7^2+(4\sqrt{2})^2}$

$=\sqrt{81}=9$

따라서 원 O의 반지름의 길이는 9이다.

04 직선 CM은 현 AB의 수직이등분선이므로 오른쪽 그림과 같이 $\overline{CM}$의 연장선을 그으면 원의 중심 O는 직선 CM 위에 있다.

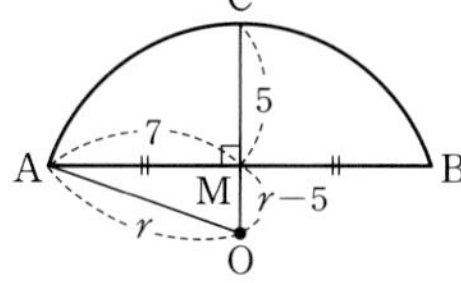

$\overline{OA}$를 긋고 $\overline{OA}=r$로 놓으면

$\overline{OM}=r-5$

$\overline{AM}=\overline{BM}$이므로

$\overline{AM}=\frac{1}{2}\overline{AB}=\frac{1}{2}\times14=7$

직각삼각형 OAM에서

$\overline{OA}^2=\overline{AM}^2+\overline{OM}^2$, $r^2=7^2+(r-5)^2$

$r^2=49+r^2-10r+25$, $10r=74$

즉, $r=\frac{37}{5}$

따라서 원 O의 반지름의 길이는 $\frac{37}{5}$이다.

05 원의 중심에서 현에 내린 수선은 그 현을 이등분하므로

$\overline{AM}=\overline{BM}$

즉, $\overline{AB}=2\overline{AM}=2\times3\sqrt{3}=6\sqrt{3}$

따라서 $\overline{AB}=\overline{CD}$이므로

$\overline{ON}=\overline{OM}=3$

06 $\overline{OM}=\overline{ON}$이므로

$\overline{AB}=\overline{BC}$

따라서 $\triangle ABC$는 $\overline{AB}=\overline{BC}$인 이등변삼각형이므로

$\angle A=\angle C=60°$

삼각형의 세 내각의 크기의 합은 180°이므로

$\angle B=180°-(60°+60°)=60°$

즉, $\triangle ABC$는 한 변의 길이가 3 cm인 정삼각형이므로 구하는 둘레의 길이는

$3\times3=9\,(\text{cm})$

2. 원의 접선

01 원의 접선의 길이 | 50~51쪽 |

01 12	**02** 6	**03** 5	**04** 8
05 $4\sqrt{3}$	**06** $4\sqrt{7}$	**07** 50°	**08** 80°
09 72°	**10** 59°	**11** 10	**12** 15
13 8	**14** ④		

01 원 밖의 한 점에서 그 원에 그은 두 접선의 길이는 같으므로
$\overline{PA}=\overline{PB}$
즉, $x=12$

02 원 밖의 한 점에서 그 원에 그은 두 접선의 길이는 같으므로
$\overline{PA}=\overline{PB}$
따라서 $2x=x+6$이므로
$x=6$

03 원 밖의 한 점에서 그 원에 그은 두 접선의 길이는 같으므로
$\overline{PA}=\overline{PB}$
따라서 $3x+1=x+11$이므로
$2x=10$, 즉 $x=5$

04 원 밖의 한 점에서 그 원에 그은 두 접선의 길이는 같으므로
$\overline{PA}=\overline{PB}=15$
$\triangle PAO$는 $\angle PAO=90°$인 직각삼각형이므로
$\overline{AO}=\sqrt{17^2-15^2}$
$=\sqrt{64}=8$
즉, $x=8$

참고 원의 접선은 접점을 지나는 반지름과 수직이다.

05 오른쪽 그림과 같이 원 O와 $\overline{PO}$의 교점을 C라 하면
$\overline{PO}=\overline{PC}+\overline{CO}$
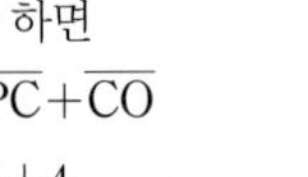
$=4+4$
$=8$
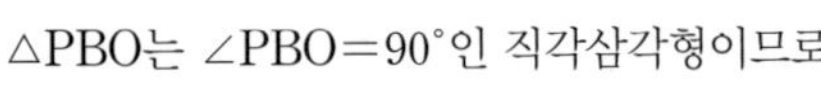
$\triangle PBO$는 $\angle PBO=90°$인 직각삼각형이므로
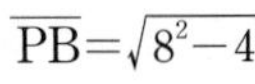
$\overline{PB}=\sqrt{8^2-4^2}$
$=\sqrt{48}=4\sqrt{3}$
원 밖의 한 점에서 그 원에 그은 두 접선의 길이는 같으므로
$\overline{PA}=\overline{PB}=4\sqrt{3}$
즉, $x=4\sqrt{3}$

06 오른쪽 그림과 같이 원 O와 $\overline{OP}$의 교점을 C라 하면
$\overline{OP}=\overline{OC}+\overline{CP}$
$=3+8$
$=11$
$\triangle OAP$는 $\angle OAP=90°$인 직각삼각형이므로
$\overline{PA}=\sqrt{11^2-3^2}$
$=\sqrt{112}=4\sqrt{7}$
원 밖의 한 점에서 그 원에 그은 두 접선의 길이는 같으므로
$\overline{PA}=\overline{PB}=4\sqrt{7}$
즉, $x=4\sqrt{7}$

07 원 밖의 한 점에서 그 원에 그은 두 접선의 길이는 같으므로
$\overline{PA}=\overline{PB}$
따라서 $\triangle PAB$는 이등변삼각형이므로
$\angle PAB=\angle PBA=65°$
또, 삼각형의 세 내각의 크기의 합은 180°이므로
$\angle x=180°-(65°+65°)=50°$

08 원 밖의 한 점에서 그 원에 그은 두 접선의 길이는 같으므로
$\overline{PA}=\overline{PB}$
따라서 $\triangle PAB$는 이등변삼각형이므로
$\angle PAB=\angle PBA=50°$
또, 삼각형의 세 내각의 크기의 합은 180°이므로
$\angle x=180°-(50°+50°)=80°$

09 원 밖의 한 점에서 그 원에 그은 두 접선의 길이는 같으므로
$\overline{PA}=\overline{PB}$
따라서 $\triangle PAB$는 이등변삼각형이므로
$\angle PAB=\angle PBA=\angle x$
또, 삼각형의 세 내각의 크기의 합은 180°이므로
$36°+\angle x+\angle x=180°$
$2\angle x=144°$
즉, $\angle x=72°$

10 원 밖의 한 점에서 그 원에 그은 두 접선의 길이는 같으므로
$\overline{PA}=\overline{PB}$
따라서 $\triangle PAB$는 이등변삼각형이므로
$\angle PAB=\angle PBA=\angle x$
또, 삼각형의 세 내각의 크기의 합은 180°이므로
$62°+\angle x+\angle x=180°$
$2\angle x=118°$
즉, $\angle x=59°$

11 원 밖의 한 점에서 그 원에 그은 두 접선의 길이는 같으므로
$\overline{PT}=\overline{PT'}$, $\overline{AT}=\overline{AC}$, $\overline{BT'}=\overline{BC}$
이때
$\overline{PT'}=\overline{PB}+\overline{BT'}=8+6=14$
이므로
$\overline{PT}=14$
따라서
$\overline{AC}=\overline{AT}=\overline{PT}-\overline{PA}=14-10=4$
$\overline{BC}=\overline{BT'}=6$
이므로
$\overline{AB}=\overline{AC}+\overline{BC}=4+6=10$
즉, $x=10$

12 원 밖의 한 점에서 그 원에 그은 두 접선의 길이는 같으므로
$\overline{PT}=\overline{PT'}$, $\overline{AT}=\overline{AC}$, $\overline{BT'}=\overline{BC}$
이때 $\overline{PT'}=24$이므로
$\overline{PT}=24$
따라서
$\overline{AC}=\overline{AT}=\overline{PT}-\overline{PA}=24-15=9$
$\overline{BC}=\overline{BT'}=\overline{PT'}-\overline{PB}=24-18=6$
이므로
$\overline{AB}=\overline{AC}+\overline{BC}=9+6=15$
즉, $x=15$

13 원 밖의 한 점에서 그 원에 그은 두 접선의 길이는 같으므로
$\overline{PT}=\overline{PT'}$, $\overline{AT}=\overline{AC}$, $\overline{BT'}=\overline{BC}$
이때
$\overline{PT}=\overline{PA}+\overline{AT}=20+6=26$
이므로
$\overline{PT'}=26$
따라서
$\overline{AC}=\overline{AT}=6$
$\overline{BC}=\overline{BT'}=\overline{PT'}-\overline{PB}=26-24=2$
이므로
$\overline{AB}=\overline{AC}+\overline{BC}=6+2=8$
즉, $x=8$

14 ① 원 밖의 한 점에서 그 원에 그은 두 접선의 길이는 같으므로
$\overline{PT'}=\overline{PT}=22$
② 원 밖의 한 점에서 그 원에 그은 두 접선의 길이는 같으므로
$\overline{BC}=\overline{BT'}=\overline{PT'}-\overline{PB}=22-18=4$
③ $\overline{AC}=\overline{AB}-\overline{BC}=12-4=8$
④ 원 밖의 한 점에서 그 원에 그은 두 접선의 길이는 같으므로
$\overline{AT}=\overline{AC}=8$
⑤ $\overline{PA}=\overline{PT}-\overline{AT}=22-8=14$

02 삼각형의 내접원 | 52~53쪽 |

01 7	**02** 26	**03** 14	**04** $\frac{9}{2}$
05 8	**06** 8	**07** 44	**08** 54
09 52	**10** 36	**11** 4	**12** 3
13 ⑤			

01 $\overline{AF}=\overline{AD}=3$, $\overline{BE}=\overline{BD}=4$이므로
$\overline{CE}=\overline{CF}=\overline{AC}-\overline{AF}=6-3=3$
따라서 $\overline{BC}=\overline{BE}+\overline{CE}=4+3=7$
즉, $x=7$

02 $\overline{BD}=\overline{BE}=6$이므로
$\overline{AF}=\overline{AD}=\overline{AB}-\overline{BD}=14-6=8$
$\overline{CF}=\overline{CE}=\overline{BC}-\overline{BE}=24-6=18$
따라서 $\overline{AC}=\overline{AF}+\overline{CF}=8+18=26$
즉, $x=26$

03 $\overline{AF}=\overline{AD}=8$이므로
$\overline{BE}=\overline{BD}=\overline{AB}-\overline{AD}=18-8=10$
$\overline{CE}=\overline{CF}=\overline{AC}-\overline{AF}=12-8=4$
따라서 $\overline{BC}=\overline{BE}+\overline{CE}=10+4=14$
즉, $x=14$

04 $\overline{BD}=\overline{BE}=x$이므로
$\overline{AF}=\overline{AD}=\overline{AB}-\overline{BD}=6-x$
$\overline{CF}=\overline{CE}=\overline{BC}-\overline{BE}=7-x$
이때 $\overline{AC}=\overline{AF}+\overline{CF}$이므로
$4=(6-x)+(7-x)$, $2x=9$
즉, $x=\frac{9}{2}$

05 $\overline{AF}=\overline{AD}=x$이므로
$\overline{BE}=\overline{BD}=\overline{AB}-\overline{AD}=20-x$
$\overline{CE}=\overline{CF}=\overline{AC}-\overline{AF}=22-x$
이때 $\overline{BC}=\overline{BE}+\overline{CE}$이므로
$26=(20-x)+(22-x)$, $2x=16$
즉, $x=8$

06 $\overline{AF}=\overline{AD}=x$이므로
$\overline{BE}=\overline{BD}=\overline{AB}-\overline{AD}=14-x$
$\overline{CE}=\overline{CF}=\overline{AC}-\overline{AF}=18-x$
이때 $\overline{BC}=\overline{BE}+\overline{CE}$이므로
$16=(14-x)+(18-x)$, $2x=16$
즉, $x=8$

07 $\overline{AD}=\overline{AF}$, $\overline{BD}=\overline{BE}$, $\overline{CE}=\overline{CF}$이므로
△ABC의 둘레의 길이는
$2(\overline{AF}+\overline{BD}+\overline{CE})=2\times(5+7+10)=44$

08 $\overline{AD}=\overline{AF}$, $\overline{BD}=\overline{BE}$, $\overline{CE}=\overline{CF}$이므로
△ABC의 둘레의 길이는
$2(\overline{AF}+\overline{BD}+\overline{CE})=2\times(6+9+12)=54$

09 $\overline{AD}=\overline{AF}$, $\overline{BD}=\overline{BE}$, $\overline{CE}=\overline{CF}$이므로
△ABC의 둘레의 길이는
$2(\overline{AD}+\overline{BE}+\overline{CF})=2\times(8+11+7)=52$

10 $\overline{AD}=\overline{AF}$, $\overline{BD}=\overline{BE}$, $\overline{CE}=\overline{CF}$이므로
△ABC의 둘레의 길이는
$2(\overline{AD}+\overline{BD}+\overline{CE})=2\times(5+4+9)=36$

11 원 O의 반지름의 길이를 r라 하고 오른쪽 그림과 같이 $\overline{OE}$, $\overline{OF}$를 그으면 □OECF는 한 변의 길이가 r인 정사각형이다.

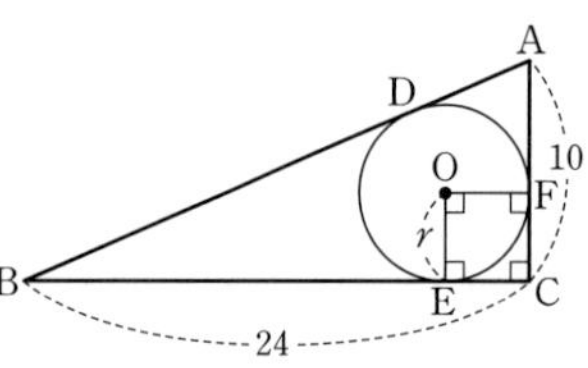

$\overline{CE}=\overline{CF}=r$이므로
$\overline{BD}=\overline{BE}=\overline{BC}-\overline{CE}=24-r$
$\overline{AD}=\overline{AF}=\overline{AC}-\overline{CF}=10-r$
이때
$\overline{AB}=\sqrt{24^2+10^2}=\sqrt{676}=26$,
$\overline{AB}=\overline{AD}+\overline{BD}$
이므로
$26=(10-r)+(24-r)$, $2r=8$
즉, $r=4$
따라서 원 O의 반지름의 길이는 4이다.
[다른 풀이]
$\overline{AB}=\sqrt{24^2+10^2}=\sqrt{676}=26$
원 O의 반지름의 길이를 r라 하면 삼각형 ABC의 넓이에서
$\frac{1}{2}\times r\times(24+10+26)=\frac{1}{2}\times 24\times 10$
$30r=120$, 즉 $r=4$
따라서 원 O의 반지름의 길이는 4이다.

12 원 O의 반지름의 길이를 r라 하고 오른쪽 그림과 같이 $\overline{DO}$, $\overline{OE}$를 그으면 □ODBE는 한 변의 길이가 r인 정사각형이다.

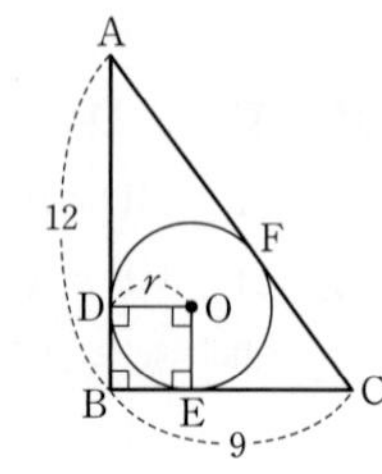

$\overline{BD}=\overline{BE}=r$이므로
$\overline{AF}=\overline{AD}=\overline{AB}-\overline{BD}=12-r$
$\overline{CF}=\overline{CE}=\overline{BC}-\overline{BE}=9-r$
이때
$\overline{AC}=\sqrt{12^2+9^2}=\sqrt{225}=15$,
$\overline{AC}=\overline{AF}+\overline{CF}$
이므로
$15=(12-r)+(9-r)$, $2r=6$
즉, $r=3$
따라서 원 O의 반지름의 길이는 3이다.

13 원 O의 반지름의 길이를 r라 하고 오른쪽 그림과 같이 $\overline{DO}$, $\overline{OF}$를 그으면 □ADOF는 한 변의 길이가 r인 정사각형이다.

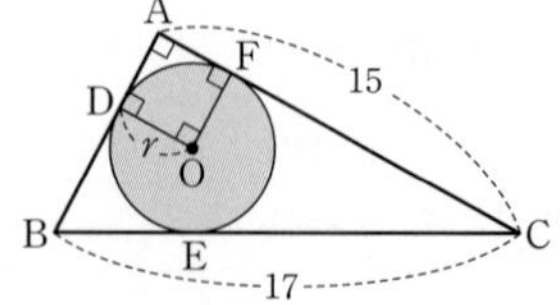

$\overline{AB}=\sqrt{17^2-15^2}=\sqrt{64}=8$이고
$\overline{AD}=\overline{AF}=r$이므로
$\overline{BE}=\overline{BD}=\overline{AB}-\overline{AD}=8-r$
$\overline{CE}=\overline{CF}=\overline{AC}-\overline{AF}=15-r$
이때 $\overline{BC}=\overline{BE}+\overline{CE}$이므로
$17=(8-r)+(15-r)$, $2r=6$
즉, $r=3$
따라서 원 O의 반지름의 길이는 3이므로 원 O의 넓이는
$\pi\times 3^2=9\pi$

03 원에 외접하는 사각형의 성질 | 54~55쪽 |

01 13	**02** 17	**03** 13	**04** 7
05 10	**06** 12	**07** 50	**08** 48
09 52	**10** 32	**11** 10	**12** 6
13 ④			

01 원에 외접하는 사각형의 두 쌍의 대변의 길이의 합은 같으므로
$\overline{AB}+\overline{CD}=\overline{AD}+\overline{BC}$
$x+13=10+16$
즉, $x=13$

02 원에 외접하는 사각형의 두 쌍의 대변의 길이의 합은 같으므로
$\overline{AB}+\overline{CD}=\overline{AD}+\overline{BC}$
$12+14=9+x$
즉, $x=17$

03 직각삼각형 ABC에서
$\overline{BC}=\sqrt{15^2-9^2}=\sqrt{144}=12$
원에 외접하는 사각형의 두 쌍의 대변의 길이의 합은 같으므로

$\overline{AB}+\overline{CD}=\overline{AD}+\overline{BC}$
$9+x=10+12$
즉, $x=13$

04 원에 외접하는 사각형의 두 쌍의 대변의 길이의 합은 같으므로
$\overline{AB}+\overline{CD}=\overline{AD}+\overline{BC}$
$(5+x)+8=8+12$
즉, $x=7$

05 원에 외접하는 사각형의 두 쌍의 대변의 길이의 합은 같으므로
$\overline{AB}+\overline{CD}=\overline{AD}+\overline{BC}$
$10+16=8+(8+x)$
즉, $x=10$

06 원에 외접하는 사각형의 두 쌍의 대변의 길이의 합은 같으므로
$\overline{AB}+\overline{CD}=\overline{AD}+\overline{BC}$
$24+18=(10+x)+20$
즉, $x=12$

07 원에 외접하는 사각형의 두 쌍의 대변의 길이의 합은 같으므로
$\overline{AB}+\overline{CD}=\overline{AD}+\overline{BC}$
따라서 □ABCD의 둘레의 길이는
$2(\overline{AD}+\overline{BC})=2\times(10+15)=50$

08 원에 외접하는 사각형의 두 쌍의 대변의 길이의 합은 같으므로
$\overline{AB}+\overline{CD}=\overline{AD}+\overline{BC}$
따라서 □ABCD의 둘레의 길이는
$2(\overline{AB}+\overline{CD})=2\times(10+14)=48$

09 원에 외접하는 사각형의 두 쌍의 대변의 길이의 합은 같으므로
$\overline{AB}+\overline{CD}=\overline{AD}+\overline{BC}$
따라서 □ABCD의 둘레의 길이는
$2(\overline{AD}+\overline{BC})=2\times(10+16)=52$

10 원에 외접하는 사각형의 두 쌍의 대변의 길이의 합은 같으므로
$\overline{AB}+\overline{CD}=\overline{AD}+\overline{BC}$
따라서 □ABCD의 둘레의 길이는
$2(\overline{AB}+\overline{CD})=2\times(8+8)=32$

11 오른쪽 그림과 같이 $\overline{HO}$를 그으면 $\overline{HF}$는 원 O의 지름이고 □HFCD는 직사각형이므로
$\overline{CD}=\overline{HF}=2\times4=8$

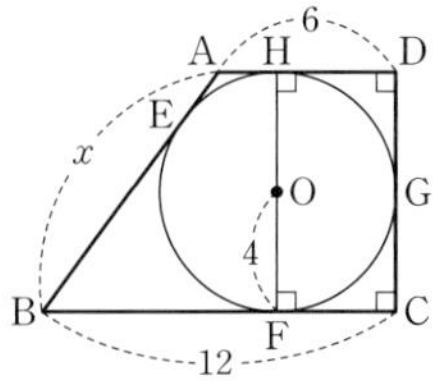

원에 외접하는 사각형의 두 쌍의 대변의 길이의 합은 같으므로
$\overline{AB}+\overline{CD}=\overline{AD}+\overline{BC}$
$x+8=6+12$
즉, $x=10$

[다른 풀이]
오른쪽 그림과 같이 점 A에서 $\overline{BC}$에 내린 수선의 발을 I라 하고 $\overline{HO}$를 그으면

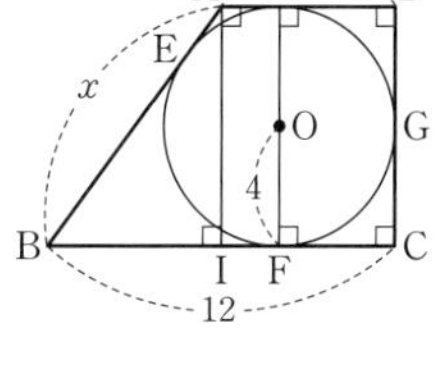

$\overline{AI}=\overline{HF}=2\times4=8$
이때 $\overline{IC}=\overline{AD}=6$이므로
$\overline{BI}=\overline{BC}-\overline{IC}=12-6=6$
직각삼각형 ABI에서
$\overline{AB}=\sqrt{6^2+8^2}=\sqrt{100}=10$
즉, $x=10$

12 오른쪽 그림과 같이 $\overline{OF}$를 그으면 □EBFO는 한 변의 길이가 x인 정사각형이므로
$\overline{BE}=\overline{EO}=x$
원에 외접하는 사각형의 두 쌍의 대변의 길이의 합은 같으므로
$\overline{AB}+\overline{CD}=\overline{AD}+\overline{BC}$
$(8+x)+14=10+18$
즉, $x=6$

[다른 풀이]
$\overline{BE}=\overline{BF}=x$이므로
$\overline{CF}=\overline{BC}-\overline{BF}=18-x$ …… ㉠
원 밖의 한 점에서 그 원에 그은 두 접선의 길이는 같으므로
$\overline{AH}=\overline{AE}$, $\overline{DH}=\overline{DG}$, $\overline{CG}=\overline{CF}$
따라서
$\overline{DG}=\overline{DH}=\overline{AD}-\overline{AH}=10-8=2$
$\overline{CF}=\overline{CG}=\overline{CD}-\overline{DG}=14-2=12$ …… ㉡
㉠, ㉡에서
$18-x=12$
즉, $x=6$

13 원 O의 반지름의 길이를 r라 하고 오른쪽 그림과 같이 $\overline{OF}$, $\overline{OG}$를 그으면 □OFCG는 한 변의 길이가 r인 정사각형이므로

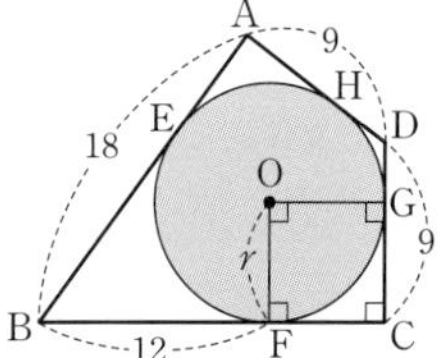

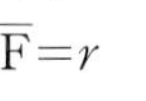

$\overline{CF}=\overline{OF}=r$
원에 외접하는 사각형의 두 쌍의 대변의 길이의 합은 같으므로
$\overline{AB}+\overline{CD}=\overline{AD}+\overline{BC}$
$18+9=9+(12+r)$
즉, $r=6$
따라서 원 O의 반지름의 길이는 6이므로 원 O의 넓이는
$\pi\times6^2=36\pi$

확인문제

| 56쪽 |

01 ③ 02 ⑤ 03 ③ 04 ⑤ 05 ③
06 ③

01 $\overline{OC}=\overline{OA}=9$이므로
$\overline{OP}=\overline{OC}+\overline{CP}=9+6=15$
$\triangle PAO$는 $\angle PAO=90°$인 직각삼각형
이므로
$\overline{PA}=\sqrt{15^2-9^2}$
$=\sqrt{144}$
$=12$
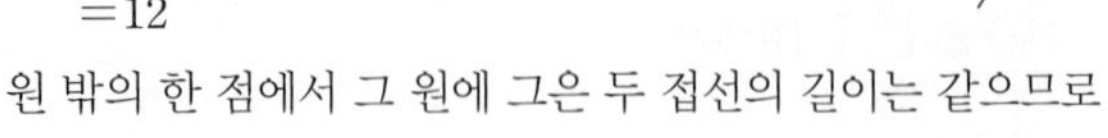
원 밖의 한 점에서 그 원에 그은 두 접선의 길이는 같으므로
$\overline{PB}=\overline{PA}=12$
즉, $x=12$

02 원 밖의 한 점에서 그 원에 그은 두 접선의 길이는 같으므로
$\overline{PA}=\overline{PB}$
따라서 $\triangle PAB$는 이등변삼각형이므로
$\angle PBA=\angle PAB=\angle x$
또, 삼각형의 세 내각의 크기의 합은 $180°$이므로
$48°+\angle x+\angle x=180°$
$2\angle x=132°$
즉, $\angle x=66°$

03 원 밖의 한 점에서 그 원에 그은 두 접선의 길이는 같으므로
$\overline{AD}=\overline{AF}$, $\overline{BD}=\overline{BE}$, $\overline{CE}=\overline{CF}$
$\overline{BD}=\overline{BE}=x$로 놓으면
$\overline{CE}=\overline{CF}=9-x$
이므로 $\overline{AD}=\overline{AF}$에서
$13+x=15+(9-x)$
$2x=11$
즉, $x=\frac{11}{2}$
따라서 $\overline{BD}$의 길이는 $\frac{11}{2}$이다.

04 원 밖의 한 점에서 그 원에 그은 두 접선의 길이는 같으므로
$\overline{AF}=\overline{AD}=x$
$\overline{BD}=\overline{BE}=12-x$
$\overline{CE}=\overline{CF}=10-x$
이때 $\overline{BC}=\overline{BE}+\overline{CE}$이므로
$16=(12-x)+(10-x)$
$2x=6$
즉, $x=3$

05 원에 외접하는 사각형의 두 쌍의 대변의 길이의 합은 같으므로
$\overline{AB}+\overline{CD}=\overline{AD}+\overline{BC}$
이때 □ABCD의 둘레의 길이가 60이므로
$2(\overline{AB}+\overline{CD})=60$
$2(x+17)=60$
$x+17=30$
즉, $x=13$

06 오른쪽 그림과 같이 $\overline{HF}$를 그으면
$\overline{HF}$는 원 O의 지름이고 □HFCD는
직사각형이므로
$\overline{CD}=\overline{HF}=2\overline{OG}$
$=2\times6=12$

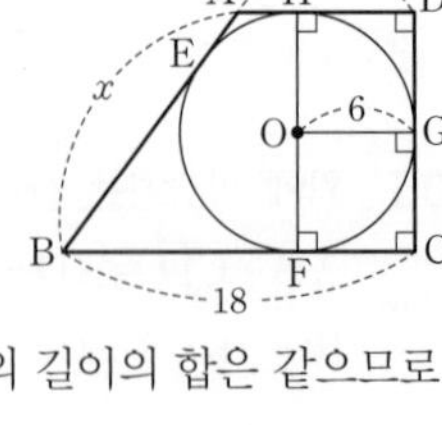

원에 외접하는 사각형의 두 쌍의 대변의 길이의 합은 같으므로
$\overline{AB}+\overline{CD}=\overline{AD}+\overline{BC}$
$x+12=9+18$
즉, $x=15$

[다른 풀이 1]
오른쪽 그림과 같이 점 A에서 $\overline{BC}$에
내린 수선의 발을 I라 하면
$\overline{AI}=\overline{HF}=\overline{CD}=2\times6=12$
이때 $\overline{IC}=\overline{AD}=9$이므로
$\overline{BI}=\overline{BC}-\overline{IC}=18-9=9$
직각삼각형 ABI에서
$\overline{AB}=\sqrt{9^2+12^2}=\sqrt{225}=15$
즉, $x=15$

[다른 풀이 2]
$\overline{HD}=\overline{FC}=\overline{OG}=6$이고 원 밖의 한 점에서 그 원에 그은 두 접선의 길이는 같으므로
$\overline{AE}=\overline{AH}=\overline{AD}-\overline{HD}=9-6=3$
$\overline{BE}=\overline{BF}=\overline{BC}-\overline{FC}=18-6=12$
이때 $\overline{AB}=\overline{AE}+\overline{BE}$이므로
$x=3+12=15$

4 원주각

1. 원주각의 성질

01 원주각과 중심각 | 58~60쪽 |

01 25°	**02** 60°	**03** 52°	**04** 35°
05 32°	**06** 30°	**07** 24°	**08** 100°
09 50°	**10** 72°	**11** 124°	**12** 110°
13 130°	**14** 123°	**15** 112°	**16** 160°
17 110°	**18** 144°	**19** 96°	**20** 55°
21 66°	**22** 60°	**23** ③	

01 $\angle x=\frac{1}{2}\angle \mathrm{AOB}=\frac{1}{2}\times 50^\circ=25^\circ$

02 $\angle x=\frac{1}{2}\angle \mathrm{AOB}=\frac{1}{2}\times 120^\circ=60^\circ$

03 $\angle x=\frac{1}{2}\angle \mathrm{AOB}=\frac{1}{2}\times 104^\circ=52^\circ$

04 $\angle x=\frac{1}{2}\angle \mathrm{AOB}=\frac{1}{2}\times 70^\circ=35^\circ$

05 $\angle x=\frac{1}{2}\angle \mathrm{AOB}=\frac{1}{2}\times 64^\circ=32^\circ$

06 $\angle x=\frac{1}{2}\angle \mathrm{AOB}=\frac{1}{2}\times 60^\circ=30^\circ$

07 $\angle x=\frac{1}{2}\angle \mathrm{AOB}=\frac{1}{2}\times 48^\circ=24^\circ$

08 $\angle x=2\angle \mathrm{APB}=2\times 50^\circ=100^\circ$

09 $\angle x=2\angle \mathrm{APB}=2\times 25^\circ=50^\circ$

10 $\angle x=2\angle \mathrm{APB}=2\times 36^\circ=72^\circ$

11 $\angle x=2\angle \mathrm{APB}=2\times 62^\circ=124^\circ$

12 $360^\circ-140^\circ=220^\circ$이므로

$\angle x=\frac{1}{2}\times 220^\circ=110^\circ$

13 $360^\circ-100^\circ=260^\circ$이므로

$\angle x=\frac{1}{2}\times 260^\circ=130^\circ$

14 $360^\circ-114^\circ=246^\circ$이므로

$\angle x=\frac{1}{2}\times 246^\circ=123^\circ$

15 $360^\circ-136^\circ=224^\circ$이므로

$\angle x=\frac{1}{2}\times 224^\circ=112^\circ$

16 $2\times 100^\circ=200^\circ$이므로

$\angle x=360^\circ-200^\circ=160^\circ$

17 $2\times 125^\circ=250^\circ$이므로

$\angle x=360^\circ-250^\circ=110^\circ$

18 $2\times 108^\circ=216^\circ$이므로

$\angle x=360^\circ-216^\circ=144^\circ$

19 $2\times 132^\circ=264^\circ$이므로

$\angle x=360^\circ-264^\circ=96^\circ$

20 오른쪽 그림과 같이 $\overline{\mathrm{OA}}$, $\overline{\mathrm{OB}}$를 그으면

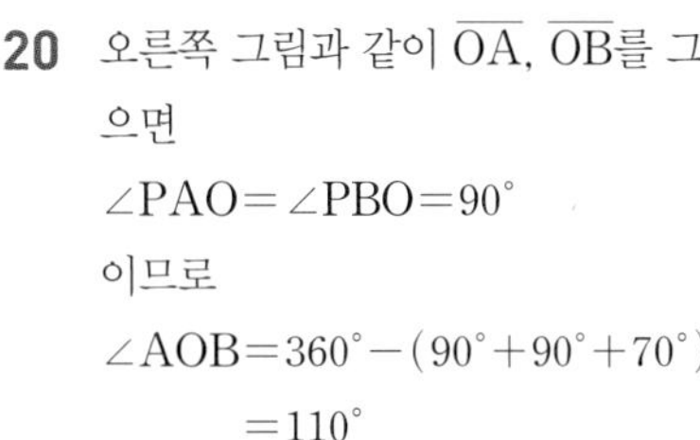

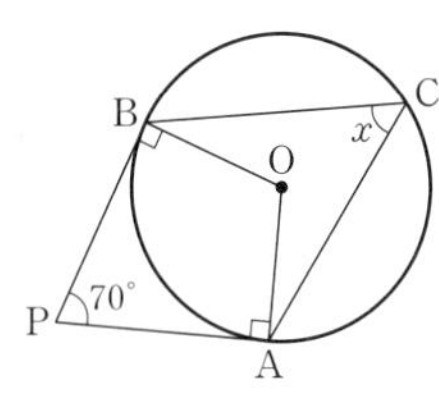

$\angle \mathrm{PAO}=\angle \mathrm{PBO}=90^\circ$

이므로

$\angle \mathrm{AOB}=360^\circ-(90^\circ+90^\circ+70^\circ)$

$=110^\circ$

따라서

$\angle x=\frac{1}{2}\angle \mathrm{AOB}=\frac{1}{2}\times 110^\circ=55^\circ$

참고 사각형의 네 내각의 크기의 합은 360°이다.

21

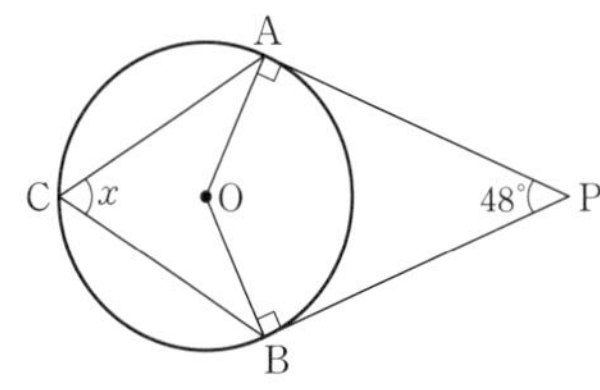

위의 그림과 같이 $\overline{\mathrm{OA}}$, $\overline{\mathrm{OB}}$를 그으면

$\angle \mathrm{PAO}=\angle \mathrm{PBO}=90^\circ$

이므로

$\angle \mathrm{AOB}=360^\circ-(90^\circ+90^\circ+48^\circ)$

$=132^\circ$

따라서

$\angle x=\frac{1}{2}\angle \mathrm{AOB}=\frac{1}{2}\times 132^\circ=66^\circ$

22 오른쪽 그림과 같이 $\overline{OA}$, $\overline{OB}$를 그으면 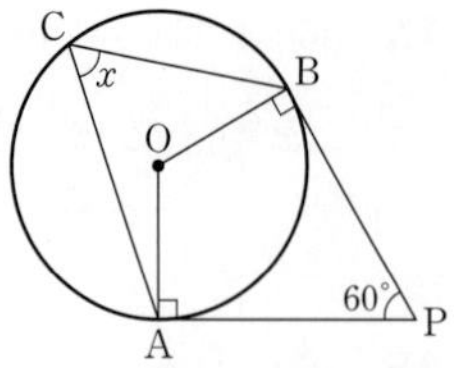
$\angle PAO=\angle PBO=90°$
이므로
$\angle AOB=360°-(90°+90°+60°)$
$=120°$
따라서
$\angle x=\frac{1}{2}\angle AOB=\frac{1}{2}\times 120°=60°$

23 $\widehat{BAD}$에 대한 중심각의 크기는
$2\times 140°=280°$
이므로
$\angle x=360°-280°=80°$
따라서 $\angle y=\frac{1}{2}\angle x=\frac{1}{2}\times 80°=40°$이므로
$\angle x+\angle y=80°+40°=120°$

02 원주각의 성질 | 61~63쪽 |

01 25°	**02** 40°	**03** 60°	
04 $\angle x=45°$, $\angle y=38°$		**05** $\angle x=24°$, $\angle y=50°$	
06 $\angle x=35°$, $\angle y=40°$		**07** $\angle x=44°$, $\angle y=30°$	
08 $\angle x=20°$, $\angle y=65°$		**09** $\angle x=42°$, $\angle y=77°$	
10 $\angle x=54°$, $\angle y=70°$		**11** $\angle x=32°$, $\angle y=80°$	
12 $\angle x=40°$, $\angle y=80°$		**13** $\angle x=36°$, $\angle y=72°$	
14 $\angle x=50°$, $\angle y=50°$		**15** $\angle x=29°$, $\angle y=29°$	
16 40°	**17** 55°	**18** 25°	**19** 70°
20 20°	**21** 35°	**22** 50°	**23** ⑤

01 원에서 한 호에 대한 원주각의 크기는 모두 같으므로
$\angle APB=\angle AQB$
즉, $\angle x=\angle APB=25°$

02 원에서 한 호에 대한 원주각의 크기는 모두 같으므로
$\angle APB=\angle AQB$
즉, $\angle x=\angle AQB=40°$

03 원에서 한 호에 대한 원주각의 크기는 모두 같으므로
$\angle APB=\angle AQB$
즉, $\angle x=\angle APB=60°$

04 $\angle x=\angle BAC=45°$, $\angle y=\angle ABD=38°$

05 $\angle x=\angle ABD=24°$, $\angle y=\angle BAC=50°$

06 $\angle x=\angle CAD=35°$, $\angle y=\angle ADB=40°$

07 $\angle x=\angle ACD=44°$, $\angle y=\angle BAC=30°$

08 $\angle x=\angle CAD=20°$
$\triangle PBC$에서
$\angle y=\angle PBC+\angle PCB$
$=20°+45°=65°$

09 $\angle x=\angle ACB=42°$
$\triangle PDA$에서
$\angle y=\angle PDA+\angle PAD$
$=42°+35°=77°$

10 $\angle x=\angle ADB=54°$
$\triangle PBC$에서
$\angle y=\angle PBC+\angle PCB$
$=16°+54°=70°$

11 $\angle x=\angle ADB=32°$
$\triangle PBC$에서
$\angle y=\angle PBC+\angle PCB$
$=48°+32°=80°$

12 $\angle x=\angle AQB=40°$
$\angle y=2\angle AQB=2\times 40°=80°$

13 $\angle x=\angle AQB=36°$
$\angle y=2\angle AQB=2\times 36°=72°$

14 $\angle x=\frac{1}{2}\angle AOB=\frac{1}{2}\times 100°=50°$
$\angle y=\angle APB=50°$

15 $\angle x=\frac{1}{2}\angle AOB=\frac{1}{2}\times 58°=29°$
$\angle y=\angle APB=29°$

16 반원에 대한 원주각의 크기는 90°이므로
$\angle APB=90°$
따라서 $\angle x=180°-(50°+90°)=40°$

17 반원에 대한 원주각의 크기는 $90°$이므로
$\angle APB=90°$
따라서 $\angle x=180°-(35°+90°)=55°$

18 반원에 대한 원주각의 크기는 $90°$이므로
$\angle APB=90°$
따라서 $\angle x=180°-(65°+90°)=25°$

19 반원에 대한 원주각의 크기는 $90°$이므로
$\angle APB=90°$
따라서 $\angle x=180°-(20°+90°)=70°$

20 오른쪽 그림과 같이 $\overline{PB}$를 그으면 $\overline{AB}$가 원 O의 지름이므로
$\angle APB=90°$
따라서 $\angle QPB=90°-70°=20°$이므로
$\angle x=\angle QPB=20°$

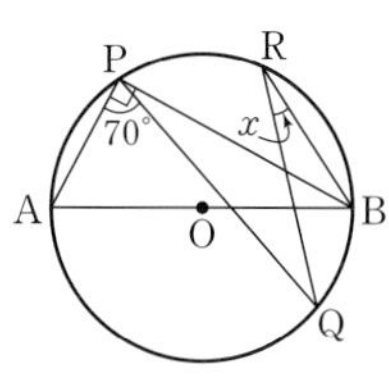

21 오른쪽 그림과 같이 $\overline{PB}$를 그으면 $\overline{AB}$가 원 O의 지름이므로
$\angle APB=90°$
따라서 $\angle QPB=90°-55°=35°$이므로
$\angle x=\angle QPB=35°$

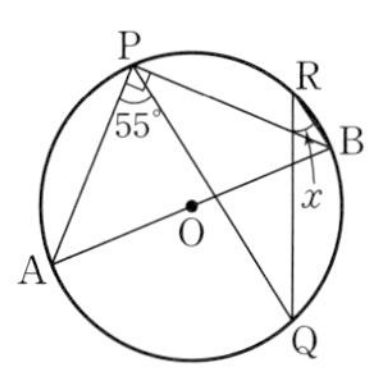

22 오른쪽 그림과 같이 $\overline{PB}$를 그으면 $\overline{AB}$가 원 O의 지름이므로
$\angle APB=90°$
따라서 $\angle QPB=90°-40°=50°$이므로
$\angle x=\angle QPB=50°$

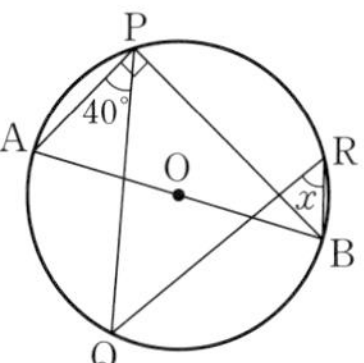

23 $\overline{AB}$가 원 O의 지름이므로
$\angle ACB=90°$
따라서 $\angle ABC=180°-(30°+90°)=60°$이므로
$\angle x=\angle ABC=60°$

03 원주각의 크기와 호의 길이 | 64~66쪽 |

01 40°	**02** 30°	**03** 35°	**04** 45°
05 30°	**06** 40°	**07** 52°	**08** 6
09 5	**10** 10	**11** 8	**12** 3
13 45°	**14** 42°	**15** 55°	**16** 80°
17 6	**18** 12	**19** 8	**20** 32
21 20	**22** 60°	**23** 20°	**24** ④

01 $\widehat{AB}=\widehat{CD}$이므로
$\angle APB=\angle CQD$
따라서 $\angle x=40°$

02 $\widehat{AB}=\widehat{CD}$이므로
$\angle APB=\angle CQD$
따라서 $\angle x=30°$

03 $\widehat{AB}=\widehat{CD}$이므로
$\angle APB=\angle CQD$
따라서 $\angle x=35°$

04 $\widehat{AB}=\widehat{CD}$이므로
$\angle APB=\angle CQD$
따라서 $\angle x=45°$

05 오른쪽 그림과 같이 $\overline{AP}$를 그으면
$\angle AOB=60°$이므로
$\angle APB=\frac{1}{2}\times 60°=30°$
$\widehat{AB}=\widehat{BC}$이므로
$\angle APB=\angle BPC$
따라서 $\angle x=30°$

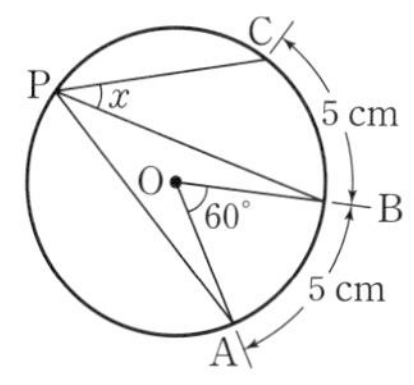

06 오른쪽 그림과 같이 $\overline{AP}$를 그으면
$\angle AOB=80°$이므로
$\angle APB=\frac{1}{2}\times 80°=40°$
$\widehat{AB}=\widehat{BC}$이므로
$\angle APB=\angle BPC$
따라서 $\angle x=40°$

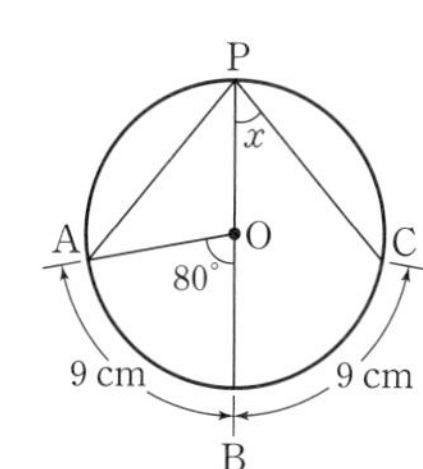

07 오른쪽 그림과 같이 $\overline{CP}$, $\overline{DP}$를 그으면 $\widehat{AB}=\widehat{CD}$이므로
$\angle CPD=\angle APB=26°$
따라서
$\angle x=2\angle CPD$
$=2\times 26°=52°$

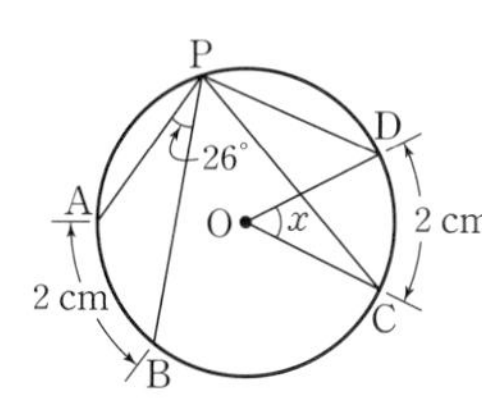

08 $\angle APB=\angle BPC$이므로
$\widehat{AB}=\widehat{BC}$
따라서 $x=6$

09 $\angle APB=\angle CQD$이므로
$\widehat{AB}=\widehat{CD}$
따라서 $x=5$

10 $\angle APB = \angle CQD$이므로
$\widehat{AB} = \widehat{CD}$
따라서 $x=10$

11 오른쪽 그림과 같이 $\overline{PC}$를 그으면
$\angle BPC = \frac{1}{2} \times 64^\circ = 32^\circ$
따라서 $\angle APB = \angle BPC$이므로
$\widehat{AB} = \widehat{BC}$
즉, $x=8$

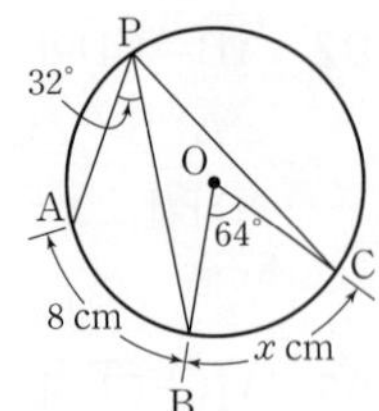

12 오른쪽 그림과 같이 $\overline{PC}$, $\overline{PD}$를 그으면
$\angle CPD = \frac{1}{2} \times 70^\circ = 35^\circ$
따라서 $\angle APB = \angle CPD$이므로
$\widehat{AB} = \widehat{CD}$
즉, $x=3$

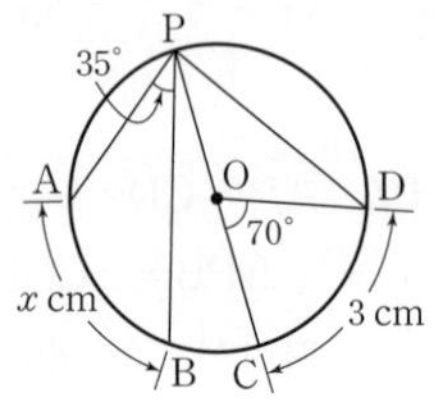

13 $\widehat{AB} : \widehat{CD} = 4 : 12 = 1 : 3$이므로
$\angle APB : \angle CQD = 1 : 3$
따라서
$\angle CQD = 3\angle APB = 3 \times 15^\circ = 45^\circ$
이므로 $\angle x = 45^\circ$

14 $\widehat{AB} : \widehat{BC} = 9 : 6 = 3 : 2$이므로
$\angle APB : \angle BPC = 3 : 2$
$3\angle BPC = 2\angle APB$
따라서
$\angle BPC = \frac{2}{3}\angle APB = \frac{2}{3} \times 63^\circ = 42^\circ$
이므로 $\angle x = 42^\circ$

15 $\widehat{AB} : \widehat{CD} = 2 : 5$이므로
$\angle APB : \angle CPD = 2 : 5$
$2\angle CPD = 5\angle APB$
따라서
$\angle CPD = \frac{5}{2}\angle APB = \frac{5}{2} \times 22^\circ = 55^\circ$
이므로 $\angle x = 55^\circ$

16 $\widehat{AB} : \widehat{CD} = 2 : 8 = 1 : 4$이므로
$\angle APB : \angle CQD = 1 : 4$
따라서
$\angle CQD = 4\angle APB = 4 \times 20^\circ = 80^\circ$
이므로 $\angle x = 80^\circ$

17 $\angle APB : \angle CQD = 32 : 64 = 1 : 2$이므로
$\widehat{AB} : \widehat{CD} = 1 : 2$
따라서
$\widehat{CD} = 2\widehat{AB} = 2 \times 3 = 6$ (cm)
이므로 $x=6$

18 $\angle APB : \angle BQC = 24 : 72 = 1 : 3$이므로
$\widehat{AB} : \widehat{BC} = 1 : 3$
따라서
$\widehat{BC} = 3\widehat{AB} = 3 \times 4 = 12$ (cm)
이므로 $x=12$

19 $\angle APB : \angle CPD = 40 : 30 = 4 : 3$이므로
$\widehat{AB} : \widehat{CD} = 4 : 3$, $3\widehat{AB} = 4\widehat{CD}$
따라서
$\widehat{AB} = \frac{4}{3}\widehat{CD} = \frac{4}{3} \times 6 = 8$ (cm)
이므로 $x=8$

20 $\angle APB : \angle CQD = 15 : 60 = 1 : 4$이므로
$\widehat{AB} : \widehat{CD} = 1 : 4$
따라서
$\widehat{CD} = 4\widehat{AB} = 4 \times 8 = 32$ (cm)
이므로 $x=32$

21 오른쪽 그림과 같이 $\overline{AP}$를 그으면
$\angle APB = \frac{1}{2}\angle AOB$
$= \frac{1}{2} \times 50^\circ = 25^\circ$
$\angle APB : \angle BPC = 25 : 50 = 1 : 2$
이므로
$\widehat{AB} : \widehat{BC} = 1 : 2$
따라서
$\widehat{BC} = 2\widehat{AB} = 2 \times 10 = 20$ (cm)
이므로 $x=20$

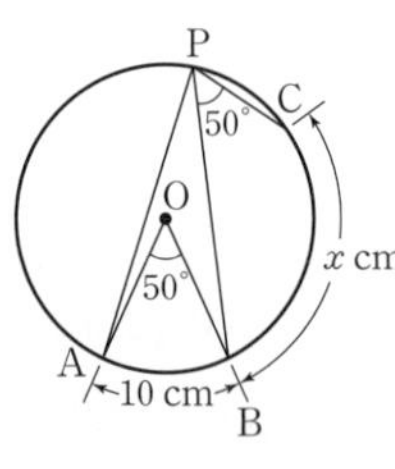

22 $\angle C : \angle A : \angle B = \widehat{AB} : \widehat{BC} : \widehat{CA} = 3 : 4 : 5$이므로
$\angle A = \frac{4}{3+4+5} \times 180^\circ = \frac{1}{3} \times 180^\circ = 60^\circ$

23 $\angle C : \angle A : \angle B = \widehat{AB} : \widehat{BC} : \widehat{CA} = 5 : 1 : 3$이므로
$\angle A = \frac{1}{5+1+3} \times 180^\circ = \frac{1}{9} \times 180^\circ = 20^\circ$

24 $\widehat{AB} = \widehat{BC}$이므로 $\angle BAC = \angle ADB = 26^\circ$
따라서 $\angle BAD = 26^\circ + 49^\circ = 75^\circ$이므로 $\triangle ABD$에서
$\angle x = 180^\circ - (75^\circ + 26^\circ) = 79^\circ$

확인문제 | 67쪽 |

01 ③ **02** ④ **03** ① **04** ② **05** ④
06 ③

01 △OBC는 $\overline{OB}=\overline{OC}$인 이등변삼각형이므로
$\angle OCB=\angle OBC=35°$
따라서 $\angle BOC=180°-(35°+35°)=110°$이므로
$\angle x=\frac{1}{2}\angle BOC=\frac{1}{2}\times 110°=55°$

02 $\angle PAO=\angle PBO=90°$이므로
$\angle y=360°-(50°+90°+90°)=130°$
따라서 $\angle x=\frac{1}{2}\angle y=\frac{1}{2}\times 130°=65°$이므로
$\angle x+\angle y=130°+65°=195°$

03 오른쪽 그림과 같이 $\overline{OQ}$를 그으면

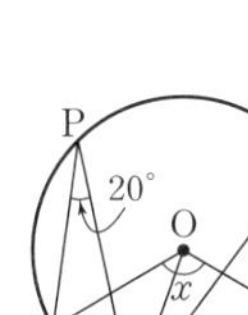

$\angle AOQ=2\angle APQ$
$=2\times 20°=40°$
$\angle BOQ=2\angle BRQ$
$=2\times 40°=80°$
따라서
$\angle x=\angle AOQ+\angle BOQ$
$=40°+80°=120°$

04 $\angle BAC=\angle BDC$이므로 $\angle x=40°$
△ABP에서 $\angle y=40°+25°=65°$
따라서 $\angle x+\angle y=40°+65°=105°$

05 $\overline{AB}$가 원 O의 지름이므로 $\angle ACB=90°$
$\widehat{BD}=\widehat{CD}$이므로 $\angle CAD=\angle BAD=\angle x$
△ABC에서
$2\angle x+34°+90°=180°$, $2\angle x=56°$
따라서 $\angle x=28°$

06 △ABP에서 $\angle ABP=100°-30°=70°$
따라서 $\angle BAC : \angle ABD=30 : 70=3 : 7$이므로
$\widehat{BC} : \widehat{AD}=\angle BAC : \angle ABD=3 : 7$
$3\widehat{AD}=7\widehat{BC}$
따라서 $\widehat{AD}=\frac{7}{3}\widehat{BC}=\frac{7}{3}\times 6=14\,(cm)$

2. 원주각의 활용

01 네 점이 한 원 위에 있을 조건 | 68쪽 |

01 × **02** ○ **03** ○ **04** ×
05 38° **06** 20° **07** ②

01 $\angle BAC\neq\angle BDC$이므로 네 점 A, B, C, D는 한 원 위에 있지 않다.

02 $\angle BAC=\angle BDC$이므로 네 점 A, B, C, D는 한 원 위에 있다.

03 △BCD에서 $\angle CBD=180°-(75°+75°)=30°$
따라서 $\angle CAD=\angle CBD$이므로 네 점 A, B, C, D는 한 원 위에 있다.

04 오른쪽 그림과 같이 $\overline{AC}$와 $\overline{BD}$의 교점을 E라 하면 △CDE에서

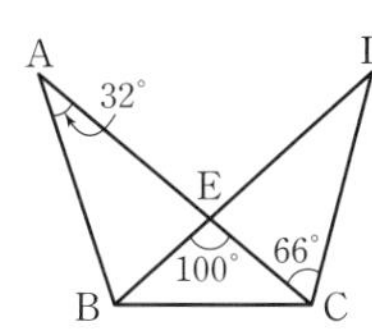

$\angle EDC=100°-66°=34°$
따라서 $\angle BAC\neq\angle BDC$이므로 네 점 A, B, C, D는 한 원 위에 있지 않다.

05 네 점 A, B, C, D가 한 원 위에 있으므로
$\angle CAD=\angle CBD$
따라서 $\angle x=\angle CAD=38°$

06 오른쪽 그림과 같이 $\overline{AC}$와 $\overline{BD}$의 교점을 E라 하면 △ABE에서

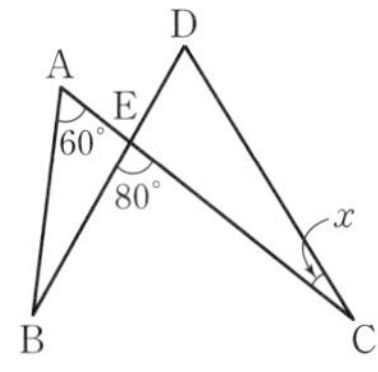

$\angle ABE=80°-60°=20°$
한편 네 점 A, B, C, D가 한 원 위에 있으므로
$\angle ABD=\angle ACD$
이때 $\angle ABD=20°$이므로
$\angle x=\angle ABD=20°$

07 네 점 A, B, C, D가 한 원 위에 있으므로
$\angle ADB=\angle ACB$
△ABC에서
$\angle ACB=180°-(85°+65°)=30°$
이므로 $\angle x=\angle ACB=30°$

02 원에 내접하는 사각형의 성질 | 69~70쪽 |

01 $105°$	02 $80°$	03 $110°$	
04 $\angle x=100°$, $\angle y=70°$		05 $\angle x=125°$, $\angle y=60°$	
06 $\angle x=80°$, $\angle y=100°$		07 $\angle x=85°$, $\angle y=95°$	
08 $85°$	09 $125°$	10 $105°$	11 $120°$
12 $100°$	13 $80°$	14 $45°$	15 $70°$
16 ①			

01 원에 내접하는 사각형에서 한 쌍의 대각의 크기의 합은 $180°$이므로
$\angle x+75°=180°$
즉, $\angle x=105°$

02 원에 내접하는 사각형에서 한 쌍의 대각의 크기의 합은 $180°$이므로
$\angle x+100°=180°$
즉, $\angle x=80°$

03 원에 내접하는 사각형에서 한 쌍의 대각의 크기의 합은 $180°$이므로
$\angle x+70°=180°$
즉, $\angle x=110°$

04 $\angle x+80°=180°$이므로 $\angle x=100°$
$\angle y+110°=180°$이므로 $\angle y=70°$

05 $\angle x+55°=180°$이므로 $\angle x=125°$
$\angle y+120°=180°$이므로 $\angle y=60°$

06 $\triangle ABD$에서
$\angle x=180°-(40°+60°)=80°$
$\angle x+\angle y=180°$이므로
$\angle y=180°-80°=100°$

07 $\triangle ABC$에서
$\angle x=180°-(50°+45°)=85°$
$\angle x+\angle y=180°$이므로
$\angle y=180°-85°=95°$

08 $\angle DCE=\angle A$이므로 $\angle x=85°$

09 $\angle ABE=\angle D$이므로 $\angle x=125°$

10 $\angle DCE=\angle A$이므로 $\angle x=105°$

11 $\angle ADE=\angle B$이므로 $\angle x=120°$

12 $\angle BAD=180°-80°=100°$이므로
$\angle x=\angle BAD=100°$

13 $\angle ADC=180°-100°=80°$이므로
$\angle x=\angle ADC=80°$

14 $\angle DCE=\angle BAD$이므로
$120°=75°+\angle x$
따라서 $\angle x=45°$

15 $\angle DCE=\angle BAD$이므로
$110°=\angle x+40°$
따라서 $\angle x=70°$

16 $\angle x+80°=180°$이므로 $\angle x=100°$
$\angle DCE=\angle A$이므로 $\angle y=110°$
따라서 $\angle y-\angle x=110°-100°=10°$

03 사각형이 원에 내접하기 위한 조건 | 71~72쪽 |

01 ○	02 ×	03 ×	04 ×
05 ○	06 ×	07 $75°$	08 $115°$
09 $110°$	10 $70°$	11 $90°$	12 $110°$
13 $50°$	14 ③		

01 $\angle A+\angle C=130°+50°=180°$
따라서 $\square ABCD$는 원에 내접한다.

02 $\angle B+\angle D=80°+80°=160°\neq180°$
따라서 $\square ABCD$는 원에 내접하지 않는다.

03 $\triangle ACD$에서
$\angle D=180°-(50°+70°)=60°$
따라서
$\angle B+\angle D=110°+60°=170°\neq180°$
이므로 $\square ABCD$는 원에 내접하지 않는다.

04 $\angle DCE \neq \angle A$이므로 □ABCD는 원에 내접하지 않는다.

05 $\angle BCE = \angle A$이므로 □ABCD는 원에 내접한다.

06 $\angle DCE \neq \angle A$이므로 □ABCD는 원에 내접하지 않는다.

07 □ABCD가 원에 내접하므로
$\angle A + \angle C = 180°$
즉, $105° + \angle x = 180°$이므로
$\angle x = 75°$

08 □ABCD가 원에 내접하므로
$\angle A + \angle C = 180°$
즉, $\angle x + 65° = 180°$이므로
$\angle x = 115°$

09 □ABCD가 원에 내접하므로
$\angle DCE = \angle A$
즉, $\angle x = 110°$

10 △ABD에서
$\angle A = 180° - (50° + 60°) = 70°$
□ABCD가 원에 내접하므로
$\angle DCE = \angle A$
즉, $\angle x = 70°$

11 $\angle DCE = \angle A$이므로 □ABCD는 원에 내접한다.
따라서 $90° + \angle x = 180°$이므로
$\angle x = 90°$
[다른 풀이]
사각형의 네 내각의 크기의 합은 360°이므로
$75° + 90° + (180° - 75°) + \angle x = 360°$
즉, $\angle x = 90°$

12 $\angle DAE = \angle C$이므로 □ABCD는 원에 내접한다.
따라서 $70° + \angle x = 180°$이므로
$\angle x = 110°$

13 $\angle ADE = \angle B$이므로 □ABCD는 원에 내접한다.
따라서 $130° + \angle x = 180°$이므로
$\angle x = 50°$

14 □ABCD가 원에 내접하므로
$\angle BAC = \angle BDC = 45°$
또, $\angle BAD = \angle DCE$이므로
$45° + \angle x = 100°$
따라서 $\angle x = 55°$

04 접선과 현이 이루는 각

| 73~75쪽 |

01 100°	**02** 55°	**03** 60°	**04** 65°
05 95°	**06** 80°	**07** 60°	**08** 50°
09 65°	**10** 60°	**11** 70°	**12** 80°
13 100°	**14** 65°	**15** 70°	**16** 60°
17 130°	**18** 80°	**19** 120°	**20** 30°
21 20°	**22** ④		

01 원의 접선과 그 접점을 지나는 현이 이루는 각의 크기는 그 각의 내부에 있는 호에 대한 원주각의 크기와 같으므로
$\angle x = \angle BCA = 100°$

02 원의 접선과 그 접점을 지나는 현이 이루는 각의 크기는 그 각의 내부에 있는 호에 대한 원주각의 크기와 같으므로
$\angle x = \angle CBA = 55°$

03 원의 접선과 그 접점을 지나는 현이 이루는 각의 크기는 그 각의 내부에 있는 호에 대한 원주각의 크기와 같으므로
$\angle x = \angle BCA = 60°$

04 원의 접선과 그 접점을 지나는 현이 이루는 각의 크기는 그 각의 내부에 있는 호에 대한 원주각의 크기와 같으므로
$\angle x = \angle CBA = 65°$

05 △ABC에서
$\angle BCA = 180° - (40° + 45°) = 95°$
따라서 $\angle x = \angle BCA = 95°$

06 △ABC에서
$\angle ABC = 180° - (65° + 35°) = 80°$
따라서 $\angle x = \angle ABC = 80°$

07 $\overline{BC}$가 원 O의 지름이고, 지름에 대한 원주각의 크기는 90°이므로 $\angle CAB = 90°$
따라서 △ABC에서
$\angle BCA = 180° - (90° + 30°) = 60°$
이므로 $\angle x = \angle BCA = 60°$

08 $\angle x = \angle BAT = 50°$

09 $\angle x = \angle CAT = 65°$

10 $\angle x = \angle BAT = 60°$

11 $\angle x=\angle CAT=70°$

12 $\angle x=\angle CAT=80°$

13 $\angle BAT=180°-(50°+30°)=100°$이므로
$\angle x=\angle BAT=100°$

14 $\angle CAT=180°-(75°+40°)=65°$이므로
$\angle x=\angle CAT=65°$

15 $\angle BAT=180°-(55°+55°)=70°$이므로
$\angle x=\angle BAT=70°$

16 $\angle BAT=180°-(85°+35°)=60°$이므로
$\angle x=\angle BAT=60°$

17 $\angle CBA=\angle CAT=65°$이므로
$\angle x=2\angle CBA=2\times 65°=130°$

18 $\angle BCA=\angle BAT=40°$이므로
$\angle x=2\angle BCA=2\times 40°=80°$

19 $\angle BCA=\angle BAT=60°$이므로
$\angle x=2\angle BCA=2\times 60°=120°$

20 $\overline{AB}$가 원 O의 지름이므로
$\angle ATB=90°$
또, $\angle ATP=\angle ABT=30°$
$\triangle PTB$에서
$\angle x=180°-(30°+30°+90°)=30°$
[다른 풀이]
$\angle ATB=90°$, $\angle ATP=\angle ABT=30°$이므로
$\triangle ABT$에서
$\angle BAT=180°-(90°+30°)=60°$
$\triangle APT$에서
$\angle x=\angle BAT-\angle ATP=60°-30°=30°$

21 $\overline{AB}$가 원 O의 지름이므로
$\angle ATB=90°$
또, $\angle ABT=\angle ATP=35°$
$\triangle PTB$에서
$\angle x=180°-(35°+35°+90°)=20°$

22 $\angle x=\angle DCT=55°$
또, $\angle BCD=180°-(40°+55°)=85°$이고, □ABCD가 원에 내접하므로 $\angle y+\angle BCD=180°$에서
$\angle y=180°-85°=95°$
따라서 $\angle x+\angle y=55°+95°=150°$

[다른 풀이]
오른쪽 그림과 같이 $\overline{BC}$의 연장선을 긋고 그 위의 한 점 P를 잡으면
$\angle PCT=40°$ (맞꼭지각)
따라서
$\angle y=\angle DCP=55°+40°=95°$

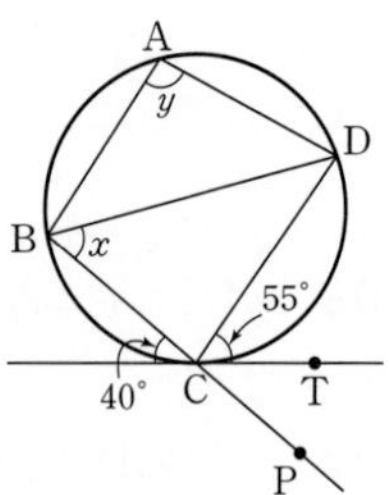

05 두 원에서 접선과 현이 이루는 각 | 76~77쪽 |

01 70° **02** 40° **03** 60°
04 $\angle x=75°$, $\angle y=75°$ **05** $\angle x=50°$, $\angle y=85°$
06 $\angle x=65°$, $\angle y=60°$ **07** $\angle x=40°$, $\angle y=80°$
08 50° **09** 70° **10** 45° **11** 60°
12 $\angle x=40°$, $\angle y=75°$ **13** $\angle x=60°$, $\angle y=60°$
14 $\angle x=55°$, $\angle y=55°$ **15** ②

01 $\angle x=\angle ATP=\angle QTC=\angle TDC=70°$

02 $\angle x=\angle PTD=\angle BTQ=\angle BAT=40°$

03 $\angle x=\angle QTC=\angle ATP=\angle ABT=60°$

04 $\angle x=\angle ATP=75°$
$\angle y=\angle QTC=\angle ATP=75°$

05 $\angle x=\angle ATP=\angle QTC=\angle TDC=50°$
$\triangle ABT$에서
$\angle ATB=180°-(45°+50°)=85°$
즉, $\angle y=\angle ATB=85°$

06 $\angle x=\angle BTQ=65°$
$\angle QTC=180°-(65°+55°)=60°$이므로
$\angle y=\angle QTC=60°$

07 $\angle x=\angle TDC=40°$
$\angle BTQ=\angle BAT=60°$이므로
$\angle y=180°-(60°+40°)=80°$

08 $\angle BTQ=\angle BAT=50°$이므로
$\angle x=\angle CTQ=50°$

09 $\angle ATP=\angle ABT=70^\circ$이므로
$\angle x=\angle DTP=70^\circ$

10 $\angle CTQ=\angle CDT=45^\circ$이므로
$\angle x=\angle BTQ=45^\circ$

11 $\angle CTQ=\angle CDT=60^\circ$이므로
$\angle x=\angle BTQ=60^\circ$

12 $\angle x=\angle DTP=40^\circ$
$\angle y=\angle BAT=75^\circ$

13 $\angle x=\angle BAT=60^\circ$
$\angle y=\angle CTQ=60^\circ$

14 $\angle x=\angle CDT=55^\circ$
$\angle y=\angle BTQ=55^\circ$

15 $\angle ATP=\angle ABT=80^\circ$, $\angle DTP=\angle DCT=60^\circ$이므로
$\angle x=180^\circ-(80^\circ+60^\circ)=40^\circ$

확인문제

| 78쪽 |

01 ④ **02** ③ **03** ② **04** ④ **05** ⑤
06 ⑤

01 네 점 A, B, C, D가 한 원 위에 있으므로
$\angle CAD=\angle CBD=45^\circ$
$\angle BAC=100^\circ-45^\circ=55^\circ$이므로
$\angle x=\angle BAC=55^\circ$

02 오른쪽 그림과 같이 $\overline{BO}$를 그으면
$\overline{OA}=\overline{OB}=\overline{OC}$이므로
$\angle OBA=\angle OAB=30^\circ$
$\angle OBC=\angle OCB=40^\circ$
따라서
$\angle ABC=30^\circ+40^\circ=70^\circ$
이때 □ABCD가 원 O에 내접하므로
$\angle x+\angle ABC=180^\circ$에서
$\angle x=180^\circ-70^\circ=110^\circ$
$\angle y=2\angle ABC=2\times70^\circ=140^\circ$
따라서 $\angle y-\angle x=140^\circ-110^\circ=30^\circ$

03 □ABCD가 원에 내접하므로
$\angle ABP=\angle D=75^\circ$
△APB에서
$\angle x=180^\circ-(35^\circ+75^\circ)=70^\circ$
[다른 풀이]
△PCD에서
$\angle C=180^\circ-(35^\circ+75^\circ)=70^\circ$
□ABCD가 원에 내접하므로
$\angle x=\angle C=70^\circ$

04 ① $\angle A+\angle C=105^\circ+75^\circ=180^\circ$, 즉 대각의 크기의 합이 180°이므로 □ABCD는 원에 내접한다.
② $\angle B+\angle D=90^\circ+90^\circ=180^\circ$, 즉 대각의 크기의 합이 180°이므로 □ABCD는 원에 내접한다.
③ $\angle DCE=\angle A=95^\circ$, 즉 한 외각의 크기와 그와 이웃하는 내각의 대각의 크기가 같으므로 □ABCD는 원에 내접한다.
④ $\angle ADC=180^\circ-60^\circ=120^\circ$
이때 $\angle ABE\neq\angle ADC$이므로 □ABCD는 원에 내접하지 않는다.
⑤ △ACD에서
$\angle D=180^\circ-(50^\circ+30^\circ)=100^\circ$
$\angle B+\angle D=80^\circ+100^\circ=180^\circ$, 즉 대각의 크기의 합이 180°이므로 □ABCD는 원에 내접한다.
따라서 □ABCD가 원에 내접하지 않는 것은 ④이다.

05 □ABCD가 원에 내접하므로
$\angle A+\angle BCD=180^\circ$
즉, $\angle BCD=180^\circ-110^\circ=70^\circ$
△BCD에서
$\angle DBC=180^\circ-(40^\circ+70^\circ)=70^\circ$
따라서 $\angle x=\angle DBC=70^\circ$
[다른 풀이]
$\angle BCD=180^\circ-110^\circ=70^\circ$
오른쪽 그림에서
$\angle BCF=\angle BDC=40^\circ$
이므로
$\angle x=180^\circ-(40^\circ+70^\circ)=70^\circ$

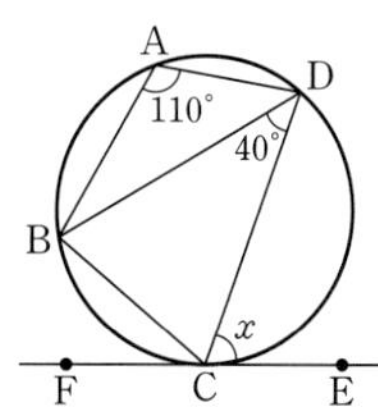

06 $\angle BTQ=\angle BAT=50^\circ$, $\angle QTC=\angle TDC=65^\circ$이므로
$\angle x=180^\circ-(50^\circ+65^\circ)=65^\circ$

5 대푯값과 산포도

1. 대푯값

01 평균 | 80~81쪽 |

01 (1) 4 (2) 32 (3) 8		02 (1) 5 (2) 35 (3) 7	
03 (1) 6 (2) 30 (3) 5		04 7	05 4
06 8	07 9	08 10	09 10
10 7	11 13	12 12	13 14
14 7	15 8	16 4	17 ⑤

01 (2) (변량의 총합)$=10+12+6+4=32$

(3) (평균)$=\frac{32}{4}=8$

02 (2) (변량의 총합)$=8+7+9+5+6=35$

(3) (평균)$=\frac{35}{5}=7$

03 (2) (변량의 총합)$=1+4+3+6+7+9=30$

(3) (평균)$=\frac{30}{6}=5$

04 (평균)$=\frac{2+7+14+5}{4}$

$=\frac{28}{4}=7$

05 (평균)$=\frac{3+8+6+2+1}{5}$

$=\frac{20}{5}=4$

06 (평균)$=\frac{12+6+5+9+8}{5}$

$=\frac{40}{5}=8$

07 (평균)$=\frac{9+3+5+12+8+17}{6}$

$=\frac{54}{6}=9$

08 (평균)$=\frac{21+10+5+14+7+3}{6}$

$=\frac{60}{6}=10$

09 (평균)$=\frac{3+x+11}{3}=8$이므로

$14+x=24$

따라서 $x=10$

10 (평균)$=\frac{9+x+4+8}{4}=7$이므로

$21+x=28$

따라서 $x=7$

11 (평균)$=\frac{15+10+x+6}{4}=11$이므로

$31+x=44$

따라서 $x=13$

12 (평균)$=\frac{3+14+9+12+x}{5}=10$이므로

$38+x=50$

따라서 $x=12$

13 (평균)$=\frac{18+x+8+7+20+5}{6}=12$이므로

$58+x=72$

따라서 $x=14$

14 x, y의 평균이 6이므로

$\frac{x+y}{2}=6$, 즉 $x+y=12$

따라서 주어진 자료의 평균은

$\frac{7+9+x+y}{4}=\frac{7+9+12}{4}=\frac{28}{4}=7$

15 x, y의 평균이 9이므로

$\frac{x+y}{2}=9$, 즉 $x+y=18$

따라서 주어진 자료의 평균은

$\frac{4+8+x+10+y}{5}=\frac{4+8+10+18}{5}=\frac{40}{5}=8$

16 x, y의 평균이 5이므로

$\frac{x+y}{2}=5$, 즉 $x+y=10$

따라서 주어진 자료의 평균은

$\frac{1+6+x+2+y+5}{6}=\frac{1+6+2+5+10}{6}=\frac{24}{6}=4$

17 (평균)$=\frac{85+93+87+92+x}{5}=90$이므로

$357+x=450$

따라서 $x=93$

02 중앙값

| 82~83쪽 |

01 8	**02** 6	**03** 9	**04** 11
05 18	**06** 14	**07** 17	**08** 20
09 33	**10** 6	**11** 13	**12** 6
13 19	**14** 23	**15** 25	**16** 7
17 28	**18** ④		

01 변량을 작은 값부터 크기순으로 나열하면

2, 5, 8, 10, 15

변량의 개수가 홀수이므로 중앙값은 한가운데에 있는 8이다.

02 변량을 작은 값부터 크기순으로 나열하면

3, 4, 6, 19, 38

변량의 개수가 홀수이므로 중앙값은 한가운데에 있는 6이다.

03 변량을 작은 값부터 크기순으로 나열하면

4, 5, 9, 13, 17

변량의 개수가 홀수이므로 중앙값은 한가운데에 있는 9이다.

04 변량을 작은 값부터 크기순으로 나열하면

7, 8, 11, 16, 19

변량의 개수가 홀수이므로 중앙값은 한가운데에 있는 11이다.

05 변량을 작은 값부터 크기순으로 나열하면

4, 6, 9, 18, 25, 27, 31

변량의 개수가 홀수이므로 중앙값은 한가운데에 있는 18이다.

06 변량을 작은 값부터 크기순으로 나열하면

3, 6, 10, 14, 16, 19, 28

변량의 개수가 홀수이므로 중앙값은 한가운데에 있는 14이다.

07 변량을 작은 값부터 크기순으로 나열하면

8, 9, 11, 17, 24, 48, 57

변량의 개수가 홀수이므로 중앙값은 한가운데에 있는 17이다.

08 변량을 작은 값부터 크기순으로 나열하면

2, 15, 19, 20, 23, 36, 45

변량의 개수가 홀수이므로 중앙값은 한가운데에 있는 20이다.

09 변량을 작은 값부터 크기순으로 나열하면

14, 21, 25, 33, 47, 56, 80

변량의 개수가 홀수이므로 중앙값은 한가운데에 있는 33이다.

10 변량을 작은 값부터 크기순으로 나열하면

1, 4, 8, 12

변량의 개수가 짝수이므로 중앙값은 한가운데에 있는 두 값의 평균이다.

따라서 중앙값은

$\frac{4+8}{2}=6$

11 변량을 작은 값부터 크기순으로 나열하면

8, 10, 16, 24

변량의 개수가 짝수이므로 중앙값은 한가운데에 있는 두 값의 평균이다.

따라서 중앙값은

$\frac{10+16}{2}=13$

12 변량을 작은 값부터 크기순으로 나열하면

2, 4, 5, 7, 11, 18

변량의 개수가 짝수이므로 중앙값은 한가운데에 있는 두 값의 평균이다.

따라서 중앙값은

$\frac{5+7}{2}=6$

13 변량을 작은 값부터 크기순으로 나열하면

9, 14, 18, 20, 26, 31

변량의 개수가 짝수이므로 중앙값은 한가운데에 있는 두 값의 평균이다.

따라서 중앙값은

$\frac{18+20}{2}=19$

14 변량을 작은 값부터 크기순으로 나열하면

6, 8, 17, 29, 32, 41

변량의 개수가 짝수이므로 중앙값은 한가운데에 있는 두 값의 평균이다.

따라서 중앙값은

$\frac{17+29}{2}=23$

15 한가운데에 있는 두 값은 15, x이므로

$\frac{15+x}{2}=20$, $15+x=40$

따라서 $x=25$

16 한가운데에 있는 두 값은 x, 9이므로

$\frac{x+9}{2}=8$, $x+9=16$

따라서 $x=7$

17 한가운데에 있는 두 값은 20, x이므로

$\frac{20+x}{2}=24$, $20+x=48$

따라서 $x=28$

18 변량을 작은 값부터 크기순으로 나열하면

5, 9, 12, 14, 18, 23

변량의 개수가 짝수이므로 중앙값은 한가운데에 있는 두 값의 평균이다.

따라서 중앙값은

$\frac{12+14}{2}=13$ (시간)

03 최빈값 | 84쪽 |

01 3	**02** 2	**03** 8, 12	**04** 9
05 10	**06** 6, 8	**07** 봄	**08** 축구, 배구
09 북한산	**10** 딸기, 포도		

01 자료의 변량 중에서 3이 가장 많이 나타나므로 최빈값은 3이다.

02 자료의 변량 중에서 2가 가장 많이 나타나므로 최빈값은 2이다.

03 자료의 변량 중에서 8, 12가 가장 많이 나타나므로 최빈값은 8, 12이다.

04 자료의 변량 중에서 9가 가장 많이 나타나므로 최빈값은 9이다.

05 자료의 변량 중에서 10이 가장 많이 나타나므로 최빈값은 10이다.

06 자료의 변량 중에서 6, 8이 가장 많이 나타나므로 최빈값은 6, 8이다.

07 봄의 도수가 가장 크므로 최빈값은 봄이다.

참고 ① 변량의 개수가 많고, 자료에 같은 값이 많은 경우에 자료의 대푯값으로 최빈값이 적절하다.

② 최빈값은 선호도를 조사할 때 주로 사용되고, 좋아하는 영화나 음악 등과 같이 숫자로 나타낼 수 없는 자료의 대푯값으로 유용하게 사용된다.

08 축구, 배구의 도수가 가장 크므로 최빈값은 축구, 배구이다.

09 북한산의 도수가 가장 크므로 최빈값은 북한산이다.

10 딸기, 포도의 도수가 가장 크므로 최빈값은 딸기, 포도이다.

04 대푯값 종합 | 85~86쪽 |

01 ○	**02** ×	**03** ×	**04** ×
05 ○	**06** ×	**07** 10회	**08** 9회
09 9회	**10** 7시간	**11** 6.5시간	
12 6시간, 9시간		**13** 18세	**14** 17세
15 16세	**16** 8점	**17** 8점	**18** 8점
19 12권	**20** 11권	**21** 11권	**22** 12개
23 13개	**24** 5개, 14개		

02 자료에 매우 크거나 매우 작은 극단적인 값이 있는 경우에는 평균보다 중앙값이 대푯값으로 적절하다.

03 자료 1, 2, 3, 4의 중앙값은

$\frac{2+3}{2}=2.5$

이므로 자료에 있는 값이 아니다.

04 자료에 도수가 가장 큰 값이 한 개 이상이면 그 값이 모두 최빈값이므로 2개 이상일 수도 있다.

06 자료 1, 3, 3, 3, 5에 대하여

(평균)$=\frac{1+3+3+3+5}{5}=\frac{15}{5}=3$

(중앙값)$=3$

(최빈값)$=3$

이므로 평균, 중앙값, 최빈값이 모두 같다.

07 $(\text{평균})=\frac{3+9+11+9+18}{5}$

$=\frac{50}{5}=10$ (회)

08 변량을 작은 값부터 크기순으로 나열하면

3, 9, 9, 11, 18

변량의 개수가 홀수이므로 중앙값은 9회이다.

09 자료의 변량 중에서 9가 가장 많이 나타나므로 최빈값은 9회이다.

10 $(\text{평균})=\frac{9+6+7+5+6+9}{6}$

$=\frac{42}{6}=7$ (시간)

11 변량을 작은 값부터 크기순으로 나열하면

5, 6, 6, 7, 9, 9

변량의 개수가 짝수이므로 중앙값은

$\frac{6+7}{2}=6.5$ (시간)

12 자료의 변량 중에서 6, 9가 가장 많이 나타나므로 최빈값은 6시간, 9시간이다.

13 $(\text{평균})=\frac{16+20+16+20+21+16+17}{7}$

$=\frac{126}{7}=18$ (세)

14 변량을 작은 값부터 크기순으로 나열하면

16, 16, 16, 17, 20, 20, 21

변량의 개수가 홀수이므로 중앙값은 17세이다.

15 자료의 변량 중에서 16이 가장 많이 나타나므로 최빈값은 16세이다.

16 $(\text{평균})=\frac{7+8+8+9+10+8+9+5}{8}$

$=\frac{64}{8}=8$ (점)

17 변량을 작은 값부터 크기순으로 나열하면

5, 7, 8, 8, 8, 9, 9, 10

변량의 개수가 짝수이므로 중앙값은

$\frac{8+8}{2}=8$ (점)

18 자료의 변량 중에서 8이 가장 많이 나타나므로 최빈값은 8점이다.

19 $(\text{평균})=\frac{3+7+10+11+11+15+27}{7}$

$=\frac{84}{7}=12$ (권)

20 변량의 개수가 홀수이므로 중앙값은 11권이다.

21 자료의 변량 중에서 11이 가장 많이 나타나므로 최빈값은 11권이다.

22 $(\text{평균})=\frac{5+5+8+12+14+14+17+21}{8}$

$=\frac{96}{8}=12$ (개)

23 변량의 개수가 짝수이므로 중앙값은

$\frac{12+14}{2}=13$ (개)

24 자료의 변량 중에서 5, 14가 가장 많이 나타나므로 최빈값은 5개, 14개이다.

확인문제

| 87쪽 |

01 ② **02** ② **03** ⑤ **04** ③ **05** ②
06 ①

01 x, y, z의 평균이 4이므로

$\frac{x+y+z}{3}=4$, 즉 $x+y+z=12$

따라서 구하는 평균은

$\frac{2+x+y+z+6}{5}=\frac{2+12+6}{5}$

$=\frac{20}{5}=4$

02 $(\text{평균})=\frac{6\times1+7\times2+8\times2+9\times4+10\times1}{10}$

$=\frac{82}{10}=8.2$ (점)

03 한가운데에 있는 두 값은 61, x이므로

$\frac{61+x}{2}=64$, $61+x=128$

따라서 $x=67$

04 변량을 작은 값부터 크기순으로 나열하면

4, 6, 7, 7, 9, 9, 9, 12

중앙값은 $\frac{7+9}{2}=8$ (시간)이므로 $a=8$

최빈값은 9시간이므로 $b=9$

따라서 $a+b=8+9=17$

05 최빈값은 5회이므로 평균도 5회이다. 즉,

$\frac{3+5+4+5+9+x+5}{7}=5$, $31+x=35$

따라서 $x=4$

참고 5회가 3번 나타나고 3회, 4회, 9회는 각각 한 번씩 나타나므로 x가 어떤 값을 갖더라도 최빈값은 5회가 된다.

06 (평균)$=\frac{4+6+11+12+17+19+19+20+24+28}{10}$

$=\frac{160}{10}=16$ (초)

이므로 $a=16$

중앙값은 $\frac{17+19}{2}=18$ (초)이므로 $b=18$

최빈값은 19초이므로 $c=19$

따라서 $a<b<c$

2. 산포도

01 편차

| 88~89쪽 |

01~10 풀이 참조 **11** -3 **12** 2
13 -5 **14** 4 **15** ②

01

변량	5	10	4	13
편차	-3	2	-4	5

02

변량	7	15	12	6
편차	-3	5	2	-4

03

변량	20	9	14	5
편차	8	-3	2	-7

04

변량	8	5	12	3
편차	1	-2	5	-4

05

변량	6	11	4	15
편차	-3	2	-5	6

06

변량	23	19	8	10
편차	8	4	-7	-5

07 (평균)$=\frac{3+7+5+9}{4}=\frac{24}{4}=6$

변량	3	7	5	9
편차	-3	1	-1	3

08 (평균)$=\frac{12+6+13+5}{4}=\frac{36}{4}=9$

변량	12	6	13	5
편차	3	-3	4	-4

09 (평균)$=\frac{6+2+4+1+7}{5}=\frac{20}{5}=4$

변량	6	2	4	1	7
편차	2	-2	0	-3	3

10 (평균)$=\frac{14+20+16+10+15}{5}=\frac{75}{5}=15$

변량	14	20	16	10	15
편차	-1	5	1	-5	0

11 편차의 총합은 0이므로
$2+4+(-3)+x=0$
따라서 $x=-3$

12 편차의 총합은 0이므로
$-6+(-1)+x+5=0$
따라서 $x=2$

13 편차의 총합은 0이므로
$4+(-10)+x+8+3=0$
따라서 $x=-5$

14 편차의 총합은 0이므로
$7+x+(-4)+(-5)+(-2)=0$
따라서 $x=4$

15 편차의 총합은 0이므로
$-5+8+x+(-7)+6=0$
따라서 $x=-2$
이때 평균이 60 kg이므로 하영이의 몸무게는
$-2+60=58$ (kg)

02 분산과 표준편차

| 90~93쪽 |

01~05 풀이 참조 **06** (1) -1 (2) 4 (3) 1 (4) 1
07 (1) 2 (2) 50 (3) 10 (4) $\sqrt{10}$
08 (1) -4 (2) 40 (3) 8 (4) $2\sqrt{2}$
09 (1) 3 (2) 60 (3) 12 (4) $2\sqrt{3}$
10 (1) -2 (2) 40 (3) 8 (4) $2\sqrt{2}$
11 (1) -1 (2) 24 (3) 4 (4) 2
12 (1) 1 (2) 96 (3) 16 (4) 4 **13~17** 풀이 참조
18 분산: $\frac{9}{2}$, 표준편차: $\frac{3\sqrt{2}}{2}$점
19 분산: 8, 표준편차: $2\sqrt{2}$권
20 분산: $\frac{10}{7}$, 표준편차: $\frac{\sqrt{70}}{7}$시간
21 (1) 13 (2) 4 (3) 2 **22** (1) 8 (2) 6 (3) $\sqrt{6}$
23 (1) 14 (2) 16 (3) 4

01

편차	-2	4	-6	4
$(편차)^2$	4	16	36	16

(1) $\{(편차)^2$의 총합$\}=4+16+36+16=72$
(2) (분산)$=\frac{72}{4}=18$
(3) (표준편차)$=\sqrt{18}=3\sqrt{2}$

02

편차	-4	2	0	-2	4
$(편차)^2$	16	4	0	4	16

(1) $\{(편차)^2$의 총합$\}=16+4+0+4+16=40$
(2) (분산)$=\frac{40}{5}=8$
(3) (표준편차)$=\sqrt{8}=2\sqrt{2}$

03

편차	-2	-1	2	1	0
$(편차)^2$	4	1	4	1	0

(1) $\{(편차)^2$의 총합$\}=4+1+4+1+0=10$
(2) (분산)$=\frac{10}{5}=2$
(3) (표준편차)$=\sqrt{2}$

04

편차	4	-3	1	3	-5
$(편차)^2$	16	9	1	9	25

(1) $\{(편차)^2$의 총합$\}=16+9+1+9+25=60$
(2) (분산)$=\frac{60}{5}=12$
(3) (표준편차)$=\sqrt{12}=2\sqrt{3}$

05

편차	-2	1	5	-1	-3
$(편차)^2$	4	1	25	1	9

(1) $\{(편차)^2$의 총합$\}=4+1+25+1+9=40$
(2) (분산)$=\frac{40}{5}=8$
(3) (표준편차)$=\sqrt{8}=2\sqrt{2}$

06 (1) 편차의 총합은 0이므로
$-1+x+1+1=0$
따라서 $x=-1$
(2) $\{(편차)^2$의 총합$\}=(-1)^2+(-1)^2+1^2+1^2=4$
(3) (분산)$=\frac{4}{4}=1$
(4) (표준편차)$=1$

07 (1) 편차의 총합은 0이므로

$1+4+x+(-5)+(-2)=0$

따라서 $x=2$

(2) $\{(\text{편차})^2\text{의 총합}\}=1^2+4^2+2^2+(-5)^2+(-2)^2=50$

(3) $(\text{분산})=\frac{50}{5}=10$

(4) $(\text{표준편차})=\sqrt{10}$

08 (1) 편차의 총합은 0이므로

$2+4+0+(-2)+x=0$

따라서 $x=-4$

(2) $\{(\text{편차})^2\text{의 총합}\}=2^2+4^2+0^2+(-2)^2+(-4)^2=40$

(3) $(\text{분산})=\frac{40}{5}=8$

(4) $(\text{표준편차})=\sqrt{8}=2\sqrt{2}$

09 (1) 편차의 총합은 0이므로

$-4+x+5+(-1)+(-3)=0$

따라서 $x=3$

(2) $\{(\text{편차})^2\text{의 총합}\}=(-4)^2+3^2+5^2+(-1)^2+(-3)^2=60$

(3) $(\text{분산})=\frac{60}{5}=12$

(4) $(\text{표준편차})=\sqrt{12}=2\sqrt{3}$

10 (1) 편차의 총합은 0이므로

$x+(-3)+(-1)+1+5=0$

따라서 $x=-2$

(2) $\{(\text{편차})^2\text{의 총합}\}=(-2)^2+(-3)^2+(-1)^2+1^2+5^2=40$

(3) $(\text{분산})=\frac{40}{5}=8$

(4) $(\text{표준편차})=\sqrt{8}=2\sqrt{2}$

11 (1) 편차의 총합은 0이므로

$-1+4+(-1)+(-2)+1+x=0$

따라서 $x=-1$

(2) $\{(\text{편차})^2\text{의 총합}\}$

$=(-1)^2+4^2+(-1)^2+(-2)^2+1^2+(-1)^2=24$

(3) $(\text{분산})=\frac{24}{6}=4$

(4) $(\text{표준편차})=\sqrt{4}=2$

12 (1) 편차의 총합은 0이므로

$5+4+(-2)+(-1)+x+(-7)=0$

따라서 $x=1$

(2) $\{(\text{편차})^2\text{의 총합}\}$

$=5^2+4^2+(-2)^2+(-1)^2+1^2+(-7)^2=96$

(3) $(\text{분산})=\frac{96}{6}=16$

(4) $(\text{표준편차})=\sqrt{16}=4$

13 (1) $(\text{평균})=\frac{3+6+4+5+7}{5}=\frac{25}{5}=5$

(2)

변량	3	6	4	5	7
편차	-2	1	-1	0	2
$(\text{편차})^2$	4	1	1	0	4

(3) $\{(\text{편차})^2\text{의 총합}\}=4+1+1+0+4=10$

(4) $(\text{분산})=\frac{10}{5}=2$

(5) $(\text{표준편차})=\sqrt{2}$

14 (1) $(\text{평균})=\frac{6+4+7+5+8}{5}=\frac{30}{5}=6$

(2)

변량	6	4	7	5	8
편차	0	-2	1	-1	2
$(\text{편차})^2$	0	4	1	1	4

(3) $\{(\text{편차})^2\text{의 총합}\}=0+4+1+1+4=10$

(4) $(\text{분산})=\frac{10}{5}=2$

(5) $(\text{표준편차})=\sqrt{2}$

15 (1) $(\text{평균})=\frac{7+13+11+10+4}{5}=\frac{45}{5}=9$

(2)

변량	7	13	11	10	4
편차	-2	4	2	1	-5
$(\text{편차})^2$	4	16	4	1	25

(3) $\{(\text{편차})^2\text{의 총합}\}=4+16+4+1+25=50$

(4) $(\text{분산})=\frac{50}{5}=10$

(5) $(\text{표준편차})=\sqrt{10}$

16 (1) $(\text{평균})=\frac{4+12+6+8+10}{5}=\frac{40}{5}=8$

(2)

변량	4	12	6	8	10
편차	-4	4	-2	0	2
$(\text{편차})^2$	16	16	4	0	4

(3) $\{(\text{편차})^2\text{의 총합}\}=16+16+4+0+4=40$

(4) $(\text{분산})=\frac{40}{5}=8$

(5) $(\text{표준편차})=\sqrt{8}=2\sqrt{2}$

17 (1) $(\text{평균})=\frac{10+4+6+13+12}{5}=\frac{45}{5}=9$

(2)

변량	10	4	6	13	12
편차	1	-5	-3	4	3
$(\text{편차})^2$	1	25	9	16	9

(3) {(편차)^{2}의 총합} $=1+25+9+16+9=60$

(4) (분산) $=\frac{60}{5}=12$

(5) (표준편차) $=\sqrt{12}=2\sqrt{3}$

18 (평균) $=\frac{83+78+78+81}{4}=\frac{320}{4}=80$ (점)

이므로 각 변량의 편차는

3점, -2점, -2점, 1점

따라서 (편차)^{2}의 총합은

$3^2+(-2)^2+(-2)^2+1^2=18$

이므로

(분산) $=\frac{18}{4}=\frac{9}{2}$

(표준편차) $=\sqrt{\frac{9}{2}}=\frac{3\sqrt{2}}{2}$ (점)

19 (평균) $=\frac{5+12+11+9+13}{5}=\frac{50}{5}=10$ (권)

이므로 각 변량의 편차는

-5권, 2권, 1권, -1권, 3권

따라서 (편차)^{2}의 총합은

$(-5)^2+2^2+1^2+(-1)^2+3^2=40$

이므로

(분산) $=\frac{40}{5}=8$

(표준편차) $=\sqrt{8}=2\sqrt{2}$ (권)

20 (평균) $=\frac{7+8+9+8+6+10+8}{7}=\frac{56}{7}=8$ (시간)

이므로 각 변량의 편차는

-1시간, 0시간, 1시간, 0시간, -2시간, 2시간, 0시간

따라서 (편차)^{2}의 총합은

$(-1)^2+0^2+1^2+0^2+(-2)^2+2^2+0^2=10$

이므로

(분산) $=\frac{10}{7}$

(표준편차) $=\sqrt{\frac{10}{7}}=\frac{\sqrt{70}}{7}$ (시간)

21 (1) 평균이 10이므로

$\frac{10+x+9+11+7}{5}=10$, $37+x=50$

따라서 $x=13$

(2) 편차는 각각 0, 3, -1, 1, -3이므로

(분산) $=\frac{0^2+3^2+(-1)^2+1^2+(-3)^2}{5}=\frac{20}{5}=4$

(3) (표준편차) $=\sqrt{4}=2$

22 (1) 평균이 8이므로

$\frac{11+4+x+7+10}{5}=8$, $32+x=40$

따라서 $x=8$

(2) 편차는 각각 3, -4, 0, -1, 2이므로

(분산) $=\frac{3^2+(-4)^2+0^2+(-1)^2+2^2}{5}=\frac{30}{5}=6$

(3) (표준편차) $=\sqrt{6}$

23 (1) 평균이 9이므로

$\frac{3+12+10+6+x}{5}=9$, $31+x=45$

따라서 $x=14$

(2) 편차는 각각 -6, 3, 1, -3, 5이므로

(분산) $=\frac{(-6)^2+3^2+1^2+(-3)^2+5^2}{5}=\frac{80}{5}=16$

(3) (표준편차) $=\sqrt{16}=4$

03 산포도와 자료의 분포 상태 | 94~95쪽 |

01 ○ **02** × **03** ○ **04** 2반
05 3반 **06** 1반 **07** A 팀: 10점, B 팀: 10점
08 A 팀: 16, B 팀: 2 **09** B 팀
10 지연: 7점, 경훈: 8점 **11** 지연: $\frac{2}{5}$, 경훈: 2
12 지연 **13** A 반: 4회, B 반: 4회
14 A 반: $\frac{7}{5}$, B 반: $\frac{6}{5}$ **15** B 반
16 A 모둠: 8점, B 모둠: 8점, C 모둠: 8점
17 A 모둠: $\frac{9}{5}$, B 모둠: 2, C 모둠: $\frac{3}{5}$
18 C 모둠

01 A 반의 평균이 B 반의 평균보다 크므로 A 반의 과학 성적이 B 반의 과학 성적보다 우수하다.

02 A, B 두 반의 표준편차는 각각 6점, 4점이고

$6>4$

이므로 A 반의 산포도가 B 반의 산포도보다 크다.

03 B 반의 표준편차가 A 반의 표준편차보다 작으므로 B 반의 과학 성적이 A 반의 과학 성적보다 더 고르다.

04 2반의 평균이 가장 크므로 키가 가장 큰 반은 2반이다.

05 3반의 표준편차가 가장 작으므로 키가 가장 고른 반은 3반이다.

06 1반의 표준편차가 가장 크므로 키가 가장 고르지 않은 반은 1반이다.

07 A 팀 선수들의 득점의 평균은

$\frac{10+4+16+8+12}{5}=\frac{50}{5}=10$ (점)

B 팀 선수들의 득점의 평균은

$\frac{12+11+8+10+9}{5}=\frac{50}{5}=10$ (점)

08 A 팀 선수들의 득점의 분산은

$\frac{0^2+(-6)^2+6^2+(-2)^2+2^2}{5}=\frac{80}{5}=16$

B 팀 선수들의 득점의 분산은

$\frac{2^2+1^2+(-2)^2+0^2+(-1)^2}{5}=\frac{10}{5}=2$

09 A, B 두 팀 선수들의 득점의 분산은 각각 16, 2이고

$16>2$

이므로 B 팀 선수들의 득점이 더 고르다.

10 지연이의 점수의 평균은

$\frac{7+6+7+8+7}{5}=\frac{35}{5}=7$ (점)

경훈이의 점수의 평균은

$\frac{7+9+6+8+10}{5}=\frac{40}{5}=8$ (점)

11 지연이의 점수의 분산은

$\frac{0^2+(-1)^2+0^2+1^2+0^2}{5}=\frac{2}{5}$

경훈이의 점수의 분산은

$\frac{(-1)^2+1^2+(-2)^2+0^2+2^2}{5}=\frac{10}{5}=2$

12 지연이와 경훈이의 점수의 분산은 각각 $\frac{2}{5}$, 2이고

$\frac{2}{5}<2$

이므로 지연이의 점수가 더 고르다.

13 A 반 학생들의 도서관 이용 횟수의 평균은

$\frac{2\times1+3\times3+4\times2+5\times3+6\times1}{1+3+2+3+1}=\frac{40}{10}=4$ (회)

B 반 학생들의 도서관 이용 횟수의 평균은

$\frac{2\times1+3\times2+4\times4+5\times2+6\times1}{1+2+4+2+1}=\frac{40}{10}=4$ (회)

14 A 반 학생들의 도서관 이용 횟수의 분산은

$\frac{(-2)^2\times1+(-1)^2\times3+0^2\times2+1^2\times3+2^2\times1}{10}$

$=\frac{14}{10}=\frac{7}{5}$

B 반 학생들의 도서관 이용 횟수의 분산은

$\frac{(-2)^2\times1+(-1)^2\times2+0^2\times4+1^2\times2+2^2\times1}{10}$

$=\frac{12}{10}=\frac{6}{5}$

15 A, B 두 반 학생들의 분산은 각각 $\frac{7}{5}$, $\frac{6}{5}$이고

$\frac{7}{5}>\frac{6}{5}$

이므로 B 반 학생들의 도서관 이용 횟수가 더 고르다.

16 A 모둠 학생들의 음악 실기 성적의 평균은

$\frac{6\times2+7\times1+8\times4+9\times1+10\times2}{2+1+4+1+2}=\frac{80}{10}=8$ (점)

B 모둠 학생들의 음악 실기 성적의 평균은

$\frac{6\times2+7\times2+8\times2+9\times2+10\times2}{2+2+2+2+2}=\frac{80}{10}=8$ (점)

C 모둠 학생들의 음악 실기 성적의 평균은

$\frac{7\times3+8\times4+9\times3}{3+4+3}=\frac{80}{10}=8$ (점)

17 A 모둠 학생들의 음악 실기 성적의 분산은

$\frac{(-2)^2\times2+(-1)^2\times1+0^2\times4+1^2\times1+2^2\times2}{10}$

$=\frac{18}{10}=\frac{9}{5}$

B 모둠 학생들의 음악 실기 성적의 분산은

$\frac{(-2)^2\times2+(-1)^2\times2+0^2\times2+1^2\times2+2^2\times2}{10}$

$=\frac{20}{10}=2$

C 모둠 학생들의 음악 실기 성적의 분산은

$\frac{(-1)^2\times3+0^2\times4+1^2\times3}{10}=\frac{6}{10}=\frac{3}{5}$

18 A, B, C 세 모둠의 분산은 각각 $\frac{9}{5}$, 2, $\frac{3}{5}$이고

$\frac{3}{5}<\frac{9}{5}<2$

이므로 C 모둠 학생들의 음악 실기 성적이 가장 고르다.

확인문제

| 96쪽 |

01 ① 02 ① 03 ⑤ 04 ④ 05 ③ 06 ④

01 편차의 총합은 0이므로

$-3+a+2+4+b=0$

따라서 $a+b=-3$

02 편차의 총합은 0이므로

$-6+8+(-2)+x+4+x=0$

$2x=-4$, 즉 $x=-2$

따라서 D 학생의 편차는 -2개이므로 D 학생이 받은 문자 메시지의 개수는

$-2+15=13$

03 편차의 총합은 0이므로

$-3+5+4+b+(-7)=0$

$b-1=0$, 즉 $b=1$

국어 점수가 86점이고, 편차가 -3점이므로 시현이의 다섯 과목의 평균은

$86-(-3)=89$ (점)

이때 시현이의 수학 점수는 a점, 편차는 4점이므로

$a=89+4=93$

따라서 $a+b=93+1=94$

04 평균이 8이므로

$\frac{6+10+x+5+4+8+7}{7}=8$

$40+x=56$, 즉 $x=16$

따라서 분산은

$\frac{(-2)^2+2^2+8^2+(-3)^2+(-4)^2+0^2+(-1)^2}{7}$

$=\frac{98}{7}=14$

05 윗몸일으키기 횟수의 평균은

$\frac{20+24+18+22+26}{5}=\frac{110}{5}=22$ (회)

이므로 분산은

$\frac{(-2)^2+2^2+(-4)^2+0^2+4^2}{5}=\frac{40}{5}=8$

따라서 윗몸일으키기 횟수의 표준편차는

$\sqrt{8}=2\sqrt{2}$ (회)

06 A 영화의 평점의 평균은

$\frac{6\times3+7\times3+8\times3+9\times3+10\times3}{3+3+3+3+3}=\frac{120}{15}=8$ (점)

이므로 분산은

$\frac{(-2)^2\times3+(-1)^2\times3+0^2\times3+1^2\times3+2^2\times3}{15}$

$=\frac{30}{15}=2$

B 영화의 평점의 평균은

$\frac{6\times2+7\times3+8\times5+9\times3+10\times2}{2+3+5+3+2}=\frac{120}{15}=8$ (점)

이므로 분산은

$\frac{(-2)^2\times2+(-1)^2\times3+0^2\times5+1^2\times3+2^2\times2}{15}=\frac{22}{15}$

C 영화의 평점의 평균은

$\frac{6\times2+7\times4+8\times3+9\times4+10\times2}{2+4+3+4+2}=\frac{120}{15}=8$ (점)

이므로 분산은

$\frac{(-2)^2\times2+(-1)^2\times4+0^2\times3+1^2\times4+2^2\times2}{15}$

$=\frac{24}{15}=\frac{8}{5}$

따라서 세 영화 A, B, C의 분산은 각각 2, $\frac{22}{15}$, $\frac{8}{5}$이고

$\frac{22}{15}<\frac{8}{5}<2$

이므로 산포도가 작은 영화부터 차례로 나열하면

B, C, A

6 상관관계

1. 산점도와 상관관계

01 산점도 | 98~100쪽 |

01~02 풀이 참조		**03** 8명	**04** 7명
05 1명	**06** 5명	**07** 5명	**08** 6명
09 4명	**10** 2시간	**11** 7시간	**12** 10명
13 30점	**14** 80점	**15** 7명	**16** 3명
17 5명	**18** 15명	**19** 6권	**20** 5명
21 2명	**22** 20 %		

01

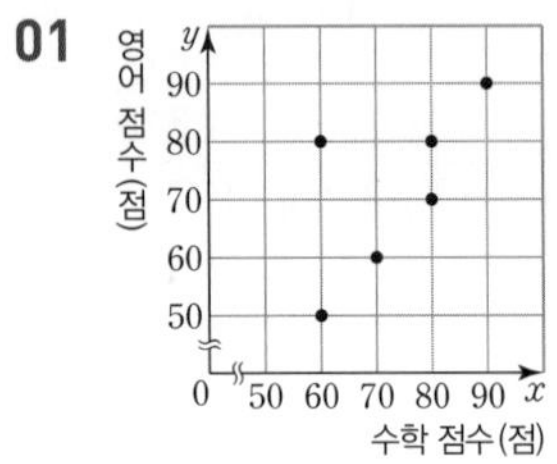

02

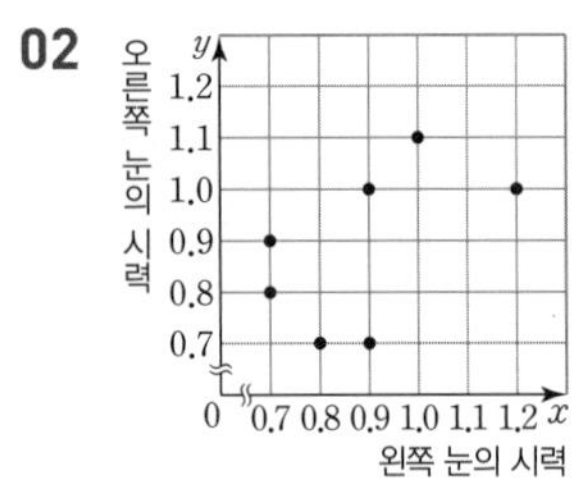

03 1차 점수가 8점 이상인 선수의 수는 오른쪽 산점도에서 직선 l 위의 점의 개수와 직선 l의 오른쪽에 있는 점의 개수의 합과 같으므로 8명이다.

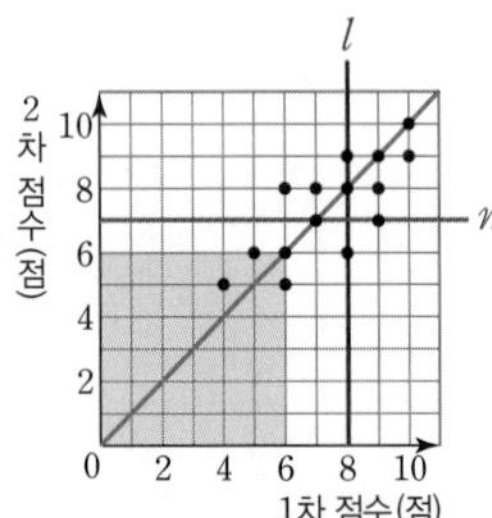

04 2차 점수가 7점 이하인 선수의 수는 **03**의 산점도에서 직선 m 위의 점과 직선 m의 아래쪽에 있는 점의 개수의 합과 같으므로 7명이다.

05 1차와 2차 점수가 모두 6점 미만인 선수의 수는 **03**의 산점도에서 색칠한 부분(경계선 제외)에 속하는 점의 개수와 같으므로 1명이다.

06 1차와 2차의 점수가 같은 선수의 수는 **03**의 산점도에서 오른쪽 위로 향하는 대각선 위에 있는 점의 개수와 같으므로 5명이다.

07 1차보다 2차 점수가 높은 선수의 수는 **03**의 산점도에서 오른쪽 위로 향하는 대각선의 위쪽에 있는 점의 개수와 같으므로 5명이다.

08 게임 시간이 3시간 미만인 학생 수는 오른쪽 산점도에서 직선 l의 왼쪽에 있는 점의 개수와 같으므로 6명이다.

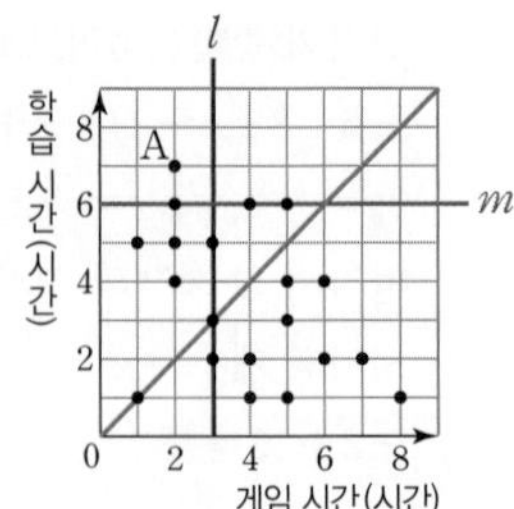

09 학습 시간이 6시간 이상인 학생 수는 **08**의 산점도에서 직선 m 위의 점과 직선 m의 위쪽에 있는 점의 개수의 합과 같으므로 4명이다.

10 학습 시간이 가장 긴 학생은 **08**의 산점도에서 A이고, 이 학생의 게임 시간은 2시간이다.

11 게임 시간의 가장 긴 학생의 게임 시간은 8시간, 가장 짧은 학생의 게임 시간은 1시간이므로 구하는 차는
$8-1=7$ (시간)

12 학습 시간보다 게임 시간이 긴 학생 수는 **08**의 산점도에서 오른쪽 위로 향하는 대각선의 아래쪽에 있는 점의 개수와 같으므로 10명이다.

13 미술 점수가 가장 낮은 학생은 오른쪽 산점도에서 A이고, 이 학생의 음악 점수는 30점이다.

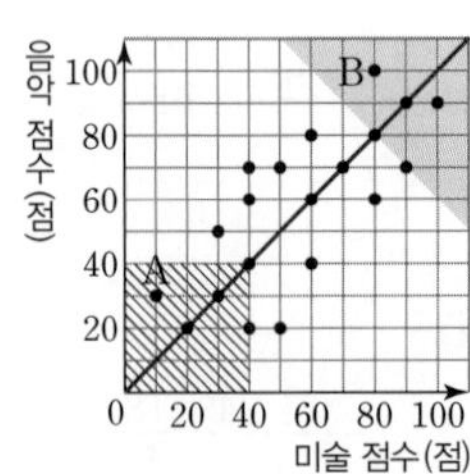

14 음악 점수가 가장 높은 학생 **13**의 산점도에서 B이고, 이 학생의 미술 점수는 80점이다.

15 미술 점수보다 음악 점수가 높은 학생 수는 **13**의 산점도에서 오른쪽 위로 향하는 대각선의 위쪽에 있는 점의 개수와 같으므로 7명이다.

16 미술 점수와 음악 점수가 모두 40점 미만인 학생 수는 **13**의 산점도에서 빗금 친 부분(경계선 제외)에 속하는 점의 개수와 같으므로 3명이다.

17 미술 점수와 음악 점수의 평균이 80점 이상인 학생 수는 **13**의 산점도에서 색칠한 부분(경계선 포함)에 속하는 점의 개수와 같으므로 5명이다.

18 독서 동아리 전체 학생 수는 산점도에 있는 점의 개수와 같으므로 15명이다.

19 1학기 때 읽은 책의 권수가 가장 적은 학생은 오른쪽 산점도에서 A이고, 이 학생이 2학기 때 읽은 책의 권수는 6권이다.

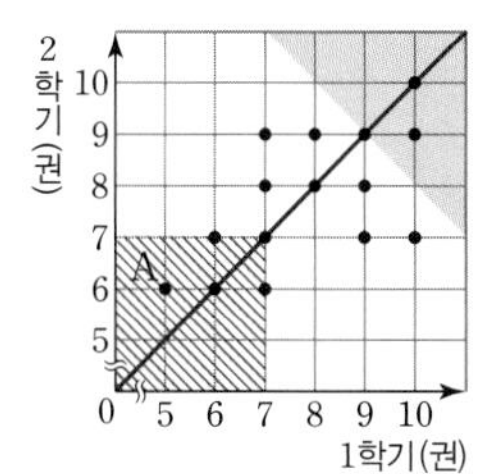

20 1학기와 2학기 때 읽은 책의 권수가 같은 학생 수는 **19**의 산점도에서 오른쪽 위로 향하는 대각선 위에 있는 점의 개수와 같으므로 5명이다.

21 1학기와 2학기에 읽은 책의 권수가 모두 7권 미만인 학생 수는 **19**의 산점도에서 빗금 친 부분(경계선 제외)에 속하는 점의 개수와 같으므로 2명이다.

22 1학기와 2학기에 읽은 책이 합하여 18권 이상인 학생 수는 **19**의 산점도에서 색칠한 부분(경계선 포함)에 속하는 점의 개수와 같으므로 3명이다.

따라서 $\frac{3}{15}\times 100=20\ (\%)$

02 상관관계

| 101~103쪽 |

01 ㄱ, ㄴ, ㄱ, ㄴ		**02** ㄹ	**03** ㄷ
04 ×	**05** 양	**06** 양	**07** 음
08 음	**09** ○	**10** ×	**11** ○
12 ○	**13** ×	**14** ○	**15** ×
16 ○	**17** ○	**18** ×	**19** ○
20 ○	**21** ×	**22** ×	**23** ○
24 ×	**25** ○	**26** ○	**27** ×
28 ○			

10 A, B, C, D 중에서 책을 가장 많이 읽은 학생은 A이다.

13 D는 A보다 읽은 책의 권수가 더 적다.

15 A, B, C, D, E 중에서 인구수가 가장 많은 도시는 D이다.

18 E는 인구수도 많고 자동차 수도 많은 편이다.

21 A, B, C, D, E 중에서 체질량 지수가 가장 낮은 학생은 C이다.

22 A는 E보다 운동 시간이 짧다.

24 근무 시간이 긴 사람은 업무 만족도가 낮은 편이다.

27 B는 C보다 근무 시간이 짧다.

확인문제

| 104쪽 |

01 ④ **02** ③ **03** ③ **04** ⑤ **05** ②
06 ⑤

01 필기 점수와 면접 점수의 합이 80점 이상인 지원자 수는 오른쪽 산점도에서 색칠한 부분(경계선 포함)에 속하는 점의 개수와 같으므로 4명이다.

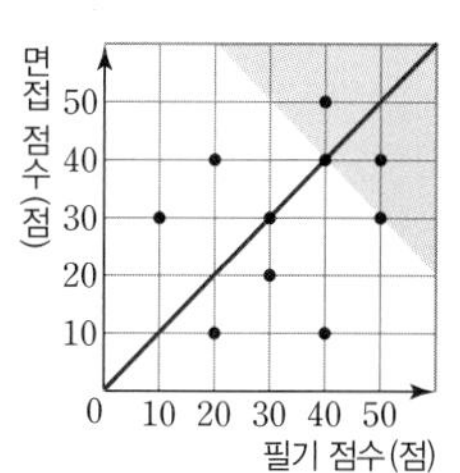

02 필기 점수와 면접 점수의 차가 가장 큰 지원자의 필기 점수는 40점, 면접 점수는 10점이므로 두 점수의 차는
$40-10=30$ (점)

03 필기 점수보다 면접 점수가 높은 지원자 수는 **01**의 산점도에서 오른쪽 위로 향하는 대각선의 위쪽에 있는 점의 개수와 같으므로 3명이다.

따라서 $\frac{3}{10}\times 100=30\ (\%)$

05 주어진 산점도는 x의 값이 커짐에 따라 y의 값이 대체로 작아지는 음의 상관관계를 나타낸다.
①, ③, ⑤ 양의 상관관계
② 음의 상관관계
④ 상관관계가 없다.
따라서 주어진 그림과 같이 나타나는 것은 ②이다.

06 오른쪽 산점도에서 오른쪽 위로 향하는 대각선으로부터 멀수록 두 기록의 차이가 크므로 A, B, C, D, E 중에서 두 기록의 차이가 가장 큰 학생은 E이다.

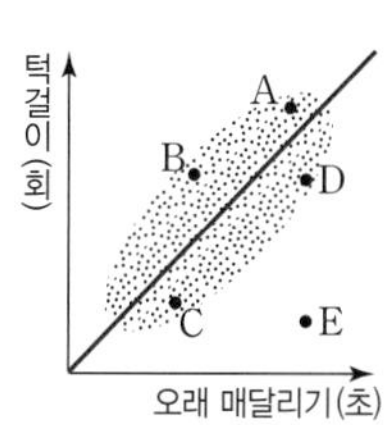

M E M O

수학
마스터
중학 수학의 기초력 강화

연산 ε
엡실론